INTRODUCTION

A L'ÉTUDE DE LA CHIMIE

DES ANCIENS ET DU MOYEN AGE

AUTRES OUVRAGES DE M. BERTHELOT

OUVRAGES GÉNÉRAUX

LA SYNTHÈSE CHIMIQUE, 6e édition, 1887, in-8, chez Alcan.
ESSAI DE MÉCANIQUE CHIMIQUE, 1879, 2 forts volumes in-8, chez Dunod.
LA FORCE DE LA POUDRE ET DES MATIÈRES EXPLOSIVES, 3e édition, 1883, 2 volumes
in-8, chez Gauthier-Villars.
TRAITÉ ÉLÉMENTAIRE DE CHIMIE ORGANIQUE, en commun avec M. Jungfleisch,
3e édition, 1886, 2 volumes in-8, chez Dunod.
SCIENCE ET PHILOSOPHIE, 1886, in-8, chez Calmann-Lévy.

LES ORIGINES DE L'ALCHIMIE, 1885, in-8, chez Steinheil.
COLLECTION DES ANCIENS ALCHIMISTES GRECS, texte et traduction, avec la collaboration de M. Ch.-Em. Ruelle, 1887-1888, 3 volumes in-4o, chez Steinheil.

LEÇONS PROFESSÉES AU COLLÈGE DE FRANCE

LEÇONS SUR LES MÉTHODES GÉNÉRALES DE SYNTHÈSE EN CHIMIE ORGANIQUE, professées
au Collège de France en 1864, in-8, chez Gauthier-Villars.
LEÇONS SUR LA THERMOCHIMIE, professées au Collège de France en 1865, publiées
dans la *Revue des cours scientifiques*, chez Germer-Baillière.
Même sujet, en 1880. — *Revue des cours scientifiques.*
LEÇONS SUR LA SYNTHÈSE ORGANIQUE ET LA THERMOCHIMIE, professées au Collège
de France en 1882-1883, publiées dans la *Revue scientifique*, chez Germer-Baillière.

OUVRAGES ÉPUISÉS

CHIMIE ORGANIQUE FONDÉE SUR LA SYNTHÈSE, 1860, 2 forts volumes in-8, chez Mallet-
Bachelier.
LEÇONS SUR LES PRINCIPES SUCRÉS, professées devant la Société chimique de Paris
en 1862, in-8, chez Hachette.
LEÇONS SUR L'ISOMÉRIE, professées devant la Société chimique de Paris en 1863,
in-8, chez Hachette.

IMPRIMERIE LEMALE ET Cⁱᵉ, HAVRE

INTRODUCTION

A

L'ÉTUDE DE LA CHIMIE

DES ANCIENS ET DU MOYEN AGE

PAR

M. BERTHELOT

Sénateur, Membre de l'Institut, Professeur au Collège de France

AVEC PLANCHES, FIGURES EN PHOTOGRAVURE D'APRÈS LES MANUSCRITS,

TABLES ET INDEX

PARIS

GEORGES STEINHEIL, ÉDITEUR

2, RUE CASIMIR-DELAVIGNE, 2

1889

PRÉFACE

La science chimique des Anciens avait été jusqu'ici mal connue, surtout en ce qui touche ses origines, ses idées théoriques et sa philosophie ; ignorance d'autant plus préjudiciable qu'elle rendait incompréhensible la doctrine alchimique, qui a régné pendant tout le moyen âge et s'est prolongée jusqu'à la fin du siècle dernier. C'est à éclaircir ces questions, si intéressantes pour l'histoire de la civilisation, que j'ai consacré une grande partie de mon temps depuis six années. L'étude des papyrus grecs, provenant de la vieille Égypte, et celle des manuscrits grecs alchimiques, formant dans les principales bibliothèques d'Europe une vaste collection demeurée inédite jusqu'ici, ont fourni à ma recherche ses principaux fondements et elles m'ont permis de faire entrer dans l'histoire positive une science singulière, réputée purement chimérique et citée d'ordinaire comme la preuve des aberrations de l'esprit humain. J'ai exposé les résultats généraux de mes travaux dans « *les Origines de l'Alchimie* » (1) et j'ai cru indispensable de publier à l'appui les preuves de ma découverte, c'est-à-dire les manuscrits eux-mêmes.

---

(1) Un volume in-8°, chez Steinheil, 1885.

A cet effet, j'ai traduit d'abord et commenté un papyrus alchimique du IIIe siècle de notre ère, qui existe aujourd'hui à Leide ; puis j'ai entrepris d'éditer, sous les auspices du Ministère de l'Instruction publique, et avec la collaboration d'un savant helléniste, M. Ch.-Em. Ruelle, une édition princeps de la *Collection des Alchimistes grecs*. Cette vaste publication, aujourd'hui terminée (1), forme environ 1300 pages de texte in-4°, avec variantes, traduction, introduction, tables, index, notes et commentaires perpétuels. Enfin, j'ai renoué la chaîne historique, entre ces vieux écrits et les auteurs de l'antiquité déjà connus, d'une part, et, de l'autre, les écrivains du moyen âge, arabes et latins. C'est ainsi que j'ai montré comment les faits et les doctrines, exposés dans ce papyrus et dans les manuscrits, se lient d'une façon directe et intime avec les descriptions naturalistes de Dioscoride, de Vitruve et de Pline l'Ancien, en même temps qu'avec les théories philosophiques de Platon, d'Aristote et des Alexandrins, leurs disciples. De même j'ai établi la liaison théorique et pratique de l'Alchimie grecque avec celle des Arabes, Geber et Avicenne par exemple, et avec celle des Latins, telle qu'on peut la constater au XIIIe siècle, d'après Vincent de Beauvais, Albert le Grand, etc.

Le volume actuel fait partie de cet ensemble de recherches et en renferme quelques-unes des plus essentielles, lesquelles forment une véritable *Introduction à l'étude de la Chimie des anciens et du moyen âge*. Donnons-en le résumé.

Au début, j'y explique comment l'alchimie, cette science en partie réelle, en partie chimérique, est sortie des pratiques des orfèvres et métallurgistes égyptiens.

En effet la fabrication de l'asèm ou électrum, alliage qui a été

____

(1) Steinheil, 1887-1888.

regardé comme un métal distinct jusqu'au vi⁰ siècle de notre
ère ; celle de l'or à bas titre, par l'addition au métal pur du cuivre
et de l'étain ; celle des alliages métalliques à base de cuivre, destinés à imiter l'or et à le falsifier, ont fait naître dans l'esprit
des opérateurs d'autrefois l'espérance de reproduire l'or lui-
même, par des mélanges convenables. Le manipulateur appelait
d'ailleurs à son secours, suivant l'usage antique de l'Egypte et
de Babylone, les puissances divines, évoquées par des formules
magiques.

Le Papyrus X de Leide n'est autre chose que l'un des cahiers
de recettes de ces vieux praticiens, arrivé jusqu'à nous à travers
les âges. C'est par la traduction, le commentaire, l'étude détaillée
de ce Papyrus que commence le présent volume.

Il existait ainsi, dès l'époque alexandrine, et vers les commencements de l'ère chrétienne, des traités techniques plus
ou moins étendus sur les alliages métalliques, sur la teinture
des métaux, des verres et des étoffes, sur la distillation, etc. ;
traités composés par des auteurs gréco-égyptiens. Nous en possédons quelques débris, et leurs noms sont arrivés jusqu'à nous, tant
par les manuscrits alchimiques, que par les écrits classiques de
Dioscoride, Pline, etc. Tels sont Pamménès, Pétésis, Marie
et Cléopâtre, etc.; auteurs dont les plus anciens paraissent avoir
appartenu à une école de naturalistes, qui se déclaraient eux-mêmes
élèves du vieux philosophe Démocrite. Puis sont venus les gnostiques, qui ont associé aux pratiques de leurs prédécesseurs des
notions mystiques et allégoriques, mélange étrange de philosophie
et de religion, dont le point de départ semble avoir existé dans les
vieux textes égyptiens et chaldéens et dans leur symbolisme défi-
guré. Un de ces écrivains, Zosime, vers le iii⁰ siècle de notre ère,
forma avec les ouvrages de ses prédécesseurs une première com-

pilation, qui ne nous est malheureusement pas parvenue dans toute
son étendue et sous sa forme initiale. En effet, elle a été démembrée
par les Byzantins, lesquels nous l'ont transmise seulement dans
l'état d'extraits mutilés ; suivant en cela les mêmes procédés qu'ils
ont appliqués à un grand nombre d'auteurs de l'antiquité classique.
Cependant, même sous cette forme incomplète, nous possédons
encore des chapitres entiers et des morceaux fort étendus de Zosime : le tout forme près de 150 pages dans la *Collection des
Alchimistes grecs*. On y rencontre à la fois des recettes pratiques, des imaginations mystiques et la description des appareils
de distillation et de digestion employés par les chimistes d'alors.

Je donne dans le présent volume les *dessins des appareils des
Alchimistes grecs, reproduits par la photogravure*, et constituant
35 figures, telles qu'elles existent dans les manuscrits, en marge
de leur description ; j'explique en détail l'usage et la destination
de ces appareils. Je retrouve ainsi l'explication des pratiques
fondamentales suivies par ces premiers alchimistes, pour modifier et teindre les métaux, teinture qui était réputée le prélude
et l'accompagnement nécessaire de la transmutation. On y verra
comment les premiers appareils distillatoires, inventés vers les
débuts de l'ère chrétienne (Chrysopée de Cléopâtre), sont figurés
dans les manuscrits et associés au Serpent mystérieux qui se mord
la queue, image du monde et de l'alchimie, ainsi qu'aux axiômes
mystiques sur l'unité de la matière. J'ai commenté tous ces dessins, à la fois scientifiques et symboliques, et j'ai donné l'interprétation des opérations auxquelles les appareils étaient affectés.

Cependant les philosophes néoplatoniciens, contemporains
des gnostiques, et qui professaient à Alexandrie, ne restèrent pas
étrangers à l'alchimie : elle formait, au même titre que l'astrologie
et la magie, une branche des sciences, les unes chimériques,

les autres réelles, de l'époque. Sous le nom du professeur Jamblique figurent à la fois des traités bien connus de magie (*De Mysteriis Ægyptiorum*) et un petit traité de chimie positive, reproduit dans la *Collection des Alchimistes grecs*. Nous trouvons aussi dans les œuvres de Proclus, autre néoplatonicien, à côté des commentaires allégoriques sur la religion d'Homère, des énoncés astrologico-alchimiques sur les *relations entre les métaux et les planètes*, et sur la génération des métaux sous les influences sidérales. Il s'agit ici d'idées qui remontent à Babylone, qui ont régné en Europe pendant tout le moyen âge, et qui subsistent encore aujourd'hui en Orient. Mon second article est consacré à l'histoire de ces idées dans l'antiquité ; le troisième reproduit diverses figures relatives à un sujet congénère, la *médecine astrologique*, d'après des *photogravures* conformes aux manuscrits.

Les philosophes alexandrins ne tardèrent pas à construire une véritable théorie de la chimie de leur temps : théorie fondée sur la notion de la matière première platonicienne, commune à tous les corps et apte à prendre toutes les formes. Ils ont développé spécialement la conception de la matière première des métaux, autrement dite « mercure des philosophes », et ils l'ont associée à celle des quatre éléments, empruntés aux vieux philosophes grecs des écoles naturalistes. Ces théories sont exposées avec une grande clarté dans le traité de Synésius, et d'une façon à la fois plus confuse et plus érudite, dans celui d'Olympiodore; traités publiés, traduits et commentés dans la *Collection des Alchimistes grecs :* on y voit comment ces doctrines conduisaient à comprendre et à admettre la possibilité des transmutations métalliques. Elles sont d'autant plus dignes d'intérêt, qu'elles ont été le point de départ des conceptions des alchimistes du moyen âge, lesquelles ont dominé la science chimique, jusqu'à

la fin du xviiie siècle. J'ai exposé tout le détail de cette vieille philosophie chimique, dans mon ouvrage sur « *les Origines de l'Alchimie* ».

Ces traités existent, comme je viens de le dire dans la *Collection des Alchimistes grecs*. Mais il est nécessaire d'en compléter
l'intelligence par des renseignements exacts, lesquels sont relatifs, les uns aux signes particuliers employés par les auteurs et
par les copistes de ces traités ; les autres à l'origine et à la filiation des manuscrits qui nous les ont transmis.

Les signes et notations alchimiques m'ont paru ne pouvoir
être reproduits avec précision que par la photogravure des pages
des principaux manuscrits qui les contiennent : l'un, le plus
ancien de tous (Ms. 299 de St-Marc, Venise), remonte au xie siècle ;
l'autre (Ms. 2327 de la Bibliothèque Nationale de Paris) est du
xve siècle. Je donne dans le présent volume huit planches, reproduisant ces signes et j'en présente la traduction et le commentaire détaillé : commentaire qui complète sur certains
points le chapitre relatif aux relations des métaux et des planètes.

J'ai fait suivre ces figures d'un travail étendu sur les *Manuscrits alchimiques* et sur *leur filiation* : ce travail m'a paru nécessaire pour fixer le degré de confiance que nous devons attacher
aux écrits qui nous apportent leur témoignage pour la connaissance des doctrines et des pratiques antiques.

J'ai réussi à les corroborer à divers égards par des documents
plus certains. En effet aux notions révélées par les écrits alchimiques j'ai pu joindre des renseignements positifs, que j'ai
tirés de l'étude et de l'analyse chimique directe de *métaux et
minéraux provenant de la Chaldée*, et spécialement des tablettes
trouvées dans un coffre de pierre, sous les fondations du palais
de Sargon, à Khorsabad.

Enfin, j'ai réuni sous le titre de *Notices de Minéralogie, de Métallurgie et diverses*, tout un ensemble de renseignements extraits, les uns des auteurs anciens, tels que : Aristote, Théophraste, Dioscoride, Vitruve, Strabon, Pline, Solin, etc. ; les autres des auteurs du moyen âge, Arabes et Latins, et en particulier de Geber, d'Avicenne, du Pseudo-Aristote, de Roger Bacon; de l'Encyclopédie naturelle (*Speculum majus*) de Vincent de Beauvais (XIII\u1d49 siècle); de l'Alchimie et du Traité des minéraux d'Albert le Grand (XIII\u1d49 siècle) ; du *Lexicon Alchemiæ* de Rulandus (1612), du *Theatrum Chemicum* (1659 à 1661), de la *Bibliotheca Chemica* de Manget (1702), des *Plinianæ exercitationes* de Saumaise (1689), du *Dictionnaire de Chimie* de Macquer (1778), etc. Ces renseignements éclairent une multitude de points dans les écrits des Alchimistes grecs et ils montrent jusqu'à quel point leur tradition, pratique et théorique, s'est conservée jusqu'aux temps modernes.

La seconde partie de la présente *Introduction* renferme une suite de petites Notices sur *la phosphorescence des pierres précieuses ;* sur *l'amalgamation des sables aurifères ;* sur l'origine des *noms du bronze et de l'antimoine ;* sur *l'arsenic métallique ;* sur *la séparation de l'or et de l'argent*, etc. Elle se termine par une étude *sur Stephanus et sur les compilations du Chrétien et de l'Anonyme*, étude qui complète l'examen des manuscrits signalés plus haut.

On voit par ces détails quel est le caractère du présent volume. Ce n'est pas un traité méthodique et complet sur les connaissances scientifiques des anciens; traité dont le cadre eût été plus vaste, mais moins original. J'ai préféré fournir des matériaux exacts à ceux qui voudraient exposer cette histoire d'une façon systématique, en leur offrant des renseignements plus limités, mais en même temps plus neufs et plus précis, sur un certain nombre de points particuliers. Quoique ce volume ait un caractère propre, cependant je dois dire qu'il a été surtout écrit dans le but de commenter et d'expliquer la *Collection des Alchimistes grecs :* la plupart des chapitres qu'il contient en forment pareillement, l'Introduction. Mais il a paru utile de les publier séparément, à l'usage des savants qui n'ont pas le temps ou les connaissances spéciales, nécessaires pour recourir au texte grec. Le volume actuel renferme d'ailleurs plusieurs articles, dans la seconde partie principalement, qui ne font pas partie de l'Introduction à la Collection des Alchimistes grecs.

En résumé, mes travaux sur les Alchimistes grecs se composent de trois parties distinctes :

Un ouvrage historique et philosophique : les *Origines de l'Alchimie ;*

Une publication des textes, avec traduction : la *Collection des Alchimistes grecs,* c'est-à-dire les documents positifs sur lesquels le précédent ouvrage est fondé ;

Enfin, une *Introduction à la Chimie des anciens et du moyen âge*, formant le présent volume.

Je crois avoir pénétré la vieille énigme de l'Alchimie, objet que je m'étais proposé en entreprenant une œuvre si pénible et de si longue haleine : la peine que j'y ai consacrée me paraîtra suffisamment récompensée, si cette œuvre est jugée de quelque utilité pour l'histoire positive des sciences et de l'esprit humain.

15 décembre 1888.

M. BERTHELOT

INTRODUCTION

A L'ÉTUDE DE LA CHIMIE

DES ANCIENS ET DU MOYEN-AGE

PREMIÈRE PARTIE

LISTE

DES MÉMOIRES CONTENUS DANS L'INTRODUCTION

M. BERTHELOT.

INTRODUCTION

I. — LES PAPYRUS DE LEIDE

PAPYRI GRÆCI musei antiquarii publici Lugduni Batavi..... edidit, interpretationem latinam, adnotationem, indices et tabulas addidit C. LEEMANS, Musei antiquarii Lugduni Batavi Director. — PAPYRUS GRECS du musée d'antiquités de Leide, édités, avec une traduction latine, notes, index et planches par C. LEEMANS, directeur du Musée. — Tome II, publié à Leide, au Musée et chez E. J. Brill. 1885. In-4°, viii-310 pages ; 4 planches. — Tiré à 150 exemplaires.

La Chimie des anciens nous est connue principalement par quelques articles de Théophraste, de Dioscoride, de Vitruve et de Pline l'Ancien sur la matière médicale, la minéralogie et la métallurgie ; seuls commentaires que nous puissions joindre jusqu'à présent à l'étude et à l'analyse des bijoux, instruments, couleurs, émaux, vitrifications et produits céramiques retrouvés dans les débris des civilisations antiques. L'Egypte en particulier, si riche en objets de ce genre et qu'une tradition constante rattache aux premières origines de l'Alchimie, c'est-à-dire de la vieille Chimie théorique et philosophique ; l'Egypte, dis-je, ne nous a livré jusqu'ici aucun document hiéroglyphique, relatif à l'art mystérieux des transformations de la matière. Nous ne connaissons l'antique science d'Hermès, la Science sacrée par excellence, que par les textes des alchimistes gréco-égyptiens ; source suspecte, troublée dès les débuts et altérée par les imaginations mystiques de plusieurs générations de rêveurs et de scoliastes.

C'est en Egypte cependant, je le répète, que l'Alchimie a pris naissance ; c'est là que le rêve de la transmutation des Métaux apparaît d'abord et il a obsédé les esprits jusqu'au temps de Lavoisier. Le rôle qu'il a joué dans les commencements de la Chimie, l'intérêt passionné qu'il a donné à ces premières recherches dont notre science actuelle est sortie, méritent toute l'attention du philosophe et de l'historien. Aussi devons-nous saluer avec joie la découverte des textes authentiques que nous fournissent les papyrus de Leide.

La publication de ce volume était réclamée depuis longtemps et attendue (1) avec impatience par les personnes qui s'intéressent à l'histoire des sciences antiques, et le contenu du volume actuel, déjà connu par une description sommaire de Reuvens (Lettres à M. Letronne, publiées à Leide en 1830), paraissait de nature à piquer vivement la curiosité des archéologues et des chimistes. En effet, l'un des principaux papyrus qui s'y trouvent, le papyrus X (p. 199 à 259 du volume actuel), est consacré à des recettes de chimie et d'alchimie, au nombre de cent-une, suivies de dix articles extraits de Dioscoride. C'est le manuscrit le plus ancien aujourd'hui connu, où il soit question de semblables sujets : car il remonte à la fin du troisième siècle de notre ère, d'après Reuvens et Leemans.

Ce serait donc là l'un de ces vieux livres d'Alchimie des Égyptiens sur l'or et l'argent, brûlés par Dioclétien vers 290, « afin qu'ils ne pussent s'enrichir par cet art et en tirer la source de richesses qui leur permissent de se révolter contre les Romains. »

Cette destruction systématique nous est attestée par les chroniqueurs byzantins et par les actes de saint Procope (2) ; elle est conforme à la pratique du droit romain pour les livres magiques, pratique qui a amené l'anéantissement de tant d'ouvrages scientifiques durant le moyen âge. Heureusement que le papyrus de Leide y a été soustrait et qu'il nous permet de comparer jusqu'à un certain point, et sur un texte absolument authentique, les connaissances des Égyptiens du iiie siècle avec celles des alchimistes gréco-égyptiens, dont les ouvrages sont arrivés jusqu'à nous par des copies beaucoup plus modernes. Les unes et les autres sont liées étroitement avec les renseignements fournis par Dioscoride, par Théo-

---

(1) Le premier volume avait paru en 1843.

(2) Voir mon ouvrage : *Origines de l'Alchimie*, p. 72. 1885.

phraste et par Pline sur la minéralogie et la métallurgie des anciens ; ce qui paraît indiquer que plusieurs de ces recettes remontent aux débuts de l'ère chrétienne. Elles sont peut-être même beaucoup plus anciennes, car les procédés techniques se transmettent d'âge en âge. Leur comparaison avec les notions aujourd'hui acquises sur les métaux égyptiens (1), d'une part, et avec les descriptions alchimiques proprement dites, d'autre part, confirme et précise mes inductions précédentes sur le passage entre ces deux ordres de notions. Je me suis attaché à pénétrer plus profondément ces textes, en faisant concourir à la fois les lumières tirées de l'histoire des croyances mystiques des anciens et de leurs pratiques techniques, avec celles que nous fournit la chimie actuelle : je me proposais surtout d'y rechercher des documents nouveaux sur l'origine des idées des alchimistes relatives à la transmutation des métaux, idées qui semblent si étranges aujourd'hui. Mon espoir n'a pas été trompé ; je crois, en effet, pouvoir établir que l'étude de ces papyrus fait faire un pas à la question, en montrant avec précision comment les espérances et les doctrines alchimiques sur la transmutation des métaux précieux sont nées des pratiques des orfèvres égyptiens pour les imiter et les falsifier.

Le nom même de l'un des plus vieux alchimistes, Phiménas ou Pammenès, se retrouve à la fois, dans le papyrus et dans le Pseudo-Démocrite, comme celui de l'auteur de recettes à peu près identiques.

Étrange destinée de ces papyrus ! ce sont les carnets d'un artisan faussaire et d'un magicien charlatan, conservés à Thèbes, probablement dans un tombeau, ou, plus exactement, dans une momie. Après avoir échappé par hasard aux destructions systématiques des Romains, à des accidents de tout genre pendant quinze siècles, et, chose plus grave peut-être, aux mutilations intéressées des fellahs marchands d'antiquités, ces papyrus nous fournissent aujourd'hui un document sans pareil pour apprécier à la fois les procédés industriels des anciens pour fabriquer les alliages, leur état psychologique et leurs préjugés mêmes relativement à la puissance de l'homme sur la nature. La concordance presque absolue de ces textes avec certains de ceux des alchimistes grecs vient, je le répète,

---

(1) *Origines de l'Alchimie*, p. 211.

appuyer par une preuve authentique ce que nous pouvions déjà induire sur l'origine de ces derniers et sur l'époque de leur composition. En même temps la précision de certaines des recettes communes aux deux ordres de documents, recettes applicables encore aujourd'hui et parfois conformes à celles des Manuels Roret, opposée à la chimérique prétention de faire de l'or, ajoute un nouvel étonnement à notre esprit. Comment nous rendre compte de l'état intellectuel et mental des hommes qui pratiquaient ces recettes frauduleuses, destinées à tromper les autres par de simples apparences, et qui avaient cependant fini par se faire illusion à eux-mêmes, et par croire réaliser, à l'aide de quelque rite mystérieux, la transformation effective de ces alliages semblables à l'or et à l'argent en un or et en un argent véritables ?

Quoi qu'il en soit, nous devons remercier vivement M. Leemans d'avoir terminé sur ce point, avec un zèle que la vieillesse n'a pas épuisé, une œuvre commencée dans son âge mûr, il y a quarante-deux ans. Elle fait partie de la vaste publication des papyrus de Leide, poursuivie par lui depuis près d'un demi-siècle. Les papyrus grecs n'en constituent d'ailleurs qu'une partie relativement minime ; ils viennent compléter les impressions antérieures des papyrus grecs de Paris (1), de Turin et de Berlin (2). J'ai déjà examiné ces derniers au point de vue chimique (3), ainsi que ceux de Leide, d'après les seules indications de Reuvens (4). Il convient aujourd'hui de procéder à une étude plus approfondie de ces derniers, à l'aide du texte complet désormais publié : je ferai cette étude surtout au point de vue chimique, sur lequel je puis apporter les lumières d'un spécialiste, réservant la discussion philologique des textes à des savants plus compétents.

Rappelons d'abord l'origine des papyrus grecs du musée de Leide ; puis nous décrirons sommairement les principaux écrits contenus dans le tome II, tels que les papyrus V, W et X. A la vérité, les deux premiers sont surtout magiques et gnostiques. Mais ces trois papyrus sont associés

---

(1) Tome XVIII, 2ᵉ partie, des *Notices et extraits des Manuscrits*, etc., *publiés par l'Académie des inscriptions* (1866), volume préparé par Letronne, Brunet de Presle et le regretté Egger.

(2) Publié par Parthey, sous le patronage de l'Académie de Berlin.
(3) *Origines de l'Alchimie*, p. 331.
(4) Même ouvrage, p. 80-94.

entre eux étroitement, par le lieu où ils ont été trouvés et même par certains renvois du papyrus X, purement alchimique, au papyrus V, spécialement magique. L'histoire de la magie et du gnosticisme est étroitement liée à celle des origines de l'alchimie : les textes actuels fournissent à cet égard de nouvelles preuves à l'appui de ce que nous savions déjà (1). Le dernier papyrus est spécialement chimique. J'en examinerai les recettes avec plus de détail, en en donnant au besoin la traduction, autant que j'ai pu réussir à la rendre intelligible.

Les papyrus de Leide, grecs, démotiques et hiéroglyphiques, proviennent en majeure partie d'une collection d'antiquités égyptiennes, réunies au commencement du xixe siècle par le chevalier d'Anastasi, vice-consul de Suède à Alexandrie. Il céda en 1828 cette collection au gouvernement des Pays-Bas. Un grand nombre d'entre eux ont été publiés depuis, par les ordres du gouvernement néerlandais. Je ne m'occuperai que des papyrus grecs. Ils forment, je le répète, deux volumes in-4°, l'un de 144 pages, l'autre de 310 pages : celui-ci a paru l'an dernier. Le texte grec y est accompagné par une version latine, des notes et un index, enfin par des planches représentant le fac-similé de quelques lignes ou pages des manuscrits. En ce qui touche les planches, on doit regretter que M. Leemans n'ait pas cru devoir faire cette reproduction, au moins pour le second volume, par le procédé de la photo-gravure sur zinc, qui fournit à si bon marché des textes si nets, absolument identiques avec les manuscrits et susceptibles d'être tirés typographiquement d'une façon directe (2). Les planches lithographiées des *Papyri græci* sont beaucoup moins parfaites et ne donnent qu'une idée incomplète de ces vieilles écritures, plus nettes en réalité, ainsi que j'ai pu m'en assurer sur des épreuves photographiques que je dois à l'obligeance de M. Révillout.

Le tome I, qui a paru en 1843, est consacré aux papyrus notés A, B, C, jusqu'à V, papyrus relatifs à des procès et à des contrats, sauf deux, qui décrivent des songes : ces papyrus sont curieux pour l'étude des mœurs et du droit égyptien ; mais je ne m'y arrêterai pas, pour cause d'incompétence.

---

(1) Voir également : *Origines de l'Al-chimie,* p. 211.

(2) Voir les *Signes* et les *Notations alchimiques,* dans le présent volume.

Je ne m'arrêterai pas non plus dans le tome II au papyrus Y, qui renferme
seulement un abécédaire, ni au papyrus Z, trouvé à Philæ, très postérieur
aux autres ; car il a été écrit en l'année 391 de notre ère, et renferme
la supplique d'Apion, « évêque de la légion qui tenait garnison à Syène,
Contre-Syène et Eléphantine » : cette supplique est adressée aux empereurs
Théodose et Valentinien, pour réclamer leur secours contre les incursions
et déprédations des barbares.

Décrivons au contraire avec soin les trois papyrus magiques et alchimiques.

PAPYRUS V

Le papyrus V est bilingue, grec et démotique ; il est long de 3ᵐ, 60, haut
de 24 centimètres ; le texte démotique y occupe 22 colonnes, longues chacune
de 30 à 35 lignes. Le texte grec y occupe 17 colonnes de longueur inégale.

Le commencement et la fin sont perdus. Il paraît avoir été trouvé à
Thèbes. Il a été écrit vers le IIIe siècle, d'après le style et la forme de l'écriture, comme d'après l'analogie de son contenu avec les doctrines gnostiques
de Marcus. Le texte grec est peu soigné, rempli de répétitions, de solécismes,
de changements de cas, de fautes d'orthographe attribuables au mode de
prononciation locale, telles que αι pour ε et réciproquement ; ει pour ι,
υ pour οι, etc. Il contient des formules magiques : recettes pour philtres,
pour incantations et divinations, pour procurer des songes. Ces formules
sont remplies de mots barbares ou forgés à plaisir et analogues à celles que
l'on lit dans Jamblique *(De Mysteriis Egyptiorum)* et chez les gnostiques.
Donnons seulement l'incantation suivante, qui ne manque pas de grandeur.

> Les portes du ciel sont ouvertes ;
> Les portes de la terre sont ouvertes ;
> La route de la mer est ouverte ;
> La route des fleuves est ouverte ;
> Mon esprit a été entendu par tous les dieux et les génies ;
> Mon esprit a été entendu par l'esprit du ciel ;
> Mon esprit a été entendu par l'esprit de la terre ;
> Mon esprit a été entendu par l'esprit de la mer ;
> Mon esprit a été entendu par l'esprit des fleuves.

Ce texte rappelle le refrain d'une tablette cunéiforme, citée par F. Lenor-
mand dans son ouvrage sur la magie chez les Chaldéens.

> Esprit du ciel, souviens-toi.
> Esprit de la terre, souviens-toi.

Dans le papyrus actuel on retrouve la trace des vieilles doctrines égyptiennes, défigurées par l'oubli où elles commençaient à tomber. Les noms
juifs, tels que Jao, Sabaoth, Adonaï, Abraham, etc., celui de l'Abraxa, l'importance de l'anneau magique dont la pierre porte la figure du serpent qui se mord
la queue, anneau qui procure gloire, puissance et richesse (1), le rôle prépondérant attribué au nombre sept (2), « nombre des lettres du nom de Dieu,
suivant l'harmonie des sept tons », l'invocation du grand nom de Dieu (3), la
citation des quatre bases et des quatre vents : tout cela rappelle les gnostiques et spécialement (4) les sectateurs de Marcus, au iii⁰ siècle de notre ère.
Les pierres gravées de la Bibliothèque nationale de Paris portent de même
la figure du serpent *ouroboros*, avec les sept voyelles et divers signes caba-
listiques (5) du même ordre. Ce serpent joue d'ailleurs en Alchimie un rôle
fondamental. Le nom de Jésus ne paraît qu'une seule fois dans le papyrus,
au milieu d'une formule magique (6) et sans attribution propre. Le papyrus
n'a donc point d'attaches chrétiennes. Par contre, les Egyptiens, les Grecs
et les Hébreux sont fréquemment rapprochés et mis en parallèle dans les
invocations (col. 8, l. 15) : ce qui est caractéristique. Signalons aussi le nom
des Parthes (7), qui disparurent avant le milieu du iii⁰ siècle de notre ère et
dont il n'est plus question ultérieurement ; il figure dans le papyrus V, aussi
bien que dans l'un des écrits de l'alchimiste Zosime. Plusieurs auteurs sont
cités dans le papyrus, mais ils appartiennent au même genre de littérature.
Les uns, tels que Zminis le Tentyrite, Hémérius, Agathoclès et Urbicus,
sont des magiciens, inconnus ailleurs. Mais Apollo Béchès (Horus l'Épervier ou Pébéchius), Ostanès, Démocrite et Moïse, lui-même, figurent déjà à

---

(1) Papyrus V, col. 8, l. 24; col. 6,
l. 26.

(2) Pap. V, col. 1, l. 21, 25, 30; col. 4,
l. 13; col. 8, l. 6 ; col. 9, l. 20, etc.

(3) Col. 5, l. 13; col. 28, l. 15.

(4) Pap. V, col. 2, l. 20, 29, etc. —
Origines de l'Alchimie, p. 34.

(5) *Origines de l'Alchimie*, p. 62.

(6) Pap. V, col. 6, l. 17.

(7) Pap. V, col. 8, l. 18.

ce même titre dans Pline l'Ancien, et ils jouent un grand rôle chez les alchimistes. Au contraire, dans le papyrus, Agathodémon n'est pas encore évhémérisé et transformé en un écrivain, comme chez ces derniers : c'est toujours la divinité « au nom magique de laquelle la terre accourt, l'enfer est troublé, les fleuves, la mer, les lacs, les fontaines, sont frappées de congélation, les rochers se brisent ; celle dont le ciel est la tête, l'éther le corps, la terre les pieds, et que l'Océan environne (pap. V, col. 7, l. 3o). Il y a là un indice d'antiquité plus grande.

Trois passages méritent une attention spéciale pour l'histoire de la science ; ce sont : la sphère de Démocrite, astrologico-médicale ; les noms secrets donnés aux plantes par les scribes sacrés ; et les recettes alchimiques. Le mélange de ces notions, dans le même papyrus, avec les incantations et recettes magiques, est caractéristique. Je consacrerai un article spécial à la sphère de Démocrite et aux figures du même ordre qui existent dans plusieurs manuscrits grecs.

Les noms sacrés des plantes donnent lieu à des rapprochements analogues entre le papyrus, les écrits alchimiques et l'ouvrage, tout scientifique d'ailleurs, de Dioscoride. Voici le texte du papyrus V (col. 12 fin et col. 13).

« Interprétation tirée des noms sacrés dont se servaient les scribes sacrés, afin de mettre en défaut la curiosité du vulgaire. Les plantes et les autres choses dont ils se servaient pour les images des dieux ont été désignées par eux de telle sorte que, faute de les comprendre, on faisait un travail vain, en suivant une fausse route. Mais nous en avons tiré l'interprétation de beaucoup de descriptions et renseignements cachés. »

Suivent 37 noms de plantes, de minéraux, etc., les noms réels étant mis en regard des noms mystiques. Ceux-ci sont tirés du sang, de la semence, des larmes, de la bile, des excréments et des divers organes (tête, cœur, os, queue, poils, etc.) des dieux égyptiens grécisés (Héphaistos ou Vulcain, Hermès ou Mercure, Vesta, Hélios ou Soleil, Cronos ou Saturne, Hercule, Ammon, Arès ou Mars) ; des animaux (serpent, ibis, cynocéphale, porc, crocodile, lion, taureau, épervier), enfin de l'homme et de ses diverses parties (tête, œil, épaule). La semence et le sang y reparaissent continuellement : sang de serpent, sang d'Héphaistos, sang de Vesta, sang de l'œil, etc. ; semence de lion, semence d'Hermès, semence d'Ammon ; os d'ibis, os de médecin, etc. Or cette nomenclature bizarre se retrouve dans Dioscoride. En décrivant les plantes et leurs usages dans sa *Matière médicale*, il donne les synonymes des noms grecs en langue latine, égyptienne, dacique, gauloise, etc., synonymie qui contient de précieux renseignements. On y voit figurer, en outre, les noms tirés des ouvrages qui portaient les noms d'Ostanès (1), de Zoroastre (2), de Pythagore (3), de Pétésis (4), auteurs également cités par les alchimistes et par les *Geoponica*. On y lit spécialement les noms donnés par les prophètes (5), c'est-à-dire par les scribes sacerdotaux de l'Égypte : j'ai relevé 54 de ces noms, formés précisément suivant les mêmes règles que les noms sacrés du papyrus : sang de Mars, d'Hercule, d'Hermès, de Titan, d'homme, d'ibis, de chat, de crocodile ; sang de l'œil ; semence d'Hercule, d'Hermès, de chat ; œil de Python ; queue de rat, de scorpion, d'ichneumon ; ongle de rat, d'ibis ; larmes de Junon, etc.

Il existe encore dans la nomenclature botanique populaire plus d'un nom de plante de cette espèce : œil de bœuf, dent de lion, langue de chien, etc., lequel nom remonte peut-être jusqu'à ces vieilles dénominations symboliques (6). Le mot de *sang dragon* désigne aujourd'hui la même drogue que du temps de Pline et de Dioscoride. Ces dénominations offraient, dès l'origine, bien des variantes. Car, dans le papyrus comme dans Dioscoride, un même nom s'applique parfois à deux ou à trois plantes différentes. Ainsi le nom de semence d'Hercule désigne, dans les papyrus, la roquette ; dans Discoride, le safran (I, 25), le myrte sylvestre (IV, 144) et l'ellébore (IV, 148). Le sang de Cronos signifie l'huile de cèdre et le lait de porc, dans le papyrus. D'autres noms ont une signification différente dans le papyrus et dans Dioscoride, quoique unique dans chacun d'eux. Ainsi la semence d'Hermès signifie l'anis dans le papyrus ; le bouphthalmon

---

(1) Diosc., *Mat. médicale*, I, 9; II, 193, 207; III, 105; IV, 33, 126, 175.
(2) *Ibid.*, II, 144; IV, 175.
(3) *Ibid.*, II, 144, 207; III, 33, 41.
(4) *Ibid.*, V, 114.
(5) Diosc., *Mat. méd.*, I, 9, 25, 120, 134; II, 144, 152, 165, 180, etc.; III, 6, 26, 28, etc.; IV, 4, 23, etc.

(6) Cependant ces noms populaires sont plutôt destinés à faire image. A ce titre, ils auraient pu précéder la nomenclature symbolique et en suggérer l'idée

dans Dioscoride (III, 146). Le sang de taureau signifie l'œuf du scarabée
dans le papyrus, le *Marrubium* dans Dioscoride (III, 109). Réciproquement, une même plante peut avoir deux noms différents dans les deux auteurs. L'*Artemisia* s'appelle sang de Vulcain dans le papyrus, sang humain
dans Dioscoride (III, 117). Un seul nom se trouve à la fois dans le papyrus
et dans Dioscoride, c'est celui de l'*Anagallis*, désigné par le mot : sang de
l'œil.

On voit que les nomenclatures des botanistes d'alors ne variaient pas
moins que celles de notre temps, alors même qu'elles procédaient de conventions symboliques communes, comme celles des prophètes égyptiens.
Quelques-uns de ces mots symboliques ont passé aux alchimistes, mais
avec un sens différent ; tels sont les noms : semence de Vénus, pris pour
la fleur (oxyde, carbonate, etc.) de cuivre ; bile de serpent, pris pour le mercure, ou bien pour l'eau divine ; éjaculation du serpent, pris pour le mercure ; Osiris (1), pris pour le plomb (ou le soufre) ; lait de la vache noire,
pris pour le mercure tiré du soufre (2) ; sang de moucheron, pris pour l'eau
d'alabastron ; boue (ou lie) de Vulcain, pour l'orge, etc. ; toutes désignations
tirées du vieux lexique alchimique. Dans le papyrus et dans Dioscoride,
on trouve souvent les mêmes mots, mais avec une autre signification. Tout
ceci concourt à reconstituer le milieu intellectuel et les sources troublées
où a eu lieu l'éclosion des premières théories de la chimie.

Arrivons aux quelques notions de cette science dont le papyrus V conserve la trace. Elles se bornent à une recette d'encre, en une ligne (col. 12,
l. 16) et à un procédé pour affiner l'or (col. 6, l. 18).

1° L'encre dont il s'agit est composée avec 4 drachmes de misy, 2 drachmes de couperose (verte), 2 drachmes de noix de galle, 3 drachmes de
gomme et 4 drachmes d'une substance inconnue, désignée par deux Z, dans
chacun desquels est engagé une petite lettre complémentaire. Un signe analogue existe chez les alchimistes et les médecins et paraît signifier pour
eux le gingembre (voir plus loin le tableau des signes reproduit d'après une
photogravure) ; mais ce sens n'est pas applicable ici. Je crois qu'il s'agit de

---

(1) Dans Dioscoride, III, 80, c'est le
nom d'une plante.
(2) Lait d'une vache noire, au sens

propre, à ce qu'il semble. (Pap. W,
col. 3, l. 43, et col. 4, l. 4.)

l'encre mystique fabriquée avec les sept parfums (1) et les sept fleurs (2),
au moyen de laquelle on écrivait les formules magiques sur le nitre,
d'après le papyrus suivant (pap. W, col. 6, l. 5 ; col. 3, l. 8 ; col. 9, l. 10 ;
col. 10, l. 41 : en effet, la lettre Z exprime précisément le nombre sept,
et se retrouve, isolée, avec ce sens dans le même papyrus (col. 11, l. 26 ;
v. aussi col. 6, l. 5).

Cette composition rappelle, par sa complexité, celle du Kyphi, substance
sacrée (3) des Égyptiens.

2° Le procédé (4) pour affiner l'or ("Ιωσις χρυσου). (5), ne manque pas d'intérêt, il est cité d'ailleurs dans une préparation sur la coloration de l'or,
donnée dans le papyrus X alchimique ; ce qui établit la connexité des
deux papyrus. Ajoutons qu'il se trouve transcrit entre une formule pour
demander un songe (ὀνειροπετητόν) et la description d'un anneau magique qui
donne le bonheur ; ce qui montre bien le milieu intellectuel d'alors : les
mêmes personnes pratiquaient la magie et la chimie. Enfin ce procédé renferme une recette intéressante, par sa ressemblance avec la méthode connue sous le nom de *cément royal*, à l'aide de laquelle on séparait autrefois l'or et l'argent. Donnons d'abord la traduction de ce texte :

---

(1) Voici le texte même du Papyrus W : « Les sept parfums sont : le styrax consacré à Saturne, le malabathrum à Jupiter, le costus à Mars, l'encens au soleil, le nard indien à Vénus, le casia à Hermès, la myrrhe à la lune. »

(2) Voici le texte du papyrus W : « Les sept fleurs, d'après Manéthon (l'astrologue), sont : la marjolaine commune, le lis, le lotus, l'*Eriphyllium* (renoncule ?) le narcisse, la violette blanche, la rose. » (Pap. W, col. 1, l. 22.) On les broie dans un mortier blanc 21 jours avant la cérémonie et on les sèche à l'ombre.

(3) *Origines de l'Alch.*, p. 30. Diosc. *Mat. méd.*; 1, 24.

(4) *Papyri græci*, V, col. 6.

(5) Le mot ἴωσις a quatre sens : il signifie :

1° L'opération de la rouille, c'est-à-dire l'oxydation d'un métal ;

2° L'affinage du métal, lequel est souvent connexe avec l'oxydation du métal impur, celle-ci tendant à éliminer les métaux étrangers dont les oxydes sont plus stables : ce qui est le cas des métaux alliés à l'or dans la nature ;

3° La virulence, ou possession d'une propriété active spécifique ; telle notamment que celle que l'oxydation développe dans certains métaux ; mais avec un sens plus compréhensif ;

4° Enfin la coloration en violet. Ce dernier sens, qui se trouve chez les alchimistes et qui répond parfois à la formation de certains dérivés colorés de l'or, n'est pas applicable ici.

« Prenez du vinaigre piquant (1), épaississez, prenez de..... (2), 8 drachmes de sel commun, 2 drachmes d'alun lamelleux (schiste), 4 drachmes de litharge, broyez avec le vinaigre pendant 3 jours, séparez par décantation et employez. Alors ajoutez au vinaigre 1 drachme de couperose, une demi-obole de..... (3), trois oboles de chalcite (4), une obole et demie de sory (5), une silique (6) de sel commun, deux siliques de sel de Cappadoce (7). Faites une lame ayant deux quarts (d'obole?) Soumettez-la à l'action du feu... jusqu'à ce que la lame se rompe, ensuite prenez les morceaux et regardez-les comme de l'or affiné.

« Ayant pris quatre paillettes (8) d'or, faites-en une lame, chauffez-la et trempez-la dans de la couperose broyée avec de l'eau et avec une autre (couperose) sèche, battez (une partie)..... avec la matière sèche, une autre avec la matière mélangée ; déversez la rouille et jetez dans..... »

Il y a là deux recettes distinctes. Dans toutes deux figure le sulfate de cuivre plus ou moins ferrugineux, sous les noms de *chalcanthon* ou couperose et de sory. La seconde recette semble un fragment mutilé d'une formule plus étendue. La première présente une grande ressemblance avec une formule donnée dans Pline pour préparer un remède avec l'or, en communiquant aux objets torréfiés avec lui une propriété spécifique active, désignée par Pline sous le nom de *virus*. Remarquons que ce mot est la traduction littérale du grec ἰός, rouille ou venin, d'où dérive ἴωσις : ce qui complète le rapprochement entre la formule de Pline et celle du papyrus. Voici les paroles de Pline (*Hist. Nat.*, XXXIII, 25) :

« On torréfie l'or dans un vase de terre, avec deux fois son poids de sel et

---

(1) Le texte porte ὀρίαου, qui n'a pas de sens ; c'est ὀριμύ qu'il faut lire.

(2) Lacune.

(3) 1 drachme = 6 oboles, mesure de poids.

(4) Minerai de cuivre, tel que la pyrite.

(5) Produit de l'altération de la pyrite, pouvant renfermer à la fois du sulfate de cuivre et du sulfate de fer basique. Le sory est congénère du misy, produit d'altération analogue, mais moins riche en cuivre. (V. Diosc. *Mat. méd.*, V, 116-118 ; Pline, *H. N.*, XXXIV, 30, 31.

(6) Silique = tiers de l'obole, mesure de poids.

(7) Variété de sel gemme.

(8) Le texte porte le mot ὄζεια. Ce mot ne se trouve pas dans les dictionnaires et a fort embarrassé M. Leemans et Reuvens, qui y a vu le nom du roi (ou du prophète) juif Osée. Je le rattacherai à ὄζος, nœud ou rameau. Il répondrait au latin *ramentum*, si fréquent dans Pline.

trois fois son poids de misy (1); puis on répète l'opération avec 2 parties de
sel et 1 partie de la pierre appelée schiste (2). De cette façon, il donne des
propriétés actives aux substances chauffées avec lui, tout en demeurant pur
et intact. Le résidu est une cendre que l'on conserve dans un vase de terre. »

Pline ajoute que l'on emploie ce résidu comme remède. L'efficacité de l'or,
le plus parfait des corps, contre les maladies et contre les maléfices est un
vieux préjugé. De là, au moyen âge, l'idée de l'or potable. La préparation
indiquée par Pline devait contenir les métaux étrangers à l'or, sous forme
de chlorures ou d'oxychlorures. Renfermait-elle aussi un sel d'or ? A la rigueur, il se pourrait que le chlorure de sodium, en présence des sels basiques de peroxyde de fer, ou même du bioxyde de cuivre, dégageât du chlore,
susceptible d'attaquer l'or métallique ou allié, en formant du chlorure d'or,
ou plutôt un chlorure double de ce métal. Mais la chose n'est pas démontrée. En tous cas, l'or se trouve affiné dans l'opération précédente.

C'est en effet ce que montre la comparaison de ces textes avec l'exposi-
tion du procédé du *départ par cémentation*, donnée par Macquer (*Dictionnaire de chimie*, 1778). Il s'agit du problème, fort difficile, qui consiste à
séparer l'or de l'argent par voie sèche. On y parvient aujourd'hui aisément
par la voie humide, qui remonte au xviie siècle. Mais elle n'était pas connue
auparavant. Au moyen âge on opérait cette séparation soit au moyen du
cément royal, soit au moyen d'une sorte de coupellation, assez difficile à
réaliser, et où le soufre et l'antimoine remplaçaient le plomb.

Voici la description donnée par Macquer du cément royal, usité autrefois
dans la fabrication des monnaies. On prend 4 parties de briques pilées et
tamisées, 1 partie de vitriol vert, calciné au rouge, 1 partie de sel commun ;
on en fait une pâte ferme que l'on humecte avec de l'eau ou de l'urine.
On la stratifie avec des lames d'or minces, dans un pot de terre; on lute
le couvercle et on chauffe à un feu modéré pendant vingt-quatre heures, en
prenant garde de fondre l'or. On répète au besoin l'opération.

---

(1) Le misy représente le produit de
l'oxydation lente des pyrites, renfermant à la fois du sulfate de cuivre et
du sulfate de fer plus ou moins basique.
(Voir plus haut, page précéd., note 5).

(2) Le schiste de Pline signifie un
minerai divisible en lamelles: c'est tantôt de l'alun, tantôt un minerai de fer
congénère de l'hématite (*Hist. nat.*,
XXVI, 37).

En procédant ainsi, l'argent et les autres métaux se dissolvent dans le chlorure de sodium, avec le concours de l'action oxydante et, par suite, chlorurante, exercée par l'oxyde de fer dérivé du vitriol ; tandis que l'or demeure inattaqué. Ce procédé était même employé, d'après Macquer, par les orfèvres, qui ménageaient l'action, de façon à changer la surface d'un bijou en or pur, tandis que la masse centrale demeurait à bas titre.

Il est facile de reconnaître la similitude de ce procédé avec la recette de Pline et avec celle du papyrus égyptien. Geber, Albert le Grand (pseudonyme) et les chimistes du moyen âge en ont gardé constamment la tradition.

PAPYRUS W

Passons au papyrus W, qui fournit plus spécialement des lumières sur les relations entre la magie et le gnosticisme juif. Il est formé de 7 feuillets et demi, haut de 0^m,27, large de 0^m,32. Il renferme 25 pages de texte en lettres onciales, quelques-unes cursives, chacune de ces pages a de 52 à 31 lignes, parfois moins. Il remonte au IIIe siècle et se rattache fort étroitement aux doctrines de Marcus et des Carpocratiens (1). Il est tiré principalement des ouvrages apocryphes de Moïse, écrits à cette époque ; il cite, parmi ces ouvrages, la *Monade*, le *Livre secret*, la *Clef* (2), le *Livre des Archanges*, le *Livre lunaire*, peut-être aussi un *Livre sur la loi*, le 5e livre des *Ptolémaïques*, le livre *Panarètos* (3) : ces derniers donnés sans nom d'auteur. Tous ces ouvrages sont congénères et probablement contemporains de la *Chimie domestique de Moïse*, dont j'ai retrouvé des fragments étendus dans les alchimistes grecs (4)

---

(1) Matter, *Hist. du gnosticisme*, t. II, p. 265.

(2) On attribuait à Hermès un ouvrage du même titre, Κλείς, adressé à Toth, et cité par Lactance et par Stobée.

(3) Un ouvrage du même titre, attribué à Hermès Trismégiste, est cité par Scaliger, dans son édition de *Manilius*, p. 209. Il y était question des sept « sorts » répondant aux sept planètes, savoir :

οἱ ἑπτὰ κλῆροι ἐν τῇ Παναρέτῳ Τρισμεγίστου.

Saturne : νέμεσις.
Jupiter : νίκη.
Mars : τόλμα.
Soleil : ἀγαθοδαίμων.
Vénus : ἔρως.
Mercure : ἀνάγκη.
Lune : ἀγαθὴ τύχη.

(4) *Origines de l'Alchimie*, p. 55, 123, 171.

ainsi que des écrits de Moïse le magicien cité dans Pline [1] : c'est la même famille d'apocryphes. Le manuscrit actuel est, d'ailleurs, rempli de solécismes et de fautes d'orthographe, attestant l'ignorance des copistes égyptiens. On y cite Hermès Ptéryx, Zoroastre le Persan, Tphé l'hiérogrammate, auteur d'un livre adressé au roi Ochus, Manéthon l'astrologue, le même sans doute que celui dont nous possédons un poème, les mémoires d'Evenus, Orphée le théologien, Érotyle, dans ses Orphiques. Les noms d'Orphée et d'Érotyle se retrouvent aussi chez les alchimistes grecs. Le nom du second, cité aussi par Zosime, a été d'ailleurs méconnu et pris pour celui d'un instrument chimique ; sa reproduction dans le Papyrus W (*Papyri*, t. II, p. 254) en fixe le sens définitif. Toth (t. II, p. 103) et l'étoile du chien (II, 109-115) rappellent la vieille Égypte. Les noms d'Abraham, Isaac, Jacob, Michel (t. II, p. 144-153), celui des deux Chérubins (t. II, p. 101), l'intervention du temple de Jérusalem (t. II, p. 99), montrent les affinités juives de l'auteur. Apollon et le serpent Pythien (II, 88) manifestent le mélange de traditions grecques, aussi bien que dans les papyrus de Berlin et chez les alchimistes [2]. Ces affinités sont en même temps gnostiques. C'est ici le lieu de rappeler que les Marcosiens avaient composé un nombre immense d'ouvrages apocryphes, d'après Irénée (*Hérésies*, I, 17). Le titre même énoncé à la première ligne du papyrus : « livre sacré appelé Monas, le huitième de Moïse, sur le nom saint », est tout à fait conforme aux doctrines des Carpocratiens, pour lesquels Monas était le grand Dieu ignoré [3]. Le grand nom ou le saint nom possède des vertus magiques (*Papyri*, t. II, p. 99) ; il rend invisible, il attire la femme vers l'homme, il chasse le démon, il guérit les convulsions, il arrête les serpents, il calme la colère des rois, etc. Le saint nom est appelé aussi Ogdoade (*Papyri*, t. II, p. 141) et formé de sept voyelles, la *monas* complétant le nombre huit. Le nombre sept joue ici, comme dans toute cette littérature, un rôle prépondérant : il est subordonné à celui des planètes divines, à chacune desquelles est consacrée une plante et un parfum spécial (*Papyri*, t. II, p. 33 ; voir ci-dessus les notes de la p. 13).

Sans nous arrêter aux formules d'incantation et de conjuration, farcies

---

[1] *H., N.*, XXX, 2.
[2] *Origines de l'Alchimie*, p. 333.

[3] Matter, *Hist. du gnosticisme*, t. II, p. 265.

de mots barbares, nous pouvons relever, au point de vue des analogies historiques, la mention du serpent qui se mord la queue et celle des sept voyelles entourant la figure du crocodile à tête d'épervier, sur lequel se tient le Dieu polymorphe (*Papyri*, t. II, p. 85). C'est encore là une figure toute pareille à celles qui sont tracées sur les pierres gravées de la Bibliothèque nationale. (*Origines de l'alchimie*, p. 62).

Citons aussi la mention de l'Agathodémon ou serpent divin : « le ciel est ta tête, l'éther ton corps, la terre tes pieds, et l'eau t'environne ; tu es l'Océan qui engendre tout bien et nourrit la terre habitée. »

J'y relève, en passant, quelques mots chimiques pris dans un sens inaccoutumé : tel est le « nitre tétragonal » (p. 85), sur lequel on doit écrire des dessins et des formules compliquées. Ce n'était assurément pas notre salpêtre, ni notre carbonate de soude, qui ne se prêteraient guère à de pareilles opérations. Le sulfate de soude fournirait peut-être des lames suffisantes ; mais il est plus probable qu'il s'agit ici d'un sel insoluble, suffisamment dur, tel que le carbonate de chaux (spath calcaire), ou le sulfate de chaux, peut-être le feldspath : car il est question plus loin de lécher et de laver deux de ses faces (*Papyri*, t. II, p. 91) ; il y a là une énigme. Sur ce nitre, on écrit avec une encre faite des sept fleurs et des sept aromates (*Papyri*, t. II, p. 90, 99). On doit y peindre une « stèle » sacrée renfermant l'invocation suivante :

« Je t'invoque, toi, le plus puissant des dieux, qui as tout créé ; toi, né de toi-même, qui vois tout, sans pouvoir être vu. Tu as donné au soleil la gloire et la puissance. A ton apparition, le monde a existé et la lumière a paru. Tout t'est soumis, mais aucun des dieux ne peut voir ta forme, parce que tu te transformes dans toutes..... Je t'invoque sous le nom que tu possèdes dans la langue des oiseaux, dans celle des hiéroglyphes, dans celle des Juifs, dans celle des Égyptiens, dans celle des cynocéphales..... dans celle des éperviers, dans la langue hiératique..... »

Ces divers langages mystiques reparaissent un peu plus loin, après une invocation à Hermès et en tête d'un récit gnostique de la création, récit que je reproduis en l'abrégeant, afin de donner une idée plus complète de ce genre de littérature qui a eu un rôle historique si considérable.

« Le Dieu aux neufs formes te salue en langage hiératique... et ajoute :

je te précède, Seigneur. Ce disant, il applaudit trois fois. Dieu rit : cha, cha, cha, cha, cha, cha, cha sept fois, et Dieu ayant ri, naquirent les sept dieux qui comprennent le monde ; car ce sont eux qui apparurent d'abord. Lorsqu'il eut éclaté de rire, la lumière parut et éclaira tout ; car le Dieu naissait sur le monde et sur le feu. Bessun, berithen, berio.

« Il éclata de rire pour la seconde fois : tout était eau. La terre, ayant entendu le son, s'écria, se courba, et l'eau se trouva partagée en trois. Le Dieu apparut, celui qui est préposé à l'abîme ; sans lui l'eau ne peut ni croître, ni diminuer. »

Au troisième éclat de rire de Dieu, apparaît Hermès ; au cinquième, le Destin, tenant une balance et figurant la Justice. Son nom signifie la barque de la révolution céleste : autre réminiscence de la vieille mythologie égyptienne. Puis vient la querelle d'Hermès et du Destin, réclamant chacun pour soi la Justice. Au septième rire, l'âme naît, puis le serpent Pythien, qui prévoit tout (1).

J'ai cité, en l'abrégeant, tout ce travestissement gnostique du récit biblique des sept jours de la création, afin d'en montrer la grande ressemblance avec la *Pistis Sophia* et les textes congénères, et pour mettre en évidence le milieu dans lequel vivaient et pensaient les premiers alchimistes.

PAPYRUS X

Nous allons maintenant examiner le papyrus X, le plus spécialement chimique : il témoigne d'une science des alliages et colorations métalliques fort subtile et fort avancée, science qui avait pour but la fabrication et la falsification des matières d'or et d'argent : à cet égard, il ouvre des jours nouveaux sur l'origine de l'idée de la transmutation des métaux. Non seulement l'idée est analogue ; mais les pratiques exposées dans ce papyrus sont les mêmes, comme je l'établirai, que celles des plus vieux alchimistes, tels que le Pseudo-Démocrite, Zosime, Olympiodore, le Pseudo-Moïse. Cette démonstration est de la plus haute importance pour l'étude des ori-

---

(1) Voir plus haut (p. 16, note 3) les sept κλῆροι, tirés du livre *Panaretos*.

gines de l'alchimie. Elle prouve en effet que ces origines ne sont pas fondées sur des imaginations purement chimériques, comme on l'a cru quelquefois ; mais elles reposaient sur des pratiques positives et des expériences véritables, à l'aide desquelles on fabriquait des imitations d'or et d'argent. Tantôt le fabricant se bornait à tromper le public, sans se faire illusion sur ses procédés ; c'est le cas de l'auteur des recettes du papyrus. Tantôt, au contraire, il ajoutait à son art l'emploi des formules magiques ou des prières, et il devenait dupe de sa propre industrie.

Les définitions du mot « or », dans le lexique alchimique grec qui fait partie des vieux manuscrits, sont très caractéristiques : elles sont au nombre de trois, que voici :

« On appelle or le blanc, le sec et le jaune et les matières dorées, à l'aide desquelles on fabrique les teintures solides ; »

Et ceci : « L'or, c'est la pyrite, et la cadmie et le soufre ; »

Ou bien encore : « L'or, ce sont tous les fragments et lamelles jaunis et divisés et amenés à perfection. »

On voit que le mot « or », pour les alchimistes comme pour les orfèvres des papyrus de Leide, et j'ajouterai même, à certains égards, pour les orfèvres et les peintres d'aujourd'hui, avait un sens complexe : il servait à exprimer l'or vrai d'abord, puis l'or à bas titre, les alliages à teinte dorée, tout objet doré à la surface, enfin toute matière couleur d'or, naturelle ou artificielle. Une certaine confusion analogue règne même de nos jours, dans le langage courant ; mais elle n'atteint pas le fond des idées, comme elle le fit autrefois. Cette extension de la signification des mots était en effet commune chez les anciens ; le nom de l'émeraude et celui du saphir, par exemple, étaient appliqués par les Egyptiens aux pierres précieuses et vitrifications les plus diverses (1). De même que l'on imitait l'émeraude et le saphir naturels, on imitait l'or et l'argent. En raison des notions fort confuses que l'on avait alors sur la constitution de la matière, on crut pouvoir aller plus loin et on s'imagina y parvenir par des artifices mystérieux. Mais, pour atteindre le but, il fallait mettre en œuvre les actions lentes de la nature et celles d'un pouvoir surnaturel.

---

(1) *Origines de l'Alchimie*, p. 218.

« Apprends, ô ami des Muses, dit Olympiodore, auteur alchimique du
« commencement du v° siècle de notre ère, apprends ce que signifie le mot
« *économie* (1) et ne vas pas croire, comme le font quelques-uns, que l'action
« manuelle seule est suffisante : non, il faut encore celle de la nature, et une
« action supérieure à l'homme. »

Et ailleurs : « Pour que la composition se réalise exactement, dit Zosime ;
« demandez par vos prières à Dieu de vous enseigner, car les hommes ne
« transmettent pas la science ; ils se jalousent les uns les autres, et l'on ne
« trouve pas la voie..... Le démon Ophiuchus entrave notre recherche, ram-
« pant de tous côtés et amenant tantôt des négligences, tantôt la crainte,
« tantôt l'imprévu, en d'autres occasions les afflictions et les châtiments, afin
« de nous faire abandonner l'œuvre. »

De là la nécessité de faire intervenir les prières et les formules magiques, soit pour conjurer les démons ennemis, soit pour se concilier la
divinité.

Tel était le milieu scientifique et moral au sein duquel les croyances à la
transmutation des métaux se sont développées : il importait de le rappeler.
Mais il est du plus haut intérêt, à mon avis, de constater quelles étaient
les pratiques réelles, les manipulations positives des opérateurs. Or ces pratiques nous sont révélées par le papyrus de Leide, sous la forme la plus
claire et en concordance avec les recettes du Pseudo-Démocrite et d'Olympiodore. Nous sommes ainsi conduits à étudier avec détail les recettes du
papyrus, qui contient la forme première de tous ces procédés et doctrines.
Dans le Pseudo-Démocrite, et plus encore dans Zosime, elles sont déjà compliquées par des imaginations mystiques ; puis sont venus les commentateurs, qui ont amplifié de plus en plus la partie mystique, en obscurcissant
ou éliminant la partie pratique, à la connaissance exacte de laquelle ils
étaient souvent étrangers. Les plus vieux textes, comme il arrive souvent,
sont ici les plus clairs.

Donnons d'abord ce que l'on sait sur l'origine de ce papyrus, ainsi que sa
description. Le papyrus X a été trouvé à Thèbes, sans doute avec les deux
précédents ; car la recette 15 qui s'y trouve s'en réfère au procédé d'affinage

---

(1) Il s'agit du traitement mis en pratique pour fabriquer l'or.

de l'or cité dans le papyrus V (v. plus haut, p. 13). Il est formé de dix
grandes feuilles, hautes de 0ᵐ3o, larges de 0ᵐ34, pliées en deux dans le
sens de la largeur. Il contient seize pages d'écriture, de vingt-huit à qua-
rante-sept lignes, en majuscules de la fin du IIIe siècle. Il renferme soixante-
quinze formules de métallurgie, destinées à composer des alliages, en vue
de la fabrication des coupes, vases, images et autres objets d'orfèvrerie ; à
souder ou à colorer superficiellement les métaux; à en essayer la pureté, etc.;
formules disposées sans ordre et avec de nombreuses répétitions. Il y a
en outre quinze formules pour faire des lettres d'or ou d'argent, sujet
connexe avec le précédent. Le tout ressemble singulièrement au carnet de
travail d'un orfèvre, opérant tantôt sur les métaux purs, tantôt sur les métaux alliés ou falsifiés. Ces textes sont remplis d'idiotismes, de fautes d'orthographe et de fautes de grammaire : c'est bien là la langue pratique d'un
artisan. Ils offrent d'ailleurs le cachet d'une grande sincérité, sans ombre
de charlatanisme, malgré l'improbité professionnelle des recettes. Puis viennent onze recettes pour teindre les étoffes en couleur pourpre, ou en couleur
glauque. Le papyrus se termine par dix articles tirés de la *Matière médicale* de Dioscoride, relatifs aux minéraux mis en œuvre dans les recettes
précédentes.

On voit par cette énumération que le même opérateur pratiquait l'orfèvrerie et la teinture des étoffes précieuses. Mais il semble étranger à la
fabrication des émaux, vitrifications, pierres précieuses artificielles. Du
moins aucune mention n'en est faite dans ces recettes, quoique le sujet
soit longuement traité dans les écrits des alchimistes. Le papyrus X ne
s'occupe d'ailleurs que des objets d'orfèvrerie fabriqués avec les métaux
précieux; les armes, les outils et autres gros ustensiles, ainsi que les
alliages correspondants, ne figurent pas ici.

Les recettes relatives aux métaux sont inscrites sans ordre, à la suite les
unes des autres. Cherchons-en d'abord les caractères généraux.

En les examinant de plus près, on reconnaît qu'elles ont été tirées de
divers ouvrages ou traditions. En effet, les unités auxquelles se rapportent ces compositions métalliques sont différentes, quoique spéciales pour
chaque recette. L'écrivain y parle tantôt de mesures précises, telles que les
mines, statères, drachmes, etc. (le mot drachme ou le mot statère étant

employé de préférence ; tantôt il se sert du mot partie ; tantôt enfin du mot mesure.

La teinture des métaux est désignée par plusieurs mots distincts :

χρυσίου χρῶσις. teinture en or ;

ἀργύρου χρύσωσις. dorure de l'argent ;

χαλκοῦ χρυσοφανοῦς ποίησις. coloration (superficielle) du cuivre en or.

χρίσις, coloration par enduits ou vernis.

χρυσοῦ κατάβαφή : il s'agit d'une teinture en or, superficielle et opérée par voie humide.

ἀσήμου κατάβαφή ; cette fois c'est une teinture en argent, ou plutôt en *asèm*, faite à chaud, avec trempe.

Nous avons affaire, je le répète, à plusieurs collections de recettes de dates et d'origines diverses, mises bout à bout. C'est ce que confirment les répétitions qu'on y rencontre.

Ainsi, la même recette pour préparer l'*asèm* (1) fusible (amalgame de cuivre et d'étain) reparait trois fois. L'*asèm*, dans une formule où il est spécialement regardé comme un amalgame d'étain, figure deux fois avec de légères variantes ; la coloration en *asèm,* deux fois ; la coloration du cuivre en or à l'aide du cumin, trois fois ; la dorure apparente, à l'aide de la chélidoine et du misy, deux fois ; l'écriture en lettres d'or, à l'aide de feuilles d'or et de gomme, deux fois. D'autres recettes sont reproduites, une fois en abrégé, une autre fois avec développement : par exemple, la préparation de la soudure d'or, l'écriture en lettres d'or au moyen d'un amalgame de ce métal, la même écriture au moyen du soufre et du corps appelé alun. En discutant de plus près ces répétitions, on pourrait essayer de reconstituer les recueils originels, si ce travail semblait avoir quelque intérêt.

Les recettes mêmes offrent une grande diversité dans le mode de rédaction : les unes sont les descriptions minutieuses de certaines opérations, mélanges et décapages, fontes successives, avec emploi de fondants divers. Dans d'autres, les proportions seules des métaux primitifs figurent, avec

____

(1) Voir plus loin ces diverses recettes.

l'énoncé sommaire des opérations, les fondants eux-mêmes étant omis. Par exemple (pap. X, col. 1, l. 5), on lit : le plomb et l'étain sont purifiés par la poix et le bitume; ils sont rendus solides par l'alun, le sel de Cappadoce et la pierre de Magnésie jetés à la surface. Dans certaines recettes on n'indique que les proportions des ingrédients, et sans qu'il soit fait mention des opérations auxquelles ils sont destinés. Ainsi :

« *Asèm* fusible (col. 2, l. 14) : cuivre de Chypre, une mine ; étain en baguettes, une mine ; pierre de Magnésie, seize drachmes ; mercure, huit drachmes ; pierre de Paros, vingt drachmes. »

Parfois même l'auteur se borne à donner la proportion de quelques-uns des produits seulement : « Pour écrire en lettres d'or (col. 6, l. 1): litharge couleur d'or une partie, alun deux parties. »

Ceci ressemble beaucoup à des notes de praticiens, destinées à conserver seulement le souvenir d'un point essentiel, le reste étant confié à la mémoire.

Les recettes finales : *asèm* égyptien, d'après Phiménas le Saïte ; eau de soufre ; dilution de l'*asèm*, etc.; ont au contraire un caractère de complication spéciale qui rappelle les alchimistes ; aussi bien que les signes planétaires de l'or et de l'argent, inscrits dans la dernière.

Deux questions générales se présentent encore, avant d'aborder l'étude détaillée de ces textes : celle des auteurs cités et celle des signes ou abréviations. Un seul auteur est nommé dans le papyrus X, sous le titre : *Procédé de Phiménas le Saïte pour préparer l'asèm égyptien* (col. 11, l. 15). Ce nom parait le même que celui de Pamménès, prétendu précepteur de Démocrite, cité par Georges le Syncelle, et qui figure dans les textes alchimistes de nos manuscrits (1). Ce nom s'écrit aussi Paménasis et Paménas, peut-être même Phaminis : dévoué au dieu Mendès ; dévoué au roi Ménas (2). Le rapprochement entre Phiménas et Pamménès doit être regardé comme certain : attendu que la dernière des deux recettes données sous le nom de Phiménas dans le papyrus se trouve presque sans changement dans le Pseudo-Démocrite, parmi des recettes attribuées pareillement à l'Égyptien Pamménès : j'y reviendrai.

---

(1) *Origines de l'Alchimie*, p. 170.
(2) *Papyri græci*, t. II, p. 250. On peut en rapprocher le nom grécisé de *Ménodore*.

Il y a quelque intérêt à comparer les signes et abréviations du papyrus avec les signes des alchimistes. Je note d'abord le signe de l'or (col. 12, l. 20), qui est le même que le signe astronomique du soleil, précisément comme chez les alchimistes : c'est le plus vieil exemple connu de cette identification. A côté figure le signe lunaire de l'argent (1). Ces notations symboliques ne s'étendent pas encore aux autres métaux. On trouve aussi dans le papyrus (col. 9, l. 42 et 44) un signe en forme de pointe de flèche, à la suite des mots θείου ἀπύρου (soufre apyre) : ce signe est pareil à celui qui désigne le fer, ou, dans certains cas, répété deux fois, les pierres, dans les écrits alchimiques (2). Dans le papyrus il semble qu'il exprime une mesure de poids. Les autres signes sont surtout des abréviations techniques, parmi lesquelles je note celle de l'alun lamelleux στυπτηρία σχιστή : l'une d'elles en particulier (pap. X, col. 6, l. 19) est toute pareille à celle des alchimistes (3). Les noms des mesures sont abrégés ou remplacés par des signes, conformément à un usage qui existe encore de notre temps dans les recettes techniques de la pharmacie.

Il convient d'entrer maintenant dans l'examen détaillé des cent onze articles du papyrus : articles relatifs aux métaux, au nombre de quatre-vingt-dix, dont un sur l'eau divine ; articles sur la teinture en pourpre, au nombre de onze ; enfin dix articles extraits de Dioscoride. La traduction complète des articles sur les métaux va être donnée et suivie d'un commentaire ; mais je ne m'arrêterai guère sur les procédés de teinture proprement dite, fondés principalement sur l'emploi de l'orcanette et de l'orseille, procédés dont quelques-uns sont à peine indiqués en une ligne : comme si l'écrivain avait copié des lambeaux d'un texte qu'il ne comprenait pas. D'autres sont plus complets. Le tout est du même ordre que la recette de teinture en pourpre

---

(1) Le signe de l'or est absolument certain. Quant à celui de l'argent, M. Leemans a pris ce signe pour un B : il est assez mal dessiné, comme le montre la photographie que je possède ; mais le texte ne me parait pas susceptible d'une autre interprétation. M. Leemans dans ses notes (t. II, p. 257) le traduit aussi par *Luna* ; mais il n'a pas compris qu'il s'agissait ici de l'or et de l'argent.

(2) Voir les photogravures que je reproduis plus loin dans le présent volume : Planche I, l. 21 ; Pl. II, l. 3 ; Pl. IV, l. 25 ; Pl. VIII, l. 23.

(3) *Ibid.*, Pl. II, l. 5 à droite ; Pl. IV, l. 21.

du Pseudo-Démocrite, contenue dans les manuscrits alchimiques et dont j'ai publié naguère le texte et la traduction.

J'ai collationné avec soin les dix articles extraits de Dioscoride, tous relatifs à des minéraux employés dans les recettes, et qui donnent la mesure des connaissances minéralogiques de l'auteur du papyrus. Ils concernent les corps suivants:

Arsenic (notre orpiment);

Sandaraque (notre réalgar) ;

Misy (sulfate basique de fer, mêlé de sulfate de cuivre);

Cadmie (oxyde de zinc impur, mêlé d'oxyde de cuivre, voire même d'oxyde de plomb, d'oxyde d'antimoine, d'acide arsénieux, etc);

Soudure d'or ou chrysocolle (signifiant à la fois un alliage d'or et d'argent ou de plomb, ou bien la malachite et divers corps congénères) ;

Rubrique de Sinope (vermillon, ou minium, ou sanguine);

Alun (notre alun et divers autres corps astringents);

Natron (*nitrum* des anciens, notre carbonate de soude, parfois aussi le sulfate de soude) ;

Cinabre (notre minium et aussi notre sulfure de mercure);

Enfin Mercure.

Le texte du papyrus sur ces divers points est, en somme, le même que le texte des manuscrits connus de Dioscoride (édition Sprengel, 1829); à cela près que l'auteur du papyrus a supprimé les vertus thérapeutiques des minerais, le détail des préparations et souvent celui des provenances. Ces suppressions, celle des propriétés médicales en particulier, sont évidemment systématiques.

Quant aux variantes de détail, elles sont nombreuses; mais la plupart n'ont d'intérêt que pour les grammairiens ou pour les éditeurs de Dioscoride.

Je note seulement que, dans l'article *Cinabre*, l'auteur du papyrus distingue sous le nom de *minium* le cinabre d'Espagne ; tandis que Sprengel a adopté la variante *ammion* (sable ou minerai) : cette confusion entre le nom du cinabre et celui du minium existe aussi dans Pline et ailleurs.

L'article *Mercure* donne lieu à des remarques plus importantes. On y trouve dans le papyrus, comme dans le texte de l'édition classique de Sprengel, le mot ἄμβιξ désignant le couvercle d'un vase, couvercle à la face inférieure duquel se condensent les vapeurs du mercure sublimé (κιθάλη) : ce même mot, joint à l'article arabe *al*, a produit le nom *alambic*. On voit que *l'ambix* est le chapiteau d'aujourd'hui. L'alambic proprement dit et l'aludel, instrument plus voisin encore de l'appareil précédent, sont d'ailleurs décrits dans les alchimistes grecs : ils étaient donc connus dès le ive ou ve siècle de notre ère.

Il manque à l'article *Mercure* du papyrus une phrase célèbre que Hœfer, dans son Histoire de la chimie (t. I, p. 149, 2e édition) avait traduite dans un sens alchimique : « Quelques-uns pensent que le mercure existe essentiellement et comme partie constituante des métaux. » Ἔνιοι δὲ ἱστοροῦσι καὶ καθ' ἑαυτὴν ἐν τοῖς μετάλλοις εὑρίσκεσθαι τὴν ὑδράργυρον, J'avais d'abord adopté cette interprétation de Hœfer : mais en y pensant davantage, je crois que cette phrase signifie seulement : « quelques-uns rapportent que le mercure existe à l'état natif dans les mines. » En effet le mot μέταλλα a le double sens de métaux et de mines, et ce dernier est ici plus naturel. En tous cas la phrase manque dans le papyrus : soit que le copiste l'ait supprimée pour abréger; soit qu'elle n'existât pas alors dans les manuscrits, ayant été intercalée plus tard par quelque annotateur.

Une autre variante n'est pas sans intérêt, au point de vue de la discussion des textes, dans l'article *Mercure*. Le texte donné par Sprengel porte : « on garde le mercure dans des vases de verre, ou de plomb, ou d'étain, ou d'argent ; car il ronge toute autre matière et s'écoule. » La mention du verre est exacte ; mais celle des vases de plomb, d'étain, d'argent est absurde ; car ce sont précisément ces métaux que le mercure attaque : elle n'a pu être ajoutée que par un commentateur ignorant. Or le papyrus démontre qu'il en est réellement ainsi : car il parle seulement des vases de verre, sans faire mention des vases métalliques. Zosime insiste aussi sur ce point.

On sait que l'on transporte aujourd'hui le mercure dans des vases de fer, dont l'emploi ne paraît pas avoir été connu des anciens.

Venons à la partie vraiment originale du papyrus.

Je vais présenter d'abord la traduction des articles relatifs aux métaux, au nombre de quatre-vingt-dix, dont un article sur l'eau de soufre ou eau divine ; et celle des articles sur la teinture, au nombre de onze ; puis j'en commenterai les points les plus importants (1).

TRADUCTION DU PAPYRUS X DE LEIDE

1. *Purification et durcissement du plomb.*

« Fondez-le, répandez à la surface de l'alun lamelleux et de la couperose réduits en poudre fine et mélangés, et il durcira. »

2. *Autre (purification) de l'étain.*

« Le plomb et l'étain blanc sont aussi purifiés par la poix et le bitume. Ils sont rendus solides par l'alun et le sel de Cappadoce, et la pierre de Magnésie (2), jetée à leur surface. »

3. *Purification de l'étain que l'on jette dans le mélange de l'asèm* (3).

« Prenez de l'étain purifié de toute autre substance, fondez-le, laissez-le refroidir ; après l'avoir recouvert d'huile et bien mélangé, fondez-le de nouveau ; ensuite ayant broyé ensemble de l'huile, du bitume et du sel, frottez-en le métal, et fondez une troisième fois ; après fusion, mettez à part l'étain après l'avoir purifié par lavage ; car il sera comme de l'argent durci. Lorsque vous voudrez l'employer dans la fabrication des objets d'argent, de telle sorte qu'on ne le reconnaisse pas et qu'il ait la dureté de l'argent,

---

(1) *Papyri Græci* de Leide, t. II, p. 199 à 259. — Quelques mois après l'impression de mon travail dans le *Journal des Savants*, M. le Dr W. Pleijte a publié en hollandais un mémoire sur *l'Asemos*, avec étude chimique par le Dr W. K. J. Schoor, dans les *Verslagen des koninklijke Akademie van Wetenschappen*, Amsterdam (Juin 1886 ; p. 211 à 236). Il confirme en général mes propres résultats.

(2) Ce n'est pas notre magnésie, mais l'oxyde magnétique de fer, ou quelque autre minerai noir, roux (pyrite) ou blanc, venant des villes ou provinces qui portaient le nom de Magnésie (*Voir* PLINE, *H. N.*, XXXVII, 25.) Chez les alchimistes le sens du mot s'est encore étendu.

(3) *Asèm* désignait divers alliages destinés à imiter l'or et l'argent ; *voir* plus loin.

mêlez 4 parties d'argent, 3 parties d'étain, et le produit deviendra comme un objet d'argent. »

C'est la fabrication d'un alliage d'argent et d'étain, destiné à simuler l'argent ; ou plutôt un procédé pour doubler le poids du premier métal.

4. *Purification de l'étain.*

« Poix liquide et bitume, une partie de chaque ; jetez sur l'étain), fondez, agitez. Poix sèche, 20 drachmes ; bitume, 12 drachmes. »

5. *Fabrication de l'asèm.*

« Étain, 12 drachmes ; mercure, 4 drachmes ; terre de Chio (1), 2 drachmes. A l'étain fondu, ajoutez la terre broyée, puis le mercure, agitez avec du fer, et mettez en œuvre (le produit). »

6. *Doublement de l'asèm.*

Voici comment on opère le doublement de l'asèm.

« On prend : cuivre affiné, 40 drachmes ; asèm, 8 drachmes ; étain en bouton, 40 drachmes ; on fond d'abord le cuivre et, après deux chauffes, l'étain ; ensuite l'asèm. Lorsque tous deux sont ramollis, refondez à plusieurs reprises et refroidissez au moyen de la composition précédente (2). Après avoir augmenté le métal par de tels procédés, nettoyez-le avec le coupholithe (3). Le *triplement* s'effectue par les mêmes procédés, les poids étant répartis conformément à ce qui a été dit plus haut. »

C'est un bronze blanc amalgamé, analogue à certain métal de cloche.

7. *Masse inépuisable (ou perpétuelle).*

« Elle se prépare par les procédés définis dans le doublement de l'asèm. Si vous voulez prélever sur la masse 8 drachmes, séparez-les et refondez 4 drachmes de ce même asèm ; fondez-les trois fois et répétez, puis refroidissez et mettez-les en réserve dans le coupholithe. »

Voir aussi recette 60.

---

(1) Sorte d'argile. — Diosc., *Mat. méd.*, V, 173. — Pline, *H. N.*, XXXV, 56.

(2) Amalgame d'étain décrit dans l'article 5.

(3) Talc ou sélénite.

Il y a là l'idée d'un ferment, destiné à concourir à la multiplication de la matière métallique.

8. *Fabrication de l'asèm.*

« Prenez de l'étain en petits morceaux et mou, quatre fois purifié ; prenez-en 4 parties et 3 parties de cuivre blanc pur et 1 partie d'asèm. Fondez, et, après la fonte, nettoyez à plusieurs reprises, et fabriquez avec ce que vous voudrez : ce sera de l'asèm de première qualité, qui trompera même les ouvriers. »

Alliage blanc, analogue aux précédents ; avec intention de fraude.

9. *Fabrication de l'asèm fusible.*

« Cuivre de Chypre, 1 mine ; étain en baguettes, 1 mine ; pierre de Magnésie, 16 drachmes ; mercure, 8 drachmes ? pierre de Poros (1), 20 drachmes ».

« Ayant fondu le cuivre, jetez-y l'étain, puis la pierre de Magnésie en poudre, puis la pierre de Poros, enfin le mercure ; agitez avec du fer et versez au moment voulu. »

Alliage analogue, avec addition de mercure.

10. *Doublement de l'asèm.*

« Prenez du cuivre de Chypre affiné, jetez dessus parties égales, c'est-à-dire 4 drachmes de sel d'Ammon (2) et 4 drachmes d'alun ; fondez et ajoutez parties égales d'asèm. »

Bronze enrichi en cuivre.

11. *Fabrication de l'asèm.*

« Purifiez avec soin le plomb avec la poix et le bitume, ou bien l'étain ; et mêlez la cadmie (3) et la litharge, à parties égales, avec le plomb, et remuez

---

(1) PLINE, *H. N.*, XXXVI, 28. Pierre blanche et dure, assimilée au marbre de Paros.

(2) Ce mot a changé de sens ; à la fin du moyen âge il signifiait notre chlorhydrate d'ammoniaque ; mais à l'origine il s'appliquait à un sel fossile qui se développait par efflorescence, sel analogue au natron. PLINE, *H. N.*, XXXI, 39. On y reviendra dans le présent ouvrage, p. 45.

(3) *Voir* p. 26.

jusqu'à mélange parfait et solidification. On s'en sert comme de l'asèm naturel (1). »

Alliage complexe renfermant du plomb, ou de l'étain, et du zinc.

12. *Fabrication de l'asèm.*

« Prenez les rognures (2) des feuilles (métalliques), trempez dans le vinaigre et l'alun blanc lamelleux et laissez-les mouillées pendant sept jours, et alors fondez avec le quart de cuivre 8 drachmes de terre de Chio (3), et 8 drachmes de terre asémienne (4), et 1 drachme de sel de Cappadoce, plus alun lamelleux, 1 drachme ; mêlez, fondez, et jetez du noir à la surface. »

13. *Fabrication du mélange.*

« Cuivre de Gaule (5), 8 drachmes ; étain en baguettes, 12 drachmes ; pierre de Magnésie, 6 drachmes ; mercure, 10 drachmes; asèm, 5 drachmes. »

14. *Fabrication du mélange pour une préparation.*

« Cuivre, 1 mine (poids), fondez et jetez-y 1 mine d'étain en boutons et travaillez ainsi. »

15. *Coloration de l'or.*

« Colorer l'or pour le rendre bon pour l'usage. Misy et sel et vinaigre provenant de la purification de l'or ; mêlez le tout et jetez dans le vase (qui renferme) l'or décrit dans la préparation précédente ; laissez quelque temps et, ayant ôté (l'or) du vase, chauffez-le sur des charbons ; puis de nouveau jetez-le dans le vase qui renferme la préparation susdite ; faites cela plusieurs fois, jusqu'à ce qu'il devienne bon pour l'usage. »

C'est une recette d'affinage, qui s'en réfère à la préparation décrite plus haut (p. 14) ; ce qui montre que le papyrus alchimique X et le

---

(1) L'asèm naturel est l'électrum, alliage d'or et d'argent, χρυσός λευκός d'Hérodote. Voir *Origines de l'Alchimie,* p. 215.

(2) La nature du métal qui fournit les rognures n'est pas indiquée : est-ce de l'argent, ou de l'asèm précédent ?

(3) Sorte de terre argileuse. *Voir* recette 5.

(4) Est-ce un minerai d'asèm ? ou plutôt la terre argileuse de Samos ? PLINE, *H. N.,* XXXV, 53, et XXXVI, 40. — DIOSC., *Mat. méd.,* V, 171, 172.

(5) *Voir* PLINE, *H. N.,* XXXIV, 20.

papyrus magique V se faisaient suite et ont été composés par un même
écrivain.

16. *Augmentation de l'or.*

« Pour augmenter l'or, prenez de la cadmie de Thrace, faites le mélange
avec la cadmie en croûtes (1), ou celle de Gaule. »

Cette phrase est le commencement d'une recette plus étendue ; car elle
doit être complétée par la suivante, qui en est la suite : le second titre *fraude
de l'or* étant probablement une glose qui a passé dans le texte, par l'erreur
du copiste.

17. *Fraude de l'or.*

« Misy et rouge de Sinope (2) parties égales pour une partie d'or. Après
qu'on aura jeté l'or dans le fourneau et qu'il sera devenu d'une belle teinte,
jetez-y ces deux ingrédients et, enlevant (l'or), laissez refroidir, et l'or est
doublé. »

La cadmie en croûtes, c'est-à-dire la portion la moins volatile des oxydes
métalliques condensés aux parois des fourneaux de fusion du cuivre, renfermait, à côté de l'oxyde de zinc, des oxydes de cuivre et de plomb. On
devait employer en outre quelque corps réducteur, omis dans la recette. Le
tout formait un alliage d'or et de plomb, avec du cuivre et peut-être du
zinc. C'était donc en somme une falsification, comme la glose l'indique.

18. *Fabrication de l'asèm.*

« Étain, un dixième de mine ; cuivre de Chypre, un seizième de mine ;
minerai de Magnésie, un trente-deuxième ; mercure, deux statères (poids).
Fondez le cuivre, jetez-y d'abord l'étain, puis la pierre de Magnésie ; puis,
ayant fondu ces matières, ajoutez-y un huitième de bel asèm blanc, de nature
conforme. Puis, lorsque le mélange a eu lieu et au moment de refroidir, ou
de refondre ensemble, ajoutez alors le mercure en dernier lieu. »

---

(1) Sur les diverses variétés de cadmie, *voir* Dioscoride, *Matière médicale*, V, 84 ; Pline, *H. N.*, XXXIV, 22.

(2) Ce mot a eu plusieurs sens : vermillon, minium, rouge d'oxyde de fer.
Dans Dioscoride, V, iii, il semble indiquer une ocre rouge ; car il est présenté
comme un remède susceptible d'être pris
à l'intérieur. De même dans Pline, *H.
N.*, XXXV, 13. Ici ce serait, semble-t-
il, du minium, lequel fournirait du
plomb à l'alliage.

9. *Autre (formule).*

« Cuivre de Chypre, 4 statères ; terre de Samos, 4 statères ; alun lamelleux, 4 statères ; sel commun, 2 statères ; asèm noirci, 2 statères, ou, si vous
voulez faire plus beau, 4 statères. Ayant fondu le cuivre, répandez dessus
la terre de Chio et l'alun lamelleux broyés ensemble, remuez de façon à
mélanger ; et, ayant fondu cet asèm, coulez. Ayant mêlé ce qui vient d'être
fondu avec du (bois de) genièvre, enlevez ; avant de l'ôter, après avoir
chauffé, éteignez le produit dans l'alun lamelleux et le sel, pris à parties
égales, avec de l'eau visqueuse ; épaississement minime ; et, si vous voulez
terminer le travail, trempez de nouveau dans le mélange susdit ; chauffez, afin
que (le métal) devienne plus blanc. Ayez soin d'employer du cuivre affiné
d'avance ; l'ayant chauffé au commencement et soumis à l'action du soufflet, jusqu'à ce qu'il ait rejeté son écaille et soit devenu pur ; et alors
employez-le, comme il vient d'être écrit. »

C'est encore un procédé d'alliage, mais pour lequel on augmente la proportion du cuivre dans l'asèm déjà préparé : ce qui devait rapprocher le
bronze obtenu de la couleur de l'or.

20. *Autre (formule).*

« Prenez un statère Ptolémaïque (1) ; car ils renferment dans leur composition du cuivre, et trempez-le ; or la composition du liquide pour tremper est celle-ci : alun lamelleux, sel commun dans le vinaigre pour trempe ;
épaississement visqueux. Après avoir trempé et lorsque le métal fondu aura
été nettoyé et mêlé avec cette composition, chauffez, puis trempez, puis
enlevez, puis chauffez. »

20 *bis (sans titre).*

« Voici la composition du liquide pour tremper : alun lamelleux, sel commun dans le vinaigre pour trempe, épaississement visqueux ; ayant trempé
dans cette mixture, chauffez, puis trempez, puis enlevez, puis chauffez ;
quand vous aurez trempé quatre fois ou davantage, en chauffant chaque
fois auparavant, le (métal) deviendra supérieur à l'asèm noirci. Plus nombreux seront les traitements, chauffes et trempes, plus il s'améliorera. »

____

(1) Il s'agit ici d'une monnaie.

Ce sont des formules de décapage et d'affinage, dans lesquelles n'entre aucun métal nouveau. Il semble que, dans ceci, il s'agisse soit de rehausser la teinte, comme on le fait en orfèvrerie, même de notre temps; soit de faire passer une monnaie riche en cuivre pour une monnaie d'argent, en dissolvant le cuivre à la surface.

En effet, les orfèvres emploient aujourd'hui diverses recettes analogues pour donner à l'or une belle teinte.

21. *Traitement de l'asèm dur.*

« Comme il convient de faire pour changer l'asèm dur et noir en (un métal) mou et blanc. Prenant des feuilles de ricin, faites infuser dans l'eau un jour; puis mouillez dans l'eau avant de fondre et fondez deux fois et aspergez avec l'aphronitron (1). Et jetez dans la fonte de l'alun; employez. Il possède la qualité, car il est beau. »

22. *Autre (formule).*

« Secours pour tout *asèm* gâté. Prenant de la paille et de l'orge et de la rue sauvage, infusez dans le vinaigre, versez-y du sel et des charbons ; jetez le tout dans le fourneau, soufflez longtemps et laissez refroidir. »

Ce sont des procédés d'affinage d'un métal oxydé ou sulfuré à la surface.

23. *Blanchiment du cuivre.*

« Pour blanchir le cuivre, afin de le mêler à l'asèm à parties égales, sans qu'on puisse le reconnaître. Prenant du cuivre de Chypre, fondez-le, jetant dessus 1 mine de sandaraque décomposée (2), 2 drachmes de sandaraque couleur de fer, 5 drachmes d'alun lamelleux, et fondez. Dans la seconde fonte, on jette 4 drachmes de cire du Pont, ou moins; on chauffe et l'on coule. »

C'est ici une falsification, par laquelle le cuivre est teint au moyen de l'arsenic. La recette est fort voisine de celle des alchimistes. — On prépare aujourd'hui par un procédé analogue (avec le concours du flux noir) le cuivre blanc ou *tombac blanc.*

---

(1) Peut-être s'agit-il ici de notre salpêtre ? *Voir* Dioscoride, *Matière médicale*, V, 131. Le mot d'*aphronitron* désignait des efflorescences salines de composition fort diverse.

(2) Sulfure d'arsenic grillé ?

24. *Durcissement de l'étain.*

« Pour durcir l'étain, répandez séparément (à sa surface) l'alun lamelleux et la couperose ; si en outre vous avez purifié l'étain comme il faut et employé les matières dites précédemment, de sorte qu'il ne leur échappe pas en s'écoulant pendant la chauffe, vous aurez l'asèm égyptien pour la fabrication des objets (d'orfèvrerie).

25. *Enduit d'or.*

« Pour enduire l'or, autrement dit pour purifier l'or et le rendre brillant : misy, 4 parties ; alun, 4 parties ; sel, 4 parties. Broyez avec l'eau. Et ayant enduit l'or, placez-le dans un vase de terre déposé dans un fourneau et luté avec de la terre glaise, jusqu'à ce que les matières susdites aient été fondues (1), retirez-le et nettoyez avec soin. »

26. *Purification de l'argent.*

« Comment on purifie l'argent et on le rend brillant. Prenez une partie d'argent et un poids égal de plomb ; mettez dans un fourneau, maintenez fondu jusqu'à ce que le plomb ait été consumé ; répétez l'opération plusieurs fois, jusqu'à ce qu'il devienne brillant. »

C'est une coupellation incomplètement décrite.

Strabon signale déjà cette méthode.

27. *Coloration en argent.*

« Pour argenter les objets de cuivre : étain en baguettes, 2 drachmes ; mercure, 2 drachmes ; terre de Chio, 2 drachmes. Fondez l'étain, jetez dessus la terre broyée, puis le mercure, et remuez avec du fer et façonnez en globules. »

C'est la fabrication d'un amalgame d'étain, destiné à blanchir le cuivre.

28. *Fabrication du cuivre pareil à l'or.*

« Broyez du cumin : versez-y de l'eau, délayez, laissez en contact pendant trois jours. Le quatrième jour, secouez, et si vous voulez vous en servir comme enduit, mêlez-y de la chrysocolle (2) ; et l'or paraîtra.

---

(1) Ou plutôt, jusqu'à ce que le fondant ait été en quelque sorte absorbé par le vase, ou complètement évaporé.
(2) Soudure d'or. *Voir* la recette 31.

C'est un vernis.

29. *Fabrication de l'asèm fusible.*

« Cuivre de Chypre, 1 partie ; étain, 1 partie ; pierre de Magnésie, 1 partie, pierre de Paros brute broyée finement.... D'abord on fond le cuivre, puis l'étain, puis la pierre de Magnésie (1) ; ensuite on y jette la pierre de Paros pulvérisée ; on remue avec du fer et l'on exécute l'opération du creuset. »

30. *Fabrication de l'asèm.*

« Étain, une mesure ; cuivre de Gaule, une demi-mesure. Fondez d'abord le cuivre, puis l'étain, remuez avec du fer, et jetez dessus la poix sèche, jusqu'à saturation ; ensuite versez, refondez, en employant de l'alun lamelleux, à la façon de la poix ; et alors versez. Si vous voulez fondre d'abord l'étain, puis la limaille de cuivre ci-dessus, suivez la même proportion et la même marche. »

31. *Préparation de la chrysocolle* (2).

« La soudure d'or se prépare ainsi : cuivre de Chypre, 4 parties ; asèm, 2 parties ; or, 1 partie. On fond d'abord le cuivre, puis l'asèm, ensuite l'or. »

32. *Reconnaître la pureté de l'étain.*

« Après avoir fondu, mettez du papier au-dessous et versez : si le papier brûle, l'étain contient du plomb. »

Ce procédé repose sur le fait que l'étain fond à une température plus basse que le plomb, température incapable de carboniser le papier.

Pline donne un procédé analogue (*H. N.* XXXIV, 48). On exécute encore aujourd'hui dans les Cours de Chimie une manipulation du même ordre.

33. *Fabrication de la soudure pour travailler l'or.*

« Comment il convient de faire la soudure pour les ouvrages d'or : or, 2 parties ; cuivre, 1 partie ; fondez, divisez. Lorsque vous voulez une couleur brillante, fondez avec un peu d'argent. »

---

(1) Ceci semble indiquer un oxyde de fer (?).

(2) Soudure d'or.

Ce sont là des recettes d'orfèvrerie. On lit de même aujourd'hui dans le *Manuel Roret* (1832) :

« Argent fin, 1 partie ; cuivre, 1 partie ; fondez ensemble, ajoutez or, 2 parties. »

34. *Procédé pour écrire en lettres d'or.*

« Pour écrire en lettres d'or, prenez du mercure, versez-le dans un vase propre, et ajoutez-y de l'or en feuilles ; lorsque l'or paraîtra dissous dans le mercure, agitez vivement : ajoutez un peu de gomme, 1 grain, par exemple, et, laissant reposer, écrivez des lettres d'or. »

35. *Autre (recette).*

« Litharge couleur d'or, 1 partie ; alun, 2 parties.

36. *Fabrication de l'asèm noir comme de l'obsidienne* (1).

« Asèm, 2 parties ; plomb, 4 parties. Placez sur un vase de terre vide, jetez-y un poids triple de soufre apyre (2), et, l'ayant mis dans le fourneau, fondez. Et l'ayant tiré du fourneau, frappez, et faites ce que vous voulez. Si vous voulez faire un objet figuré, en métal battu, ou coulé, alors limez et taillez : il ne se rouille pas. »

C'est un alliage noirci par les sulfures métalliques.

Pline décrit une préparation analogue, usitée en Égypte (*H. N.* XXXIII, 46).

37. *Fabrication de l'asèm.*

« Bon étain, 1 partie ; fondez ; ajoutez-y : poix sèche, le tiers du poids de l'étain ; ayant remué, laissez écumer la poix jusqu'à ce qu'elle ait été entièrement rejetée ; puis, après refroidissement de l'étain, refondez-le et ajoutez 13 drachmes d'étain, 1 drachme de mercure, agitez ; laissez refroidir et travaillez comme l'asèm. »

C'est de l'étain affiné, avec addition d'un peu de mercure.

38. *Pour donner aux objets de cuivre l'apparence de l'or.*

« Et que ni le contact ni le frottement contre la pierre de touche ne les décèle ; mais qu'ils puissent servir surtout pour (la fabrication d') un anneau de belle

---

(1) Sur l'obsidienne, Pline, *H. N.* XXXVI, 67.

(2) N'ayant pas subi l'action du feu.

apparence. En voici la préparation. On broie l'or et le plomb en une poussière fine comme de la farine, 2 parties de plomb pour 1 d'or, puis, ayant mêlé, on incorpore avec de la gomme, et l'on enduit l'anneau avec cette mixture ; puis on chauffe. On répète cela plusieurs fois, jusqu'à ce que l'objet ait pris la couleur. Il est difficile de déceler (la fraude) ; parce que le frottement donne la marque d'un objet d'or ; et la chaleur consume le plomb, mais non l'or. »

39. *Écriture en lettres d'or.*

« Lettres d'or : safran ; bile de tortue fluviale. »

40. *Fabrication de l'asèm.*

« Prenez étain blanc, très divisé, purifiez-le quatre fois ; puis prenez·en 4 parties, et le quart de cuivre blanc pur et 1 partie d'asèm, fondez : lorsque le mélange aura été fondu, aspergez-le de sel le plus possible, et fabriquez ce que vous voudrez, soit des coupes, soit ce qui vous plaira. Le métal sera pareil à l'*asèm* initial, de façon à tromper même les ouvriers. »

41. *Autre (procédé).*

« Argent, 2 parties ; étain purifié, 3 parties ; cuivre... drachmes ; fondez ; puis enlevez et décapez ; mettez en œuvre comme pour les ouvrages d'argent de premier ordre. »

42. *Enduit du cuivre.*

« Si vous voulez que le cuivre ait la couleur de l'argent ; après avoir purifié le cuivre avec soin, mettez-le dans le mercure et la céruse : le mercure seul suffit pour l'enduit. »

C'est du cuivre simplement blanchi à la surface par le mercure.

43. *Essai de l'or.*

« Si vous voulez éprouver la pureté de l'or, refondez-le et chauffez-le : s'il est pur, il garde sa couleur après le chauffage et reste pareil à une pièce de monnaie. S'il devient plus blanc, il contient de l'argent ; s'il devient plus rude et plus dur, il renferme du cuivre et de l'étain ; s'il noircit et s'amollit, du plomb. »

Ce procédé d'essai sommaire répond à des observations exactes.

44. *Essai de l'argent.*

« Chauffez l'argent ou fondez-le, comme l'or ; et, s'il reste blanc, brillant, il est pur et non fraudé ; s'il paraît noir, il contient du plomb ; s'il paraît dur et jaune, il contient du cuivre. »

Pline donne un procédé analogue (*H. N.* XXXIII, 44). On voit par là que les orfèvres égyptiens, tout en cherchant à tromper le public, se réservaient à eux-mêmes des procédés de contrôle.

45. *Écriture en lettres d'or.*

« Écrire des lettres d'or. Écrivez ce que vous voulez avec de la soudure d'orfèvre et du vinaigre. »

46. *Décapage des objets de cuivre.*

« Ayant fait cuire des bettes, décapez soigneusement avec le jus les objets de cuivre et d'argent. On fait bouillir les bettes dans l'eau. »

47. *Cuivre pareil à l'or.*

« Cuivre semblable à l'or par la couleur, soit : broyez du cumin dans l'eau ; laissez reposer avec soin pendant trois jours ; le quatrième, ayant arrosé abondamment, enduisez le cuivre et écrivez ce que vous voudrez. Car l'enduit et l'écriture ont la même apparence. »

48. *Décapage des objets d'argent.*

« Nettoyez avec de la laine de mouton, après avoir trempé dans de la saumure piquante ; puis décapez avec de l'eau douce (sucrée?) et faites emploi. »

49. *Dorure de l'argent.*

« Pour dorer sans feuilles (d'or), un vase d'argent ou de cuivre, fondez du natron jaune et du sel avec de l'eau, frottez avec et il sera (doré). »

Recette obscure. Elle se réfère au natron jaune, corps dont il est question dans Pline, *H. N.* XXXI, 46. Pline le donne comme un sel natif ; mais, dans les lignes précédentes, il parle de la fusion du natron avec du soufre : ce qui formerait un sulfure, capable en effet de teindre les métaux. Zosime signale aussi le natron jaune.

50. *Écriture en lettres d'or.*

« Broyez l'arsenic (1) avec de la gomme, puis avec de l'eau de puits ; en troisième lieu, écrivez. »

51. *Dorure de l'argent.*

« Broyez le misy avec la sandaraque et le cinabre et frottez-en l'objet d'argent. »

53. *Écriture en lettres d'or.*

« Après avoir séché des feuilles d'or, broyez avec de la gomme et écrivez. »

54. *Préparation de l'or liquide.*

« Placez des feuilles d'or dans un mortier, broyez-les avec du mercure et ce sera fait. »

55. *Coloration en or.*

« Comment on doit préparer l'argent doré. Délayez du cinabre avec de l'alun, versez dessus du vinaigre blanc, et ayant amené le tout en consistance de cire, exprimez à plusieurs reprises et laissez passer la nuit. »
Il semble qu'il s'agit ici d'un enduit préliminaire.

56. *Préparation de l'or.*

« Asèm, 1 statère, ou cuivre de Chypre, 3 ; 4 statères d'or ; fondez ensemble. »
C'est une préparation d'or à bas titre.

57. *Autre préparation.*

« Dorer l'argent d'une façon durable. Prenez du mercure et des feuilles d'or, façonnez en consistance de cire ; prenant le vase d'argent, décapez-le avec l'alun, et prenant un peu de la matière cireuse, enduisez-le avec le polissoir et laissez la matière se fixer ; faites cela cinq fois. Tenez le vase avec un chiffon de lin propre, afin qu'il ne s'encrasse pas ; et prenant de la braise, préparez des cendres, adoucissez avec le polissoir et employez-le comme un vase d'or. Il peut subir l'épreuve de l'or régulier. »

---

(1) Sulfure d'arsenic.

Ces derniers mots montrent qu'il s'agit d'un procédé de falsification, à l'épreuve de la pierre de touche.

58. *Écriture en lettres d'or.*

« Arsenic couleur d'or, 20 drachmes ; verre pulvérisé, 4 statères ; ou blanc d'œuf, 2 statères, gomme blanche, 20 statères, safran,... après avoir écrit, laissez sécher et polissez avec une dent (1). »

59. *Fabrication de l'asèm.*

« On prépare aussi l'asèm avec le cuivre ; (argent,) 2 mines ; étain en bouton, 1 mine ; fondant d'abord le cuivre, jetez-y l'étain et du coupholithe, appelé craie (2), une demi-mine par mine ; poursuivez jusqu'à ce que vous voyiez fondus l'argent et la craie ; après que le reste aura été dissipé et que l'argent restera seul, alors laissez refroidir, et employez-le comme de l'asèm préférable au véritable..... »

60. *Autre (préparation).*

« L'asèm perpétuel (3) se prépare ainsi : 1 statère de bel asèm ; ajoutez-y 2 statères de cuivre affiné, fondez deux ou trois fois. »

61. *Blanchiment de l'étain.*

« Pour blanchir l'étain. Ayant chauffé avec de l'alun et du natron, fondez. »

62. *Écriture en lettres d'asèm.*

« Délayez de la couperose et du soufre avec du vinaigre ; écrivez avec la matière épaissie. »

63. *Écriture en lettres d'or.*

« Fleur du cnecos (4), gomme blanche, blanc d'œuf mélangés dans une coquille, et incorporez avec de la bile de tortue, à l'estime, comme on fait pour les couleurs ; faites emploi. La bile de veau très amère sert aussi pour la couleur. »

---

(1) *Voir* PLINE, *H. N.*, XIII, 25.
(2) Ce n'est pas notre craie, mais, sans aucun doute, quelque terre argileuse, jouant le rôle de fondant.
(3) *Voir* recette nº 7.
(4) Plante analogue au carthame.

Ici la couleur est à base organique.

64. *Essai de l'asèm.*

« Pour reconnaître si l'asèm est fraudé. Placez dans la saumure, chauffez ; s'il est fraudé, il noircit. »

Cette recette est obscure. Se rapporte-t-elle à la formation d'un oxychlorure de cuivre ?

65. *Décapage de l'étain.*

« Placez du gypse dans un chiffon et nettoyez. »

66. *Décapage de l'argent.*

« Employez l'alun humide. »

Dé même aujourd'hui, dans le *Manuel Roret* (t. II, p. 195 ; 1832).

« Dissolvez de l'alun, concentrez, écumez, ajoutez-y du savon et frottez l'argent avec un linge trempé dans cette composition. »

67. *Teinture de l'asèm.*

« Cinabre, 1 partie ; alun lamelleux, 1 partie ; terre cimolienne, 1 partie ; mouillez avec de l'eau de mer et mettez en œuvre. »

68. *Amollissement du cuivre.*

« Chauffez-le ; placez-le dans la fiente d'oiseau et après refroidissement enlevez. »

69. *Teinture de l'or.*

« Misy grillé, 3 parties ; alun lamelleux, chélidoine, environ 1 partie ; broyez en consistance de miel avec l'urine d'un enfant impubère et colorez l'objet ; chauffez et trempez dans l'eau froide. »

70. *Écriture en lettres d'or.*

« Prenez un quart d'or éprouvé, fondez dans un creuset d'orfèvre ; quand il sera fondu, ajoutez un kération (carat, tiers d'obole) de plomb ; après qu'il a été mélangé, ôtez et refroidissez et prenez un mortier de jaspe, jetez-y la matière fondue ; ajoutez 1 kération de natron et mêlez la poudre avec soin avec du vinaigre piquant, à la façon d'un collyre médicinal, pendant trois jours ; puis, quand le mélange est fait, incorporez 1 kération (mesure) d'alun lamelleux, écrivez et polissez avec une dent. »

71. Écriture en lettres d'or.

« Feuilles d'or ductiles ; broyez avec du mercure dans un mortier ; et employez-le pour écrire, à la façon de l'encre noire. »

72. Autre (préparation).

« Soufre apyre,..., alun lamelleux ... ; gomme ... ; arrosez la gomme avec de l'eau. »

73. Autre (préparation).

« Soufre apyre, ..., alun lamelleux, une drachme ; ajoutez au milieu de la rouille sèche ; broyez la rouille, le soufre et l'alun finement ; mêlez pour le mieux, broyez avec soin, et servez-vous-en comme d'encre noire à écrire, en délayant dans du vin exempt d'eau de mer. Écrivez sur papyrus et parchemin. »

74. Autre (préparation).

« Écrire en lettres d'or, sans or. Chélidoine, 1 partie ; résine pure. 1 partie ; arsenic couleur d'or, 1 partie, de celui qui est fragile ; gomme pure ; bile de tortue, 1 partie ; partie liquide des œufs, 5 parties ; prenez de toutes ces matières sèches le poids de 20 statères ; puis jetez-y 4 statères de safran de Cilicie. On emploie non seulement sur papier ou parchemin ; mais aussi sur marbre bien poli ; ou bien si vous voulez faire un beau dessin sur quelque autre objet et lui donner l'apparence de l'or. »

75. Dorure.

« Dorure faisant le même effet. Arsenic lamelleux, couperose, sandaraque dorée (1), mercure, gomme adraganthe, moelle d'arum, à parties égales ; délayez ensemble avec de la bile de chèvre. On l'applique sur les objets de cuivre passés au feu, sur les objets d'argent, sur les figures de (métal) et sur les petits boucliers. L'airain ne doit pas avoir d'aspérité. »

---

(1) Il s'agit probablement d'un sulfure d'arsenic naturel ou artificiel, intermédiaire entre l'orpiment et le réalgar. La poudre même du réalgar est plus jaune que la masse compacte. Peut-être aussi était-ce du réalgar modifié par un commencement de grillage, mode de traitement auquel tous les minéraux usités en pharmacie étaient alors soumis. (*Voir* Dioscoride, *Mat. méd., passim,* et spécialement V, 120 et 121).

76. *Autre (procédé).*

« Misy des mines, 3 statères ; alun des mines, 3 statères ; chélidoine, 1 statère ; versez-y l'urine d'un enfant impubère ; broyez jusqu'à ce que le mélange devienne visqueux et trempez (-y l'objet). »

77. *Autre (procédé).*

« Prenez du cumin, broyez, laissez infuser trois jours dans l'eau, le quatrième, enlevez ; enduisez-en les objets de cuivre, ou ce que vous voulez. Il faut maintenir le vase fermé pendant les trois jours. »

78. *Écriture en lettres d'or.*

« Broyez des feuilles d'or avec de la gomme, séchez et employez comme de l'encre noire. »

79. *Écriture en lettres d'argent.*

« Écrire des lettres d'argent. Litharge, 4 statères; délayez avec de la fiente de colombe et du vinaigre ; écrivez avec un stylet passé au feu. »

80. *Teinture de l'asèm (ou en couleur d'asèm).*

« Cinabre, terre cimolienne, alun liquide, parties égales ; mêlez avec de l'eau de mer, chauffez et trempez plusieurs fois. »

81. *Coloration en argent.*

« Afin qu'elle ne puisse être enlevée que par le feu.

« Chrysocolle et céruse et terre de Chio, et mercure broyés ensemble ; ajoutez du miel et, ayant traité d'abord le vase par le natron, enduisez. »

82. *Durcissement de l'étain.*

« Fondez-le, ajoutez-y un mélange homogène d'alun lamelleux et de couperose ; pulvérisez, et aspergez (le métal), et il sera dur. »

Le durcissement (σκλήρωσις, σκλήρασία) de l'étain et du plomb (1) sont regardés ici comme corrélatifs de leur purification.

83. *Fabrication de l'asèm.*

« Bon étain, 1 mine ; poix sèche, 13 statères : bitume, 8 statères ; fondez

---

(1) Voir recettes 1, 24.

dans un vase de terre cuite luté autour ; après avoir refroidi, mêlez 10 statères de cuivre en grains ronds et 3 statères d'asèm antérieur et 12 statères
de pierre de Magnésie broyée. Fondez et faites ce que vous voudrez. »

84. *Fabrication de l'asèm égyptien.*

« Recette de Phiménas le Saïte. Prenez du cuivre de Chypre doux, purifiez-le avec du vinaigre, du sel et de l'alun ; après l'avoir purifié, fondez en
jetant sur 10 statères de cuivre 3 statères de céruse bien pure, 2 statères de
litharge couleur d'or (ou provenant de la coupellation de l'or), ensuite il
deviendra blanc ; alors ajoutez-y 2 statères d'asèm très doux et sans défaut,
et l'on obtiendra le produit. Empêchez en fondant qu'il n'y ait liquation.
Ce n'est pas l'œuvre d'un ignorant, mais d'un homme expérimenté, et l'union
des deux métaux sera bonne. »

Cette recette est fort claire, sauf l'omission des agents destinés à réduire
la litharge et la céruse.

85. *Autre (procédé).*

« Préparation exacte d'asèm, préférable à celle de l'asèm proprement
dit. Prenez : orichalque (1), par exemple, 1 drachme ; mettez dans le creuset
jusqu'à ce qu'il coule ; jetez dessus 4 drachmes de sel ammoniac (2), ou cap-
padocien ; refondez, ajoutez-y alun lamelleux, le poids d'une fève d'Égypte ;
refondez, ajoutez-y 1 drachme de sandaraque décomposée (3), non de la sandaraque dorée, mais de celle qui blanchit ; ensuite transportez dans un

---

(1) Laiton ou analogue.

(2) Il est plus que douteux qu'il s'agisse ici de notre sel ammoniac moderne. C'est plutôt une variété de sel gemme ou de carbonate de soude, d'après les textes formels de DIOSCORIDE, *Mat. méd.*, V, 125 ; et de PLINE, *H. N.*, XXXI, 39. De même, dans le traité *De Mineralibus*, attribué à ALBERT LE GRAND. l. V, tr. I, ch. II, Dans le PSEU-DO-ARISTOTE, auteur de l'époque arabe, (MANGET, *Bibl. chem.*, t. I, p. 648), c'est aussi un sel fusible, qui n'émet pas de fumée. Mais dans GEBER, *Summa perfectionis*, livre I, ch. X et *Libri investigationis* (IXᵉ siècle), ainsi que dans AVICENNE (XIᵉ siècle), cité dans le *Speculum majus* de VINCENT DE BEAUVAIS (*Speculum naturale*, l. VIII, 60), le mot sel ammoniac s'applique à un corps sublimable, tel que notre chlorhydrate d'ammoniaque. Le sens de ce mot a donc changé dans le cours des temps.

(3) Sulfure d'arsenic, probablement en partie désagrégé par le grillage.

autre creuset enduit à l'avance de terre de Chio ; après fusion, ajoutez un tiers d'asèm et employez. »

Cette préparation donne un alliage de cuivre et de zinc arsénical.

86. *Autre (procédé).*

« Prenez : étain, 12 drachmes ; mercure, 4 drachmes : terre de Chio, 2 drachmes ; fondez l'étain ; jetez-y la terre en poudre, puis le mercure ; remuez avec un morceau de fer ; mettez en globules. »

87. *Doublement de l'or.*

« Pour augmenter le poids de l'or. Fondez avec le quart de cadmie, et il deviendra plus lourd et plus dur. »

Il fallait évidemment ajouter un agent réducteur et un fondant, dont la recette ne fait pas mention. On obtenait ainsi un alliage de l'or avec les métaux dont les oxydes constituaient la cadmie, c'est-à-dire le zinc, le cuivre, ou le plomb spécialement ; alliage riche en or. La même recette se lit aussi dans le Pseudo-Démocrite, mais comme toujours plus compliquée et plus obscure. Ce qui suit est plus clair.

88. *Autre (procédé).*

« On altère l'or en l'augmentant avec le misy et la terre de Sinope (1) ; on le jette d'abord à parties égales dans le fourneau ; quand il est devenu clair dans le creuset, on ajoute de chacun ce qui convient, et l'or est doublé. »

89. *Autre (procédé).*

« Invention de l'eau de soufre (2). Une poignée de chaux, et autant de soufre en poudre fine ; placez-les dans un vase contenant du vinaigre fort, ou de l'urine d'enfant impubère (3) ; chauffez par en-dessous, jusqu'à ce que la

---

(1) Minium ou sanguine.

(2) Ou de l'eau divine ; le mot grec est le même.

(3) L'urine d'un enfant impubère, παιδὸς ἀφθόρου, était employée par les anciens dans beaucoup de recettes, comme on le voit dans Dioscoride, dans Pline, dans Celse, etc. Elle agissait vraisemblablement comme source de phosphates alcalins et d'ammoniaque, résultant de la décomposition de l'urée. Mais nous ne voyons pas pourquoi toute urine humaine ne ferait pas le même effet ; à moins qu'il n'y ait là une idée mystique. Plus tard, le mot d'*enfant* ayant disparu dans les recettes des

liqueur surnageante paraisse comme du sang ; décantez celle-ci proprement pour la séparer du dépôt, et employez. »

On prépare ainsi un polysulfure de calcium, susceptible d'attaquer l'or, du moins à sec, capable aussi de teindre les métaux par voie humide.

L'*eau de soufre* ou *eau divine* joue un très grand rôle chez les alchimistes grecs.

90. *Comment on dilue l'asèm.*

« Ayant réduit l'asèm en feuilles et l'ayant enduit de mercure, et appliqué fortement sur la feuille, on saupoudre de pyrite la feuille ainsi disposée, et on la place sur des charbons, pour la dessécher et jusqu'à ce que la couleur de la feuille paraisse changée ; car le mercure s'évapore et la feuille s'attendrit. Puis on incorpore dans le creuset 1 partie d'or (1), 2 parties d'argent (2); les ayant mêlées, jetez sur la rouille qui surnage de l'arsenic couleur d'or, de la pyrite, du sel ammoniac (3), de la chalcite (4), du bleu (5), et ayant broyé avec l'eau de soufre, grillez, puis répandez le mercure à la surface. »

Les recettes suivantes sont des recettes de teinture en pourpre.

91. *Fixation de l'orcanette.*

« Urine de brebis ; ou arbouse, ou jusquiame pareillement. »

C'est un fragment de recette sans suite, recueilli sans doute par un copiste ignorant. A moins qu'il ne s'agisse d'un simple détail, destiné à compléter une recette connue du lecteur.

---

copistes, celles-ci ont appliqué l'épithète à l'urine; et il n'est plus guère mention que d'urine non corrompue (οὖρον ἄφθορον) dans les ouvrages alchimiques grecs. Cependant la notion primitive a subsisté pendant tout le moyen âge, dans quelques textes. Ainsi on lit encore dans la *Bibliotheca Chemica* de MANGET, t. I. Préface, avant-dernière page (1702) : « *Sal volatile et fixum, ut et spiritus urinæ, sic parantur. Recipe urinæ puerorum 12 circiter annos natorum, etc.* ».

(1) L'or est désigné ici par le signe du Soleil, exactement pareil à celui des alchimistes : c'est le plus vieil exemple connu de cette notation.

(2) L'argent est désigné par le croissant lunaire, toujours comme chez les alchimistes.

(3) *Voir* la remarque de la page 45.

(4) Minerai pyriteux de cuivre.

(5) Sulfate de cuivre, ou émail bleu, ou azurite.

92. *Dilution (falsification) de l'orcanette.*

« On dilue l'orcanette avec les pommes de pins (?), la partie intérieure des
pêches, le pourpier, le suc des bettes, la lie de vin, l'urine de chameau et
l'intérieur des citrons. »

93. *Fixation de l'orcanette.*

« Cotylédon (1) et alun mêlés à parties égales, broyez finement, jetez-y
l'orcanette. »

94. *Agents styptiques.*

« Melanteria (2), couperose calcinée, alun, chalcitis, cinabre, chaux, écorce
de grenade, gousse d'arbre épineux, urine avec aloès : ces choses servent en
teinture. »

95. *Préparation de la pourpre.*

« Cassez en petits morceaux la pierre de Phrygie (3) ; faites bouillir et,
ayant immergé la laine, abandonnez jusqu'à refroidissement ; ensuite jetant
dans le vase une mine (poids) d'algue (4), faites bouillir et jetez-y une mine
d'algue ; faites bouillir et jetez-y la laine, et, laissant refroidir, lavez dans
l'eau de mer [la pierre de Phrygie est grillée (5), avant d'être concassée],
jusqu'à coloration pourpre. »

96. *Teinture de la pourpre.*

« Mouillez la chaux avec de l'eau et laissez reposer pendant une nuit ;
ayant décanté, déposez la laine dans la liqueur pendant un jour ; enlevez-la,
séchez ; ayant arrosé l'orcanette avec du vinaigre, faites bouillir et jetez-y la

---

(1) Plante, *voir* Dioscoride, *Mat.
méd.*, IV, 90 et 91.

(2) Vitriol, produit par la décomposition de certains minerais à l'orifice
des mines de cuivre (Diosc., *Mat. médicale.* V, 117).

(3) Pline, *H. N.* XXXVI, 36. —
Dioscoride, *Mat. médicale,* V, 140.
Cette pierre était autrefois employée
pour la teinture des étoffes. Il semble que ce fût une sorte d'alunite.

(4) Herbes et lichens marins fournissant l'orseille.

(5) Ceci s'accorde avec Pline. C'est
d'ailleurs une parenthèse, la coloration
en pourpre s'appliquant à la laine. Il y
a avant deux mots inintelligibles, par
suite de quelque transposition du copiste.

laine et elle sortira teinte en pourpre — (l'orcanette bouillie avec l'eau et le natron produit la couleur pourpre). »

« Ensuite séchez la laine, et teignez-la comme il suit : Faites bouillir l'algue avec de l'eau, et, lorsqu'elle aura été épuisée, jetez dans l'eau une quantité imperceptible de couperose, afin de développer la pourpre, et alors plongez-y la laine, et elle se teindra : s'il y a trop de couperose, elle devient plus foncée. »

Il y a là deux procédés distincts, l'un avec l'orcanette, l'autre avec l'orseille.

97. *Autre* (*procédé*).

« Broyez des noix avec de l'orcanette de bonne qualité ; cela fait, mettez-y du vinaigre fort ; broyez de nouveau ; ajoutez-y de l'écorce de grenadier ; laissez trois jours ; et après, plongez-y la laine et elle sera teinte à froid. »

« On dit qu'il y a un certain acanthe (1) qui fournit de la couleur pourpre ; mouillé avec du natron de Bérénice, au lieu de noix, il produit le même effet. »

98. *Autre* (*procédé*).

« Nettoyez la laine avec l'herbe à foulon, et tenez à votre disposition de l'alun lamelleux ; en broyant la partie intérieure de la noix de galle, jetez avec l'alun dans un pot, puis mettez la laine et laissez reposer quelques heures ; enlevez-la et laissez-la sécher. Au préalable, suivez cette marche. Ayant broyé de la lie (2) et l'ayant mise dans un vase, versez de l'eau de mer, agitez et laissez déposer. Puis décantez l'eau claire dans un autre vase et tenez-la à votre disposition. Prenant de l'orcanette et la mettant dans un vase, mêlez avec l'eau de la lie, jusqu'à ce qu'elle s'épaississe convenablement et devienne comme sablonneuse. Alors mettez le produit dans le vase (réservé), délayant à la main avec l'eau précédente qui provient de l'orcanette. Ensuite, lorsqu'il sera devenu comme visqueux, mettez-le dans une

---

(1) Plante non identifiée. (*Voir* Diosc., *Mat. méd.* III, 17. — Pline, *H. N.* XXII, 34.)

(2) La lie de vin agit ici par le bitartrate de potasse qu'elle contient.

petite marmite, ajoutez-y le reste de l'eau d'orcanette, et laissez jusqu'à ce qu'il ait tiédi ; alors plongez-y la laine, laissez quelques heures et vous trouverez la pourpre solide. »

99. *Autre (procédé).*

« Prenant de l'orcanette, de la léontice (1), ôtez l'écorce, prenez-la pour la broyer dans un mortier, aussi fine que de l'antimoine : ajoutez-y de l'hydromel dilué avec de l'eau, broyez de nouveau, mettez le produit broyé dans un vase, et faites bouillir : quand vous verrez tiédir (la liqueur), plongez-y la laine ; laissez séjourner. La laine doit être nettoyée avec l'herbe à foulon et épaissie (cardée et feutrée). Alors prenez-la, plongez-la dans l'eau de chaux (2), laissez imbiber ; enlevez-la, lavez fortement avec du sel marin, séchez ; plongez de nouveau dans l'orcanette et laissez séjourner. »

100. *Autre (procédé).*

« Prenez le suc des parties supérieures de l'orcanette et une noix de galle compacte [omphacite (3)] grillée dans la rôtissoire ; l'ayant broyée avec addition d'un peu de couperose, mêlez au suc, faites bouillir, et donnez la teinture de pourpre. »

101. *Substitution de couleur glauque* (4).

« Au lieu de couleur glauque, prenez la scorie de fer, écrasez-la avec soin jusqu'à réduction à l'apparence du smegma (5), et faites bouillir avec du vinaigre, jusqu'à ce qu'il durcisse ; plongez la laine préalablement nettoyée avec l'herbe à foulon épaissie (cardée et feutrée), et vous la trouverez teinte en pourpre ; teignez ainsi avec les couleurs que vous avez. »

DIOSCORIDE. Extraits du livre sur la *Matière médicale.*

102. Arsenic. — 103. Sandaraque. — 104. Misy. — 105. Cadmie. — 106. Chrysocolle. — 107. Rubrique de Sinope. — 108. Alun. — 109. Natron. — 110. Cinabre. — 111. Mercure.

---

(1) Plante. Voir Diosc., *Mat. méd.* III, 100. — PLINE, *H. N.* XXV, 85.

(2) Est-ce la même chose que la dissolution de la chaux vive dans l'eau ?

(3) Diosc., *Mat. méd.* I, 146.

(4) Bleu verdâtre. Cette recette est obscure et incomplète.

(5) Variété d'oxyde de cuivre produite par le vent du soufflet sur le cuivre fondu. PLINE *H. N.* XXXIV, 36.

On se borne à rappeler ces titres pour mémoire, les articles ayant été tirés d'un Ouvrage connu et publié (*voir* p. 26).

EXPLICATION DES RECETTES DU PAPYRUS DE LEIDE

Ces textes étant connus, il s'agit maintenant de les rapprocher et d'en tirer certaines conséquences.

Les recettes relatives aux métaux sont les plus nombreuses et les plus intéressantes. Elles montrent tout d'abord la corrélation entre la profession de l'orfèvre, qui travaillait les métaux précieux, et celle de l'hiérogrammate ou scribe sacré, obligé de tracer sur les monuments de marbre ou de pierre, aussi bien que sur les livres en papyrus ou en parchemin, des caractères d'or ou d'argent : les recettes données pour dorer les bijoux dans le papyrus sont en effet les mêmes que pour écrire en lettres d'or. Nous commencerons par ce dernier ordre de recettes, dont les applications sont toutes spéciales, avant d'entrer dans le détail des préparations métalliques; car elles forment en quelque sorte l'introduction aux procédés de teinture des métaux.

I. — *Recettes pour écrire en lettres d'or.*

L'art d'écrire en lettres d'or ou d'argent préoccupait beaucoup les artisans qui se servaient de notre papyrus; il n'y a pas moins de quinze ou seize formules sur ce sujet, traité aussi à plusieurs reprises dans les manuscrits de nos bibliothèques; Montfaucon et Fabricius ont déjà publié plusieurs recettes, tirées de ces derniers.

Rappelons rapidement celles du papyrus :

Feuilles d'or broyées avec de la gomme (53) et (78).

Ce procédé figure encore de nos jours dans le *Manuel Roret* (t. II, p. 136; 1832) [Triturer une feuille d'or avec du miel et de la gomme, jusqu'à pulvérisation, etc.]

Or amalgamé et gomme (34) et (71).

Amalgame d'or (54).

Dans une autre recette (70) et (45), on prépare d'abord un alliage d'or et de plomb, auquel on fait subir certaines préparations.

Dans les recettes précédentes, l'or forme le fond du principe colorant. Mais on employait aussi des succédanés pour écrire en couleur d'or, sans or : par exemple, un mélange intime de soufre natif, d'alun et de rouille, (72) et (73), délayés dans du vin ;

Et encore : litharge couleur d'or (35) ;

Safran et bile de tortue (39) ;

Cuivre rendu semblable à l'or par un enduit de cumin (47) ; voir aussi (77).

Fleur de carthame et bile de tortue ou de veau (63).

Les recettes suivantes reposent sur l'emploi de l'orpiment (arsenic des anciens); telles sont les recettes (50) et (58), avec addition de safran.

Dans une autre préparation plus compliquée (74), l'orpiment, la chélidoine, la bile de tortue et le safran sont associés, suivant une recette composite.

L'orpiment apparaît ici comme matière employée pour sa couleur propre, et non comme colorant des métaux, emploi qu'il a pris plus tard.

On trouve encore une recette (62) pour écrire en lettres d'asèm (alliage d'argent et d'or), au moyen de la couperose, du soufre et du vinaigre ; c'est-à-dire sans or ni argent ;

Et une recette (79) pour écrire en lettres d'argent, avec de la litharge délayée dans la fiente de colombe et du vinaigre.

Il existe aujourd'hui des recettes analogues dans le *Manuel Roret* (t. II, p. 140 ; 1832) : « Étain pulvérisé et gélatine, on forme un enduit, on polit au brunissoir ; on ajoute une couche de vernis à l'huile ou à la gomme laque, ce qui fournit une couleur blanche, ou dorée, sur bois, sur cuir, fer, etc. »

Si j'ai donné quelques détails sur ces recettes pour écrire des lettres d'or ou d'argent, c'est parce qu'elles caractérisent nettement les personnes à qui elles étaient destinées. Ce sont, je le répète, des formules précises de praticiens, intéressant spécialement le scribe qui transcrivait ce papyrus, et toute la classe, si importante en Égypte, des hiérogrammates ; car il ne s'agissait pas seulement d'écrire et de dessiner sur papyrus, mais aussi sur marbre ou sur tout autre support. Certaines de ces recettes, par une transition singulière, sont devenues, comme je le dirai bientôt, des recettes de transmutation véritable.

II. — *Manipulation des Métaux.*

Venons aux formules relatives à la manipulation des métaux. Elles portent la trace d'une préoccupation commune : celle d'un orfèvre préparant des métaux et des alliages pour les objets de son commerce, et poursuivant un double but. D'une part, il cherchait à leur donner l'apparence de l'or et de l'argent, soit par une teinture superficielle, soit par la fabrication d'alliages ne renfermant ni or, ni argent, mais susceptibles de faire illusion à des gens inhabiles et même à des ouvriers exercés, comme il le dit expressément. D'autre part, il visait à augmenter le poids de l'or et de l'argent par l'introduction de métaux étrangers, sans en modifier l'aspect. Ce sont là toutes opérations auxquelles se livrent encore les orfèvres de nos jours ; mais l'Etat leur a imposé l'emploi de marques spéciales, destinées à définir le titre réel des bijoux essayés dans les laboratoires officiels, et il a séparé avec soin le commerce du faux, c'est-à-dire les imitations, ainsi que celui du doublé, du commerce des métaux authentiques. Malgré toutes ces précautions, le public est continuellement déçu, parce qu'il ne connaît pas et ne peut pas connaître suffisamment les marques et les moyens de contrôle.

Il y a là des tentations spéciales : les fraudes professionnelles ne semblent pas toujours, dans l'esprit des gens du métier, relever des règles de la probité commune. Le prix de l'or est si élevé, les bénéfices résultant de son remplacement par un autre métal sont si grands, que, même de nos jours, il s'exerce de la part des orfèvres une pression incessante dans ce sens, pression à laquelle les autorités publiques ont peine à résister. Elle a pour but, soit d'abaisser le titre des alliages d'or employés en orfèvrerie, tout en les vendant comme or pur ; soit de vendre au prix du poids total, estimé comme or, les bijoux renfermant des émaux ou des morceaux de fer ou d'autres métaux ; même de notre temps, c'est là une tradition commerciale que l'on n'a pas réussi à interdire. Déjà l'on disait au siècle dernier, au temps des métiers organisés par corporations : « Il semble que l'art de tromper ait ses principes et ses règles ; c'est une tradition que le maître enseigne à son apprenti, que le corps entier conserve comme un secret important. » Ici, comme dans bien d'autres industries, il y a tendance perpétuelle à opérer des substitutions et des altérations de matière, fort lucratives pour le marchand et exécutées de façon que le public ne s'en aperçoive pas ; sans cependant se mettre en contradiction flagrante avec le texte des lois et règlements. Au delà commence la criminalité, et il n'est pas rare que la limite soit franchie.

Or ces lois et règlements, cette séparation rigoureuse entre l'industrie du faux, du doublé, du plaqué, des imitations, et l'industrie du vrai or et du vrai argent, ces marques légales, ces moyens précis d'analyse dont nous disposons aujourd'hui, n'existaient pas au temps des anciens. Le papyrus de Leide est consacré à développer les procédés par lesquels les orfèvres d'alors imitaient les métaux précieux et donnaient le change au public. La fabrication du doublé et celle des bijoux fourrés ne figurent cependant pas dans ces recettes, quoiqu'on en trouve des traces chez Pline (1). Les recettes sont ici d'ordre purement chimique, c'est-à-dire que l'intention de fraude est moins évidente. De là pourtant à l'idée qu'il était possible de rendre l'imitation si parfaite qu'elle devînt identique à la réalité, il n'y avait qu'un pas. C'est celui qui fut franchi par les alchimistes.

La transmutation était d'autant plus aisée à concevoir dans les idées du temps que les métaux purs, doués de caractères définis, n'étaient pas distingués alors de leurs alliages : les uns et les autres portaient des

---

(1) *Hist. nat.*, XXXIII, 6, anneau de fer entouré d'or ; lame d'or creuse remplie avec une matière légère ; 52, lits plaqués d'or, etc. Les monnaies fourrées, c'est-à-dire formées d'une âme de cuivre, de fer ou de plomb, recouverte d'une feuille d'argent ou d'or, ont été usitées dans l'antiquité et même fabriquées par le Gouvernement, qui les mêlait en certaines proportions avec la monnaie loyale dans ses émissions, dès le temps de la République romaine et aussi à l'époque impériale, ce que l'on appelait *miscere monetam : — tingere* ou *inficere monetam*, — dernière expression applicable à l'or. (*La Monnaie dans l'antiquité*, par Fr. Lenormant, I, 221 à 236).

noms spécifiques, regardés comme équivalents. Tel est le cas de l'airain (*æs*), alliage complexe et variable, assimilé au cuivre pur, et qui était souvent désigné par le même nom. Notre mot *bronze* reproduit la même complexité; mais ce n'est plus pour nous un métal défini. Le mot de *cuivre* lui-même s'applique souvent à des alliages jaunes ou blancs, dans la langue commune de nos jours et dans celle des artisans. De même l'orichalque, qui est devenu après plusieurs variations notre *laiton* (1); le chrysochalque, qui est devenu notre *chrysocale* ou *similor*, etc. L'*electrum*, alliage naturel d'or et d'argent, a servi à fabriquer des monnaies en Asie Mineure, (Lydie et villes d'Ionie), en Campanie et à Carthage, où l'on prenait même soin de leur faire subir une cémentation, destinée à leur donner l'aspect de l'or pur (v. p. 16). L'airain de Corinthe, alliage renfermant de l'or, du cuivre et de l'argent, n'était pas sans analogie avec le quatrième titre de l'or, usité aujourd'hui en bijouterie. L'alliage monétaire, employé pour les monnaies courantes, était aussi un métal propre; de même que notre billon d'aujourd'hui; la planète Mars lui est même attribuée, au même titre que les autres planètes aux métaux simples, dans la vieille liste de Celse. Le *claudianon* et le *molybdochalque*, alliages de cuivre et de plomb mal connus, souvent cités par les alchimistes, ne sont pas sans analogie avec le clinquant, le potin et avec certains laitons ou bronzes artistiques, spécialement signalés dans divers passages de Zosime. Mais ils ont disparu, au milieu des nombreux alliages que l'on sait former maintenant entre le cuivre, le zinc, le plomb, l'étain, l'antimoine et les autres métaux. Le *pseudargyre* de Strabon est un alliage qui n'a pas non plus laissé d'autre trace historique; peut-être contenait-il du nickel. Les Romains ajoutaient parfois au bronze monétaire, (cuivre et étain), du plomb, jusqu'à la dose de 29 p. o/o dans leurs monnaies. Le *stannum* de Pline était un alliage analogue au claudianon, renfermant parfois de l'argent, et dont le nom a fini par être identifié avec celui du plomb blanc, autre alliage variant depuis les composés de plomb et d'argent, qui se produisent pendant le traitement des minerais de plomb, jusqu'à l'étain pur, qu'il a fini par signifier exclusivement. La monnaie

(1) Le nom même du laiton vient d'*electrum*, qui avait pris ce sens pendant le moyen âge, d'après du Cange.

d'étain frappée par Denys de Syracuse, d'après Aristote, devait être un alliage de cet ordre ; même au temps des Sévères on a fabriqué des monnaies d'étain, simulant l'argent (Lenormant, *La Monnaie dans l'antiquité*, p. 213) et qui sont venues jusqu'à nous.

Au point de vue de l'imitation ou de la reproduction de l'or et de l'argent, le plus important alliage était l'*asèm*, identifié souvent avec l'électrum, alliage d'or et d'argent qui se trouve dans la nature : mais le sens du mot *asèm* est plus compréhensif. Le papyrus X offre à cet égard beaucoup d'intérêt, en raison des formules multipliées d'asèm qu'il renferme. C'est sur la fabrication de l'asèm en effet que roule surtout l'imitation de l'or et de l'argent, d'après les recettes du papyrus : c'est aussi sa fabrication et celle du molybdochalque, qui sont le point de départ des procédés de transmutation des alchimistes. Toute cette histoire tire un singulier jour des textes du papyrus qui précisent nettement ce qu'il était déjà permis d'induire à cet égard (1) : je les rapprocherai des textes des vieux alchimistes que j'ai spécialement étudiés.

Abordons donc de plus près la discussion du papyrus. Nous y trouvons d'abord des *recettes pour la teinture superficielle des métaux* (2) : telles que la dorure et l'argenture, destinées à donner l'illusion de l'or et de l'argent véritables et assimilées soit à l'écriture en lettres d'or et d'argent, soit à la teinture en pourpre, dont les recettes suivent. Tantôt on procédait par l'addition d'un liniment ou d'un vernis : tantôt, au contraire, on enlevait à la surface du bijou les métaux autres que l'or, par une cémentation qui en laissait subsister à l'état invisible et caché le noyau composé (v. p. 16).

On y rencontre aussi des recettes destinées à accomplir une imitation plus profonde : par exemple, en alliant au métal véritable, or ou argent, une dose plus ou moins considérable de métaux moins précieux ; c'était l'opération de la *diplosis*, qui se pratique encore de nos jours (3). Mais l'orfèvre

---

(1) *Origines de l'Alchimie*. Les métaux chez les Égyptiens, p. 211 et suivantes.

(2) *Ibid.*, p. 238.

(3) Manilius, poète latin du 1er siècle de l'ère chrétienne, en parle aussi dans un vers dont l'authenticité a été contestée autrefois par des raisons *à priori* : la diplosis étant réputée inconnue avant le moyen âge. Mais la connaissance positive de cette opération chez les anciens, établie par le papyrus de Leide, tend à rétablir la valeur du texte de Manilius. — Voir *Origines de l'Alchimie*, p. 70.

égyptien croyait ou prétendait faire croire que le métal vrai était réellement multiplié, par une opération comparable à la fermentation ; deux textes du papyrus [*masse inépuisable*, recettes (7) et (60), etc.] le montrent clairement. C'est là d'ailleurs la notion même des premiers alchimistes, clairement exposée dans Enée de Gaza (1).

Enfin la falsification est parfois complète, l'alliage ne renfermant pas trace d'or ou d'argent initial. C'est ainsi que les alchimistes espéraient réaliser une transmutation intégrale.

Dans ces diverses opérations, le mercure joue un rôle essentiel, rôle qui a persisté jusqu'à nos jours, où il a été remplacé pour la dorure par des procédés électriques. L'arsenic, le soufre et leurs composés apparaissent aussi comme agents tinctoriaux : ce qui complète l'assimilation des recettes du papyrus avec celles des alchimistes.

Les divers procédés employés dans le papyrus, pour *reconnaître la pureté des métaux* (docimasie, **43**, **44**, **64**, **32**) ; pour les affiner et les purifier (**15**, or), (**26**, argent), (**2**, **3**, **4**, étain), (**21**, **22**, asèm) ; pour les décaper, opération qui précède la soudure ou la dorure (**46**, **48**, **65**, **66**, **20**, **20** *bis*), sont rappelés ici seulement pour mémoire.

En ce qui touche la *soudure des métaux*, il n'y a que deux recettes relatives à la soudure d'or (chrysocolle). Observons que ce nom a plusieurs sens très différents chez les anciens : il signifie tantôt la malachite (2), tantôt un alliage de l'or avec l'argent (3), ou avec le plomb, parfois avec le cuivre ; ces divers corps étant d'ailleurs mis en œuvre simultanément. Enfin on le trouve appliqué dans Olympiodore à l'opération même, par laquelle on réunissait en une masse unique les parcelles ou paillettes métalliques. C'est un alliage de l'or et du cuivre, associé à l'argent ou à l'asèm, qui est désigné sous ce nom dans notre papyrus, recettes (**31**) et (**33**).

Venons aux procédés pour dorer, argenter, teindre et colorer les métaux superficiellement. Deux formules de décapage rappelées plus haut (**19**, **20**, **20** *bis*) ont déjà cette destination ; dans un but de tromperie, ce semble, en modifiant l'apparence de la monnaie. La recette **25** tend vers le même but :

---

(1) *Origines de l'Alchimie*, p. 75.   (3) Pline, *Hist. Nat.*, XXXIII, 29.
(2) Dioscoride, *Mat. méd.*, V. 104.

c'est à peu près celle du cément royal, au moyen duquel on séparait l'or de l'argent et des autres métaux (p. 11). Employée comme ci-dessus, elle a pour effet de faire apparaître l'or pur à la surface de l'objet d'or, le centre demeurant allié avec les autres métaux. C'est donc un procédé de fraude (v. p. 16). Mais on pouvait aussi s'en servir pour lustrer l'or.

Aujourd'hui encore les orfèvres emploient diverses recettes analogues, pour donner à l'or une belle teinte :

« Or mat, salpêtre, alun, sel ;

« Or fin, avec addition d'acide arsénieux ;

« Or rouge, par addition d'un sel de cuivre ;

« Or jaune, par addition de salpêtre, de sel ammoniac.

« *Pour lustrer et polir*. Tartre brut, 2 onces ; soufre en poudre, 2 onces ; sel marin, 4 onces ; faites bouillir dans parties égales d'eau et d'urine ; trempez-y l'or, ou l'ouvrage doré. » (*Manuel Roret*, t. II, p. 188 ; 1832).

Le soufre et l'urine se retrouvent ici, dans le manuel Roret, comme chez les alchimistes égyptiens.

Voici maintenant des procédés de dorure véritable. L'un d'eux (38) est remarquable, parce qu'il procède sans mercure, au moyen d'un alliage de plomb : il représente peut-être une pratique antérieure à la connaissance du mercure, dont il n'est pas question jusqu'au ve siècle avant notre ère.

En tout cas, c'est toujours un procédé pour tromper l'acheteur, comme le texte le dit expressément.

Un autre procédé (57) est destiné à dorer l'argent, par application avec des feuilles d'or et du mercure. L'objet, dit l'auteur, peut subir l'épreuve de l'or régulier (la pierre de touche) : c'est donc un procédé de fraude.

D'autres recettes donnent seulement l'apparence de l'or : on la communique au cuivre par l'emploi du cumin par exemple (28) ; avec des variantes (47) et (77).

Rappelons ici les recettes pour écrire en couleur d'or avec l'aide du safran, du carthame et de la bile de veau ou de tortue (39), (63), (74). Pline explique également que l'on colore le bronze en or avec le fiel de taureau (*H. N.* XXVIII, 146).

Une autre recette est destinée à dorer sans or un vase d'argent ou de cuivre, au moyen du natron jaune, substance mal connue (49) : c'était peut-être un sulfure, capable de teindre superficiellement les métaux (v. p. 39).

Une recette pour dorer l'argent (51) repose sur l'emploi de la sandaraque (c'est-à-dire du réalgar), du cinabre et du misy (sulfates de cuivre et de fer basiques). Elle constate ainsi l'apparition des composés arsénicaux pour teindre en or. Mais ces composés semblent employés ici seulement par application, sans intervention de réactions chimiques, telles que celles qui font au contraire la base des méthodes de transmutation par l'arsenic chez les alchimistes.

Une apparence de dorure superficielle (69) et (76) repose sur l'emploi du misy grillé, de l'alun et de la chélidoine, avec addition d'urine.

Ces procédés de teinture superficielle sont devenus un procédé de transmutation dans le Pseudo-Démocrite (*Physica et Mystica*), qui s'exprime ainsi :

« Rendez le cinabre (1) blanc au moyen de l'huile, ou du vinaigre, ou du miel, ou de la saumure, ou de l'alun; puis jaune, au moyen du misy, ou du sory, ou de la couperose, ou du soufre apyre, ou comme vous voudrez. Jetez le mélange sur de l'argent et vous obtiendrez de l'or, si vous avez teint en or; si c'est du cuivre, vous aurez de l'électrum : car la nature jouit de la nature. »

Cette recette est reproduite avec plus de détails un peu plus loin, dans le même auteur.

Ailleurs le Pseudo-Démocrite donne un procédé fondé sur l'emploi du safran et de la chélidoine, pour colorer la surface de l'argent ou du cuivre et la teindre en or : ce qui est conforme aux recettes pour écrire en lettres d'or exposées plus haut.

La chélidoine apparaît aussi associée à l'orpiment, dans l'une des recettes du papyrus pour écrire en lettres d'or sur papier, sur parchemin, ou sur marbre (74).

A la suite figure un procédé de dorure par vernissage, fondé sur l'emploi simultané des composés arsénicaux, de la bile et du mercure (75).

---

(1) Ce mot semble signifier ici le minium (oxyde de plomb), sens que l'on trouve dans Dioscoride.

Ce procédé rappelle à certains égards le vernis suivant, pour donner une couleur d'or à un métal quelconque (*Manuel Roret*, t. II, p. 192; 1832) :

« Sangdragon, soufre et eau, faire bouillir, filtrer; on met cette eau dans un matras avec le métal qu'on veut colorer. On bouche, on fait bouillir, on distille. Le résidu est une couleur jaune, qui teint les métaux en couleur d'or. On peut encore opérer avec parties égales d'aloès, de salpêtre et de sulfate de cuivre. »

Les procédés suivants sont des procédés d'argenture, tous fondés sur une coloration apparente, opérée sans argent. Ainsi (**42**), sous le nom d'*enduit de cuivre*, on enseigne à blanchir le cuivre en le frottant avec du mercure : c'est encore aujourd'hui un procédé pour donner à la monnaie de cuivre l'apparence de l'argent et duper les gens inattentifs.

De même un amalgame d'étain, destiné à blanchir le cuivre (**27**).

De même le procédé pour colorer l'argent (**81**).

La teinture en couleur d'asèm (**80**) et (**67**), intermédiaire entre l'or et l'argent, est répétée deux fois.

Citons encore une recette pour blanchir le cuivre par l'arsenic (**23**).

Au lieu de teindre la surface des métaux, pour leur donner l'apparence de l'or ou de l'argent, les orfèvres égyptiens apprirent de bonne heure à les teindre à fond, c'est-à-dire en les modifiant dans toute leur masse. Les procédés employés par eux consistaient à préparer des alliages d'or et d'argent conservant l'apparence du métal : c'est ce qu'ils appelaient la *diplosis*, l'art de doubler le poids de l'or et de l'argent (V. plus haut p. 56); expression qui a passé aux alchimistes, en même temps que la prétention d'obtenir ainsi des métaux, non simplement mélangés, mais transformés à fond. Le mot actuel de *doublé* se rapporte au même ordre d'idées, mais avec un sens tout différent, puisqu'il s'agit aujourd'hui de deux lames métalliques superposées. Chez les anciens la signification était plus extensive. En effet, le mot *diplosis* impliquait autrefois, tantôt la simple augmentation de poids du métal précieux, additionné d'un métal de moindre valeur qui n'en changeait pas l'apparence, (**16**) et **17**, **56**, **87** et **88** ; tantôt la fabrication de toutes pièces de l'or et de l'argent, par la transmutation de nature du métal surajouté; tous les métaux étant au fond identiques, conformément aux théories platoniciennes sur la matière première. L'agent même de la transformation est une portion de l'alliage antérieur, jouant le rôle de ferment.

Toutes ces préparations sont aussi claires et positives, sauf l'incertitude sur le sens de quelques mots, que nos recettes actuelles. Il n'en est que plus surprenant de voir naître, au milieu de procédés techniques si précis, la chimère d'une transmutation véritable ; elle est corrélative d'ailleurs avec l'intention de falsifier les métaux. Le faussaire, à force de tromper le public, finissait par croire à la réalité de son œuvre ; il y croyait, aussi bien que la dupe qu'il s'était d'abord proposé de faire. En effet, la parenté de ces recettes avec celles des alchimistes peut être aujourd'hui complètement établie.

J'ai déjà signalé l'identité de quelques recettes de dorure du papyrus avec les recettes de transmutation du Pseudo-Démocrite ; je poursuivrai cette démonstration tout à l'heure en parlant de l'asèm. Elle est frappante pour la *diplosis* de Moïse (1), recette aussi brève, aussi claire que celle des papyrus de Leide et tirée probablement des mêmes sources ; du moins si l'on en juge par le rôle de Moïse dans ces mêmes papyrus (ce volume, p. 16).

Le procédé de Moïse, exposé en quelques lignes, est celui-ci :

« Prendre du cuivre, de l'arsenic (orpiment), du soufre et du plomb (2) ; on broie le mélange avec de l'huile de raifort ; on le grille sur des charbons jusqu'à désulfuration ; on retire ; on prend de ce cuivre brûlé 1 partie et 3 parties d'or ; on met dans un creuset ; on chauffe ; et vous trouverez le tout changé en or, avec le secours de Dieu. »

C'est un alliage d'or à bas titre, analogue à ceux signalés plus haut.

Les soudures d'argent des orfèvres de nos jours sont encore exécutées au moyen des composés arsénicaux. On lit par exemple dans le *Manuel Roret*, t. II, p. 186 (1832) :

« 3 parties d'argent, 1 partie d'airain : fondez ; jetez-y un peu d'orpiment en poudre.

« Autre : argent fin, 1 once ; airain mince, 1 once ; arsenic, 1 once. On fond d'abord l'argent et l'airain et l'on y ajoute l'arsenic.

---

(1) *Manuscrit* **299** *de Saint-Marc* (M), f. 185, recto.

(2) Ou bien du soufre natif ; d'après le symbole du manuscrit.

« Autre : argent, 4 onces ; airain, 3 onces ; arsenic, 2 gros.

« Autre : argent, 2 onces ; clinquant, 1 once ; arsenic, 4 gros ; couler de suite ; bonne soudure. »

On remarquera que l'énoncé même de ces formules de nos jours affecte une forme analogue à celui des formules du papyrus (23 notamment) et des manuscrits. C'est d'ailleurs par des recettes analogues que l'on prépare aujourd'hui le *tombac blanc* ou cuivre blanc, et le faux argent des Anglais. En tous cas, le cuivre est teint dans le papyrus au moyen de l'arsenic, comme chez les alchimistes ; le tout dans une intention avouée de falsification.

La formule d'Eugenius, qui suit dans le manuscrit de Venise, est un peu plus complexe que celle de Moïse.

Elle repose aussi sur l'emploi du cuivre brûlé, mêlé à l'or et fondu, auquel on ajoute de l'orpiment : ce composé traité par le vinaigre est exposé au soleil pendant deux jours, puis on le dessèche ; on l'ajoute à l'argent, ce qui le rend pareil à l'électrum ; le tout ajouté à l'or, par parties égales, consomme l'opération.

C'est toujours le même genre d'alliages, que l'auteur prétend identifier finalement avec l'or pur.

III. — *Fabrication de l'Asèm.*

Le nœud de la question est dans la fabrication de l'asèm.

L'asèm (1) des Égyptiens désignait à l'origine l'électrum, alliage d'or et d'argent, qui se trouve dans la nature et qui se produit aisément dans les traitements des minerais. Son nom a été traduit chez les Grecs anciens par celui de ἄσημον, ἄσημος, ou ἀσήμη, qui était aussi celui de l'argent sans marque, c'est-à-dire sans titre, lequel est devenu chez les Grecs modernes le nom même de l'argent. De là une confusion extrême dans les textes. Mais à l'origine l'*asèm* égyptien avait un sens propre, comme le montrent, sans doute possible, les papyrus de Leide. D'après Lepsius, d'ailleurs, l'asèm était regardé comme un métal distinct, comparable à l'or et à l'argent ; il est figuré à côté d'eux

---

(1) *Origines de l'Alchimie,* p. 215.

sur les monuments égyptiens. Il a été placé de même sous le patronage d'une divinité planétaire, Jupiter, qui, plus tard, fut attribuée à l'étain, vers le ve ou vi^e siècle de notre ère, lorsque l'électrum disparut de la liste des métaux.

Cependant ce métal prétendu variait notablement dans ses propriétés, suivant les doses relatives d'or, d'argent et des autres corps simples, alliés dans sa constitution : mais alors la chose ne paraissait pas plus surprenante que la variation des propriétés de l'airain, nom qui comprenait à la fois et notre cuivre rouge, et les bronzes et les laitons d'aujourd'hui.

Ce n'est pas tout : l'asèm jouissait d'une faculté étrange : suivant les traitements subis, il pouvait fournir de l'or pur, ou de l'argent pur, c'est-à-dire être changé en apparence en ces deux autres métaux.

Enfin, et réciproquement, on pouvait le fabriquer artificiellement, en alliant l'or et l'argent entre eux, voire même sans or, et sans argent et en outre avec association d'autres métaux, tels que le cuivre, l'étain, le zinc, le plomb, l'arsenic, le mercure, qui en faisaient varier la couleur et les diverses propriétés : on va citer tout à l'heure de nombreux exemples de ce genre de fabrication (v. aussi p. 54 et 56, les formules des monnaies falsifiées).

C'était donc à la fois un métal naturel et un métal factice. Il établissait la transition de l'or et de l'argent entre eux et avec les autres métaux et semblait fournir la preuve de la transmutation réciproque de toutes ces substances, métaux simples et alliages. On savait d'ailleurs en retirer dans un grand nombre de cas l'or et l'argent, au moins par une analyse qualitative, et l'on y réussissait même dans des circonstances, telles que le traitement du plomb argentifère, où il ne semblait pas qu'on eût introduit l'argent à l'avance dans les mélanges capable de fournir ce métal.

Tels sont les faits et les apparences qui servaient de bases aux pratiques, aux conceptions et aux croyances des orfèvres des papyrus de Leide, comme à celles des alchimistes gréco-égyptiens de nos manuscrits. On voit par là que, étant donné l'état des connaissances d'alors, ces conceptions et ces croyances n'avaient pas le caractère chimérique qu'elles ont pris pour nous ; maintenant que les métaux simples sont définitivement distingués, les uns par rapport aux autres, comme par rapport à leurs alliages. La seule chose surprenante, c'est la question de fait : je veux dire que les praticiens aient cru si longtemps à la réalité d'une transmutation complète, alors qu'ils fabriquaient uniquement des alliages ayant l'apparence de l'or et de l'argent, alliages dont nous possédons maintenant, grâce au papyrus de Leide, les formules précises. Or ces formules sont les mêmes que celles des manuscrits alchimiques. En fait, c'étaient là des instruments de fraude et d'illusion vis-à-vis du public ignorant. Mais comment les gens du métier ont-ils pu croire si longtemps qu'ils pouvaient réellement, par des pratiques d'artisan, ou par des formules magiques, réussir à changer ces apparences en réalité ? Il y a là un état intellectuel qui nous confond. Quoi qu'il en soit, il est intéressant de pousser la connaissance des faits jusqu'à son dernier degré, et c'est ce que je vais essayer de faire.

Le nombre des recettes relatives à l'asèm s'élève à 28 ou 30 ; c'est plus du quart du nombre total des articles du papyrus. Elles comprennent des procédés pour la fabrique de toutes pièces ; des procédés pour faire l'asèm noir, correspondant à ce que nous appelons l'argent oxydé ; des procédés pour teindre en asèm ; pour faire des lettres de cette couleur, pour essayer l'asèm ; enfin des procédés pour doubler et multiplier la dose de l'asèm, pour le diluer, etc. : ce qui répond à la *diplosis* de l'or, signalée plus haut (p. 56 et 60).

Entrons dans quelques détails, en commençant par les procédés de fabrication, qui mettent en pleine évidence le caractère réel de l'asèm. On trouve désignés sous ce nom, indépendamment de l'asèm naturel ou electrum, alliage d'or et d'argent figuré sur les monuments égyptiens :

1° Un alliage d'étain et d'argent (3).

C'est un procédé de *diplosis* de l'argent.

2° Un amalgame d'étain, (5) et (86).

Ici il s'agit uniquement de simuler l'argent.

Dans une autre recette (37), l'étain affiné est simplement additionné d'un peu de mercure : ce qui montre que la dose de ce dernier variait.

3° L'étain affiné a été parfois identifié à l'asèm (v. p. 55), comme le montre la recette suivante, tirée du manuscrit 299 de Saint-Marc (M, fol. 106, recto) :

« Prenez de l'étain affiné, fondez-le et, après cinq fusions, jetez du bitume à sa surface dans le creuset ; et chaque fois que vous le refondrez, coulez-le dans du sel ordinaire, jusqu'à ce qu'il devienne un asèm parfait et abondant. »

C'est la formule (3) du papyrus, dans lequel elle précède la fabrication d'un alliage d'étain et d'argent. En tous cas, elle montre la similitude parfaite des recettes du papyrus et de celles du manuscrit de Saint-Marc.

4° Le nom de l'asèm parait avoir été aussi appliqué à un alliage de plomb et d'argent, obtenu dans la fusion des minerais de plomb; ainsi que l'établit le texte suivant (1), tiré du manuscrit de Saint-Marc (fol. 106, recto) :

« Prenez du plomb fusible, tiré des minerais lavés. Le plomb fusible est très compact. On le fond à plusieurs reprises, jusqu'à ce qu'il devienne asèm. Après avoir obtenu l'asèm, si vous voulez le purifier, jetez dans le creuset du verre de Cléopâtre et vous aurez de l'asèm pur; car le plomb fusible fournit beaucoup d'asèm. Chauffez le creuset sur un feu modéré et pas trop fort. »

Et un peu plus bas :

« On tire l'asèm du plomb purifié, comme il est écrit sur la stèle d'en haut (2). Il faut savoir que cent livres de plomb ordinaire fournissent dix livres d'asèm. »

Dans les autres recettes, le cuivre intervient toujours; on rapprochait par là l'apparence et les propriétés de l'alliage de celles de l'or. L'asèm formait dès lors, aussi bien que l'électrum naturel, la transition entre l'or et l'argent. Toutefois, dans aucune des recettes, sauf la dernière (90), l'or n'est ajouté; ce qui montre bien l'intention d'imitation, ou plutôt de fraude.

5° Un alliage d'étain et de cuivre, sorte de bronze où l'étain dominait (30); ou bien il était pris à parties égales (29) et (14).

6° Un alliage analogue, avec addition d'asèm antérieur (8) et (40).

L'intention de fraude est ici très explicitement avouée.

Dans cette formule, il n'est pas question des fondants et des tours de main pour affiner l'alliage, mais ils sont décrits en détail dans une autre recette (19), par laquelle on augmente la proportion de cuivre dans l'asèm

---

(1) Le titre est : Sur la fabrication de l'asèm ; tandis que le signe employé dans le courant du texte est celui de l'argent. (Texte grec ci-après, I, xvi.)

(2) Il s'agit évidemment de la recette précédente, inscrite probablement dans le temple sur une stèle ou colonne.

déjà préparé : ce qui devait rapprocher le bronze obtenu de la couleur de l'or. De même (83), dans une recette où l'on décrit les précautions pour éviter l'oxydation.

7° Un alliage d'argent, d'étain et de cuivre (41).

Une recette analogue, un peu plus détaillée et avec moitié moins d'étain, se termine par ces mots : «Employez-le comme de l'asèm, préférable au véritable (59). »

8° Un amalgame de cuivre et d'étain (9) et (29).

9° Un amalgame de cuivre, d'étain et d'asèm (13) et (18).

C'est une variante de la formule précédente.

Ces recettes paraissent se rapporter à ces prescriptions fondamentales du Pseudo-Démocrite : « Fixe le mercure avec le corps (ou métal) de la magnésie. » La magnésie était, à proprement parler, tantôt la pierre d'aimant, avec addition de divers métaux et oxydes métalliques, tantôt un sulfure métallique contenant du fer, du cuivre, du plomb, etc.

10° Un alliage de plomb, de cuivre, de zinc et d'étain (11); avec ces mots à la fin : « On s'en sert comme de l'asèm naturel. »

On voit paraître ici l'idée d'imiter par l'art le métal naturel, par analogie avec la reproduction artificielle des pierres précieuses.

11° Un alliage de plomb, de cuivre et d'asèm (84), désigné sous le nom d'*asèm égyptien, d'après la recette de Phiménas le Saïte,* personnage qui est le même que le Pamménès des alchimistes. En effet, il est expressément cité par le Pseudo-Démocrite, comme artiste en Chrysopée, au début d'une série de recettes pour la fabrication de l'asèm (p. 24).

Cet ordre d'alliages rappelle le *métal anglais* de nos jours, formé de 80 parties de cuivre; 4, 3 de plomb: 10, 1 d'étain; 5, 6 de zinc.

De même *l'alliage indien* : 16 parties de cuivre; 4 parties de plomb; 2 parties d'étain; 16 parties de zinc;

Ou bien le *métal du prince Robert* : 4 parties de cuivre et 2 de zinc;

Les alliages de cuivre et de zinc (100 cuivre, 8 à 14 zinc);

Les alliages de cuivre (100 parties), de zinc et d'étain (de 3 à 7 parties de chacun :

L'argentan, le *packfong,* le *cuivre blanc des Chinois,* le *maillechort;* alliages de cuivre (de 3 à 5 parties) avec le zinc et le nickel (parties égales, formant la moitié ou les deux tiers du poids du cuivre), additionnés d'un peu de plomb;

Et un grand nombre d'alliages complexes et du même ordre, cuivres, bronzes et laitons blancs et jaunes encore usités dans l'industrie : la variété en est infinie.

12° Un alliage d'asèm et d'orichalque (laiton) arsénical, décrit à la suite du précédent (85).

Cette recette compliquée, où l'arsenic intervient, rappelle tout à fait celles des alchimistes. On lit, par exemple, dans le Pseudo-Démocrite (*Physica et Mystica*, Texte grec, I, 7) :

« *Fabrication de l'or jaune.* — Prenez du claudianon (1), rendez-le brillant et traitez-le suivant l'usage, jusqu'à ce qu'il devienne jaune. Jaunissons donc : je ne dis pas avec la pierre, mais avec sa portion utile. Vous jaunirez avec l'alun décomposé (2), avec le soufre, ou l'arsenic (sulfuré), ou la sandaraque (réalgar), ou le titanos (calcaire), ou à votre idée : si vous y ajoutez de l'argent, vous aurez de l'or; si vous mettez de l'or, vous aurez du corail d'or (3); car la nature victorieuse domine la nature. »

Le procédé semble le même; mais il est moins clair chez l'alchimiste et il est devenu une méthode de transmutation. Une recette analogue se retrouve un peu plus loin dans le même auteur.

Voici encore un résumé de la recette d'Olympiodore, auteur alchimiste du v⁰ siècle, laquelle est très claire.

« *Première teinture teignant le cuivre en blanc.* — L'arsenic est une espèce de soufre qui se volatilise au feu. Prenez de l'arsenic doré, 14 onces; porphyrisez, faites tremper dans du vinaigre deux ou trois jours et faites sècher à l'air, mêlez avec 5 onces de sel de Cappadoce (4); l'emploi de ce sel

---

(1) Alliage de plomb et d'étain contenant du zinc et du cuivre.

(2) Dans le langage des alchimistes grecs, ce mot s'applique non seulement à notre alun plus ou moins pur, mais à l'acide arsénieux, provenant du grillage des sulfures : cette signification est donnée dans les textes d'une façon très explicite.

(3) Quintessence de l'or. Ce mot est parfois synonyme de *coquille d'or*, dénomination conservée dans le langage des orfèvres par le mot *or en coquilles*, c'est-à-dire or en poudre, dont le sens actuel n'est peut-être pas le même que celui des anciens.

(4) Sel gemme.

a été proposé par Africanus. On place au-dessus du vaisseau qui contient le mélange une tasse ou vase de verre et au-dessus une autre tasse, assujettie de tous côtés, pour que l'arsenic brûlé ne se dissipe pas (1). Faites brûler à plusieurs reprises, jusqu'à ce qu'il soit devenu blanc : on obtient ainsi de l'alun blanc et compact (2). Ensuite on fait fondre du cuivre avec de la cendre de chêne de Nicée (3), puis vous prenez de la fleur de natron (4), vous en jetez au fond du creuset 2 ou 3 parties pour ramollir. Ensuite vous projetez la poudre sèche (arsenic) avec une cuiller de fer, 1 once pour 2 onces de cuivre; puis vous ajoutez dans le creuset un peu d'argent, pour rendre la teinture uniforme; vous projetez encore un peu de sel. Vous aurez ainsi un très bel asèm. »

On voit que les recettes des premiers alchimistes ne sont nullement chimériques, mais pareilles à celles du papyrus et même aux recettes des orfèvres et métallurgistes de nos jours.

Venons aux procédés de *diplosis* proprement dite, destinés à augmenter le poids de l'asèm, envisagé comme un métal défini, procédés analogues aux *diplosis* de l'or et de l'argent décrites plus haut et donnant des alliages plus ou moins riches en cuivre (6), (10) et (90).

Dans le dernier procédé, il semble qu'il s'agisse d'accroître le poids de l'asèm et d'en modifier la couleur. On le ramollit par amalgamation, afin d'y pouvoir incorporer de l'or, de l'argent, du soufre, de l'arsenic et du cuivre. Les derniers métaux sont tirés de leurs sulfures, dissous ou désagrégés par le polysulfure de calcium, qui forme l'eau de soufre : le tout, avec le concours des grillages et d'une nouvelle amalgamation finale. C'est là tout à fait un procédé d'alchimiste transmutateur.

Une mention spéciale est due à la substance appelée ὕδωρ θεῖον : ce qui veut dire *eau de soufre*, ou *eau divine*, substance qui a un rôle énorme chez les alchimistes, lesquels jouent continuellement sur le double sens de ce mot. Cette liqueur est désignée dans le lexique alchimique sous le nom de *bile de serpent;* dénomination qui est attribuée à Pétésis, seul auteur cité

---

(1) Cette description répond à celle de l'aludel.

(2) Ce nom s'appliquait donc à l'acide arsénieux.

(3) Flux blanc.

(4) Fondant.

dans ce lexique, lequel figure aussi dans Dioscoride, et qui doit être rapproché de Phiménas ou Pamménès, désigné à la fois dans le papyrus et dans le
Pseudo-Démocrite. Ces noms représentent deux personnages réels, deux de
ces prophètes ou prêtres chimistes qui ont fondé notre science.

L'eau de soufre apparaît pour la première fois dans le papyrus X (89). La recette est très claire : elle désigne la préparation d'un polysulfure de calcium. Dans la recette consécutive (90), qui est fort compliquée, on met en œuvre la liqueur ci-dessus.

Cette liqueur préparée avec du soufre natif (ὕδωρ θείου ἀθίκτου) se trouve décrite dans divers passages des alchimistes, par exemple dans le petit résumé de Zosime intitulé : γνησία γραφή, *écrit authentique*. Rappelons ici que les descriptions de Zosime se rapportent en divers endroits à des liqueurs chargées d'acide sulfhydrique (1).

Une semblable eau de soufre possède une activité remarquable, surtout vis-à-vis des métaux, activité qui a dû frapper vivement ses inventeurs. Non seulement elle donne des précipités ou produits colorés en noir, en jaune, en rouge, etc., avec les sels et oxydes métalliques : mais les polysulfures alcalins exercent une action dissolvante sur la plupart des sulfures métalliques ; ils colorent directement la surface des métaux de teintes spéciales ; enfin ils peuvent même, par voie sèche à la vérité, dissoudre l'or.

Dans ces procédés de *diplosis* et dans la plupart des fabrications d'asèm, l'auteur ajoute toujours au mélange une certaine dose d'asèm préexistant, pour faciliter l'opération. Il y a là une idée analogue à celle d'un ferment et qui est exposée d'une façon plus explicite dans deux articles spéciaux (7) et (60).

Quelques mots maintenant sur l'asèm noir, préparation analogue à notre argent oxydé (36). C'est un alliage noirci par des sulfures métalliques. Pline dit de même (*Hist. nat.*, XXXIII, 46) :

« L'Egypte colore l'argent, pour voir dans les vases son Anubis ; elle peint l'argent, au lieu de le ciseler. Cette matière a passé de là aux statues triomphales ; et, chose étrange, elle augmente de prix en voilant son éclat.

---

(1) *Sur la même eau divine ;* on y lit le passage suivant : découvrant l'alam-bic, tu te boucheras le nez à cause de l'odeur, etc.

Voici comment on opère. On mêle avec un tiers d'argent deux parties de cuivre de Chypre très fin, nommé coronaire, et autant de soufre vif que d'argent. On combine le tout par fusion, dans un vase de terre luté avec de l'argile... On noircit aussi avec un jaune d'œuf durci ; mais cette dernière teinte est enlevée par l'emploi de la craie et du vinaigre. »

Ainsi Pline opère avec de l'argent pur, tandis que le papyrus met en œuvre un alliage plombifère.

IV. — *Recettes du Pseudo-Démocrite.*

Pour achever de caractériser ces colorations de métaux en or et en argent, ainsi que toute l'industrie des orfèvres et métallurgistes égyptiens qui a donné naissance à l'Alchimie, il semble utile de donner les recettes des premiers alchimistes eux-mêmes. J'en ai déjà reproduit quelques-unes (p. 59, 61, 62, 64, 65, 67). Les plus vieilles de ces recettes sont exposées dans le Traité du Pseudo-Démocrite, intitulé *Physica et Mystica ;* je les ai étudiées et j'ai réussi à en tirer un sens positif, à peu près aussi clair que pour les procédés décris par Pline ou Dioscoride. Or leur comparaison fournit les résultats les plus dignes d'intérêt.

Après un fragment technique sur la teinture en pourpre et un récit d'évocation, ce Traité poursuit par deux Chapitres, l'un sur la Chrysopée ou art de faire de l'or ; l'autre sur la fabrication de l'asèm, assimilée à l'art de faire de l'argent. Ces deux Chapitres sont en réalité des collections de recettes ayant le même caractère pratique, c'est-à-dire relatives tant à la préparation de métaux teints superficiellement, qu'à celle d'or et d'alliages d'argent. Les recettes mêmes sont comparables de tous points à celles du papyrus de Leide, à cela près que chacune d'elles se termine par les refrains mystiques : La nature triomphe de la nature ; la nature jouit de la nature ; la nature domine la nature, etc. Cependant il n'y a ni magie, ni mystère dans le corps même des recettes. Donnons-en le résumé en quelques lignes.

ART DE FAIRE DE L'OR. — *Première recette.* — On éteint le mercure, en l'alliant avec un autre métal ; ou bien en l'unissant au soufre, ou au sulfure d'arsenic ; ou bien en l'associant avec certaines matières terreuses. On étend cette pâte sur du cuivre pour le blanchir. En ajoutant de l'électrum ou de l'or en poudre, on obtient un métal coloré en or. Dans une variante, on blanchit le cuivre au moyen des composés arsénicaux, ou du cinabre décomposé. Il s'agit donc, en somme, d'un procédé d'argenture apparente du cuivre, précédant une dorure superficielle.

Deuxième recette. — On traite le sulfure d'argent naturel par la litharge de plomb, ou par l'antimoine, de façon à obtenir un alliage ; et l'on colore en jaune par une matière non définie.

Troisième recette. — On grille la pyrite cuivreuse, on la fait digérer avec des solutions de sel marin, et l'on prépare un alliage avec de l'argent ou de l'or.

Le claudianon (alliage de cuivre, d'étain et de plomb avec le zinc) est jauni par le soufre, ou l'arsenic, puis allié à l'argent ou à l'or.

Quatrième recette. — Le cinabre, décomposé par divers traitements, teint l'argent en or, le cuivre en électrum.

Cinquième recette. — On prépare un vernis jaune d'or avec la cadmie, ou la bile de veau, ou la térébenthine, ou l'huile de ricin, ou le jaune d'œuf (v. p. 56, 58, 59).

Sixième recette. — On teint l'argent en or, par une sulfuration superficielle, obtenue au moyen de certaines pyrites, ou de l'antimoine oxydé, joints à l'eau de soufre (polysulfure de calcium) et au soufre même.

Septième recette. — On prépare d'abord un alliage de cuivre et de plomb (molybdochalque) et on le jaunit, de façon à obtenir un métal couleur d'or.

Huitième recette. — On teint le cuivre et l'argent à la surface en jaune, au moyen de la couperose verte altérée. Puis vient une recette d'affinage de l'or, rappelant le cément royal.

Neuvième recette. — Même recette appliquée à la cémentation superficielle, qui donne aux parties extérieures du métal les caractères de l'or.

Vient après une petite déclamation de l'auteur sur les phénomènes chimiques et sur la nature de sa science; puis trois recettes de vernis, pour teindre en or par digestion avec certains mélanges de substances végétales, safran, chélidoine, carthame, etc., recettes qui rappellent le procédé tiré du *Manuel Roret*, que j'ai exposé plus haut p. 60. L'auteur dit finalement : « Cette matière de la Chrysopée accomplie par des opérations naturelles est celle de Pamménès, qu'il enseignait aux prêtres en Égypte. »

Art de faire de l'asèm. — Il expose ensuite la fabrication de l'asèm, ou Argyropée (c'est-à-dire l'art de faire de l'argent).

Première recette — On blanchit le cuivre par les composés volatils de l'arsenic; cette action opérée par sublimation étant assimilée à celle du mercure (1).

Deuxième recette. — Le mercure sublimé est éteint avec de l'étain, du soufre et divers autres ingrédients; et l'on s'en sert pour blanchir les métaux.

Troisième recette. — Analogue à la précédente et appliquée à un alliage de cuivre, d'orichalque et d'étain.

Quatrième recette. — Sulfure d'arsenic et soufre employés pour blanchir et modifier les métaux.

Cinquième recette. — Préparation d'un alliage blanc à base de plomb.

Sixième recette. — C'est un simple vernis superficiel pour donner au cuivre, au plomb, au fer, l'apparence de l'argent; ce vernis étant fixé par décoction et enduits sans l'action du feu (v. p. 52).

Septième recette. — Elle représente une teinture par amalgamation, et la 8ᵉ *recette* un simple vernis.

On voit que toutes ces recettes du Pseudo-Démocrite et d'Olympiodore, aussi bien que celles du papyrus de Leide, sont réelles, positives, sans mélange de chimère. Plus tard sont venus les philosophes et les commenta-

---

(1) De là, l'idée des deux mercures, l'un tiré du cinabre, l'autre de l'arsenic, qui se trouve souvent chez les alchimistes.

teurs, étrangers à la pratique et animés d'espérances mystiques, qui ont jeté
une grande confusion dans la question. Mais le point de départ est beaucoup plus clair, comme le montrent les textes que je viens analyser.

J'ai cru utile de développer cette étude de l'asèm, parce qu'elle est nouvelle et parce qu'elle jette beaucoup de lumière sur les idées des Égyptiens
du IIIᵉ siècle de notre ère, relativement à la constitution des métaux. On
voit en effet qu'il n'existe pas moins de douze ou treize alliages distincts, désignés sous ce même nom d'asèm, alliages renfermant de l'or, de l'argent, du cuivre, de l'étain, du plomb, du zinc, de l'arsenic. Leur caractéristique commune était de former la transition entre l'or et l'argent, dans la fabrication
des objets d'orfèvrerie. Rien n'était plus propice qu'une semblable confusion pour donner des facilités à la fraude : aussi a-t-elle dû être entretenue
soigneusement par les opérateurs. Mais, par un retour facile à concevoir,
elle a passé des produits traités dans les opérations jusqu'à l'esprit des opérateurs eux-mêmes. Les théories des écoles philosophiques sur la matière
première, identique dans tous les corps, mais recevant sa forme actuelle de
l'adjonction des qualités fondamentales exprimées par les quatre éléments,
ont encouragé et excité cette confusion. C'est ainsi que les ouvriers habi-
tués à composer des alliages simulant l'or et l'argent, parfois avec une perfection telle qu'eux-mêmes s'y trompaient, ont fini par croire à la possibilité
de fabriquer effectivement ces métaux de toutes pièces, à l'aide de certaines
combinaisons d'alliages, et de certains tours de main, complétés par l'aide
des puissances surnaturelles, maîtresses souveraines de toutes les transformations.

II.— RELATIONS ENTRE LES MÉTAUX ET LES PLANÈTES

LE NOMBRE SEPT (1).

« Le monde est un animal unique, dont toutes les parties, quelle
qu'en soit la distance, sont liées entre elles d'une manière nécessaire. »

(1) Cet article a été publié dans
mon ouvrage intitulé : *Science et*
Philosophie. Toutefois j'ai cru devoir le reproduire ici avec certains

Cette phrase de Jamblique le Néoplatonicien ne serait pas désavouée par les astronomes et par les physiciens modernes; car elle exprime l'unité des lois de la nature et la connexion générale de l'Univers. La première perception de cette unité remonte au jour où les hommes reconnurent la régularité fatale des révolutions des astres : ils cherchèrent aussitôt à en étendre les conséquences à tous les phénomènes matériels et même moraux, par une généralisation mystique, qui surprend le philosophe, mais qu'il importe pourtant de connaître, si l'on veut comprendre le développement historique de l'esprit humain. C'est la *chaîne d'or* qui reliait tous les êtres, dans le langage des auteurs du moyen âge. Ainsi l'influence des astres parut s'étendre à toute chose, à la génération des métaux, des minéraux et des êtres vivants, aussi bien qu'à l'évolution des peuples et des individus. Il est certain que le soleil règle, par le flux de sa lumière et de sa chaleur, les saisons de l'année et le développement de la vie végétale; il est la source principale des énergies actuelles ou latentes à la surface de la terre. On attribuait autrefois le même rôle, quoique dans des ordres plus limités, aux divers astres, moins puissants que le soleil, mais dont la marche est assujettie à des lois aussi régulières. Tous les documents historiques prouvent que c'est à Babylone et en Chaldée que ces imaginations prirent naissance ; elles ont joué un rôle important dans le développement de l'astronomie, étroitement liée avec l'astrologie dont elle semble sortie. L'alchimie s'y rattache également, au moins par l'assimilation établie entre les métaux et les planètes, assimilation tirée de leur éclat, de leur couleur et de leur nombre même.

Attachons-nous d'abord à ce dernier : c'est le nombre sept, chiffre sacré que l'on retrouve partout, dans les jours de la semaine, dans l'énumération des planètes et des zones célestes, dans celle des métaux, des couleurs, des cordes de la lyre et des tons musicaux, des voyelles de l'alphabet grec, aussi bien que dans le chiffre des étoiles de la grande ourse, des sages de la Grèce, des portes de Thèbes et des chefs qui l'assiègent, d'après Eschyle.

---

développements nouveaux. parce qu'il est indispensable pour l'intelligence

des textes et des notations alchimiques.

L'origine de ce nombre parait être astronomique et répondre aux phases de la lune, c'est-à-dire au nombre des jours qui représentent le quart de la révolution de cet astre. Ce n'est pas là une opinion *a priori*. On la trouve en effet signalée dans Aulu-Gelle, qui l'a attribuée à Aristide de Samos (1). Dans le papyrus W de Leide, il est aussi question (p. 17) des 28 lumières de la lune.

L'usage de la semaine était ancien en Egypte et en Chaldée, comme en témoignent divers monuments et le récit de la création dans la Genèse. Mais il n'existait pas dans la Grèce classique et il ne devint courant à Rome qu'au temps des Antonins (2). C'est seulement à l'époque de Constantin et après le triomphe du Christianisme qu'il fut reconnu comme mesure légale de la vie civile : depuis il est devenu universel chez les peuples européens.

Le hasard a fait que le nombre des astres errants (planètes), visibles à l'œil nu, qui circulent ou semblent circuler dans le ciel autour de la terre s'élève précisément à sept : ce sont le Soleil, la Lune, Mars, Mercure, Jupiter, Vénus et Saturne. A chaque jour de la semaine, un astre fut attribué en Orient : les noms même des jours, tels que nous les prononçons maintenant, continuent à traduire, à notre insu, cette consécration babylonienne.

A côté des sept Dieux des sphères ignées, les Chaldéens invoquaient les sept Dieux du ciel, les sept Dieux de la terre, les sept Dieux malfaisants, etc.

D'après François Lenormant les inscriptions cunéiformes mentionnent les sept pierres noires, adorées dans le principal temple d'Ouroukh en Chaldée, bétyles personnifiant les sept planètes. C'est au même rapprochement que se rapporte, sans doute, un passage du roman de Philostrate sur la vie d'Apollonius de Tyane (III, 41), dans lequel il est question de sept anneaux, donnés à ce philosophe par le brahmane Iarchas.

La connaissance des divinités planétaires de la semaine ne se répandit dans le monde gréco-romain qu'à partir du 1er siècle de notre ère (3). On a trouvé à Pompéi une peinture représentant les sept divinités planétaires.

---

(1) *Noctes Atticæ*, III. 10. Lunæ curriculum confici integris quatuor septenis diebus... auctorem que hujus opinionis Aristidem esse Samium.

(2) *Dion Cassius*, Histoire Romaine. XXXVII. 18.

(3) *Lunæ cursum stellarumque septem imagines.* PÉTRONE, *Satyricon*, 30.

De même divers autels sur les bords du Rhin. Une médaille à l'effigie d'Antonin le Pieux, frappée la 8me année de son règne, représente les bustes des sept Dieux planétaires avec les signes du zodiaque, et au centre le buste de Sérapis (1).

Une autre coïncidence, aussi fortuite que celle du nombre des planètes avec le quart de la révolution lunaire, celle du nombre des voyelles de l'alphabet grec, nombre égal à sept, a multiplié ces rapprochements mystiques, surtout au temps des gnostiques : les pierres gravées de la Bibliothèque nationale de Paris et les papyrus de Leide en fournissent une multitude d'exemples. Ce n'est pas tout : les Grecs, avec leur esprit ingénieux, ne tardèrent pas à imaginer entre les planètes et les phénomènes physiques des relations pseudo-scientifiques, dont quelques-unes, telles que le nombre des tons musicaux et des couleurs se sont conservées. C'est ainsi que l'école de Pythagore établit un rapport géométrique des tons et diapasons musicaux avec le nombre et les distances mêmes des planètes (2).

Le nombre des couleurs fut pareillement fixé à sept. Cette classification arbitraire a été consacrée par Newton et elle est venue jusqu'aux physiciens de notre temps. Elle remonte à une haute antiquité. Hérodote rapporte (*Clio*, 98) que la ville d'Ecbatane avait sept enceintes, peintes chacune d'une couleur différente : la dernière était dorée; celle qui la précédait, argentée. C'est, je crois, la plus vieille mention qui établisse la relation du nombre sept avec les couleurs et les métaux. La ville fabuleuse des Atlantes, dans le roman de Platon, est pareillement entourée par des murs concentriques, dont les derniers sont revêtus d'or et d'argent; mais on n'y retrouve pas le mystique nombre sept.

Entre les métaux et les planètes, le rapprochement résulte, non seulement de leur nombre, mais surtout de leur couleur. Les astres se manifestent à la vue avec des colorations sensiblement distinctes : *suus cuique color est*, dit Pline (*H. N.* II, 16). La nature diverse de ces couleurs a fortifié le rapprochement des planètes et des métaux. C'est ainsi que l'on conçoit aisément l'assimilation de l'or, le plus éclatant et le roi des métaux, avec la lumière

---

(1) De Witte, *Gazette archéologique*, 1877 et 1879.

(2) Pline. *H. N.*, II, 20. — Th. H. Martin, *Timée de Platon*, t. II, p. 38.

jaune du soleil, le dominateur du Ciel. La plus ancienne indication que l'on possède à cet égard se trouve dans Pindare. La cinquième ode des Isthméennes débute par ces mots: « Mère du Soleil, Thia, connue sous beaucoup de noms, c'est à toi que les hommes doivent la puissance prépondérante de l'or ».

Μᾶτερ Ἀλίου, πολυώνυμε Θεία,
σέο γ' ἕκατι καὶ μεγασθενῆ νόμισαν,
χρυσὸν ἄνθρωποι περιώσιον ἄλλων.

Dans Hésiode, Thia est une divinité, mère du soleil et de la lune, c'est-à-dire génératrice des principes de la lumière (*Théogonie*, 371, 374). Un vieux scoliaste commente ces vers en disant: « de Thia et d'Hypérion vient le soleil, et du soleil, l'or. A chaque astre une matière est assignée. Au Soleil, l'or; à la Lune, l'argent; à Mars, le fer; à Saturne, le plomb; à Jupiter, l'électrum; à Hermès, l'étain; à Vénus, le cuivre (1) ». Cette scolie remonte à l'époque Alexandrine. Elle reposait à l'origine sur des assimilations toutes naturelles.

En effet, si la couleur jaune et brillante du soleil rappelle celle de l'or

...............................orbem
Per duodena regit mundi sol aureus astra (2);

la blanche et douce lumière de la lune a été de tout temps assimilée à la teinte de l'argent. La lumière rougeâtre de la planète Mars (*igneus*, d'après Pline; πυρόεις d'après les alchimistes) a rappelé de bonne heure l'éclat du sang et celui du fer, consacrés à la divinité du même nom. C'est ainsi que Didyme, dans son commentaire sur l'Iliade (l. V), commentaire un peu antérieur à l'ère chrétienne, parle de Mars, appelé l'astre du fer. L'éclat bleuâtre de Vénus, l'étoile du soir et du matin, rappelle pareillement la teinte des sels de cuivre, métal dont le nom est tiré de celui de l'île de Chypre, consacrée à la déesse Cypris, l'un des noms grecs de Vénus. De là le rapprochement fait par la plupart des auteurs. Entre la teinte blanche et sombre du plomb et celle de la planète Saturne, la parenté est plus étroite encore et elle est constamment invoquée depuis l'époque Alexandrine. Les couleurs et les

---

(1) PINDARE, édition de Bœckh, t. II, p. 540, 1819.

(2) VIRGILE, *Géorgiques*, I, 452.

métaux assignés à Mercure l'étincelant (στίλβων : *radians*, d'après Pline; apparence due à son voisinage du soleil), et à Jupiter le resplendissant (Φαέθων), ont varié davantage, comme je le dirai tout à l'heure.

Toutes ces attributions sont liées étroitement à l'histoire de l'astrologie et de l'alchimie. En effet, dans l'esprit des auteurs de l'époque Alexandrine ce ne sont pas là de simples rapprochements; mais il s'agit de la génération même des métaux, supposés produits sous l'influence des astres dans le sein de la terre.

Proclus, philosophe néoplatonicien de Vᵉ siècle de notre ère, dans son commentaire sur le *Timée* de Platon, expose que « l'or naturel et l'argent et chacun des métaux, comme des autres substances, sont engendrés dans la terre sous l'influence des divinités célestes et de leurs effluves. Le Soleil produit l'or; la Lune, l'argent; Saturne, le plomb, et Mars, le fer » (p. 14 C).

L'expression définitive de ces doctrines astrologico-chimiques et médicales se trouve dans l'auteur arabe Dimeschqî, cité par Chwolson (*sur les Sabéens*, t. II, p. 380, 396, 411, 544). D'après cet écrivain, les sept métaux sont en relation avec les sept astres brillants, par leur couleur, leur nature et leur propriétés : ils concourent à en former la substance. Notre auteur expose que chez les Sabéens, héritiers des anciens Chaldéens, les sept planètes étaient adorées comme divinités; chacune avait son temple, et, dans le temple, sa statue faite avec le métal qui lui était dédié. Ainsi le Soleil avait une statue d'or; la Lune, une statue d'argent; Mars, une statue de fer; Vénus, une statue de cuivre; Jupiter, une statue d'étain; Saturne, une statue de plomb. Quant à la planète Mercure, sa statue était faite avec un assemblage de tous les métaux, et dans le creux on versait une grande quantité de mercure. Ce sont là des contes arabes, qui rappellent les théories alchimiques sur les métaux et sur le mercure, regardé comme leur matière première. Mais ces contes reposent sur de vieilles traditions défigurées, relatives à l'adoration des planètes, à Babylone et en Chaldée, et à leurs relations avec les métaux.

Il existe, en effet, une liste analogue dès le second siècle de notre ère. C'est un passage de Celse, cité par Origène (*Opera*, t. I, p. 646; *Contra Celsum*, livre VI, 22; édition de Paris, 1733). Celse expose la doctrine des Perses et les mystères mithriaques, et il nous apprend que ces mystères étaient expri-

més par un certain symbole, représentant les révolutions célestes et le passage
des âmes à travers les astres. C'était un escalier, muni de 7 portes élevées,
avec une 8e au sommet.

La première porte est de plomb ; elle est assignée à Saturne, la lenteur
de cet astre étant exprimée par la pesanteur du métal (1).

La seconde porte est d'étain ; elle est assignée à Vénus, dont la lumière
rappelle l'éclat et la mollesse de ce corps.

La troisième porte est d'airain, assignée à Jupiter, à cause de la résistance
du métal.

La quatrième porte est de fer, assignée à Hermès, parce que ce métal est
utile au commerce, et se prête à toute espèce de travail.

La cinquième porte, assignée à Mars, est formée par un alliage de cuivre
monétaire, inégal et mélangé.

La sixième porte est d'argent, consacrée à la Lune ;

La septième porte est d'or, consacrée au soleil ; ces deux métaux répondent aux couleurs des deux astres.

Les attributions des métaux aux planètes ne sont pas ici tout à fait les
mêmes que chez les Néoplatoniciens et les alchimistes. Elles semblent répondre à une tradition un peu différente et dont on trouve ailleurs d'autres
indices. En effet, d'après Lobeck (*Aglaophamus*, p. 936, 1829), dans certaines
listes astrologiques, Jupiter est de même assigné à l'airain, et Mars au
cuivre.

On rencontre la trace d'une diversité plus profonde et plus ancienne
encore, dans une vieille liste alchimique, reproduite dans plusieurs manuscrits alchimiques ou astrologiques et où le signe de chaque planète est
suivi du nom du métal et des corps dérivés ou congénères, mis sous le
patronage de la planète. Cette liste existe également dans le Ms. 2419
de notre Bibliothèque Nationale (fol. 46 verso, où elle fait partie d'un
traité astrologique d'Albumazar, auteur du IXe siècle, avec des variantes
et des surcharges qui ne sont pas sans importance : une partie des mots
grecs y sont d'ailleurs écrits en caractères hébreux, comme s'ils avaient un
sens mystérieux (*voir* dans ce volume, *texte grec*, p. 24. Dans cette liste,

---

(1) *Saturni sidus gelidæ ac rigentis esse naturæ*. PLINE, *H. N.*, II, 6.

la plupart des planètes répondent aux mêmes métaux que dans les énumérations ordinaires, à l'exception de la planète Hermès, à la suite du signe de laquelle se trouve non le nom d'un métal, mais celui d'une pierre précieuse : l'émeraude. Le mercure est cependant inscrit vers la fin de l'énumération des substances consacrées à Hermès, mais comme s'il avait été ajouté après coup. Or, chez les Égyptiens, d'après Lepsius, la liste des métaux comprenait, à côté de l'or, de l'argent, du cuivre et du plomb, les noms des pierres précieuses, telles que le *mafek* ou émeraude, et le *chesbet* ou saphir, corps assimilés aux métaux à cause de leur éclat et de leur valeur (1).

Dans le roman égyptien de Satni-Khâm-Ouas, le livre magique de Tahout est renfermé dans sept coffres concentriques, de fer, de bronze, de bois de palmier, d'ivoire, d'ébène, d'argent et d'or (2). La rédaction primitive de ce roman remonterait aux dernières dynasties; sa transcription connue, au temps des Ptolémées. Tout ceci concourt à établir que la liste des sept métaux n'a été arrêtée que fort tard, probablement vers l'époque des Antonins.

C'est ici le lieu de parler des tablettes métalliques trouvées à Khorsabad. Dans le cours des fouilles, en 1854, M. Place découvrit, sous l'une des pierres angulaires du palais assyrien de Sargon, un coffret contenant sept tablettes. C'étaient des tablettes votives, destinées à rappeler la fondation de l'édifice (706 ans avant J.-C.), et à lui servir en quelque sorte de Palladium. Quatre de ces tablettes se trouvent aujourd'hui au Musée du Louvre. J'en ai fait l'analyse, et les résultats de mon étude sont consignés plus loin dans le présent volume. Je me borne à dire ici que les quatre tablettes sont constituées en fait par de l'or, de l'argent, du bronze et du carbonate de magnésie pur, minéral rare que l'on ne supposait pas connu des anciens, et dont l'emploi reposait sans doute sur quelque idée religieuse. Les noms des matières des tablettes, tels qu'ils sont indiqués dans les inscriptions qui les recouvrent, sont d'après M. Oppert, l'or (*hurasi*), l'argent (*kaspi*, le cuivre *urudi* ou *er* [bronze]), puis, deux mots (*anaki*

---

(1) Voir les métaux égyptiens, dans mon ouvrage sur les *Origines de l'Alchimie*, p. 221 et 233. Steinheil, 1885.

(2) *Histoire ancienne de l'Orient*, par Fr. Lenormant, 9e édition, t. III, p. 158 (1883).

et *kasaẓatiri* ou *abar*) que les interprètes ont traduit par plomb et étain, bien que l'un d'eux semble en réalité désigner la 4ᵉ tablette signalée plus haut (carbonate de magnésie), et enfin deux noms de corps portant le déterminatif des pierres, et traduits par marbre (*sipri* ou *ẓakour*) et albâtre (*gis-sin-gal*). Rien d'ailleurs n'indique des attributions planétaires, si ce n'est le nombre sept. Ajoutons toutefois que, d'après un renseignement que m'a fourni M. Oppert, deux métaux étaient désignés par les Assyriens et les Babyloniens sous des dénominations divines : le fer sous le nom de Ninip, Dieu de la guerre : ce qui rappelle l'attribution ultérieure du métal à Mars ; et le plomb, sous le nom du Dieu Anu, Dieu du ciel que l'on pourrait rapprocher de Saturne : toutefois ce ne seraient pas là des Dieux planétaires.

Voilà ce que j'ai pu savoir relativement à l'interprétation des noms métalliques contenus dans ces tablettes. Un des points les plus essentiels qui résultent de leur étude, c'est l'assimilation de certaines pierres ou minerais aux métaux, précisément comme chez les Égyptiens.

Il y a là le souvenir de rapprochements très différents des nôtres, mais que l'humanité a regardé autrefois comme naturels, et dont la connaissance est nécessaire pour bien concevoir les idées des anciens. Toutefois l'assimilation des pierres précieuses aux métaux a disparu de bonne heure ; tandis que l'on a pendant plus longtemps continué à ranger dans une même classe les métaux purs, tels que l'or, l'argent, le cuivre, et certains de leurs alliages, par exemple l'électrum et l'airain. De là des variations importantes dans les signes des métaux et des planètes.

Retraçons l'histoire de ces variations ; il est intéressant de les décrire pour comprendre les écrits alchimiques.

Olympiodore, néoplatonicien du vıᵉ siècle, attribue le plomb à Saturne ; l'électrum, alliage d'or et d'argent regardé comme un métal distinct, à Jupiter ; le fer à Mars ; l'or au Soleil ; l'airain ou cuivre à Vénus ; l'étain à Hermès (planète Mercure) ; l'argent à la Lune. Ces attributions sont les mêmes que celle du scoliaste de Pindare cité plus haut ; elles répondent exactement et point pour point, à une liste du manuscrit alchimique de Saint-Marc, écrit au xıᵉ siècle, et qui renferme des documents très anciens.

Les symboles alchimiques qui figurent dans les manuscrits comprennent les métaux suivants, dont l'ordre et les attributions sont constants pour la plupart :

1° L'or correspondait au Soleil, relation que j'ai exposée plus haut (p. 77 ; — voir aussi fig. 3, Pl. I, l. 1, à gauche).

Le signe de l'or est presque toujours celui du Soleil, à l'exception d'une notation isolée où il semble répondre à une abréviation (ms. 2327, fol. 17 verso, l. 19 ; ce volume, fig. 8, Pl. VI, l. 19).

2° L'argent correspondait à la Lune et est toujours exprimé par le signe planétaire (ce volume, fig. 3, Pl. I, l. 2).

3° L'électrum, alliage d'or et d'argent : cet alliage était réputé un métal particulier chez les Égyptiens, qui le désignaient sous le nom d'*asèm* : nom qui s'est confondu plus tard avec le mot grec *asemon* (ἄσημον), argent non marqué. Cet alliage fournit à volonté, suivant les traitements, de l'or ou de l'argent. Il est décrit par Pline, et il fut regardé jusqu'au temps des Romains comme un métal distinct. Son signe était celui de Jupiter (ce volume, fig. 3, Pl. I, l. 4), attribution que nous trouvons déjà dans Zosime, auteur alchimique du IIIe ou IVe siècle de notre ère.

Quand l'électrum disparut de la liste des métaux, son signe fut affecté à l'étain, qui jusque-là répondait à la planète Mercure (Hermès). Nos listes de signes gardent la trace de ce changement. En effet la liste du manuscrit de Saint-Marc porte (ce volume, fig. 3, Pl. I, l. 4) : « Jupiter resplendissant, électrum », et ces mots se retrouvent, toujours à côté du signe planétaire, dans le manuscrit 2327 de la Bibliothèque nationale de Paris, fol. 17 recto, l. 16 (ce volume, fig. 7, Pl. V, l. 16) ; la première lettre du mot Zeus, figurant sous deux formes différentes (majuscule et minuscule). Au contraire un peu plus loin, dans une autre liste du dernier manuscrit (fol. 18, verso l. 5 ; ce volume, fig. 10, Pl. VIII, l. 5), le signe de Jupiter est assigné à l'étain. Les mêmes changements sont attestés par la liste planétaire citée plus loin.

4° Le plomb correspondait à Saturne : cette attribution n'a éprouvé aucun changement ; quoique le plomb ait plusieurs signes distincts dans les listes ms. de Saint-Marc, fol. 6, dernière ligne à gauche et ce volume, fig. 3, Pl. I, l. 3 : ms. 2327, fol. 17 recto, l. 11 et 12 et ce volume, fig. 9,

Pl. VII, l. 11 et 12). Le plomb était regardé par les alchimistes égyptiens comme le générateur des autres métaux et la matière première de la transmutation ; ce qui s'explique par ses apparences, communes à divers autres corps simples et alliages métalliques.

En effet, ce nom s'appliquait à l'origine à tout métal ou alliage métallique blanc et fusible ; il embrassait l'étain (plomb blanc et argentin, opposé au plomb noir ou plomb proprement dit, dans Pline), et les nombreux alliages qui dérivent de ces deux métaux, associés entre eux et avec l'antimoine, le zinc, le bismuth, etc. Les idées que nous avons aujourd'hui sur les métaux simples ou élémentaires, opposés aux métaux composés ou alliages, ne se sont dégagées que peu à peu dans le cours des siècles. On conçoit d'ailleurs qu'il en ait été ainsi, car rien n'établit à première vue une distinction absolue entre ces deux groupes de corps ;

5° Le fer correspondait à Mars. Cette attribution est la plus ordinaire. Cependant, dans la liste de Celse, le fer répond à la planète Hermès.

Le signe même de la planète Mars se trouve parfois donné à l'étain dans quelques-unes des listes (ms. 2327, fol. 16 verso, l. 12, 3° signe [ce volume, fig. 6, Pl. IV, l. 12] ; fol. 17 recto, l. 12, 3° signe, ce volume, fig. 7, Pl. V, l. 12). Ceci rappelle encore la liste de Celse, qui assigne à Mars l'alliage monétaire. Mars et le fer ont d'ailleurs deux signes distincts, quoique communs au métal et à la planète, savoir : une flèche avec sa pointe, et un θ, abréviation du mot Θουράς, nom ancien de la planète Mars (ce volume, fig. 3, Pl. I, l. 5) ; parfois même avec adjonction d'un π, abréviation de πυρόεις, l'enflammé, autre nom ou épithète de Mars (ce volume, fig. 7, Pl. V, l. 17) ;

6° Le cuivre correspondait à Aphrodite (Vénus), ou Cypris, déesse de l'île de Chypre, où l'on trouvait des mines de ce métal ; déesse assimilée elle-même à Hathor, la divinité égyptienne multicolore, dont les dérivés bleus, verts, jaunes et rouges du cuivre rappellent les colorations diverses. Le signe du cuivre est en effet celui de la planète Vénus (ce volume, fig. 3, Pl. I, l. 6, et fig. 8, Pl. VI, l. 3) ; sauf un double signe qui est une abréviation (ce volume, fig. 8, Pl. VI, l. 4).

Toutefois la liste de Celse attribue le cuivre à Jupiter et l'alliage monétaire à Mars, etc. La confusion entre le fer et le cuivre, ou plutôt l'airain, aussi attribué à la planète Mars, a existé autrefois ; elle est attestée par celle de leurs noms : le mot *æs* qui exprime l'airain en latin dérive du sanscrit *ayas* qui signifie le fer (1). C'était sans doute, dans une haute antiquité, le nom du métal des armes et des outils, celui du métal dur par excellence.

7° L'étain correspondait d'abord à la planète Hermès ou Mercure. Quand Jupiter eut changé de métal et fut affecté à l'étain, le signe de la planète primitive de ce métal passa au mercure (ce vol. fig. 10, Pl. VIII, l. 6).

La liste de Celse attribue l'étain à Vénus ; ce qui rappelle aussi l'antique confusion du cuivre et du bronze (airain).

8° Mercure. Le mercure, ignoré, ce semble, des anciens Égyptiens, mais connu à partir du temps de la guerre du Péloponèse et par conséquent à l'époque alexandrine, fut d'abord regardé comme une sorte de contre-argent et représenté par le signe de la lune retourné (ce volume, fig. 3, Pl. I, l. 19). Il n'en est pas question dans la liste de Celse (IIe siècle). Entre le VIe siècle (liste d'Olympiodore le Philosophe, citée plus haut) et le VIIe siècle de notre ère (liste de Stéphanus d'Alexandrie, qui sera donnée plus loin), le mercure prit (fig. 10, Pl. VIII, l. 6) le signe de la planète Hermès, devenu libre par suite des changements d'affectation relatifs à l'étain. Dans la liste planétaire, il a été également ajouté après coup, à la suite des dérivés de cette planète, spécialement affectée à l'émeraude (voir p. 79).

Ces attributions nouvelles et ces relations astrologico-chimiques sont exprimées dans le passage suivant de Stephanus : « Le démiurge plaça d'abord Saturne, et vis-à-vis le plomb, dans la région la plus élevée et la première ; en second lieu, il plaça Jupiter vis-à-vis de l'étain, dans la seconde région ; il plaça Mars le troisième, vis-à-vis le fer, dans la troisième région ; il plaça le Soleil le quatrième, et vis-à-vis l'or, dans la quatrième région ; il plaça Vénus la cinquième, et vis-à-vis le cuivre, dans la cinquième région ; il plaça Mercure, le sixième, et vis-à-vis le vif-argent, dans la sixième région ; il plaça la lune la septième, et vis-à-vis l'argent, dans la septième et dernière région (2). » Dans le manuscrit, au-dessus de chaque planète, ou de chaque métal, se trouve son symbole. Mais, circonstance caractéristique,

---

(1) *Origines de l'Alchimie*, p. 225. | (2) Manuscrit 2327, folio 73 verso.

le symbole de la planète Mercure et celui du métal ne sont pas encore les mêmes, malgré le rapprochement établi entre eux ; le métal étant toujours exprimé par un croissant retourné. Le mercure et l'étain ont donc chacun deux signes différents dans nos listes, suivant les époques.

La copie de la liste planétaire donnée par Albumasar (ixe siècle) et traduite en hébreu et en grec dans le manuscrit 2419 (fol. 46 verso) porte aussi la trace de ces changements (texte grec, I, viii, p. 24, notes). Non seulement le signe de la planète Hermès répond à l'émeraude, le nom de Mercure étant ajouté après coup et tout à fait à la fin, comme il a été dit plus haut ; mais l'auteur indique que les Persans affectent l'étain à la planète Hermès. De même, la planète Jupiter étant suivie de l'étain, l'auteur ajoute également que les Persans ne font pas la même affectation, mais assignent cette planète au métal argenté (1) ; ce qui se rapporte évidemment à l'asèm ou électrum, dont l'existence était déjà méconnue au ixe siècle. Ce sont là des souvenirs des attributions primitives.

Voilà les signes planétaires des métaux fondamentaux, signes qui se retrouvent dans ceux des corps qui en dérivent ; chacun des dérivés étant représenté par un double signe, dont l'un est celui du métal, et l'autre répond au procédé par lequel il a été modifié (division mécanique, calcination, alliage, oxydation, etc.).

Les principes généraux de ces nomenclatures ont donc moins changé qu'on ne serait porté à le croire, l'esprit humain procédant suivant des règles et des systèmes de signes qui demeurent à peu près les mêmes dans la suite des temps. Mais il convient d'observer que les analogies fondées sur la nature des choses, c'est-à-dire sur la composition chimique, telle qu'elle est démontrée par la génération réelle des corps et par leurs métamorphoses réalisées dans la nature ou dans les laboratoires ; ces analogies, dis-je, subsistent et demeurent le fondement de nos notations scientifiques ; tandis que les analogies chimiques d'autrefois entre les planètes et les métaux, fondées sur des idées mystiques sans base expérimentale, sont tombées dans un juste discrédit. Cependant leur connaissance conserve encore de l'intérêt pour l'intelligence des vieux textes et pour l'histoire de la science.

---

(1) Οἱ δὲ Πέρσαι οὐχ οὕτως, ἀλλὰ διάργυρος : Texte grec I, viii, p. 24 (notes).

III. — LA SPHÈRE DE DÉMOCRITE

ET LES MÉDECINS ASTROLOGUES

La sphère de Démocrite, inscrite dans le papyrus V de Leide, représente
l'œuvre de l'un de ces Ἰατρομαθηματικοί, ou médecins astrologues dont
parlent les anciens. Ils prédisaient l'issue des maladies. Horapollon (I, 38)
cite ce genre de calculs, et il existe un traité attribué à Hermès sur ce sujet,
dans les *Physici et medici græci minores* d'Ideler (1). La prédiction se faisait
d'ordinaire à l'aide d'un cercle ou d'une table numérique ; elle reposait sur
un calcul, dans lequel l'âge du malade, la somme des valeurs numériques
répondant aux lettres de son nom, la durée de sa maladie, etc., se combi-
naient avec le jour du mois et les phases de la révolution lunaire. J'ai
retrouvé six figures de ce genre dans les manuscrits alchimiques et astrologiques de la Bibliothèque nationale.

Donnons d'abord le texte du papyrus V.

« Sphère de Démocrite, pronostic de vie et de mort. Sache sous quelle
lune (dans quel mois) le malade s'est alité et le nom de sa nativité (2).
Ajoute le calcul de la lune (3), et vois combien il y a de fois trente
jours, prends le reste et cherche dans la sphère : si le nombre tombe
dans la partie supérieure, il vivra ; si c'est dans la partie inférieure, il
mourra. »

La sphère est représentée ici par un tableau qui contient les trente
premiers nombres (nombre des jours du mois), rangés sur trois colonnes
et d'après un certain ordre. La partie supérieure contient trois fois six

---

(1) T. I, p. 387 et 430. Le traité a
été imprimé deux fois sous des titres un
peu différents, par une singulière né-
gligence.

(2) Le nom donné le jour de la naissance, afin de calculer le nombre représenté par les lettres de ce nom.

(3) C'est-à-dire, ajoute le nombre du
jour du mois où il s'est alité au nombre
représenté par le nom du malade.

nombres ou dix-huit ; la partie inférieure en renferme trois fois quatre ou douze.

Le mot sphère répond à la forme circulaire qui devait être donnée au tableau, comme on le voit dans certains manuscrits (voir les figures ci-dessous).

Il existait en Egypte un grand nombre de tableaux analogues. Ainsi dans le manuscrit 2327 de la Bibliothèque nationale, consacré à la collection des alchimistes, on trouve au folio 293 (recto) :

L'instrument d'Hermès trismégiste, renfermant 35 nombres, partagés en trois lignes : « on compte depuis le lever de l'étoile du Chien (Sothi ou Sirius), c'est-à-dire depuis Épiphi, 25 juillet, jusqu'au jour de l'alitement ; on divise le nombre ainsi obtenu par trente-six (1) et on cherche le reste dans la table ».

Certains des nombres représentent *la vie*, d'autres *la mort*, d'autres *le danger* du malade. C'est un principe de calcul différent.

Dans le manuscrit grec 2419 de la Bibliothèque nationale, collection astrologico-magique et alchimique, il y a deux grands tableaux de ce genre, plus voisins de la sphère de Démocrite, et deux petits tableaux. Les deux grands sont circulaires et attribués au vieil astrologue Pétosiris, qui avait déjà autorité du temps d'Aristophane.

L'un d'eux, dédié (fol. 32) par Pétosiris au roi Necepso (2), se compose d'un cercle représenté entre deux tableaux verticaux. Les tableaux renferment le comput des jours de la lune ; le cercle principal renferme un autre cercle plus petit, partagé en quatre quadrants. Entre les deux cercles concentriques se trouvent les mots : *grande vie, petite vie, grande mort, petite mort*. En haut et en bas : *vie moyenne, mort moyenne*. Ces mots s'appliquent à la probabilité de la vie ou de la mort du malade. Les nombres de 1 à 29 sont distribués dans les quatre quadrants et sur une colonne verticale moyenne formant diamètre.

Voici la photogravure de ce tableau :

---

(1) Ce chiffre rappelle les 36 décans qui comprennent les 360 jours de l'année.

(2) Ces deux noms sont associés pareillement dans Pline l'Ancien, *Hist. nat.*, l. II, 21 et l. VII, 50.

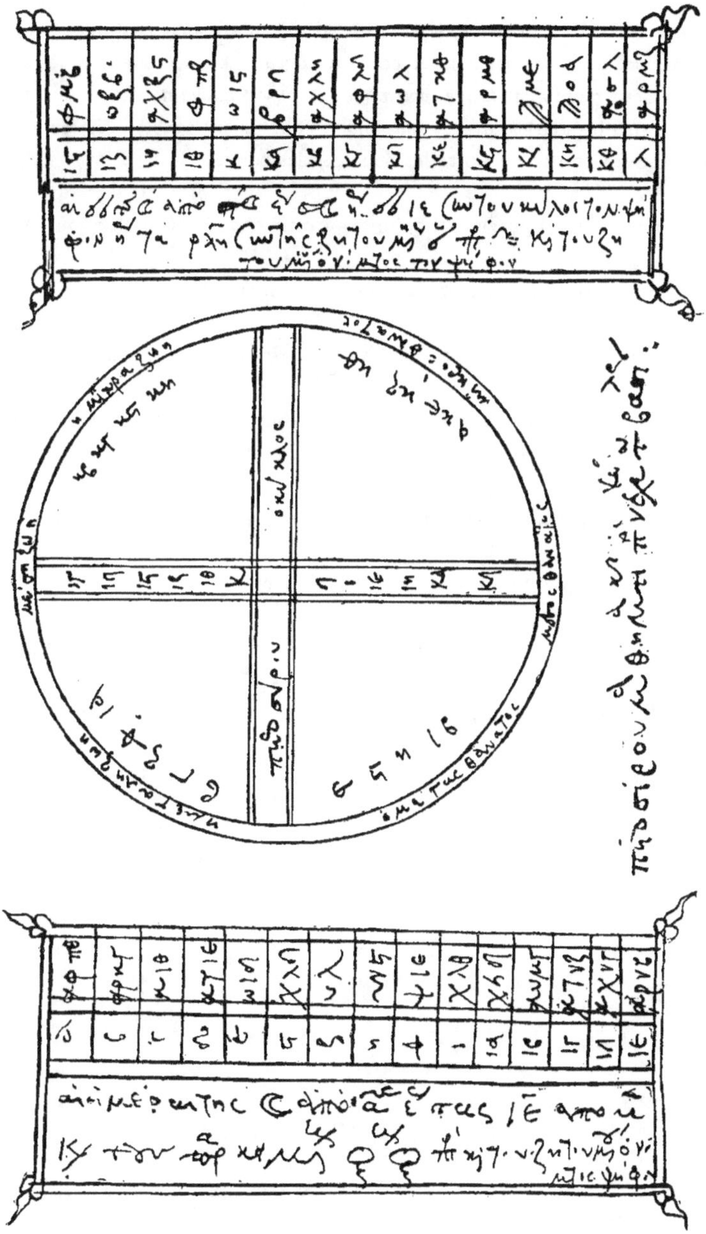

CHIMIE DES ANCIENS

FIGURE 1. — Cercle de Pétosiris

L'autre cercle de Pétosiris (fol. 156), dédié aussi au très honoré roi Necepso, porte extérieurement et en haut : *Levant*, au-dessus de la terre, entre les deux mots *grande vie, petite vie* ; en bas : *Couchant*, au-dessous de la terre, entre les deux mots *grande mort, petite mort ;* mots précisés par les inscriptions contenues entre les deux cercles concentriques :

En haut : « ceux-ci guérissent de suite — ceux-ci guérissent en 7 jours ».

En bas : « ceux-ci meurent de suite — ceux-ci meurent en 7 jours ».

Les diagonales sont terminées par les mots : air, terre, feu, eau.

Entre les deux régions, sur le diamètre horizontal : « limites de la vie et de la mort ».

A l'une des extrémités de ce diamètre : « Nord — milieu de la terre ».

A l'autre extrémité : « Midi — milieu de la terre ».

Sur les octans : « Nord, au-dessus de la terre, (région) de Borée. — Midi, au dessus de la terre, (région) de Borée. — Nord, au-dessus de la terre, (région) du Notus. — Midi, au-dessus de la terre, (région) du Notus. »

Les nombres de 1 à 30 sont distribués suivant les huitièmes de circonférence et dans la colonne verticale moyenne.

Voici la photogravure de ce tableau :

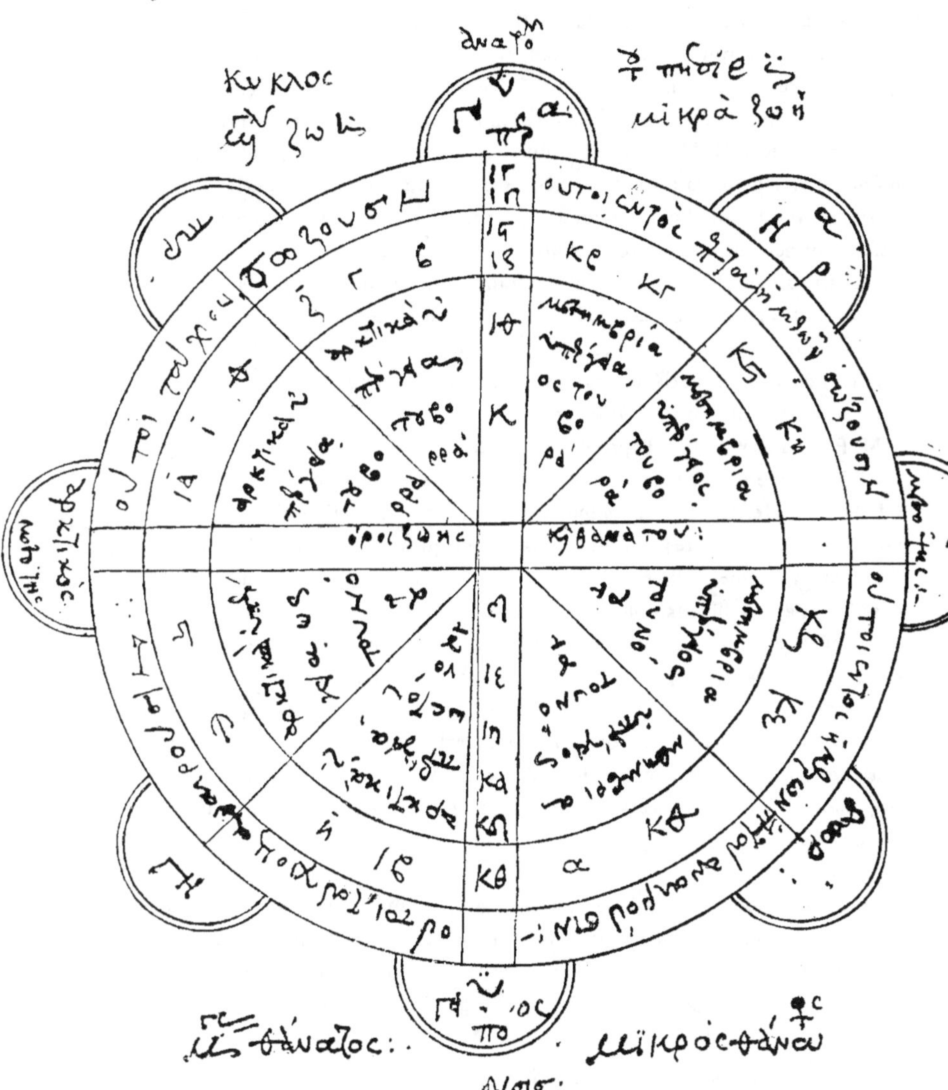

FIGURE 2. — **Autre Cercle de Pétosiris.**

Quant aux bases et procédés de calcul, il est inutile de nous y arrêter.

Les personnes qui s'y intéresseraient trouveront sur ce point des renseignements très intéressants dans une notice publiée par M. Paul Tannery : *Sur des fragments d'Onomatomancie arithmétique* (Notices et Extraits des manuscrits de la Bibliothèque nationale, t. XXXI, 2ᵉ partie, 1885). Il y montre l'origine de la preuve par neuf, d'après un passage fort curieux des *Philosophumena*, où l'on enseigne à prendre le résidu par 9 ou par 7 de la valeur numérique des lettres du nom propre, en diversifiant le procédé de calcul suivant des conventions arbitraires. On calculait ainsi, d'après les nombres des noms propres : soit la vie d'un malade ; soit le succès d'un combat entre deux guerriers ; soit le résultat de diverses autres alternatives relatives au vol, au mariage, aux voyages, à la survivance, etc. Ce mode de divination était attribué à Pythagore.

M. P. Tannery donne, d'après les manuscrits 2009, 2256, 2419 et 2426 de la Bibliothèque nationale, une prétendue lettre de Pythagore à Telaugès (ou à Laïs, ou à Hélias, suivant les manuscrits), avec table divinatoire annexée, table fondée sur de pures combinaisons numériques(1), sans données astrologiques proprement dites. Plus loin, il présente le texte et la traduction des deux petits tableaux dont je vais parler.

En effet, au folio 33 du manuscrit 2419 se trouvent deux tableaux qui ressemblent beaucoup plus que les précédents à la sphère de Démocrite et à l'instrument d'Hermès. Le premier, sous la rubrique ψῆφος δόκιμος... (calcul éprouvé...), consiste en trois lignes, renfermant chacune douze nombres horizontaux de 1 à 36, par tranches verticales. Vis-à-vis la première ligne : ζωή (vie) ; vis-à-vis la seconde : état moyen (μέσα) ; vis-à-vis la troisième ligne : θάνατος (mort).

Voici le résumé du texte :

« Calcule le jour où le malade s'est alité, où l'enfant est né, où le fugitif a disparu, où l'on s'est embarqué, enfin opère pour tout ce que tu désires ; comptes aussi depuis le 18 mai (2) jusqu'au jour donné, et du nombre obtenu

---

(1) « Calcule le nom du malade et le jour de son alitement. Si le nom du malade l'emporte, il vivra ; si c'est le jour de l'alitement qui l'emporte, il mourra, etc. ».

(2) Epoque de l'entrée du soleil dans

retranche 36 autant de fois que possible. Prends le reste. Si le nombre se trouve dans la première ligne, le malade vivra, l'événement sera heureux (ἀγαθά), etc.; dans la troisième ligne, c'est la mort ou le malheur (ἐναντία); sur la seconde ligne, la maladie sera longue, etc. (εἰς μακρόν)». — Ce tableau est une variante de l'instrument d'Hermès contenu dans le manuscrit alchimique.

Le second tableau est sous la rubrique : ψῆφος ἑβδοματικὴ ἡμερῶν διαγνωστικὴ ζωῆς καὶ θανάτου; calcul d'après les jours de la semaine pour diagnostiquer la vie ou la mort. Ce sont deux colonnes verticales, chacune de 15 chiffres, de 1 à 30, l'une ayant pour titre : vie ; l'autre : mort. Le calcul est à peu près le même, sauf variantes (1), que celui de la sphère de Démocrite du Papyrus de Leide, traduite plus haut. De plus, il n'y a que deux colonnes dans le manuscrit 2419, tandis qu'il en existe trois dans le Papyrus.

Il m'a paru de quelque intérêt de rapprocher ces divers tableaux et cercles de la sphère de Démocrite, contenues dans le Papyrus V, ainsi que l'instrument d'Hermès, transcrit au manuscrit 2327. En effet les noms d'Hermès et de Démocrite, ainsi que l'existence du tableau du Papyrus, établissent l'antiquité de ces pratiques, contemporaines des premiers alchimistes : elles en montrent l'origine orientale et spécialement égyptienne.

On voit en même temps, par une nouvelle preuve, comment le nom de Démocrite, dans l'Egypte hellénisante, était devenu celui du chef d'une école d'astrologues et de magiciens; le tout conformément aux traditions que j'ai exposées et discutées ailleurs (2).

IV. — SIGNES ET NOTATIONS ALCHIMIQUES

Les alchimistes avaient, comme les chimistes de nos jours, des notations et des nomenclatures particulières : ces notations étaient construites, en partie du moins, d'après des méthodes précises et qui rappellent même, à certains égards, nos conventions actuelles. La difficulté que présente la lecture

---

les Gémeaux et commencement de l'été, au temps de l'Empire romain.

(1) Telles que l'addition du nombre 10 et l'omission du 1er jour de la maladie.

(2) *Origines de l'Alchimie*, p. 156 et suivantes.

des vieux textes alchimiques, qui remontent jusqu'au temps de l'Égypte romaine et des Antonins, résulte souvent du peu d'intelligence que nous avons de ces notations.

Elles sont cependant nécessaires à connaître, pour ceux qui veulent faire des recherches sur les doctrines et les pratiques de la Chimie, de la Médecine, de la Pharmacie, de la Métallurgie et de la Minéralogie, dans l'antiquité et au moyen âge. C'est ce qui m'a engagé à les reproduire ici.

Un seul auteur jusqu'à présent a essayé de les figurer : c'est le savant Du Cange, au xviie siècle, dans son Glossaire du grec au moyen âge. Mais cette publication est très incomplète, très négligée et très incorrecte. Il n'était pas facile d'ailleurs de transcrire ces signes avec une précision parfaite, à une époque où les procédés fondés sur la photographie n'étaient pas connus. En outre, le plus vieux et le plus beau manuscrit qui existe, celui de Saint-Marc, à Venise (fin du xe ou commencement du xie siècle), ne paraît pas avoir été connu de Du Cange.

Ayant eu occasion depuis quelques années d'étudier d'une manière approfondie les textes manuscrits des alchimistes grecs, pour la composition de mon ouvrage sur « *les Origines de l'Alchimie* », j'ai fait reproduire en photogravure les symboles des manuscrits, en prenant comme types ceux du manuscrit de Saint-Marc (xie siècle) et ceux du manuscrit no 2327, le plus complet qui existe à la Bibliothèque nationale de Paris, lequel a été copié en 1478.

Ces symboles, de même que ceux de la Chimie actuelle, sont placés en tête des manuscrits. Ils ont été construits suivant deux règles différentes : l'une applicable aux métaux et à leurs dérivés, l'autre aux substances minérales et aux produits de matière médicale, ainsi qu'à certains mots d'usage courant.

Les symboles des métaux sont purement figuratifs : ce sont les mêmes que ceux des planètes, auxquelles les métaux étaient respectivement dédiés par les Babyloniens ; c'est-à-dire des astres sous l'influence desquels les métaux étaient supposés produits dans le sein de la Terre (voir p. 78). Parmi ces symboles, ceux du Soleil et de la Lune (or et argent) figurent déjà dans les papyrus de Leide, qui remontent au iiie siècle de notre ère (voir p. 25 et 47).

J'ai reproduit sur ce point les opinions de Proclus, du Scoliaste de Pindare (p. 81), ainsi que la vieille liste de Celse (p. 77 et 78), et les attributions d'Olympiodore le Philosophe (p. 81), correspondant à la liste du manuscrit de Saint-Marc, figurée dans la colonne droite de notre planche I.

Rappelons brièvement les notations et symboles suivants :

1º Or, correspondant au Soleil et représenté par le même signe ;

2º Argent, correspondant à la Lune et représenté par le même signe

3º Electrum ou asèm, dont le signe était celui de Jupiter.

Cependant, dans les vieux textes, où l'asèm est confondu avec l'argent, il en affecte quelquefois le signe : à savoir un croissant dont l'ouverture est tournée vers la droite.

L'asèm ou électrum ayant cessé d'être regardé comme un métal particulier, vers le viᵉ siècle de notre ère (p. 84), le signe de Jupiter fut affecté à l'étain qui, jusque-là, répondait à la planète Mercure (Hermès). Nos listes portent la trace de ce changement (ce vol. fig. 3, Pl. I, l. 4, à droite ; fig. 7, Pl. V, l. 16, signes de l'électrum ; fig. 10, Pl. VIII, l. 5, signe de l'étain).

On trouve, notamment dans la fig. 7, Pl. V, l. 12 et 13 : deux signes pour la planète Jupiter et son métal (p. 82) ; trois autres signes pour l'étain, et trois autres signes, semblables aux derniers, pour la planète Hermès.

4º Plomb, correspondant à Saturne ; il a plusieurs signes dans les listes. (fig. 7, Pl. V, l. 11 et 12). Le nom même du plomb comprenait à l'origine la plupart des métaux ou alliages, blancs et fusibles (p. 83).

5º Fer, correspondant à Mars.

Cependant le fer et l'étain sont représentés par des signes pareils dans notre fig. 6, Pl. IV, l. 12 (troisième signe de l'étain), comparée à la fig. 7, Pl. V, l. 1, 12 et 13 (Cf. p. 83).

6º Cuivre, correspondant à Vénus et représenté par le même signe (p. 83).

Ce nom s'étendait à diverses variétés de bronze, confondues sous le nom d'airain.

7º Étain, correspondant d'abord à la planète Hermès ou Mercure, plus tard à Jupiter (p. 84).

Le signe de Jupiter semble avoir eu à un certain moment un caractère générique : du moins on le trouve en outre associé à celui de Mercure dans l'une des listes (fig. 7, Pl. V, l. 5).

8º Mercure, d'abord représenté par le signe de la Lune (argent) retourné, c'est-à-dire par un croissant dont la convexité est tournée vers la droite (fig. 3, Pl. I, col. de droite, l. 19 ; fig. 6, Pl. IV, l. 5). Nous avons dit (p. 84) comment, entre le ve siècle (liste d'Olympiodore le Philosophe) et le viie siècle de notre ère (liste de Stéphanus d'Alexandrie), le mercure prit le signe de la planète Hermès, auparavant affecté à l'étain (fig. 10, Pl. VIII, l. 6).

Cette affectation nouvelle figure aussi dans la liste planétaire du Traité d'Albumazar (ixe siècle), transcrite par le manuscrit 2419 (fol. 46 verso).

Le mercure et l'étain ont donc chacun deux signes différents dans nos listes, suivant leur époque.

L'étain a encore d'autres signes (fig. 7, Pl. V, l. 13), et ceux du plomb sont multiples, comme il a été dit.

Le fer, métal plus moderne que les autres, a également plusieurs signes (fig. 3, Pl. I, l. 21 ; fig. 7, Pl. V, l. 1) dans les listes.

Mais les signes fondamentaux de l'or, de l'argent, du cuivre, ne semblent pas avoir varié, du moins depuis l'époque où nos tableaux ont été établis.

Tels sont les signes des corps simples ou radicaux, comme nous dirions aujourd'hui.

Ces signes sont le point de départ de ceux d'un certain nombre de corps, dérivés de chaque métal et répondant aux divers traitements physiques ou chimiques qui peuvent en changer l'état ou l'apparence.

Par exemple, la limaille, la feuille, le corps calciné ou fondu, d'une part ; et, d'autre part, la soudure, le mélange, les alliages, le minerai, la rouille ou oxyde (Pl. V, col. de gauche).

Chacun de ces dérivés possède un signe propre, qui se combine avec le symbole du métal : exactement comme on le fait dans la nomenclature chimique de nos jours. Quand le nom du métal reparaît dans celui d'un alliage, d'une dissolution, d'une évaporation, d'un précipité, d'un minéral, ou d'une plante, il est remplacé par son symbole.

Le symbole de la litharge (mot à mot, pierre d'argent), renferme, par exemple, celui de l'argent (argyrion) ; la sélénite, celui de ce même argent, c'est-à-dire de la Lune (sélénè) ; quoique le nom du métal n'ait été introduit dans ces dénominations et ne leur ait été appliqué que par analogie. La concrétion blanche renferme aussi le signe de l'argent ; la concrétion jaune, celui de l'or (fig. 3, Pl. I, l. 21 et 22, à droite). Le signe du molybdochalque, alliage de plomb et de cuivre, renferme celui du cuivre (fig. 6, Pl. IV, l. 13). Le signe du plomb se trouve dans celui de l'antimoine (sulfuré), par suite d'une certaine confusion entre les deux métaux (fig. 7, Pl. V, l. 10). Le symbole d'un métal figure également dans les noms de certains minéraux, dont ce métal peut être extrait : par exemple, le signe du vermillon du Pont renferme celui du mercure (fig. 6, Pl. IV, l. 24, 2ᵉ signe). Tous ces rapprochements, les derniers surtout, rappellent nos nomenclatures.

Les listes alchimiques ne contiennent pas seulement les noms des métaux, mais aussi ceux des substances minérales et des produits employés, soit dans l'industrie, soit dans la matière médicale. Les signes correspondants ont été formés toujours suivant une règle pareille à celle qui préside aujourd'hui à la formation des symboles de nos corps simples et de nos radicaux composés ; je veux dire en prenant les premières lettres ou les lettres principales du nom que l'on voulait exprimer : c'est ce qu'on peut voir dans les planches qui suivent.

Les listes inscrites dans ces planches se rapportent à des époques très diverses ; les plus anciennes remontent au commencement du moyen âge. Mais elles ont été remaniées à plusieurs reprises : chaque copiste ajoutant à la suite tous les signes qu'il connaissait, ou qu'il trouvait dans d'autres ouvrages, sans craindre de donner trois ou quatre signes distincts pour le même nom plusieurs fois répété. Il est facile de reconnaître ces additions ou intercalations, soit d'après le changement de sujet, soit d'après le mot ἄλλως (autrement), parfois écrit dans les manuscrits avec une initiale rouge.

L'analyse des signes du manuscrit 2327, comparés avec ceux du manuscrit de Saint-Marc, du manuscrit 2325, du manuscrit 2419 et de quelques autres, permet d'y reconnaître dans la liste fondamentale au moins neuf listes partielles de ce genre, successivement ajoutées.

Développons cette discussion.

1º. On distingue d'abord une première liste, très courte et très ancienne, laquelle renferme seulement les signes des sept planètes, suivies des noms des sept métaux correspondants, donnés en sept lignes dans le manuscrit de Saint-Marc (Pl. I, col. de droite, l. 1 à 7). Dans le manuscrit 2327, on retrouve les cinq derniers métaux : plomb, électrum, fer, cuivre, étain, suivant le même ordre et avec les mêmes épithètes (Pl. V, de la l. 15, dernier mot, à la l. 18), l'or et l'argent ayant été inscrits auparavant et séparément. Seulement les signes des métaux sont à la suite des noms, au lieu de les précéder comme dans le reste des planches. Les cinq mêmes métaux, désignés pareillement, sans l'or, ni l'argent, existent aussi, à la suite d'une liste différente, dans le manuscrit 2325. Cette première liste ne comprend ici que les métaux et les planètes et elle répond à une autre liste beaucoup plus développée, dans laquelle se trouvent, à la suite de chaque signe planétaire, les diverses substances dérivées du métal correspondant ou consacrées à sa planète. Nous y reviendrons tout à l'heure. Observons encore que dans la liste présente de Saint-Marc l'électrum figure avec le signe de Jupiter et l'étain avec le signe d'Hermès. Dans le fragment de liste correspondant du manuscrit 2327 (Pl. V, l. 15 à 18), Jupiter et l'électrum sont représentés par deux signes distincts ; mais celui de l'électrum dérive en réalité de celui de Zeus, déformé par le copiste, comme le montre sa comparaison avec le manuscrit de Saint-Marc (voir la planche I, l. 14); d'autre part, l'étain a perdu son signe : le copiste transcrivait machinalement des symboles qu'il ne comprenait plus.

2° Une seconde liste, plus longue et plus méthodique, comprend les noms des métaux et de leurs dérivés : or, argent, cuivre, fer, plomb, étain, mercure. Elle est très claire et très nette dans le manuscrit de Saint-Marc (Pl. I, col. de gauche, l. 1 à 26, et col. de droite, l. 10 à 19). Cette liste est plus moderne que la précédente ; car l'électrum n'y figure plus comme un métal spécial, mais comme un dérivé de l'or (chrysélectron, l. 5) avec un symbole complexe, dérivé de ceux de l'or et de l'argent : la nature chimique véritable de la variété d'électrum à base d'or était donc reconnue. Le mercure est inscrit à la suite de l'étain, mais à part et sans dérivés particuliers ; son signe est celui de l'argent retourné, et non celui de la planète Hermès : ce qui répond aussi à une époque intermédiaire, quoique antérieure à celle où Hermès est affecté définitivement au mercure.

Cette liste manque dans le manuscrit 2325, le plus ancien après celui de Saint-Marc ; tandis qu'elle forme le début de celle du manuscrit 2327 (Pl. IV., l. 4 à 17). Seulement l'argent a été intercalé ici au milieu des dérivés de l'or, ainsi que le mercure, placé à côté de l'argent. Le chrysélectron a disparu ; deux des dérivés de l'argent (feuille et limaille) sont omis à la fin des dérivés du cuivre. Après ὠρίχαλκος (Pl. IV, l. 14) vient le mot χαλκός, puis

κασσίτηρος (l. 12) ; à la place du fer et de ses dérivés, inscrits dans la liste
du manuscrit de Saint-Marc. Ceux-ci sont rejetés plus loin dans le manuscrit
2327 (Pl. V, l. 1 et 2), avec des noms identiques, et des signes différents.
Mais le manuscrit 2327 reprend par le plomb (Pl. V, l. 11), dont le nom
est suivi par les mots intercalés : κρόνος φαίνων ; puis viennent les dérivés du
plomb, les mêmes dans les deux manuscrits (sauf une inversion). L'article
étain, coupé en deux par le plomb intercalé, reprend, dans le manuscrit 2327
(Pl. V, l. 15), par le second des signes de ce métal, donné dans le manuscrit
de Saint-Marc (Pl. I, col. de droite, l. 14) et précédé de même du mot ἄλλως
(autrement). Bref, toute cette liste est évidemment la même dans les deux
manuscrits ; mais elle est régulière dans le manuscrit de Saint-Marc ; elle est
transcrite, au contraire, avec une certaine confusion dans le manuscrit 2327.

3° Les noms et les signes des métaux sont suivis dans le manuscrit de Saint-
Marc (Pl. I, col. de droite, l. 20-27, et Pl. II, col. droite d'abord ; puis
col. de gauche, l. 1 à 2), par des mots tels que νεφέλη, etc., se rapportant
aux dérivés du mercure (Pl. I, l. 20 à 22), à la litharge, au soufre, à la
sélénite, à la couperose, etc., jusqu'aux mots : un jour et une nuit, puis
πέταλα (Pl. II, col. de gauche, l. 11).

Tout ceci manque dans le manuscrit 2325, aussi bien que la seconde liste.

Dans le manuscrit 2327, au contraire, la même suite de mots forme la fin de
la planche IV, lignes 17 à 27, jusqu'à. πέταλα exclusivement, et sauf des
variantes de dialecte et autres, peu importantes.

Cette troisième liste peut être regardée comme la suite de la seconde,
puisqu'elle coexiste dans les mêmes manuscrits. Mais elle n'a pas subi les
inversions et les confusions qui distinguent la seconde dans le manuscrit
2327. Le manuscrit 2275, dans ces premières parties, est exactement conforme au manuscrit 2327 (1) ; identité d'autant plus remarquable, qu'il n'en
reproduit pas les figures, mais celles du manuscrit 2325. Il y a donc eu une
source commune, antérieure aux trois manuscrits.

4° Le manuscrit 2325 débute par une liste toute différente des trois
précédentes : laquelle manque dans le manuscrit de Saint-Marc, mais se

---

(1) Le manuscrit 2275 est antérieur de
13 ans au manuscrit 2327 ; c'est presque
toujours une copie directe de 2325,
faite avant la mutilation de ce dernier.

retrouve dans le manuscrit 2327. Dans ce dernier (Pl. V, l. 3), le fer et ses dérivés, transposés comme il a été dit plus haut, sont suivis du mot χαλκίον, qui manque ailleurs. Puis vient le mot θάλασσα, début de ce qui nous reste de la liste mutilée du manuscrit 2325, jusqu'à λευκὴ αἰθάλη ἡ ὑδράργυρος λέγεται (Pl. V, l. 15). Tout ceci est commun aux manuscrits 2325, 2275 et 2327, mais manque dans le manuscrit de Saint-Marc.

Ensuite on trouve dans les trois premiers les noms des cinq métaux, autres que l'or et l'argent (plomb, électrum, fer, cuivre, étain), conformes par les épithètes à la première liste de Saint-Marc ; on a déjà signalé ce rapprochement. La similitude des manuscrits 2325 et 2327 à cet égard atteste une certaine communauté d'origine.

5° Les quatre manuscrits de Saint-Marc, 2325, 2275 et 2327, contiennent ensuite une même liste, faisant suite à la troisième dans le premier manuscrit. Elle débute par κλαυδιανόν (Pl. II, col. gauche, l. 12) ; (Pl. V, l. 18) et se poursuit sans variante importante, jusqu'à χυλός (Pl. III, l. 16, et Pl. VI, l. 3). Cette liste renferme à la fois des mots de Chimie et de Minéralogie, des mots de Botanique et de matière médicale, et certaines abréviations d'usage plus commun. Les listes du manuscrit de Saint-Marc sont ainsi épuisées. On voit qu'elles se retrouvent entièrement dans le manuscrit 2327 ; mais non dans le manuscrit 2325.

6° A la suite de la précédente, on lit dans les manuscrits 2325, 2275 et 2327 une petite liste, en cinq lignes (Pl. VI, l. 3 à 7), contenant les noms des métaux et divers autres, depuis χρυσός jusqu'à σιδήρεως. Le cuivre y figure deux fois, l'une avec son signe ordinaire, l'autre avec deux signes, dont l'un n'est autre que la première lettre du mot χαλκός. Ceci accuserait une origine plus moderne. Mais, par contre, le mot μπόσαρις semble répondre à une source égyptienne. On voit encore ici le mystérieux mercure d'arsenic (l. 4) lequel était probablement notre arsenic métallique, corps sublimable, susceptible d'être extrait par l'action de divers agents réducteurs du sulfure d'arsenic, et aussi capable d'être fixé par sublimation sur le cuivre qu'il blanchit : le tout à la façon du mercure ordinaire, extrait de son sulfure.

7° Cette liste est suivie par une autre, existant dans les manuscrits 2325, 2275 et 2327, et qui débute par le mot caractéristique ἄλλο (Pl. VI, l. 8 à 20) C'est une série d'abréviations très diverses, et plus modernes, comme en témoigne le mot νερόν, qui signifie *eau* dans le grec actuel. Les symboles de l'ange et du démon semblent indiquer que cette liste a été tirée de quelque livre magique. L'or y est désigné par un signe nouveau (l. 19).

Là s'arrêtent les listes des manuscrits 2325 et 2275.

8° Le manuscrit 2327 renferme ensuite une huitième liste, comprenant des matières médicales et débutant par le mot ἄλλως (Pl. VI, l. 20 à 25).

Elle se termine au mot ἀλέη. — Ce qui définit cette liste comme distincte c'est son existence séparée dans le manuscrit 2419 de la Bibliothèque nationale (fol. 274, verso 6). Là les signes seuls y sont dessinés, sans interprétation, à l'exception des mots καρδία (cœur) et ἧπαρ (foie).

Cependant la suite du manuscrit 2327 (Pl. VI, l. 26; Pl. VII, Pl. VIII, l. 1 à 4) n'accuse aucune transition brusque; sauf peut-être au mot pompholyx (Pl. VIII, l. 1).

Cette liste paraît d'ailleurs formée par diverses juxtapositions, comme le montre la répétition de certains mots (camphre, aloès).

Il existait en effet bien des listes de ce genre au moyen âge : je citerai, par exemple, une liste de signes et abréviations, transcrite dans le manuscrit 2419 (fol. 154), tout à fait distincte par l'ordre des mots qu'elle renferme ; quoique ceux-ci soient en somme les mêmes et répondent pour la plupart aux mêmes symboles ou abréviations : par exemple l'or, l'argent, le fer, le cuivre, l'étain, le plomb, le ciel, etc. Il y a cependant quelques signes différents, tels que ceux de l'ange, du démon, de la couperose. La céruse notamment est exprimée au moyen d'un μ barré par une ligne verticale, etc. Mais revenons au manuscrit 2327.

9° Le mot ἄλλως (Pl. VIII, l. 4) marque dans ce manuscrit le début d'une dernière liste, probablement composite comme la précédente. Elle débute par les noms des métaux. Elle est plus moderne, car l'électrum a disparu et l'étain s'y trouve avec le signe de la planète Jupiter, au lieu du signe de la planète Hermès, qu'il possédait dans les premières listes. Au contraire le mercure a pris le symbole de la planète Hermès.

En résumé, ces listes multiples semblent avoir été tirées de manuscrits distincts par l'époque et la composition, dans lesquels elles figuraient d'abord ; elles ont été mises bout à bout en tête de la collection du manuscrit 2327.

Celle du manuscrit de Saint-Marc est la plus ancienne et a passé entièrement dans le manuscrit 2327 : ce qui est fort important pour les questions de filiation ; mais elle a subi des intercalations et transpositions, qui témoignent de remaniements considérables.

Je donnerai maintenant le résumé des comparaisons entre les signes multiples d'un même corps, et spécialement d'un métal, telles qu'elles résultent de l'examen de ces tableaux.

Les métaux sont représentés surtout par les signes des planètes correspondantes. Cependant, à côté des signes planétaires des métaux, on en trouve d'autres, qui sont de simples abréviations, réduites parfois à l'initiale du nom de la planète ou du métal ; tels que :

Or (Pl. VI, l. 19) ;

Cuivre (Pl. VI, l. 3 et 6} ;

Fer (Pl. V, l. 1 et 17) ;

Mercure (Pl. VI, l. 15 ;

Étain (Pl. V, l. 12 et 16).

De même le nom de l'eau est tantôt figuré par son hiéroglyphe (Pl. II, l. 5 ; Pl. IV, l. 26 ; Pl. V, l. 3) ; tantôt par l'abréviation du mot grec correspondant Pl. VI, l. 5). De même le mot fleuve (Pl. III, l. 1 ; Pl. V, l. 25 ; comparées avec Pl. VII, l. 7).

Le nom de la litharge a aussi deux signes : l'un, dérivé de l'argent, l'autre, simple abréviation (Pl. IV, l. 19 et Pl. VIII, l. 20).

Le signe générique des rouilles (oxydes) métalliques offre deux variantes (Pl. I, l. 19 et 25 ; Pl. VI, l. 11), etc.

Signalons maintenant les répétitions.

Tous les noms des métaux existent dans les listes de Saint-Marc, deux fois ; une fois séparément, une fois dans la liste planétaire. En outre, le nom de l'or se retrouve cinq fois dans la seconde liste, celle du manuscrit 2327 (Pl. IV, l. 4 ; Pl. VI, l. 3 et 19 ; Pl. VII, l. 9 ; Pl. VIII, l. 5). Son signe est toujours celui du Soleil, à l'exception d'un signe figuré dans la planche VI, l. 19, qui est double et semble une abréviation.

Le nom de l'argent se lit trois fois dans la seconde liste (Pl. IV, l. 4 ; Pl. VIII, l. 6 et 22). Son signe n'a pas de variante, si ce n'est que le croissant est placé horizontalement à la dernière place.

Le nom du cuivre est écrit six fois dans la deuxième liste (Pl. IV, l. 9 ;

Pl. VI, l. 3, 6, 11 ; Pl. VII, l. 6 ; Pl. VIII, l. 6). Son signe offre six variantes, dont l'une répond à l'un des signes du fer (Pl. V, l. 12).

Le nom du fer est transcrit quatre fois dans la deuxième liste (Pl. V, l. 1 et 17 ; Pl. VI, l. 20 ; Pl. VIII, l. 5 et 22). Son signe offre quatre variantes principales. En effet, le nom du fer est représenté par quatre signes principaux. L'un d'eux une flèche avec sa pointe, semble une abréviation du signe planétaire. Un autre signe, un θ, est nous l'avons vu l'initiale du mot θουράς, nom ancien de la planète Mars ; parfois avec adjonction d'un π, abréviation du πυρόεις, l'enflammé, autre nom ou épithète de Mars (Pl. V, l. 17).

Le nom du plomb figure six fois dans la deuxième liste (Pl. IV, l. 11 ; Pl. V, l. 11 et 16 ; Pl. VI, l. 4 ; Pl. VII, l. 6 ; Pl, VIII, l. 5) ; son signe offre six variantes. Aucun métal n'a plus de signes que le plomb, matière première de la transmutation chez les Égyptiens. Dans l'une des planches (Pl. VII, l. 6), le signe ordinaire est doublé par l'adjonction du signe du cuivre. Un autre signe du plomb (Pl. VI, l. 4) se retrouve à peine modifié, comme signe de cuivre (Pl. VI, l. 6), et même comme signe adjoint au mercure (Pl. VI, l. 15). Ce signe rappelle encore l'un de ceux du soufre (Pl. IV, l. 18), désigné comme le plomb par le nom d'Osiris, chez les Egyptiens.

Le nom de l'étain se voit quatre fois dans la deuxième liste (Pl. IV, l. 12 ; Pl. V, l. 13 et 18 ; Pl. VIII, l. 5). Son signe offre cinq variantes. Dans l'une d'elles, on retrouve l'un des signes du cuivre (Pl. V, l. 13) ; dans une autre, l'un des signes du fer (Pl. V, l. 13).

Le nom du métal mercure est signalé cinq fois dans la deuxième liste (Pl. IV, l. 5 ; Pl. V, l. 5 ; Pl. VI, l. 15 ; Pl. VIII, l. 6 et 8). Son signe offre trois variantes, savoir : le signe de l'argent retourné ; le signe de la planète Hermès, plus moderne (Pl. VIII, l. 6) ; enfin le double signe de l'eau-argent, avec le croissant ordinaire. (Pl. VI, l. 15). On trouve encore le nom du mercure associé à celui de l'arsenic (Pl. VI, l. 4), et représenté par un double signe, dont la première partie est le signe du mélange ou alliage d'or ; la seconde, le signe de l'arsenic retourné. Il y là une idée se rattachant à la transmutation des métaux et à la fabrication de l'or par l'intermédiaire du mercure, réputé former l'essence des métaux, et de l'arsenic, regardé comme l'un de leurs principes colorants (*Origines de l'Alchimie*, p. 238 et 279).

Le nom de l'arsenic (sulfures arsénicaux) est tracé quatre fois dans la deuxième liste (Pl. V, l. 19; Pl. VI, l. 17 et 26; Pl. VIII, l. 21), avec trois ou quatre signes différents. Le signe de la planche VI, ligne 26, est le plus moderne; car il est employé couramment dans le manuscrit 2419. Le nom même de l'arsenic est associé deux fois (Pl. V, l. 7 et 9) à celui de la sandaraque (sulfure analogue), laquelle est confondue parfois sous le même signe (Pl. V. l. 7). Ailleurs la sandaraque est exprimée par le signe du soufre (Pl. VIII, l. 22) : ce qui montre que les alchimistes en avaient bien saisi les analogies complexes.

Le signe de l'antimoine (sulfure d'antimoine) existe deux fois dans la deuxième liste (Pl. V, l. 10 et 25); la première fois, il est associé à celui du plomb, probablement parce que l'on avait aperçu l'analogie des deux métaux.

Les mots : *matras, sel, vapeurs sublimées*, etc., donnent lieu à des remarques analogues, mais sur lesquelles il paraît superflu de s'étendre.

Nous allons reproduire maintenant ces listes, d'après des photogravures prises sur les manuscrits. L'échelle exacte a été conservée pour le manuscrit 2327 : mais elle a été un peu réduite pour le manuscrit de Saint-Marc.

J'ai donné la traduction, aussi exacte que j'ai pu dans une matière si obscure, de tous les mots qui figurent dans ces listes.

Je me suis aidé à cet effet des œuvres de Dioscoride (édition Sprengel); de celles de Vitruve, de Pline (édition Sillig) et des Commentaires de Saumaise (*Plinianæ Exercitationes*, 1689). Je laisse à d'autres le soin des remarques grammaticales sur ces textes, me bornant à faire observer que l'iotacisme est bien plus marqué dans le second manuscrit que dans le plus ancien.

Pour le manuscrit de Saint-Marc, dont l'écriture est très différente de celle du grec moderne, j'ai cru utile de fournir en même temps le texte grec en lettres actuelles : ce qui m'a paru superflu pour le manuscrit 2327.

Voici ces textes :

Les planches I, II et III reproduisent les folios 6 et 7 du manuscrit de St-Marc, à Venise. Les signes sont tracés à l'encre rouge dans le manuscrit.

Plusieurs signes ont été ajoutés à des époques postérieures à la première transcription du manuscrit; les uns au xive siècle, les autres au xve. Ils se distinguent par la forme des caractères et la couleur de l'encre. Je les noterai en passant.

Les planches IV, V, VI, VII et VIII sont la reproduction identique des fol. 16, 17 et 18 du manuscrit 2327 de la Bibliothèque nationale de Paris.

La traduction répond, ligne pour ligne, au texte placé vis-à-vis.

CHIMIE DES ANCIENS

FIGURE 3. — **Planche I**

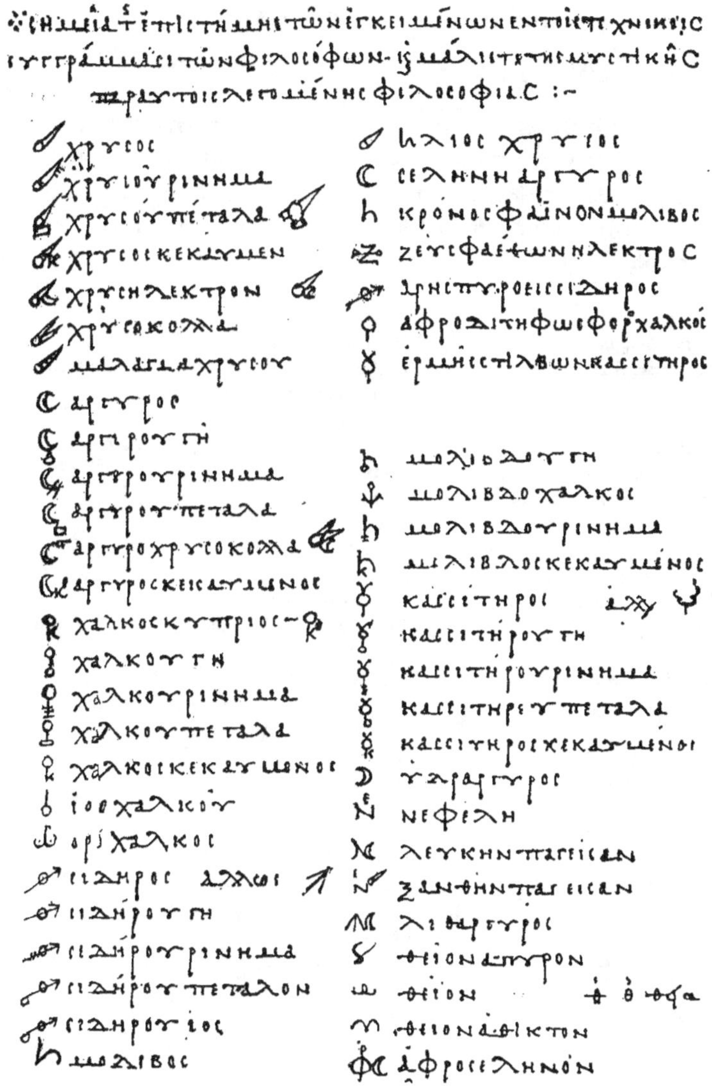

SIGNES ALCHIMIQUES

Planche I, première colonne, à gauche

Photogravure d'après le manuscrit de Saint-Marc, fol. 6.

Σημεῖα τῆς ἐπιστήμης τῶν ἐγκειμένων ἐν τοῖς τεχνικοῖς συγγράμμασι τῶν φιλοσόφων, καὶ μάλιστα τῆς μυστικῆς παρ' αὐτοῖς λεγομένης φιλοσοφίας.

« Signes de la Science, qui se trouvent dans les écrits techniques des philosophes : ce sont surtout les signes de ce que ceux-ci appellent la Philosophie mystique.

Χρυσός.	Or.
Χρυσοῦ ῥίνημα.	Limaille d'or.
Χρυσοῦ πέταλα.	Feuilles d'or — avec second signe à droite, d'une écriture plus récente.
Χρυσὸς κεκαυμένος.	Or calciné (fondu).
5 Χρυσήλεκτρον.	Electrum — avec 2e signe plus récent.
Χρυσόκολλα.	Soudure d'or.
Μάλαγμα χρυσοῦ	Mélange d'or.
Ἄργυρος	Argent.
Ἀργύρου γῆ	Terre d'argent.
10 Ἀργύρου ῥίνημα.	Limaille d'argent.
Ἀργύρου πέταλα.	Feuilles d'argent.
Ἀργυροχρυσόκολλα.	Soudure d'or et d'argent — avec second signe récent.
Ἄργυρος κεκαυμένος.	Argent calciné (fondu).
Χαλκὸς κύπριος.	Cuivre de Chypre — avec second signe d'une ancienne écriture.
15 Χαλκοῦ γῆ.	Terre de cuivre (minerai).
Χαλκοῦ ῥίνημα.	Limaille de cuivre.
Χαλκοῦ πέταλα.	Feuilles de cuivre.
Χαλκὸς κεκαυμένος.	Cuivre calciné (oxydé).
Ἰὸς χαλκοῦ.	Rouille de cuivre.
20 Ὀρείχαλκος	Orichalque.
Σίδηρος.	Fer. — Ἄλλως, autre signe.
Σιδήρου γῆ.	Terre de fer (minerai).
Σιδήρου ῥίνημα.	Limaille de fer.
Σιδήρου πέταλον.	Feuille de fer.
25 Σιδήρου ἰός.	Rouille de fer.
Μόλιβδος *(sic)*.	Plomb.

Planche I, deuxième colonne, à droite.

Ἥλιος χρυσός. . . . . Soleil, or.
Σελήνη ἄργυρος. . . . . Lune, argent.
Κρόνος φαίνων μόλιβος. . . . . . . Saturne brillant, plomb.
Ζεὺς φαέθων ἤλεκτρος. . . . . Jupiter resplendissant, électrum.
5 Ἄρης πυρόεις σίδηρος. . . . . . . Mars enflammé, fer.
Ἀφροδίτη φωσφόρος χαλκός. . . Vénus lumineuse, cuivre.
Ἑρμῆς στίλβων κασσίτηρος. . Mercure brillant, étain.

La suite forme le commencement du verso de la feuille 6 dans le manuscrit; elle a été ajoutée par le graveur sur la planche I, après les noms des planètes, lesquels sont effectivement à droite du recto de la feuille 6 dans le manuscrit.

10 Μολίβδου γῆ. . . . . Terre de plomb (minerai).
Μολιβδόχαλκος. . . . . Molibdochalque.
Μολίβδου ῥίνημα. . . . . Limaille de plomb.
Μόλιβδος κεκαυμένος. . . . . . . Plomb calciné.
Κασσίτηρος (sic). . . . . Étain. — Ἄλλο, autre signe
15 Κασσιτήρου γῆ. . . . . Terre d'étain (minerai).
Κασσιτήρου ῥίνημα. . . . . Limaille d'étain.
Κασσιτήρου πέταλα. . . . . Feuilles d'étain.
Κασσίτηρος κεκαυμένος. . . . . . Étain calciné.
Ὑδράργυρος. . . . . Mercure.
20 Νεφέλη. . . . . Brouillard (vapeur condensée).
Λευκὴν παγεῖσαν. . . . . Concrétion (coagulum) blanche.
Ξανθὴν παγεῖσαν. . . . . Concrétion jaune.
Λιθάργυρος. . . . . Litharge.
Θεῖον ἄπυρον. . . . . Soufre apyre, n'ayant pas subi l'action du feu.
25 Θεῖον, Θεῖα. . . . . Soufre. — Matières sulfureuses.
Θεῖον ἄθικτον. . . . . Soufre natif.
Ἀφροσέληνον. . . . . Sélénite.

Le verso de la feuille 6 du manuscrit n'étant pas inséré en entier dans ce qui précède, on a ajouté et intercalé les signes qui suivent avec leur interprétation, dans la colonne de droite, sur la planche II.

FIGURE 4. — **Planche II**

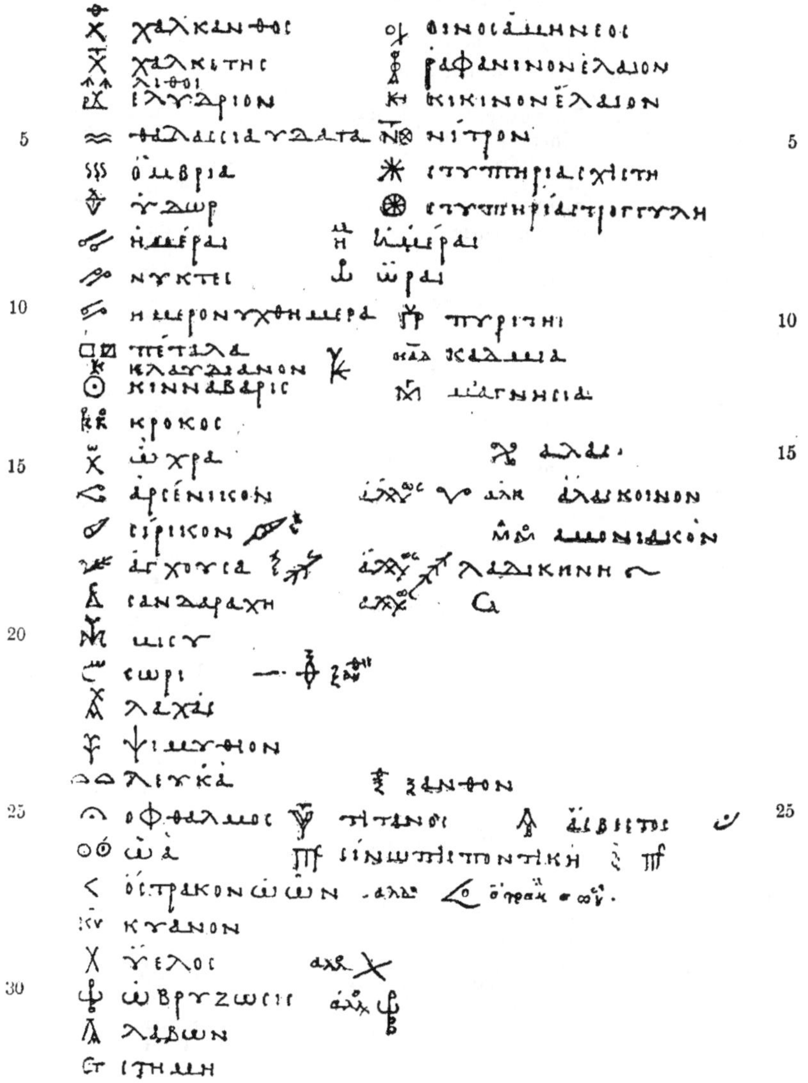

Première colonne, à gauche.

La colonne gauche de la planche II renferme les signes du folio 7 recto du manuscrit, et la colonne droite la fin du folio 6 verso.

Χάλκανθος . . . . Couperose.
Χαλκίτης . . . . Minerai pyriteux de cuivre.
Λίθοι . . . . Pierres.
'Ελύδριον . . . . Chélidoine.
5 Θαλάσσια ὑδατα . . . . Eaux marines.
''Ομβρια . . . . Eaux pluviales.
''Υδωρ . . . . Eau.
'Ημέραι . . . . Jours — 2e s. anc.
Νύχτες . . . . Nuits. — ῏Ωραι. heures.
10 'Ημερονυχθήμερα . . 1 jour et 1 nuit.
Πέταλα . . . . Feuilles.
Κλαυδιανόν . . . . . . Claudianon (alliage)— 2e signe plus moderne.
Κιννάβαρις . . . . . . Cinabre.
Κρόκος . . . . Safran.
15 ῏Ωχρα . . . . Ochre.
'Αρσένικον . . . . . . Arsenic — autre signe ancien.
Σίρικον (sic) . . Couleur rouge particulière — 2e signe plus moderne.
''Αγχουσα . . . . . Orcanette. — 2e signe plus mod. — autre signe ancien: λαδικίνη, de Laodicée.

Σανδαράχη . . . . Sandaraque (autre signe anc.).
Μίσυ . . . . Misy (couperose 20 jaune).
Σῶρι (sic) . . . . Sori (corps analogue)—ξανθόν, jaune; signe d'écriture plus moderne.
Λαχάς . . . . Laccha, sorte d'orcanette.
Ψιμύθιον . . . . Céruse.
Λευκά . . . . Les blancs. — Ξανθόν, jaune; signe ancien.
''Οφθαλμος . . . . . Œil. 25
'Ωά . . . . Les œufs.
''Οστρακον ὠῶν . . . Coquille des œufs — répété avec autre signe plus moderne.
Κύανον . . . . Bleu.
''Υελος . . . . Verre — autre signe plus mod.
'Ωβρύζωσις . . . . . . Épreuve des mé- 30 taux (coupellation) — autre signe plus mod
Λαβών . . . . Ayant pris.
Στίμμη (sic) . . . . Antimoine.

Deuxième colonne, à droite.

Οἶνος ἀμηνέος . . . . . Vin doux.
'Ραφάνινον ἔλαιον . . Huile de raifort.
Κίκινον ἔλαιον . . . . . Huile de ricin.
Νίτρον . . . . Natron.
5 Στυπτηρία σχιστή . . Alun en lamelles
Στυπτηρία στρογγύλη Alun arrondi.
10 Πυρίτης . . . . Pyrite.
Καδμία . . . . Cadmie.
Μαγνησία . . . . Magnésie.

''Αλας . . . . Sel. 15
''Αλας κοινόν . . . . . Sel commun.
— ἀμμονιακόν sic, Sel ammoniac.
Τίτανος . . . . Chaux, plâtre. 25
''Ασβεστος . . . . Chaux vive — 2e signe ancien.
Σινωπις ποντική . . . Rubrique du Pont — 2e signe ancien.

FIGURE 5. — **Planche III**

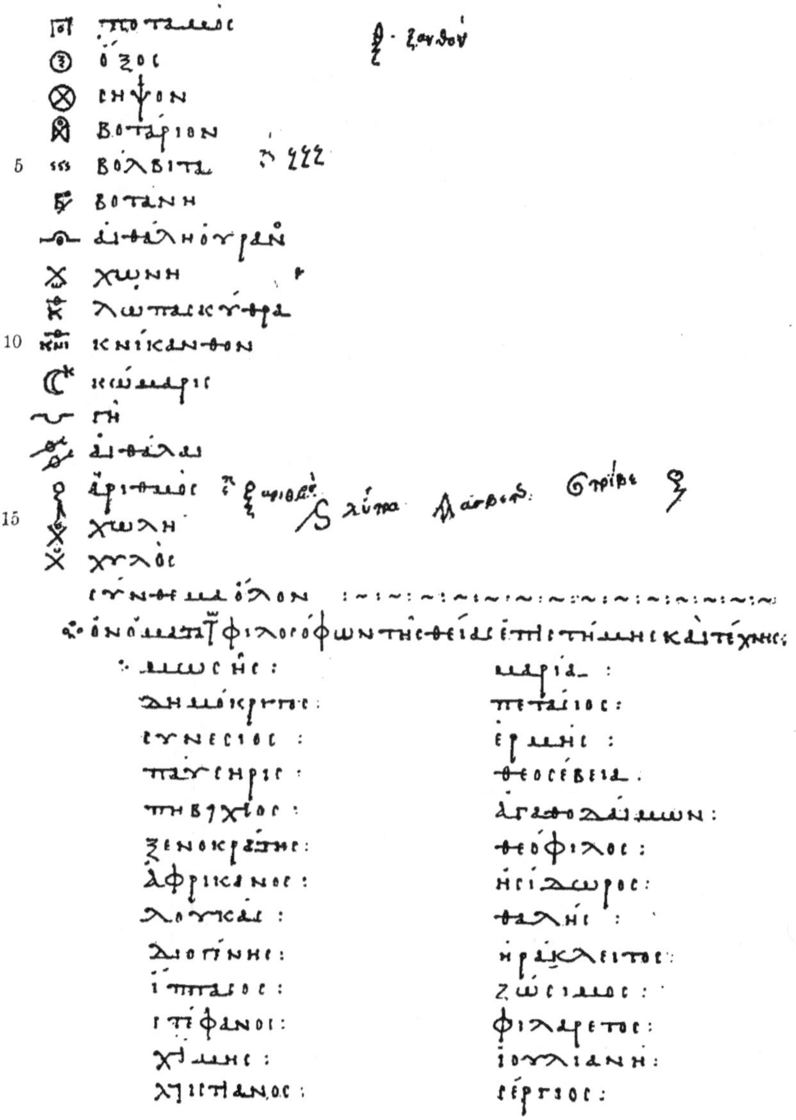

Folio 7, verso. — Planche III.

Ποταμός . . . . Fleuve. — ξανθόν, jaune — signe plus mod.
Ὄξος . . . . Vinaigre.
Σῆψον . . . . Faites fermenter.
Βοτάριον . . . . Botarion (vase de digestion?)
5 Βόλβιτα . . . . Fumier, fiente — signe plus moderne.
Βοτάνη . . . . Plante.
Αἰθάλη οὐρανοῦ . . . . Vapeur céleste.
Χώνη . . . . Creuset.
Λωπὰς κύθρα . . . . Matras de terre cuite.
Κνίκανθον (*sic*) . . . . Fleur de cnécos ou carthame.
10 Κώμαρις . . . . Sélénite ou talc.
Γῆ . . . . Terre.
Αἰθάλαι . . . . Vapeurs sublimées, fumées.
Ἀριθμός . . . . Nombre — répété avec signe plus moderne.

> λίτρα, livre (poids)
> ἄσβεστος, chaux vive } signes plus mod.
> τρίβε, broyez.

15 Χωλή . . . . Bile.
Χυλός . . . . Suc.
Σύνθεμα ὅλον . . . . Formule complète.

Ὀνόματα τῶν φιλοσόφων τῆς θείας ἐπιστήμης καὶ τέχνης.

Noms des Philosophes de la Science et de l'Art divins.

Μωσῆς . . . . Moïse.   Μαρία . . . . Marie.
20 Δημόκριτος . . . . Démocrite.   Πετάσιος . . . . Pétasius.
Συνέσιος . . . . Synésius.   Ἑρμῆς . . . . Hermès.
Παύσηρις . . . . . . Pauséris.   Θεοσέβεια . . . . Théosébie.
Πηβίχιος . . . . Pébichius.   Ἀγαθοδαίμων . . . . Agathodémon.
Ξενοκράτης . . . . . . Xénocrate.   Θεόφιλος . . . . Théophile.
25 Ἀφρικανός . . . . . Africanus   Ἰσίδωρος . . . . Isidore.
Λουκάς . . . . Lucas.   Θαλῆς (*sic*) . . . . . Thalès.
Διογένης . . . . Diogène.   Ἡράκλειτος . . . . . . Héraclite.
Ἵππασος . . . . Hippasus.   Ζώσιμος . . . . Zosime.
Στέφανος . . . . Stephanus.   Φιλάρετος . . . . Philarète.
Χίμης . . . . Chimès.   Ἰουλιανή . . . . Juliana.
Χριστιανός . . . . . . Le Chrétien.   Σέργιος . . . . Sergius.

Cette dernière liste a un intérêt historique, plutôt que technique. Son commentaire se trouve dans l'ouvrage sur les *Origines de l'Alchimie*, cité plus haut, p. 128 et suivantes.

Figure 6. — **Planche IV**

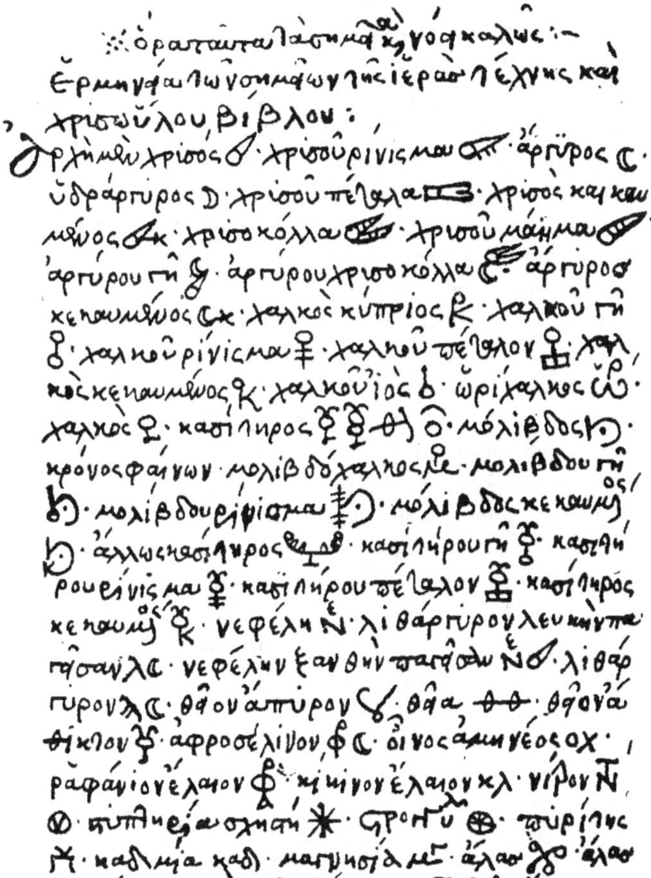

SIGNES DU MANUSCRIT 2327.

Planche IV, feuille 16 du manuscrit, verso.

Vois ces signes et comprend-les bien :

Interprétation des signes de l'art sacré et du livre sur la matière
de l'or.

Au commencement : or — limaille d'or — argent.

Mercure — feuilles d'or — or calciné ou fondu.

5 Soudure d'or — mélange ou alliage d'or.

Terre ou minerai d'argent — soudure d'or et d'argent — argent
calciné ou fondu — cuivre de Chypre — terre de cuivre.

Limaille de cuivre — feuille de cuivre.

Cuivre calciné — rouille de cuivre — orichalque (bronze et al-
10   liages analogues).

Cuivre — étain (quatre signes) — plomb.

Saturne brillant — molibdochalque (alliage de cuivre et de plomb)
— terre ou minerai de plomb.

Limaille de plomb — plomb calciné.

Autre signe de l'étain — terre ou minerai d'étain — limaille
d'étain — feuille d'étain — étain

15   calciné — brouillard ou vapeur condensée — litharge
concrétion blanche — vapeur concrétée jaune.

Litharge — soufre apyre, n'ayant pas subi l'action du feu.
matières sulfureuses — soufre
natif — sélénite — vin d'Amina.

Huile de raifort — huile de ricin — natron (deux signes).

20 Alun en lamelles — (alun) arrondi — pyrite.

Cadmie — magnésie — sel — sel
commun — sel ammoniac (en abrégé) — chaux (deux signes),
chaux vive.

Vermillon du Pont — autre signe — couperose.

Chalcite (minerai pyriteux de cuivre) — pierres (en abrégé) —
25   Chélidoine.

Eaux marines — eaux de pluie — eau

Jours — nuits — heures — un jour et une nuit.

FIGURE 7. — **Planche V**

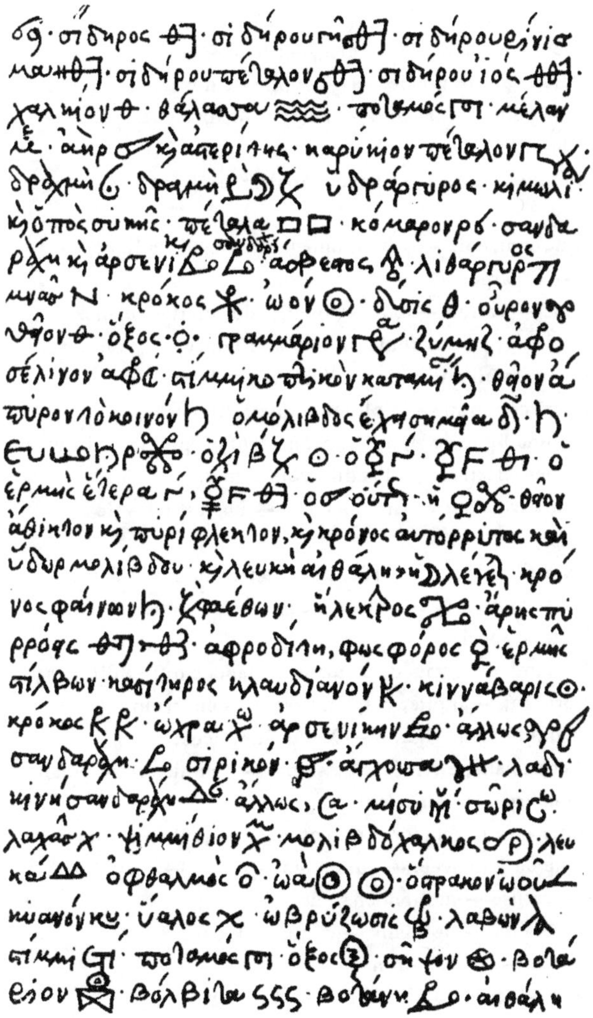

Planche V, feuille 17 du manuscrit, recto.

Fer — minerai de fer — limaille de fer.

Feuille de fer — rouille de fer.

Chalque (poids et monnaie) — mer — fleuve — noir.

Air et astérite (pierre précieuse) — feuille de noyer.

5 Drachme — poignée (mesure) — mercure (deux signes qui précèdent le mot).

Terre de Cimole et suc de figuier (sans signe) — feuilles — arbouse.

Sandaraque et arsenic — sandaraque (au-dessus de la ligne) — chaux — litharge.

Mine (poids) — safran — œuf — coucher du soleil — urine.

Soufre — vinaigre — scrupule (fraction de l'once) — levain.

Sélénite — stimmi (antimoine) de Coptos mélangé.

10 Soufre apyre commun — le plomb a quatre signes.

Puis vient une ligne de signes se rapportant au plomb, à Jupiter, deux signes (électrum), à l'étain, trois signes.

Hermès en a trois autres (trois signes) — l'or est tel — le cuivre.

Le soufre natif et le soufre brûlé par le feu (fondu ?) et Saturne, c'est-à-dire le plomb, s'écoulant de lui-même (cette ligne n'a pas de signe spécial).

15 L'eau de plomb et la vapeur condensée blanche qui se dit mercure.

Saturne brillant — Jupiter resplendissant — électrum.

Mars enflammé (deux signes) — Vénus lumineuse.

Mercure étincelant; étain (pas de signe) — claudianon — cinabre.

20 Safran — ochre — arsenic (autre signe double).

Sandaraque — séricon (soie ? ou couleur rouge ?) — orcanette.

Sandaraque de Laodicée. — autre signe — misy — sory.

Laccha — céruse — molibdochalque.

Les blancs — œil — les œufs — coquille d'œuf.

Bleu — verre — coupellation — ayant pris.

Antimoine — fleuve — vinaigre — ferment ou septique (?).

25 Botarion (vase à digestion) — fumier — plante — vapeur (céleste — le signe est à la page suivante).

FIGURE 8. — **Planche VI**

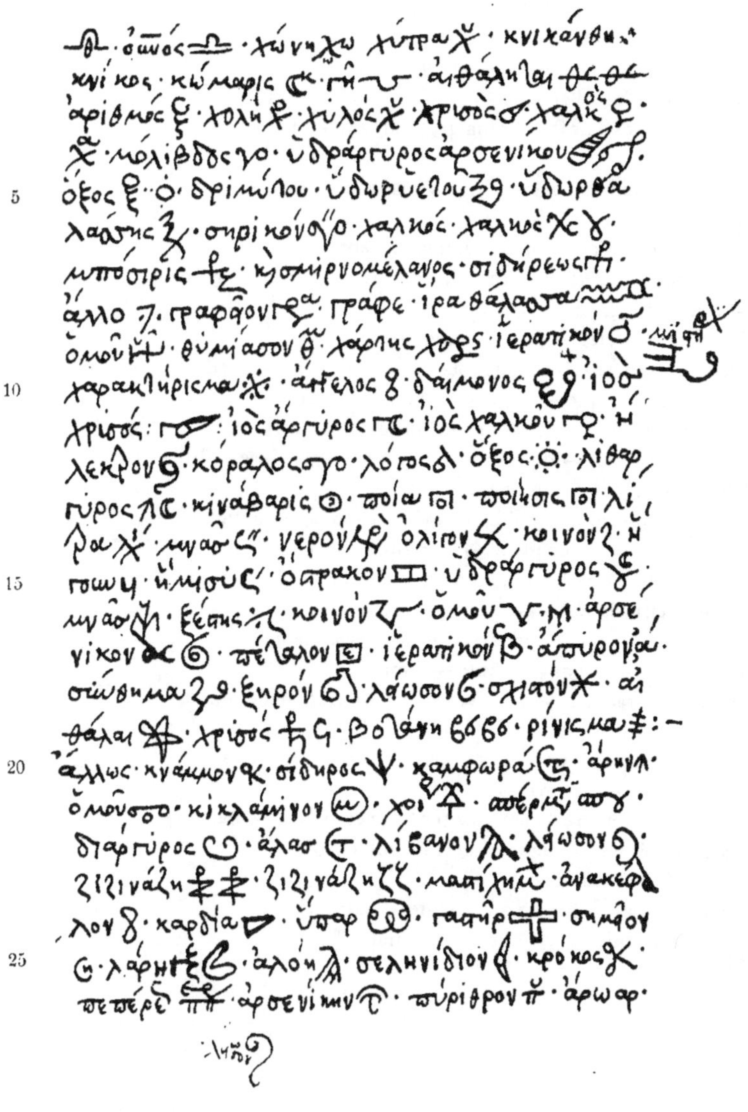

Planche VI, feuille 17 du manuscrit, verso.

Ciel — creuset — matras de terre cuite — fleur jaune du cnécos
(plante assimilée parfois au carthame) — cnécos (sans signe).
Sélénite ou talc — terre — vapeurs sublimées.
Nombre — bile — suc — or — cuivre (deux signes).
Plomb — mercure d'arsenic.
5 Vinaigre (deux signes) — (vinaigre) piquant — eau de pluie —
eau de mer.
Séricon (pigment rouge) — cuivre (répété deux fois —
deux signes).
Mposiris (1) : c'est le signe de l'eau précédent, avec un ρ; ou peut-
être le même signe que l'or à la ligne 19 — le noir de myrrhe
— ferrugineux.
Autre liste — stylet — écris — mer sacrée.
Ensemble — encensoir ou parfum — papier — sacré — mystère.
10 Signe caractéristique — ange — démon — rouille
de l'or — rouille de l'argent — rouille de cuivre.
Électrum — corail — discours (ou rapport) — vinaigre — litharge.
Cinabre — herbes — fabrication.
Livre (poids) — mines (poids) — eau — un peu — commun.
15 Ou bien — demi — coquille — mercure.
Mines (poids) — setier — commun — ensemble (deux signes).
Arsenic (deux signes) — feuille — sacré — apyre.
Composition — sec — pulvérisez — divisez en lamelles.
Vapeurs, fumées — or — plante — limaille.
20 Autre liste — raclure — fer — camphre — arèn (mâle, ou ar-
senic?, ou Mars??).
Ensemble — cyclamen — porc (ou utérus?) — semences.
Argenté — sel — encens — pulvérisez.
Zizi nazé (gingembre?) deux fois répété avec signes — mastic —
partie supérieure de la tête? ou rassemblement?
Cœur — foie — estomac — signe
25 Larynx — aloès — lunule ou sélénite — safran.
Poivre — arsenic — pyrèthre — Aromate?
Pulvérisez.

---

(1) Mp est ici pour B.

FIGURE 9. — **Planche VII**

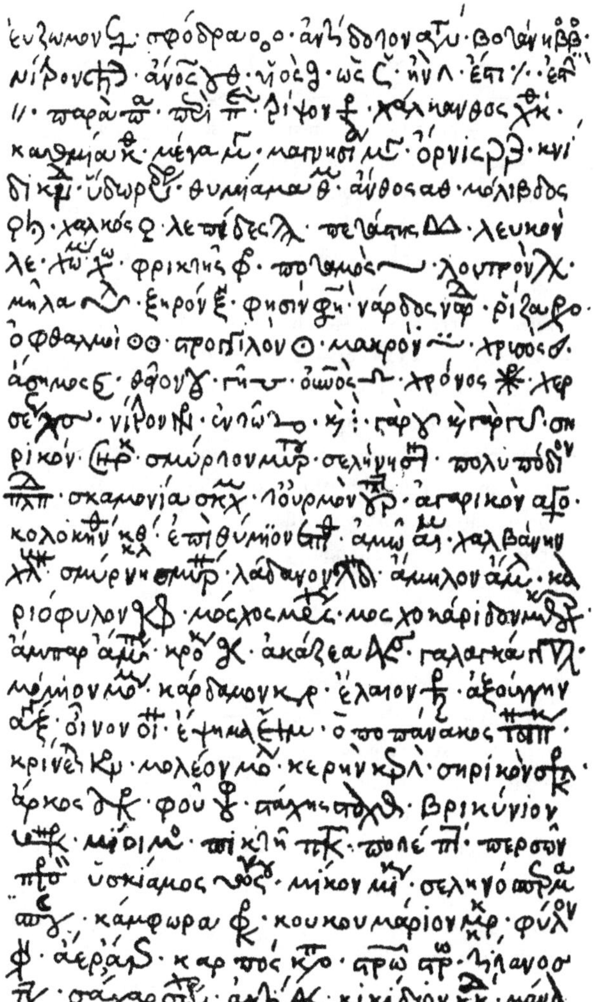

Planche VII, folio 18 du manuscrit, recto

Roquette (eruca) — fortement — antidote — plante.

Natron — homme — fils — comme — si — il est (deux signes).

De ou de la part — sur — triturez — couperose.

Cathmie ou cadmie — grand — magnésie — oiseau — ortie.

5 Eau — encens — fleur — plomb (signe double).

Cuivre — écailles ou écorces — pétasite (plante) — blanc.

Amas de terre — frisson ou arcane fleuve — bain.

Pomme — sec — il dit — nard — racine.

Yeux — arrondi — long — or

10 Asemos — soufre — terre — ciel — temps.

Terrestre — natron — dans le — et — car — et car.

Séricon — fruit de myrte — lune — polype (ou fougère).

Scammonée — marrubium (?) — agaric.

Coloquinte — fleur de thym — amome — galbanum.

15 Myrrhe — Ladanum (gomme aromatique) — amidon (farine).

Clou de girofle — musc — noix muscade.

Ambre — safran — acacia — galanga.

Momion (bitume) — cardame — huile — axonge.

Vin — décoction — opoponax.

20 Lis — rue des bois — corne? — soie ou pigment rouge.

Arcos, plante? (1) — valériane — stachys — véronique.

Meum (ombellifère) — coagulum, lait caillé — une fois — pêche (?).

Jusquiame — pavot — semence de lune.

Camphre — concombre — feuille.

25 Air — fruit — tapis, couche — chaux.

Sucre — farine — ricin — manne (le signe est à la page suivante).

---

(1) Voir SALMASIUS, *de Homonymis Hyles Iatricæ*, p. 52, a, C. — DIOSCO- RIDE, *Matière médicale*, livre IV, chap. CIV et CV

FIGURE 10. — **Planche VIII**

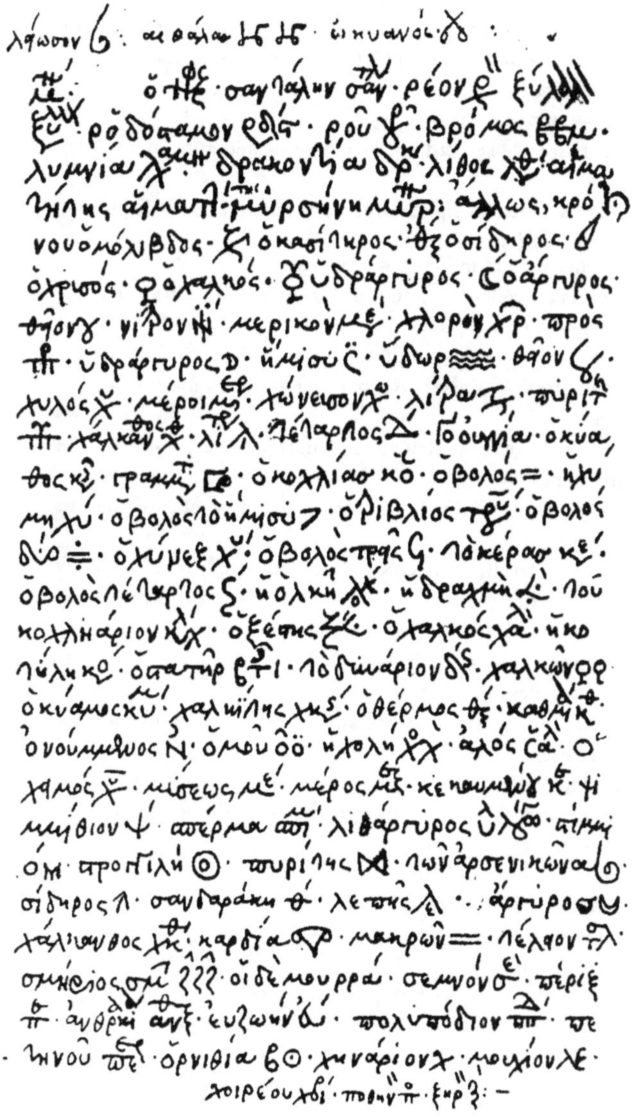

Planche VIII, folio du manuscrit, verso.

(En haut et hors ligne) pulvérisez — vapeurs condensées — océan
(ou le bleu ?). — le pompholix ? (signe seul) — santal — rhubarbe — aloès.

Miel rosat — sumac — avoine.

Grande centaurée — serpentaire — pierre — hématite (deux fois,
sans signe).

Myrte — autre liste (les signes précèdent ici les mots) — le plomb,
5   de Saturne — l'étain — le fer.

L'or — le cuivre — le mercure — l'argent.

(Puis les mots précèdent de nouveau les signes) — soufre — natron
— partiel — vert — vers.

Mercure — demi — eau — soufre.

Suc (des plantes) — divisez (ou parties) — faites_fondre — livre
10   — pyrite.

Couperose — livre — quatrième ou quart (d'once ?) — le cyathe
(mesure de poids).

Scrupules (poids) — cuillerée (mesure) —obole— chême (mesure
de capacité).

Demi-obole — triblios ou cotyle (mesure de capacité) — deux
oboles — chénice (mesure) — trois oboles — le carat (tiers d'o-
bole) — quart d'obole — l'holque (poids) — la drachme.

15 Cuillerée (mesure) — le setier — le chalque (monnaie) — la cotyle.

Le statère — le denier — les chalques (mesure).

La fève (mesure) — chalcite ou calamine — le chaud — cathmie
(pour cadmie).

Le premier jour du mois (?) — ensemble — la bile — le sel.

Le suc (des viandes) — couperose (misy) — partie — calciné.

20 Céruse — semence — litharge — antimoine.

Ronde — pyrite — arsénicaux.

Fer — sandaraque — écorce ou écaille — argent.

Couperose — cœur — des longues (?) — complet.

Emeri — gingembre? selon d'autres myrrhe — vénérable — autour.

25 Brasier — vie heureuse — polype ou fougère.

Volatil — oiseaux (œufs d') — oison — champignon.

Porcin — désirable — sec.

Quelques mots, en finissant, sur la date à laquelle remontent les signes que nous venons de reproduire. Les signes des planètes figurent déjà dans les papyrus astronomiques du Louvre, qui remontent au temps des Antonins ; ainsi que dans ceux de Leide, un peu plus récents. Dans ces derniers, ils sont en outre appliqués à l'or (1), à l'argent et à des noms de plantes et de minéraux, comme dans nos manuscrits. Certains autres signes, celui de l'eau par exemple, sont des hiéroglyphes. Le nom d'Osiris (Pl. VI, l. 7) était employé, d'après Stéphanus (*Origines de l'Alchimie*, p. 32), pour désigner le plomb et le soufre (même signe pour ces deux corps, Pl. V, l. 11) chez les Égyptiens ; dans notre planche VI, ce signe rappelle aussi un signe spécial de l'or, situé plus bas (Pl. VI, l. 19).

Les signes de matière médicale sont plus modernes que ceux des métaux et des planètes. Je ne les ai pas trouvés, par exemple, dans les pages reproduites par Lambecius (*Comm. de Biblioth. Cœs.*, Liv. II, p. 135 et suivantes) et par Montfaucon (*Paléographie grecque*, p. 202), d'après un manuscrit célèbre de Dioscoride, écrit vers la fin du v° siècle pour Juliana Anicia, fille d'Olybrius, l'un des derniers empereurs d'Occident (2).

En raison de l'importance de ces signes, pour la lecture des manuscrits alchimiques et médicaux, j'ai cru utile de faire un petit lexique des mots contenus dans les tableaux précédents, avec indication de la planche et de la ligne correspondante : les mots ont été conservés, pour plus de sincérité, tels qu'ils existent dans le Manuscrit, sans en corriger les fautes et sans les ramener soit à leur forme régulière, soit au nominatif.

---

(1) Le Soleil (et l'or) sont parfois désignés par un cercle avec un point central, surtout chez les astronomes ; l'électrum et Jupiter de même (fig. 7, l. 13). Ce signe représente aussi l'œuf (fig. 4, l. 20), l'œil (fig. 9, l. 9), le ciel, tout objet rond (fig. 9, l. 9), tel qu'une variété d'alun, par exemple ; mais il est généralement affecté au cinabre, ingrédient fondamental de l'œuf philosophique, dans nos manuscrits (fig. 4, l. 13 ; fig. 8, l. 13).

(2) LAMBECIUS, p. 222 ; MONTFAUCON, p. 204. Le nom même de Juliana figure dans la liste du ms. de Saint-Marc, *Pl. III*, avant-dernière ligne, p. 110 du présent Volume.

LEXIQUE DES NOTATIONS ALCHIMIQUES

A

Ἀγαρικόν : VII, 13.
Ἄγγελος : VI, 10.
Ἄγχουσα : II, 18, 20.
— λαδικίνη : II, 18; V, 20.
Ἄερ : VII, 25.
Ἀὴρ : V, 4.
Αἰθάλαι : III, 13; VI, 19; VIII, 10.
— οὐρανοῦ : III, 7; V, 26.
Αἰθάλη λευκὴ : V, 15.
Αἰθάληται : VI, 2.
Αἱματήτης : VIII, 4.
Ἀκάζεα : VII, 17.
Ἀκτί : VII, 26.
Ἄλας : II, 15; IV, 22; VI, 22; VIII, 18.
— κοινόν : II, 16; IV, 23.
Ἀμμονιακόν : II, 17; IV, 23.
Ἀλόη : VI, 25.
Ἄμηλον : VII, 15.
Ἄμπαρ : VII, 17.
Ἀμῶ : VII, 14.
Ἀνάκεφαλον : VI, 24.
Ἄνθρωπος : VII, 21.
Ἄνθος : VII, 5.
Ἀνθράκια : VIII, 25.
Ἀξούγγην : VII, 18.
Ἀντίδοτον : VI, 1.

Ἄπυρον : VI, 17.
(Voir Θεῖον.)
Ἄργυρος, ἀργύρου : I, 2, 8; IV, 4; VIII, 6, 22.
— γῆ : I, 9; IV, 7.
— ἰός : VI, 11.
— κεκαυμένος : I, 13; IV, 8.
— πέταλα : I, 11.
— ῥίνημα, ῥίνισμα : I, 10.
— χρυσόκολλα : I, 12, IV, 7.
Ἄρην : VI, 20.
Ἄρης : I, 5; V, 17.
Ἀριθμός : III, 14; VI, 3.
Ἄρκος : VII, 21.
Ἀρσένικον, ἀρσενίκην : II, 16; V, 7 19; VI, 17, 26; VIII, 21.
Ἄρωαρ : VI, 26.
Ἄσβεστος : II, 25; III, 14; IV, 24; V, 7.
Ἄσημος : VII, 10.
Ἀστερίτης : V, 4.
Ἀφροδίτη : I, 6; V, 17.
Ἀφροσέληνον : I, 27; IV, 19; V, 10.

B

Βόλδιτα : III, 5; V, 25.

Βοτάνη : III, 6; V, 25; VI, 19; VII, 1.
Βοτάριον : III, 4; V, 25.
Βρικύνιον : VII, 21.
Βρόμιος : VIII, 2.

Γ

Γαλαγκά : VII, 17.
Γὰρ : VII, 11.
Γαστήρ : VI, 24.
Γῆ : III, 12; VII, 10.
(Voir les métaux.)
Γραμμάριον : V, 9; VIII, 11.
Γράφε : VI, 8.
Γραφεῖον : VI, 8.

Δ

Δαίμονος : VI, 10.
Δηνάριον : VIII, 16.
Διάργυρος : VI, 22.
Δραγμὴ : V, 5.
Δραχμὴ : V, 5; VIII, 14.
Δρακοντία : VIII, 3.
Δριμύτου : VI, 5.
Δύσις : V, 8.

E

Ἔλαιον : VII, 18.
Voir κίκινον et ξαράνινον.)

Ἐλύδριον : II, 4; IV, 25.
Ἐν τῷ : VII, 11.
Ἐπιθύμιον : VII, 14.
Ἑρμῆς : I, 7; V, 13, 17.
Ἔστι : VII, 2.
Εὐζωήν : VIII, 25.
Εὔζωμον : VII, 1.
Ἔψημα : VII, 19.

Z

Ζεύς : I, 4; V, 12, 16.
Ζιζινάζη : VI, 23.
Ζύμη : V, 9.

H

Ἤγουν : VI, 15.
Ἤλεκτρος, ἤλεκτρον I, 3, 5; V, 12, 16; VI, 12.
Ἥλιος : I, 1.
Ἡμέραι : II, 9; IV, 27.
Ἡμερονυκθήμερα : II, 10; ἡμερόνυκτον : V, 1.
Ἥμιση : VI, 15; VIII, 8.
Ἤν : VII, 2.
Ἤπαρ (ὕπαρ) : VI, 24.

Θ

Θάλασσα : V, 3; VI, 8.

Θαλάσσια ὕδατα : II, 5; IV, 26; VI, 7.
Θεῖα: I, 25; IV, 18.
Θεῖον : I, 25 ; V, 9; VII, 10; VIII, 7, 8.
— ἄθικτον : I, 26 : IV, 19; V, 14. ;
— ἄπυρον ; I, 24 ; IV, 18; V, 11.
Θέρμος : VIII, 17.
Θυμίαμα : VII, 5.
Θυμίασον : VI, 9.

I

Ἱερατικόν : VI, 9, 17.
Ἰός : VI, 11. (Voir les métaux.)
Ἴρχ θάλασσα : VI, 8.

K

Καδμία, καθμία : II, 11 ; IV, 22 ; VII, 4 ; VIII, 17.
Καμφωρά : VI, 20; VII, 24.
Κάρδαμον : VII, 18.
Καρδία:VI,24;VIII, 23.
Καριόφυλον : VII, 16.
Καρπός : VII, 25.
Καρύκιον πέταλον : V, 4.
Κασσίτερος, κασσιτέρου : I, 7; IV, 12, 15; V, 12, 18; VIII, 5.
—γῆ: I, 15; IV, 15.

— κεκαυμένος : I, 18; IV, 17.
— πέταλα : I, 17; IV, 16.
— ῥίνημα, ῥίνισμα : I, 16; IV, 16.
Κεκαυμένος : VIII, 19. (Voir les métaux.)
Κέρας : VIII, 8.
Κερὴν : VII, 20.
Κικίδιον : VII, 26.
Κίκινον ἔλαιον : II, 4; IV, 20.
Κικλάμινον : VI, 21.
Κιμωλία : V, 5.
Κιννάβαρις : II, 13; V, 18; VI, 13.
Κλαυδιανόν : II, 12; V, 18.
Κνάμμον : VI, 20.
Κνίκανθον : III, 10; VI, 1.
Κνίκος : VI, 2.
Κνίδι : VII, 5.
Κοινόν : VI, 14, 16.
Κολοκύνθη : VII, 14.
Κόμαρον : V, 6.
Κόραλος : VI, 12.
Κοτύλη : VIII, 15.
Κουκουμάριον : VII, 24.
Κοχληάριον : VIII, 15.
Κοχλίας : VIII, 11.
Κρίνεα : VIII, 20.
Κρόκος : II, 14; V, 8,18;VI,25;VII, 17.

Κρόνος : v. χρόνος.
Κύαθος : VIII, 11.
Κύαμος : VIII, 17.
Κυανόν : II, 28; V, 24.
Κύθρα : III, 9.
Κώμαρις : III, 11; VI, 2.

Λ

Λαβών : II, 31; V, 24.
Λάδανον : VII, 15.
Λαδικίνη : II, 18; V, 20.
Λάρηγξ : VI, 25.
Λαχᾶς : II, 22; V, 22.
Λείωσον: VI, 18,22, 27.
Λεπίδες : VII, 6; VIII, 22.
Λευκά : II, 24; V, 23.
Λευκὴ αἰθάλη : V,15.
Λευκὴν παγεῖσαν : I, 21; IV, 18.
Λευκόν : VII, 7.
Λίβανον : VI, 22.
Λιθάργυρος : I, 23; IV, 17, 18; V, 7; VI, 13; VIII, 20.
Λίθοι : II, 3; IV, 25; VIII, 3.
Λόγος : VI, 12.
Λουτρόν : VII, 7.
Λυμνία : VIII, 3.

Λύτρα, λίτρα : III, 14; VI,14; VIII, 9.
Λωπὰς κύθρα:III, 9.

M

Μαγνησία : II, 13; IV, 22; VII, 4.
Μακρόν : VII, 9; VIII, 23.
Μάνα : VII, 26.
Μαστίχη : VI, 23.
Μέγα : VII, 4.
Μέλαν : V, 4.
Μερικόν : VIII, 7.
Μέροι (μέρη): VIII,9.
Μέρος : VIII, 19.
Μῆλα : VII, 8.
Μίκον : VII, 23.
Μίοι : VII, 22.
Μίσυ : II,20; V,21; VIII, 19.
Μνᾶς : V, 8; VI,14, 16.
Μολέον : VII, 20.
Μόλιβδος, μολίβδου : I, 3, 26; IV, 12; V,11; VI,4; VII, 6; VIII, 5.
— γῆ : I, 10; IV, 13.
—κεκαυμένος: I, 13; IV, 14.
— ῥίνημα, ῥίνισμα : I, 12; IV, 14.
— ὕδωρ : V, 15.
Μολιβδόχαλκος : I, 11; IV,13; V,22.
Μόμιον : VII, 18.

Στρῶμα : VII, 25.
Στυπτηρία σχιστή : II, 6; IV, 21.
— στρογγύλη : II, 7; IV, 21.
Σύνθεμα, σύνθημα : III, 17; VI, 18.
Συκῆς ὀπός : V, 6.
Σχιστόν : VI, 17.
Σφόδρα : VII, 1.
Σῶρι : II, 21; V, 21.

T

Τέλειον : VIII, 23.
Τέταρτος : VIII, 10; 14.
Τίτανος : II, 25; IV, 23; VII, 25.
Τουρμόν : VII, 13.
Τρεῖς : VIII, 13.
Τριβλίος : VIII, 12.
Τρίβε : III, 14.
Τρίψον : VII, 3.

Υ

Ὑδράργυρος : I, 19; IV, 5; V, 5, 15; VI, 15; VIII, 6, 8.
— ἀρσενίκου : VI, 4.
Ὕδωρ : II, 7; IV, 26; VII, 5; VIII, 6, 8.
— θαλάσσης : VI, 7.
— μολίβδου : V, 15.
— ὑετοῦ : VI, 5.
Ὕαλος : V, 24.
Ὕελος : II, 29.
Ὑετοῦ (ὕδωρ-) : VI, 5.
Ὑιός : VII, 2.
Ὑοσκίαμος : VII, 23.

Φ

Φαέθων : I, 4.
Φαίνων Κρόνος : I, 3.
Φησὶν : VII, 8.
Φοῦ ; VII, 21.
Φρικτῆς : VII, 7.
Φύλον : VII, 24.
Φωσφόρος : I, 6.

X

Χαλβάνην : VII, 14.
Χάλκανθος : II, 1; IV, 25; VII, 3; VIII, 10, 22.
Χαλκίον : V, 3.
Χαλκίτης : II, 2; IV, 25; VIII, 17.
Χαλκός, χαλκοῦ : I, 6, 14; IV, 12; V, 13, 17; VI, 3, 6; VII, 6; VIII, 6, 15.
Χαλκῶν : VIII, 16.
— γῆ : I, 15; IV, 10.
— ἰός : I, 19; IV, 11; VI, 11.
— κεκαυμένος . I, 18; IV, 11.
— κύπριος : I, 14; IV, 9.
— πέταλα : I, 17; IV, 10.
— ῥίνημα, ῥίνισμα : I, 16; IV, 10.
Χαρακτήρισμα : VI, 10.
Χάρτης : VI, 9.
Χερσεῖος : VII, 11.
Χηνάριον : VIII, 26.
Χλορόν : VIII, 7.
Χοινίκη : VI, 21; VIII, 13.
Χοιρέου : VIII, 27.
Χρόνος : I, 3; IV, 13; V, 15, 16; VII, 10; VIII, 5.
Χρυσήλεκτρον : I, 5.
Χρυσός, χρυσοῦ : I, 1; IV, 4; V, 13; VI, 3, 19; VII, 9; VIII, 5.
— ἰός : VI, 10.
— κεκαυμένος : I, 4; IV, 6.
— μάλαγμα : I, 7; IV, 6.
— πέταλα : I, 3; IV, 5.
— ῥίνημα ou ῥίνισμα : I, 2; IV, 4.
Χρυσόκολλα : I, 6; IV, 6.
Χύθρα : III, 9; VI, 1.
Χυλός : III, 16; VI, 3; VIII, 8.
Χυμή : VIII, 12.
Χειμός (χυμός) : VIII, 19.
Χωλή, χολή : III, 15; VI, 3; VIII, 18.
Χῶμα : VII, 7.
Χώνη : III, 8; VI, 1.
Χώνευσον : VIII, 9.

Ψ

Ψιμύθιον . II, 23; V, 22; VIII, 20.

Ω

Ὠά : II, 26; V, 23.
Ὠόν : V, 8.
Ὠβρύζωσις : II, 30; V, 24.
Ὠκυανός : VIII, 0.
Ὧραι : II, 9; IV, 27.
Ὠρίχαλκος : I, 20; IV, 11.
Ὧς : VII, 2.
Ὤχρα : II, 15; V, 19.

V. — FIGURES D'APPAREILS

ET AUTRES OBJETS

Les manuscrits alchimiques renferment un certain nombre de figures d'appareils et autres objets, destinés à faire comprendre les descriptions du texte. Ces figures offrent un grand intérêt. Quelques-unes ont varié d'ailleurs dans la suite des temps ; sans doute parce que les expérimentateurs qui se servaient de ces traités en ont modifié les figures, suivant leurs pratiques actuelles. Le tout forme, avec les figures de fourneaux et appareils d'une époque plus récente, tels qu'ils sont reproduits dans la *Bibliotheca Chemica* de Manget, un ensemble très important pour l'histoire de la Chimie. Je me bornerai à étudier les plus vieux de ces appareils ; car ce serait sortir du sujet de la présente publication que d'en discuter la suite et la filiation jusqu'aux temps modernes ; il serait d'ailleurs nécessaire de rechercher les intermédiaires chez les Arabes et les auteurs latins du moyen âge.

Les figures symboliques mériteraient à cet égard une attention particulière, par leur corrélation avec certains textes de Zosime, dans son traité *sur la vertu*, etc. Je citerai, par exemple, de très beaux dessins coloriés, contenus dans le manuscrit latin 7147 de la Bibliothèque nationale de Paris, représentant les métaux et les divers corps, sous l'image d'hommes et de rois, renfermés au sein des fioles où se passent les opérations (fol. 80, 81 et suivants). Dans la *Bibl. Chemica* de Manget, on voit aussi des figures du même genre (t. I, p. 938, pl. 2, 8, 11, 13, etc ; Genève, 1702). Il y a là une tradition mystique, qui remonte très haut et sans doute jusqu'au symbolisme des vieilles divinités planétaires.

Mais ce côté du sujet est moins intéressant pour notre science chimique que la connaissance positive des appareils eux-mêmes. En ce qui touche ceux-ci, je ne veux pas sortir aujourd'hui de l'étude des alchimistes grecs. J'ai relevé tous les dessins qui se trouvent dans le manuscrit de Saint-Marc (xie siècle), dans le manuscrit 2325 de la Bibliothèque nationale (xiiie siècle), et dans le manuscrit 2327 (xvᵉ siècle), ainsi que dans les manuscrits 2249, 2250 à 2252, 2275, 2329, enfin dans les deux manuscrits alchimiques grecs de Leide et dans le manuscrit grec principal du Vatican. J'ai fait exécuter des photogravures de ceux de Paris et de celui de Venise, afin d'éviter toute incertitude d'interprétation. Ce sont ces figures qui vont être transcrites ici : on y renverra dans l'occasion, lors de l'impression des textes correspondants.

Figures du manuscrit de Saint-Marc.

Je donnerai d'abord les figures les plus anciennes, celles du manuscrit de Saint-Marc, savoir :

La Chrysopée de Cléopâtre, formée de plusieurs parties corrélatives les unes des autres, les unes d'ordre pratique et les autres d'ordre mystique ou magiques : c'est la figure 11.

La figure 12 en est l'imitation grossière (partielle), tirée du manuscrit 2325, et la figure 13, tirée du manuscrit 2327, dérive du même type, avec des variantes considérables et caractéristiques.

Les figures 14 et 14 *bis* reproduisent l'alambic à deux récipients (*dibicos*), déjà dessiné dans les précédentes, mais avec diverses variantes.

La figure 15 est celle de l'alambic à trois récipients (*tribicos*).

La figure 16 représente un appareil distillatoire, sans dôme ou condensateur supérieur, et muni d'un seul récipient.

La figure 17 est celle du tribicos, d'après le manuscrit 2325.

La figure 18 a l'apparence d'une chaudière distillatoire.

La figure 19, à peine ébauchée, semble le chapiteau d'un appareil analogue.

Les figures 20 et 21 sont des appareils à digestion, en forme de cylindres.

La figure 22 est un bain-marie à kérotakis (palette pour amollir les métaux).

La figure 23 en est la reproduction, d'après le manuscrit 2325.

La figure 24 est un autre bain-marie à kérotakis.

Les figures 25, 26, 27 reproduisent des variantes et détails des appareils précédents.

Le manuscrit de Saint-Marc ne renferme pas seulement des figures d'appareils, mais aussi divers dessins mystiques ou magiques, comme la Chrysopée de Cléopâtre en a déjà fourni l'exemple : je les ai fait également reproduire.

Ce sont :

Fig. 28 : la formule de l'écrevisse (ou du scorpion), qui semble résumer une transmutation.

Fig. 29 : deux alphabets magiques ou cryptographiques.

Fig. 3o : le Labyrinthe de Salomon, d'une écriture plus moderne.

Fig. 31 : un symbole en forme de cœur renversé, contenant le signe de l'or, du mercure, etc.

La plupart de ces figures du manuscrit de Saint-Marc ont été recopiées dans le manuscrit 2249 de la Bibliothèque Nationale de Paris ; dans le Voss, de Leide, dans le principal manuscrit du Vatican et dans divers autres ; quelques-unes ont été imitées d'après les manuscrits 2249 et autres, dans l'histoire de la Chimie de Hœfer et dans les *Beiträge* de H. Kopp. Il m'a paru intéressant d'en donner les types originaux et complets, tels qu'ils ont été dessinés à la fin du xe ou au commencement du xie siècle, sans nul doute d'après une tradition beaucoup plus vieille ; car ils répondent exactement aux descriptions de Zosime, de Synésius et d'Olympiodore l'alchimiste. Je les rassemblerai donc tous ici, bien que certains d'entre eux s'appliquent à des traités qui paraîtront seulement dans les livraisons suivantes : remarque appliquable aussi aux figures tirées des manuscrits 2325 et 2327, dont il va être question.

Le manuscrit 2327, en effet, a été écrit en 1478, quatre ou cinq siècles après le manuscrit de Saint-Marc ; les figures des mêmes appareils y reparaissent, mais profondément modifiées ; elles ne répondent plus exactement au texte, mais sans doute à des pratiques postérieures.

Le manuscrit 2325 (xiiie siècle) reproduit au contraire les formes des appareils du manuscrit de Saint-Marc, quoique avec des variantes importantes.

Figures du manuscrit 2327.

Dans le manuscrit 2327, on trouve, outre la figure 13 déjà présentée, deux grandes figures du serpent Ouroboros, variantes développées de celle de la Chrysopée de Cléopâtre. Il suffira d'en donner une seule : c'est la figure 34.

La figure 35 reproduit le signe d'Hermès, grossièrement dessiné, d'après le même manuscrit.

La figure 36 est celle de quatre images géométriques, d'après les manuscrits 2325 et 2327.

La figure 32 est un dessin mystique, tiré du manuscrit 2327.

La figure 33, tirée du manuscrit 2325, reproduit le même dessin. Ce dessin singulier semble une variante du symbole cordiforme de la figure 31.

Les figures qui suivent représentent des appareils; elles sont tirées des manuscrits 2325 et 2327, mais dessinées d'une façon bien plus grossière que dans le manuscrit de Saint-Marc.

Ainsi la figure 37 comprend l'alambic à trois récipients (tribicos de la fig. 17) ; plus un alambic à un seul récipient, et des vases à digestion.

La figure 38 reproduit quelques variantes de la précédente.

La figure 39 représente un petit alambic, tiré du manuscrit 2327.

La figure 40, l'alambic de Synésius, d'après le même manuscrit.

La figure 41, le même alambic de Synésius, d'après le manuscrit 2325.

La figure 42 est une simple fiole (2327).

La figure 43, un alambic avec appendice à 6 pointes (2327).

La figure 44 est tirée du manuscrit Ru. 6 de Leide : c'est un vase à digestion et à sublimation, correspondant à l'un de ceux des figures 37 et 38.

La figure 45, tirée de la *Bibliotheca Chemica* de Manget, est l'aludel décrit dans Geber; instrument qui répond de très près aux figures 38 et 39 et en donne l'interprétation.

Figures du manuscrit 2325.

Enumérons spécialement les figures du manuscrit 2325, figures dont plusieurs viennent d'être transcrites. On y trouve :

L'alambic de Synésius, qui forme la figure 43.

Le dessin mystique de la 3ᵉ leçon de Stéphanus (fol. 46, verso ; représenté figure 33 ;

On y voit aussi les quatre dessins géométriques (fol. 3) de la figure 36 ;

Ainsi que (fol. 83) la formule de l'Écrevisse de la figure 28.

Puis vient un alambic à une pointe, avec deux petits appareils à *fixation* (1), dessinés dans la figure 12, qui répond à la figure 11 de Saint-Marc.

Citons aussi le tribicos, dont nous avons reproduit les variantes (fig 17, 37 et 38) : le tout répond à la figure 13 ;

Quant à l'appareil distillatoire de la figure 16, qui se trouve aussi dans le manuscrit 2325, il nous a paru inutile de le reproduire.

Nous avons donné, toujours d'après le manuscrit 2325, un appareil à digestion, sphérique et à kérotakis (fig. 23) ; qui répond à la figure 22, tirée de Saint-Marc.

———

Telle est l'énumération des figures différentes qui sont dessinées dans les manuscrits fondamentaux. J'ai cru devoir les reproduire toutes, afin de fournir un fondement solide à la double étude technique et historique des appareils et des opérations décrits dans les textes.

Je vais transcrire maintenant ces figures, en accompagnant chacune d'elles de commentaires et de renseignements spéciaux.

Figure 11. — Elle est reproduite en photogravure, d'après le manuscrit de Saint-Marc (fol. 188, verso), avec une réduction d'un cinquième environ. Elle porte le titre de *Chrysopée de Cléopâtre*, Κλεοπάτρης Χρυσοποιία.

---

(1) Opération qui avait pour but de durcir les métaux mous, de solidifier les métaux liquides, de rendre fixes les métaux volatils ; enfin de communiquer aux métaux imparfaits une teinture stable (*fixe*) d'or ou d'argent.

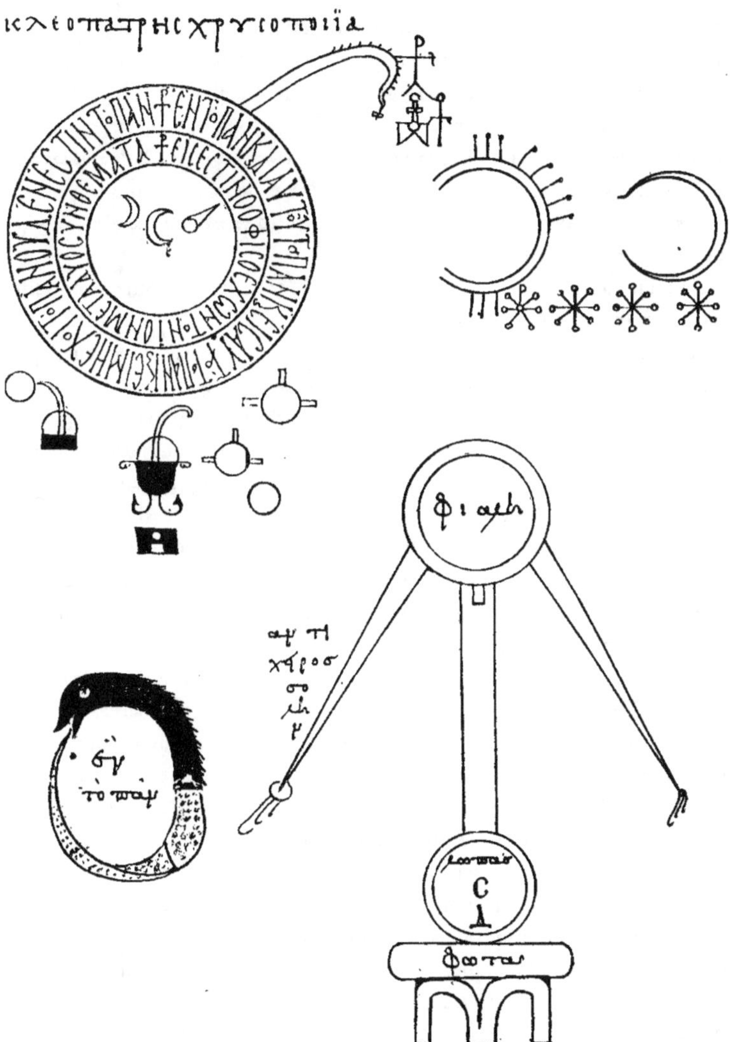

FIGURE 11. — **Chrysopée de Cléopâtre.**

Commentons les diverses portions de cette grande figure :

1° Au-dessous du titre se trouve un premier dessin, formé de trois cercles concentriques. Au centre des cercles, les signes de l'or, de l'argent (avec un petit appendice) et du mercure.

Dans l'anneau intérieur : Εἷς ἐστιν ὁ ὄφις ὁ ἔχων τὸν ἰὸν μετὰ δύο συνθέματα : « le serpent est un, celui qui a le venin, après les deux emblèmes. »

Dans l'anneau extérieur : Ἓν τὸ πᾶν καὶ δι᾽ αὐτοῦ τὸ πᾶν καὶ εἰς αὐτὸ τὸ πᾶν καὶ εἰ μὴ ἔχοι τὸ πᾶν οὐδέν ἐστιν τὸ πᾶν (1).

« Un est le tout et par lui le tout et vers lui le tout ; et si le tout ne contient pas le tout, le tout n'est rien. »

A droite, le cercle extérieur se prolonge par une sorte de queue, qui montre que ce système est la figuration du serpent mystique.

2° Puis viennent divers appendices et signes d'apparence magique, situés à droite, dont la signification est inconnue. Cependant je serais porté à rapprocher le double cercle incomplet, muni de huit appendices supérieurs, du signe de l'Ecrevisse à huit pattes antérieures, dessiné figure 28 ; lequel est traduit par les mots : molybdochalque (alliage de plomb et de cuivre) brûlé, et argyrochalque (alliage de cuivre et d'argent) brûlé. Ces signes seraient alors les symboles chimiques d'une opération de transmutation du plomb en argent, de même que ceux de la figure 28.

Au-dessous des grands cercles sont des signes répondant à des opérations chimiques, exécutées dans certains appareils que je vais énumérer.

3° Tel est le petit dessin central, représentant un appareil pour *fixer* les métaux. Il est posé sur un bain-marie, muni de deux pieds recourbés et placé lui-même au-dessus d'un fourneau. Cet appareil est pourvu d'un tube central qui le surmonte, tube destiné sans doute au départ des gaz ou des vapeurs. Ce dessin est reproduit d'une façon plus précise, avec le mot πῆξις, sur le folio 220 du manuscrit 2327 (v. fig. 13, à droite).

4° Le petit dessin, situé à gauche du précédent, représente un appareil analogue, avec un ballon supérieur, destiné à recevoir les vapeurs dégagées par la pointe du tube. Le tout répond à l'alambic de gauche de la figure 13.

5° Les deux petits cercles, situés à droite et munis de trois appendices

---

(1) Cf. OLYMPIODORE, texte grec, p. 84, lig. 13.

rectilignes, semblent représenter des appareils avec leurs trépieds posés sur le feu ; tels que celui de gauche des figures 13 et 38. On pourrait en rapprocher aussi le symbole du βοτάριον (fig. 5, l. 4 et fig. 7, l. 27), représentant un vase à digestion sur son fourneau, analogue au dessin situé à gauche et en bas de la figure 37 et au dessin situé à droite de la fig. 38.

6º Le cercle inférieur, muni d'un point central, symbolise l'œuf philosophique (?), ou le cinabre (Voir fig. 4, Pl. II, lig. 13, et la note de la page 122).

7º Vers le bas à gauche, est figuré le serpent Ouroboros, avec l'axiome central : Ἕν τὸ πᾶν ; le tout est un.

8º Sur le côté droit du serpent, un grand alambic à deux pointes (dibicos), posé sur son fourneau, lequel porte le mot : φῶτα, feux. Le récipient inférieur, ou chaudière, s'appelle λωπάς, matras. Le récipient supérieur, dôme ou chapiteau, est la φιάλη, mot qui signifiait autrefois tasse ou coupe, mais qui a ici le sens plus moderne de fiole ou ballon renversé.

Voici l'usage de cet alambic. La vapeur monte du matras, par un large tube, dans l'ouverture plus étroite du chapiteau ou ballon renversé ; elle s'y condense et s'échappe goutte à goutte, par deux tubes coniques et inclinés. A côté du tube gauche, se trouvent les mots ἀντίχειρος σωλήν (*sic*) : tube du pouce, ou plutôt contre-tube ; attendu que le rôle de ce tube descendant est inverse du rôle du tube ascendant, qui joint le matras au chapiteau.

La figure de la Chrysopée de Cléopâtre existe, sous le même titre et avec ses diverses portions essentielles, dans les manuscrits copiés directement sur celui de Saint-Marc ; elle en caractérise la filiation.

Dans les manuscrits 2325, 2327 et dans leurs dérivés, le titre a disparu ; mais la figure subsiste encore, moins belle et moins nette, avec les axiomes mystiques qui la caractérisent. Les annexes : alambic à une ou deux pointes, vases à *fixation* et trépied, y ont été aussi modifiés dans leur forme. Cependant le tout existe à la même place du texte, c'est-à-dire en tête des ouvrages de Zosime sur les instruments (2327, fol. 220 ; 2325, fol. 82).

Figure 12. — Je donne ici le décalque des appareils représentés dans le manuscrit 2325 (fin du xiiiᵉ siècle) : ces dessins sont bien plus grossiers.

Je n'ai pas cru utile de reproduire la figure même des trois cercles concentriques, qui sont à peu près pareils à ceux de la figure 11 ; mais je vais en indiquer les inscriptions, à cause des variantes.

L'anneau extérieur porte la même inscription, à demi-effacée et avec des suppressions : ἓν τὸ πᾶν δί ' οὗ τὸ πᾶν (καὶ δί ' αὐτοῦ τὸ) πᾶν καὶ ἐν αὐτῷ τὸ πᾶν

Dans l'anneau intérieur, on lit : εἷς ἐστὶν ὁ ὄφις ὁ ἔχων τὰ δύο συνθέματα καὶ τὸν ἰόν.

Au centre, de droite à gauche, on voit les signes de l'or, de l'argent, du mercure, du plomb. Au-dessus, le cinabre (ou l'œuf philosophique), qui se trouvait en dehors des cercles dans la figure du manuscrit de St-Marc (6º). Venons maintenant à la portion du dessin du manuscrit 2325 que j'ai reproduite dans la figure 12 :

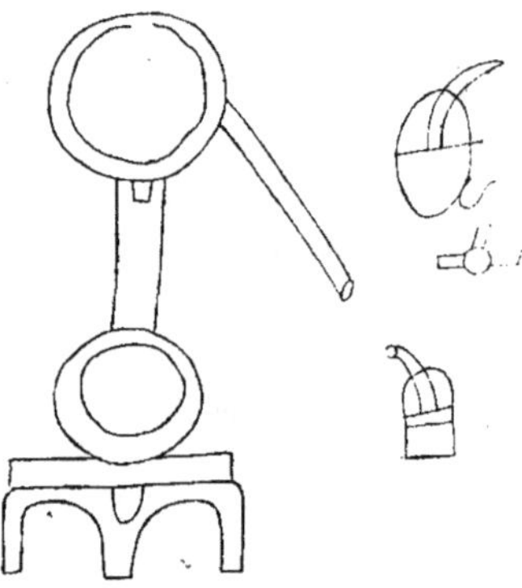

FIGURE 12. — **Alambic et Vases à fixation**
(Décalque du Ms. 2325.)

A gauche des cercles, on voit l'image grossière d'un alambic à une pointe, avec condensateur supérieur et matras inférieur, le tout de la même forme générale que la portion 8º de la figure du manuscrit de St-Marc. A côté, deux appareils à *fixation*, à pointe tournée vers le haut, lesquels sont évidemment imités des portions 3º e t4º de la fig. 11. Il en est de même d'un dernier reste du petit cercle à 3 appendices ou trépied, coupé dans le manuscrit 2325 par le relieur, mais qui se retrouve intact dans le manuscrit 2275, lequel a toute cette figure.

En effet, le manuscrit 2275 (daté de 1465) reproduit les cercles concentriques, l'alambic à une pointe, les deux vases, et le petit trépied, pris avec des formes qui semblent fidèlement copiées sur le 2325, lequel est d'ailleurs beaucoup plus ancien.

Figure 13. — Elle reproduit les dessins analogues du manuscrit 2327, fol. 220 (xvᵉ siècle). Les inscriptions des cercles concentriques sont identiques à celles du manuscrit 2325, sauf l'absence des symboles centraux.

Par contre, au folio 80 du 2327, au début d'une autre copie du même ouvrage de Zosime, les cercles concentriques ont été supprimés, probablement faute de place, par le copiste ; mais il a transcrit à l'encre rouge les axiomes mystiques, suivis des signes du plomb, de l'argent, du mercure et de l'or, surmontés par celui du cinabre (ou de l'œuf), exactement comme dans le manuscrit 2325.

Au verso du fol. 80 (2327,) existent les dessins de l'alambic à une pointe, avec condensateur supérieur, φιάλη, et matras, λωπάς, conformes à la figure 11 et à la figure 13 mais mutilés par le relieur. Sur la même page, on voit encore un appareil à *fixation métallique*, semblable à celui de la figure 13.

Il y a des inscriptions sur les divers appareils du folio 80, telles que πῆξις

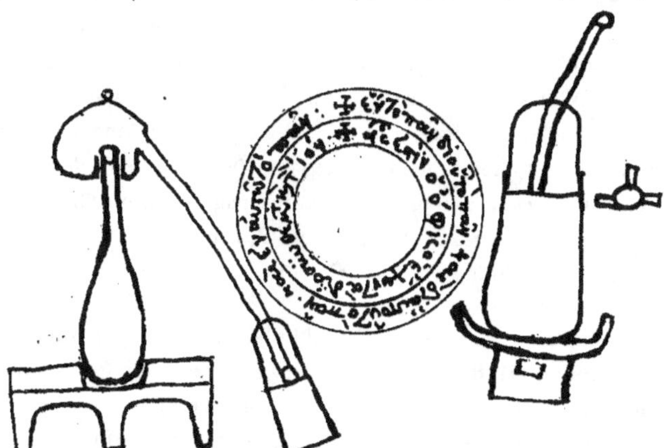

FIGURE 13. — **Cercle concentrique, Alambic et Vase à fixation** (Ms. 2327).

sur l'appareil à fixation ; (καμ) ἡνίον, sur son fourneau et sur celui de l'alambic ; λωπάς, sur le matras de ce dernier ; (φι) άλη, deux fois répétés, sur son chapiteau.

La forme même des appareils dans les manuscrits 2325 et 2327 offre des variantes intéressantes pour l'histoire de la Science et sur lesquelles je reviendrai bientôt ; mais ici je veux seulement montrer la filiation des figures. En tout cas, la copie 2325 répond à une tradition postérieure à celle du prototype de Saint-Marc, puisque le nom de la Chrysopée de Cléopâtre a disparu.

On remarque que presque toutes les portions de la Chrysopée de Cléopâtre : cercles mystiques, serpent Ouroboros, alambics, appareils à fixation, trépieds, cinabre, se retrouvent, parfois même agrandis, dans les figures des manuscrits postérieurs. Une seule partie manque, ce sont les signes magiques. Peut-être doit-on en voir la transformation dans la formule de l'Écrevisse, qui se trouve à la fin du même traité de Zosime et qui présente avec les signes magiques certaines analogies singulières. J'y reviendrai tout à l'heure.

En tout cas, la Chrysopée peut être regardée comme le prototype, sans doute fort ancien, des dessins des appareils alchimiques. C'était un type antérieur à Zosime, dessiné sans doute dans les ouvrages perdus de Cléopâtre, cette femme savante (1), à laquelle nous devons aussi un traité des poids et mesures gréco-égyptiens venu jusqu'à nous. Ces ouvrages auraient été ensuite fondus dans ceux de ses continuateurs, tels que Zosime. Peut-être même la Chrysopée avait-elle constitué, à une époque plus ancienne encore, un tableau symbolique, complet en soi, et que l'on développait par des explications purement orales ; à peu près comme une page d'aujourd'hui remplie par les symboles des réactions chimiques et des appareils correspondants. Si cette conjecture est fondée, nous aurions ici la trace de divers états successifs de la science.

Figures 14 et 14 bis. — Ce sont celles d'un alambic à deux pointes. Elles sont tirées du manuscrit de Saint-Marc, folio 193, verso. La forme générale est pareille à celle du même instrument dans la figure 11, sauf les variantes suivantes. Le tube qui joint le matras ou chapiteau est élargi en entonnoir à la partie supérieure ; l'ajustement même des deux tubes coniques, par rapport à cet entonnoir, n'est pas clairement indiqué. Sous la pointe de chacun d'eux se trouve un petit ballon, pour recevoir les liquides distillés.

Le matras inférieur s'appelle toujours λωπάς, avec addition des mots θείου ἀπύρου, matras du soufre apyre. Ces deux mots manquent dans la figure 11 ;

---

(1) *Origines de l'Alchimie.* p. 173.

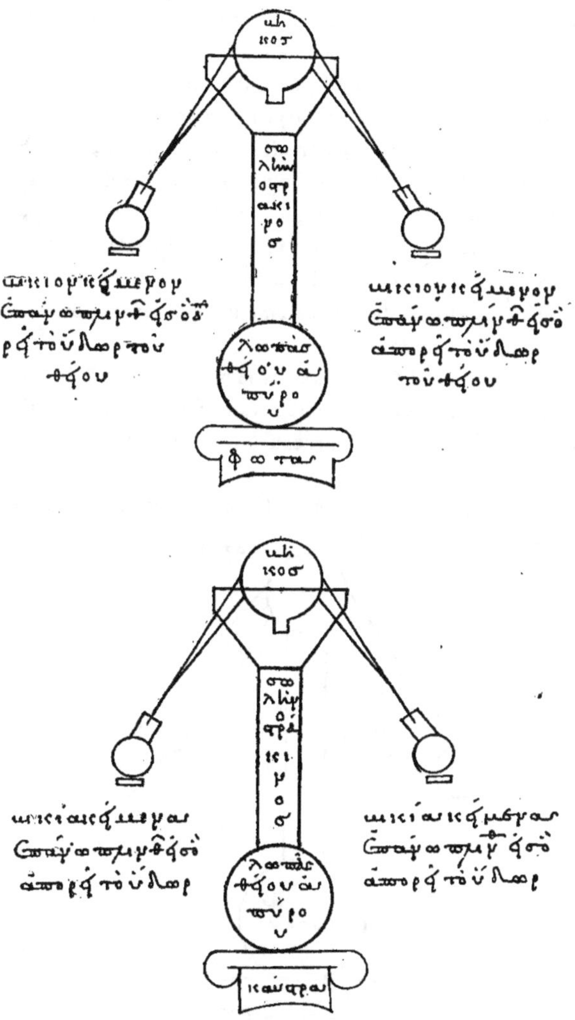

FIGURES 14 et 14 bis. — **Alambic à deux récipients** *(dibicos)*
Réduction aux 2/3.

à moins qu'ils n'y soient représentés par deux signes inconnus, situés au-dessous de λωπάς. En tout cas, ils concordent avec la description du texte, dans lequel il est dit que l'on mettait du soufre dans le matras.

Le tube ascendant porte les mots σωλὴν ὀστράκινος : tube de terre cuite. Le chapiteau ne s'appelle pas φιάλη, mais βῆκος, pour βίκος : amphore.

Les deux petits ballons destinés à recevoir les liquides distillés s'appellent également βικίον et tous deux portent la légende : κείμενον ἐπάνω πλίνθου εἰς ὃ ἀπορρεῖ τὸ ὕδωρ τοῦ θείου : c'est-à-dire « ballon placé au-dessus de la tablette rectangulaire, dans lequel s'écoule l'eau du soufre ».

Ceci, joint à l'inscription de la λωπάς, montre que cet alambic est destiné à la préparation de l' « eau de soufre ».

Cette figure est répétée deux fois dans le manuscrit de Saint-Marc, sauf que les mots βικίον κείμενον sont remplacés par le pluriel βικία κείμενα, et le mot φῶτα par le mot καύστρα : fourneau à combustion ; les mots τοῦ θείου manquent la seconde fois.

Figure 15 (manuscrit de Saint-Marc, fol. 194, verso). — Cette figure est

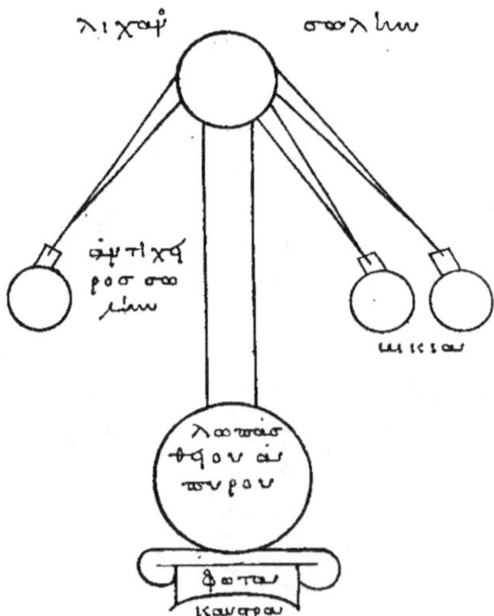

FIGURE 15. — **Alambic à trois récipients** (*tribicos*).
Réduction aux 2/3.

un alambic à trois récipients (βικία), ou *tribicos*. Le fourneau porte ici les deux mots superposés : καύστρα (lieu de la combustion) et φῶτα (lieu de la flamme). Le matras s'appelle de même : λωπὰς θείου ἀπύρου.

Enfin on distingue le tube ascendant, ou tube index, λιχανὸς σωλήν, c'est-à-dire tube direct du tube, descendant ou tube du pouce, ἀντίχειρος σωλήν, c'est-à-dire tube inverse (par sa direction).

Cette figure se retrouve dans les manuscrits 2325 et 2327 ; dans le dernier avec modifications considérables : je les signalerai tout à l'heure.

Figure 16.—Cette figure (manuscrit de Saint-Marc, fol. 194 verso, au-dessous de la précédente), est un alambic à col de cuivre, χαλκίον, avec un seul

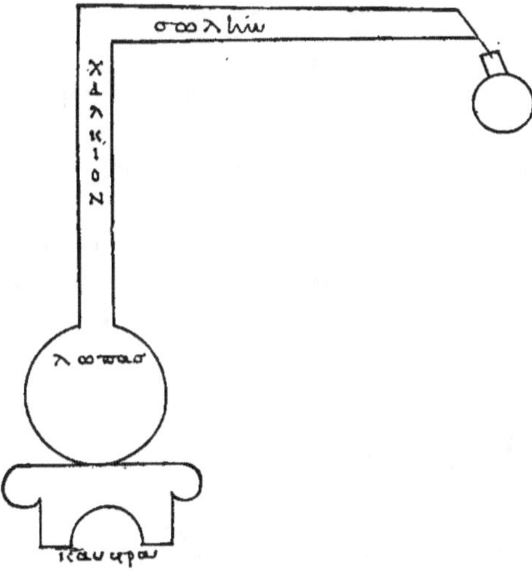

FIGURE 16. — **Appareil distillatoire.** Réduction aux 2/3.

tube, σωλήν, gros et fort, coudé à angle droit à sa partie supérieure et conduisant la vapeur, de la λωπὰς au petit ballon.

Figure 17. — Les deux figures précédentes sont reproduites dans la même forme générale par le manuscrit 2325 (fol. 84), sauf quelques variantes ; je donne seulement le tribicos. Il existe aussi dans le manuscrit 2275 (fol. 57 verso). Les mêmes figures sont dessinées dans le manuscrit 2327 ;

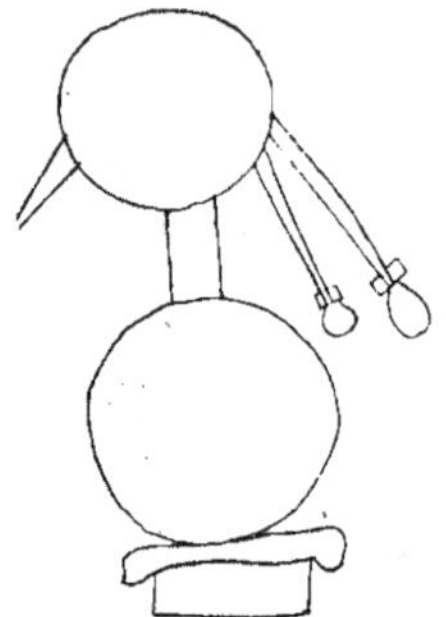

FIGURE 17. — **Tribicos**.
(Ms. 2325) Décalque.

mais la forme en a été profondément modifiée et s'est rapprochée de celle des alambics de verre du siècle dernier, que l'on emploie encore quelquefois aujourd'hui. Je transcrirai ces reproductions un peu plus loin (fig. 37 et 38).

Figure 18. — Elle se trouve au folio 10 du manuscrit de Saint-Marc, entre la première et la deuxième leçon de Stephanus ; elle est dessinée à l'encre

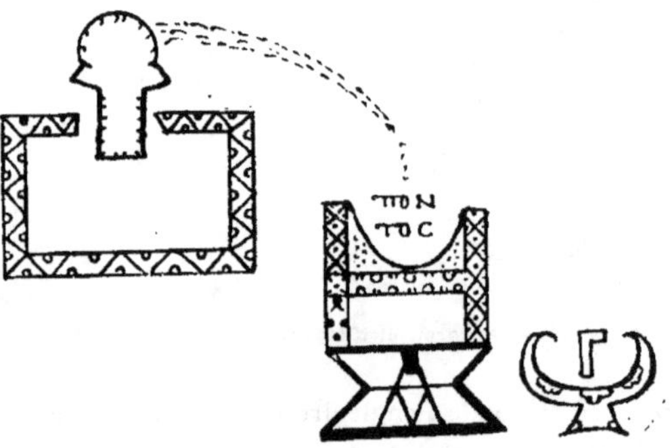

FIGURE 18. — **Chaudière distillatoire**.

rouge et contemporaine du texte. La signification en est difficile à préciser avec certitude. Cependant il semble qu'il s'agisse d'une chaudière à tête élargie en forme de chapiteau, et destinée à distiller des liquides qui tombent dans un bassin hémisphérique appelé πόντος : la mer. Ce bassin est porté sur une sorte de fourneau, bain de sable, ou bain-marie. A côté se trouve un instrument inconnu ; à moins qu'il ne s'agisse d'une forme un peu différente de bain de sable. Le texte même de Stephanus, soit à la fin de la première leçon, laquelle est purement déclamatoire et enthousiaste, soit au début de la deuxième leçon, lequel est relatif aux propriétés mystiques de l'Unité numérique ; ce texte, dis-je, ne m'a paru fournir aucune lumière pour l'intelligence de cette figure.

Figure 19. — Cette figure (manuscrit de Saint-Marc, fol. 106 verso), est

FIGURE 19. — **Ebauche d'alambic.**
Décalque.

une ébauche à l'encre rouge, d'une écriture plus moderne ; elle est en marge d'un article sur l'œuf philosophique, à côté des mots : τὸ δὲ (ici un mot gratté, ὠοῦ ?) τοῦτο ὠμὸν λέγουσιν. Il semble que ce soit le chapiteau d'un alambic. On donne cette figure pour ne rien omettre.

Les alambics et appareils distillatoires, que nous venons d'étudier, se rattachent à la tradition de la Chrysopée de Cléopâtre, laquelle en contient les plus vieilles figures. Mais il est un autre ordre d'appareils, destinés ceux-ci au traitement des métaux par le mercure, le soufre, les sulfures d'arsenic ; appareils qui avaient été décrits spécialement par une autre femme, Marie l'Alchimiste, de préférence aux appareils distillatoires (manuscrit de Saint-Marc, fol. 186, avant-dernière ligne). Ce sont les appareils à *kérotakis*, c'est-à-dire à palette, avec leurs fourneaux. Ces appareils n'existent pas dans la Chrysopée et semblent plus modernes ; ils ont joué un rôle fort important dans le développement historique des pratiques alchimiques. Le passage rappelé plus haut montre que le traité de Zosime sur les instruments et fourneaux, dont nous possédons des débris, embrassait, ainsi qu'il arrive d'ordinaire dans les matières techniques, les traités antérieurs sur la même question, tels que ceux de Cléopâtre sur les alambics (v. p. 137) et ceux de Marie sur les appareils à kérotakis et leurs fourneaux.

Voici les figures de ces derniers :

Figures 20 et 21.— Ces figures (manuscrit de Saint-Marc, folio 196 verso), représentent des vases à digestion cylindrique, en terre cuite (ἄγγος ὀστράκινον, vase de terre), placés sur le feu (φῶτα).

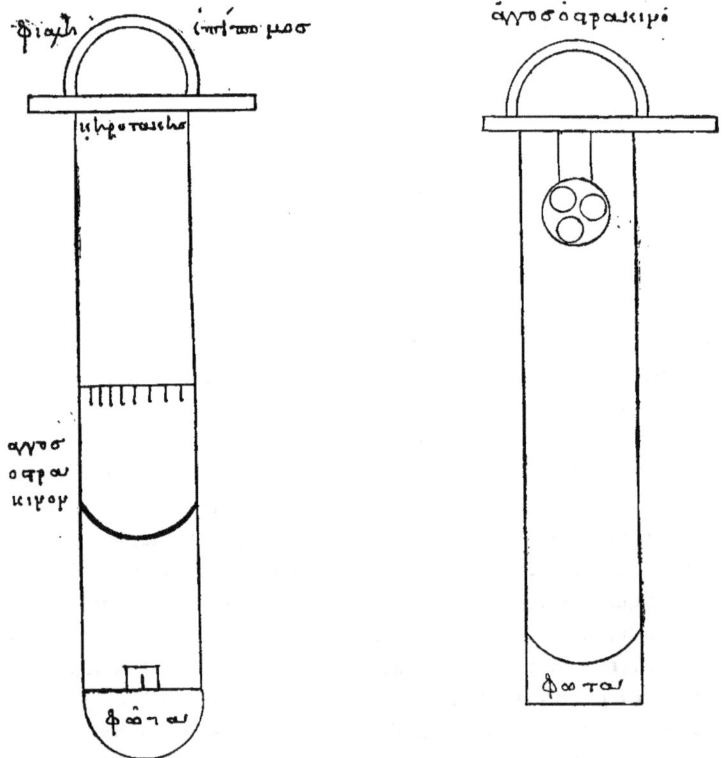

Figures 20 et 21. — **Vases à digestion cylindriques**. — Réduction aux 2/3.

Au-dessus du vase était posée une lame ou feuille métallique, κηροτακίς, sur laquelle on faisait fondre les matières fusibles. La forme en était tantôt en parallélogramme et aplatie (fig. 22), avec les extrémités arrondies ; tantôt triangulaire (fig. 24 *bis*). La κηροτακίς paraît n'être autre que la palette des peintres anciens (1), qui y faisaient le mélange des couleurs, entr'elles et avec la cire ; ils maintenaient la palette à une douce chaleur, afin d'opérer le mélange, et aussi au moment de s'en servir.

J'ai déjà insisté sur les analogies que l'on établissait alors (2) entre la teinture des métaux et celle des étoffes. Les quatre couleurs des peintres grecs, d'après Pline (*H. N. XXXV*, 31), étaient le blanc, le noir, le jaune, le rouge. Ce sont précisément les quatre couleurs des premiers alchimistes, de Zosime par exemple (3). Ils cherchaient à en imprégner les métaux, en ramollissant ceux-ci.

Le mot *ceratio* (ἐγκήρωσις), employé par les traducteurs latins de Geber et qui a eu cours pendant tout le moyen âge, exprime cette dernière opération, imitée à la fois des pratiques des peintres anciens et de la fabrication de certains médicaments (*cérats*). Elle s'effectuait à l'aide du mercure, du soufre et de l'arsenic (sulfuré), par une digestion lente et une chaleur modérée (4).

Aux débuts, on opérait sur la palette des peintres (*kérotakis*) ; mais il fallut bientôt la pourvoir de deux appareils accessoires : l'un destiné à réchauffer les mixtures (bains-marie, bains de sable, de cendre ou analogues) ; l'autre, à condenser les vapeurs que l'on voulait retenir. C'était d'abord une coupe ou tasse (φιάλη) renversée, servant de couvercle (ἐπίπωμος), et dont la forme, modifiée graduellement est devenue le ballon ou fiole actuelle : le mot grec lui-même a pris peu à peu ce sens nouveau, dans les textes alchimiques. D'après certaines descriptions, il semble que la lame métallique n'ait pas seulement servi de support aux produits que l'on faisait réagir entre eux et sur les vapeurs sublimées d'en bas ; mais cette lame éprouvait dans sa propre matière, la transformation produite par les fondants et par les vapeurs.

Pendant l'emploi d'un appareil disposé comme il vient d'être dit, une

---

(1) Du Cange. *Glossarium mediæ et infimæ græcitatis.*
(2) *Origines de l'Alchimie*, p. 242 à 246.

(3) Même ouvrage, p. 35, 182, 242.
(4) *Bibliotheca chemica* de Manget, t. 1, p. 540, dans le traité de Geber.

nouvelle circonstance se présenta nécessairement. La kérotakis n'obturait pas l'orifice du récipient inférieur. Elle avait même parfois une forme triangulaire, à en juger d'après le dessin reproduit par la figure 24 *bis*. Dans ces conditions, les matières fusibles déposées sur la kérotakis coulaient à côté et tombaient au-dessous : on fut amené ainsi à placer un récipient (ἄγγος ὀστράκινον), pour les recevoir et les empêcher d'arriver jusqu'au foyer.

Il semble même que l'on ait cherché à ce moment à opérer une certaine séparation entre les matières solides, telles que métaux non ramollis, fragments divers, etc., et les matières liquéfiées ; on y parvenait, soit à l'aide d'un ballon percé de trous (fig. 21), soit à l'aide d'un crible (fig. 20).

Les produits liquéfiés qui tombaient ainsi au fond se rapprochaient sans cesse du foyer (φῶτα). La même chose pouvait arriver au mercure liquide, condensé à la partie supérieure et retombant ensuite par son poids, voire même au soufre et aux sulfures d'arsenic fondus et coulant sur les parois, si la chaleur était suffisante. Mais ces dernières substances, aussi bien que les corps qui déterminaient la liquéfaction des métaux (mercure, soufre, sulfures d'arsenic et autres), en atteignant le fond, éprouvaient un nouveau changement. En effet, les matières sublimables contenues parmi ces corps et substances, lorsqu'elles arrivaient vers le fond de l'appareil, se trouvaient portées à une température élevée ; elles se vaporisaient alors et remontaient vers les parties supérieures.

Le caractère rétrograde de cette opération, qui permettait aux vapeurs d'attaquer de nouveau le métal ou la substance placée sur la kérotakis, paraît avoir frappé les opérateurs : de là sans doute le nom de καρκίνος (écrevisse), c'est-à-dire appareil fonctionnant en sens rétrograde, donné à certains de ces appareils. De là aussi, ce semble, le signe de l'Écrevisse dans la formule de la figure 27, signe surmonté des mots : alliage de plomb et de cuivre brûlé ; alliage d'argent et de cuivre brûlé. L'emploi de ces sublimations réitérées, pour blanchir le cuivre et pour amollir les métaux, c'est-à-dire *per rem cerandam*, est indiqué par les alchimistes du moyen-âge.

Supprimons la kérotakis dans de semblables appareils et nous aurons l'*aludel*, instrument de digestion et de sublimation décrit dans les œuvres de Geber et figuré dans la *Bibliotheca Chemica* de Manget (t. I, planche répondant à la page 540). Les figures qui se trouvent dans ce dernier ouvrage tome I, au bas de la planche 5, p. 938, en haut de la planche 6 à gauche, ainsi qu'au milieu de la planche 14, paraissent avoir une destination analogue. Je citerai encore les dessins qui se trouvent aux folios 179 verso, 180, 181, du vieux et beau manuscrit latin 7156, sur parchemin, de la Bibliothèque nationale de Paris. Dans le manuscrit latin de la même Bibliothèque 7162, folio 64, on voit la figure d'un bain de sable (*arena*). Dans le manuscrit latin 7161 (fol. 58 et fol. 113 verso) existe la figure d'un appareil à digestion, sur son fourneau. Tous ces appareils correspondent à la suite d'une même tradition technique.

Observons ici que les appareils cylindriques pourvus de la kérotakis n'ont été employés que par les plus anciens alchimistes. Ils sont figurés seulement dans le manuscrit de Saint-Marc et dans les copies qui en dérivent ; mais ils n'existent ni dans le manuscrit 2325, ni dans le manuscrit 2275, ni dans le manuscrit 2327.

Figure 22. — Cette figure (manuscrit de Saint-Marc, fol. 195 verso) est

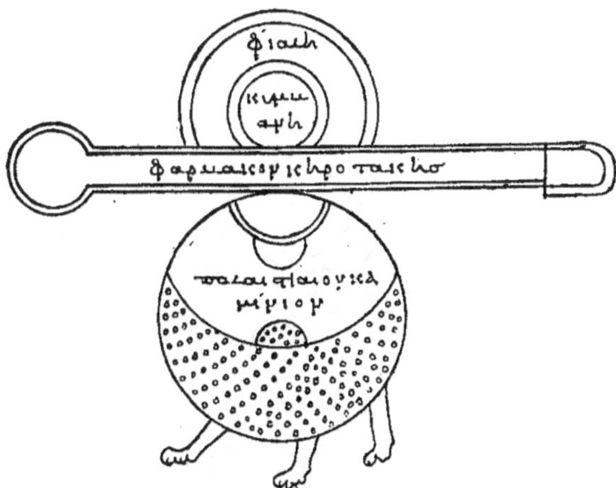

FIGURE 22. — **Bain-marie à kérotakis.** — Réduit aux 2/3.

aussi un appareil à digestion, appareil sphérique et porté sur trois pieds. Au-dessous de la kérotakis et des vases à condensation supérieurs, il y existe un digesteur, distinct du foyer, et intermédiaire ; le tout fut désigné sous le nom de *fourneau de Marie* l'alchimiste (1), prototype de notre bain-marie.

Le digesteur dessiné sur cette même figure 22 est long d'une palme, comme l'indiquent les mots παλαιστιαῖον καμίνιον. Il semble criblé de trous ; à moins qu'il ne s'agisse d'une ornementation superficielle. C'était là d'abord un bain de cendres, ou un bain de sable. Dans l'une des formules de dorure du Papyrus X de Leide, il est question aussi de l'emploi des cendres (formule 57, ce volume, p. 40).

La palette des préparations, φαρμακον κηροτακης (*sic*), offre ici de grandes dimensions. Elle est chauffée seulement au milieu.

Deux coupes inférieures, placées immédiatement sous la kérotakis, l'une grande et surmontant une coupe plus petite, reçoivent les matières fusibles.

Les produits sublimés sont récoltés dans deux condensateurs supérieurs, concentriques et successifs. L'un est appelé φιάλη (coupe) ; l'autre κυμβάνη (tasse).

Figure 23. — Cette figure, imitation de la précédente avec de légères

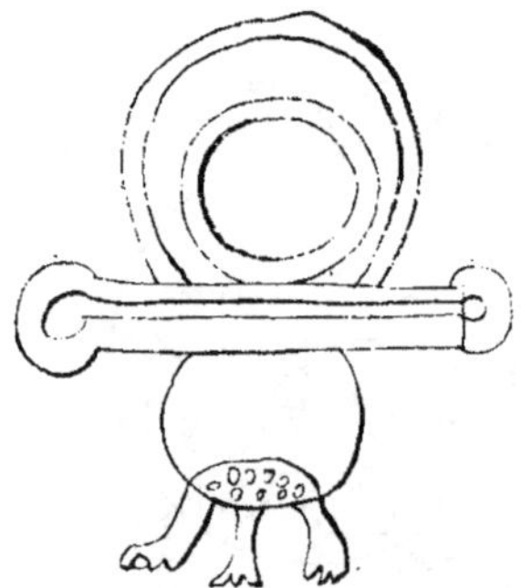

Figure 23. — **Bain-marie à kérotakis** (Ms. 2325).
D'après décalque.

---

(1) *Origines de l'Alchimie*, p. 171.

variantes, est reproduite d'après le manuscrit 2325, folio 84 recto. Elle existe aussi dans le manuscrit 2275, folio 57 verso.

Figure 24. — Cette figure (manuscrit de Saint-Marc, fol. 196), est encore un appareil analogue aux précédents, sauf quelques variantes plus importantes.

La palette porte deux coupes inférieures vers ses extrémités. Dans la coupe supérieure (φιάλη), on lit le mot βάθος (cavité).

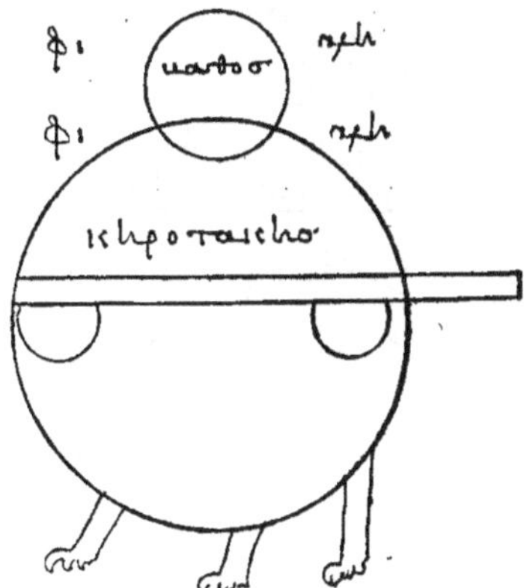

FIGURE 24. — **Autre bain-marie.** — Réduction aux 2/3

Figure 24 *bis*. — Au-dessous, se trouve la kérotakis, ou palette triangulaire.

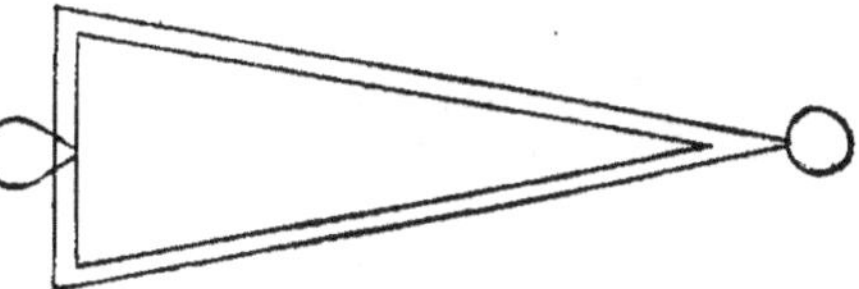

FIGURE 24 ᵇⁱˢ. — **Kérotakis.** — Réduction aux 2/3.

C'est une seconde forme de cet instrument, distincte de celles qui sont représentées figures 22 et 25.

Figure 25. — Cette figure (manuscrit de Saint-Marc, fol. 112 en marge) représente une disposition différente de l'appareil à digestion sphérique.

Ce dessin et les deux suivants se trouvent à la fin de l'article : Τοῦ χρισ-τιανοῦ περὶ εὐσταθείας τοῦ χρυσοῦ, en marge ; ils sont d'une écriture posté-rieure au texte courant et presque effacée. Ils paraissent répondre à une description d'appareils, qui forme le dernier paragraphe de cet article.

A côté de la figure 25 se trouve le mot κάμινος ; au-dessous on lit, en caractères du xvıᵉ siècle, une inscription devenue presque illisible, mais dont les lettres restées distinctes répondent sans nulle incertitude au texte

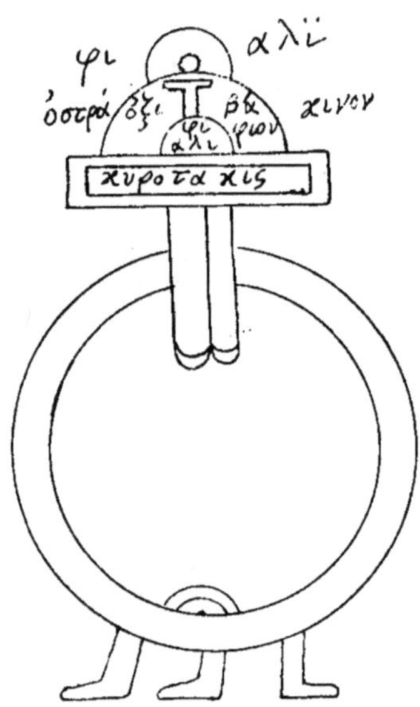

FIGURE 25. — **Vase à kérotakis.** — Décalque.
Les inscriptions sont reproduites ici en caractères actuels,
mais avec l'orthographe du manuscrit. — Réduction aux 2/3.

suivant : καρκίνος δ'ἐπὶ λευκώσεως · κεῖται δ'ὁ λόγος ἔμπροσθεν ; c'est-à-dire « écrevisse pour le blanchiment ; l'explication se trouve au-dessus du texte précédent » (1).

---

(1) Voir plus loin la formule de l'Écrevisse. — Sur le sens de ce mot appliqué à un appareil chimique, voir p. 145.

Ce texte précis est tiré du manuscrit 1174 du Vatican, où il accompagne deux dessins à peu près identiques aux figures 25 et 27 ; sa comparaison avec les lettres non effacées du manuscrit de Saint-Marc ne laisse aucun doute sur le sens des mots formés par ces dernières.

Le même appareil est grossièrement dessiné dans le manuscrit 2275. folio 57 verso, avec une inscription similaire. Il existe également dans le manuscrit 2325 (fol. 84), avec la même inscription, laquelle se reconnaît encore, quoique effacée aux trois quarts. Enfin il existe dans un manuscrit grec de Leide. (Voss. in-4°, n° 47, fol. 55 verso).

Le texte que je viens de transcrire semble indiquer un appareil destiné à une opération rétrograde, c'est-à-dire telle que les produits tombés au fond par fusion remontent par volatilisation à la partie supérieure. Il est probable qu'il s'agit de la sublimation du mercure, ou de l'arsenic, destinés à *blanchir* le cuivre, en s'alliant à lui (p. 145).

La légende intérieure de la figure 25 est plus lisible que l'inscription placée à côté ; l'écriture semble également répondre au xvie siècle, avec un iotacisme poussé à l'extrême : φιάλι remplaçant φιάλη, κυροτακίς remplaçant κηροτακίς, etc.

Remarquons que ce dessin ressemble aux figures 22, 23 et 24, sauf quelques variantes plus compliquées. Le système repose de même sur un vase à digestion. L'une des coupes supérieures est en terre : (ἄγγος) ὀστράκινον ; c'est une grande coupe, désignée à l'intérieur sous le nom de ὀξιβάφιον (saucière).

Figure 26. — Les deux condensateurs supérieurs des figures 25 et 27

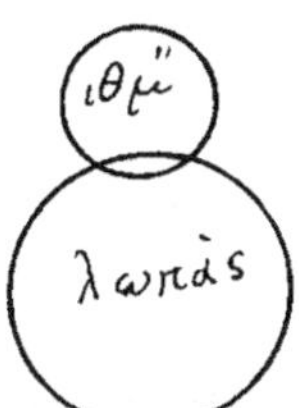

FIGURE 26. — **Récipients supérieurs des figures 25 et 27.**
Décalque. — Réduction aux 2/3. — Caractères actuels.

sont dessinés à côté séparément, avec le mot λωπάς pour le plus grand, et un nom abrégé pour le plus petit, situé au-dessous. Ce mot semble être ιθμ" abréviation avec iotacisme, remplaçant ἠθμὸς, couvercle percé de trous.

Figure 27. — Dans ce dessin il n'y a pas de vase à digestion et l'action du foyer s'exerce directement. Le mot κηροτακίς est inscrit sur la portion verticale du dessin, au-dessus du feu ; mais il est probable que c'est faute de place pour l'inscrire sur la partie horizontale et supérieure. Cet appareil doit être rapproché des figures 20 et 21, c'est-à-dire des aludels, plutôt que des bains-marie des figures 22, 23, 24 et 25.

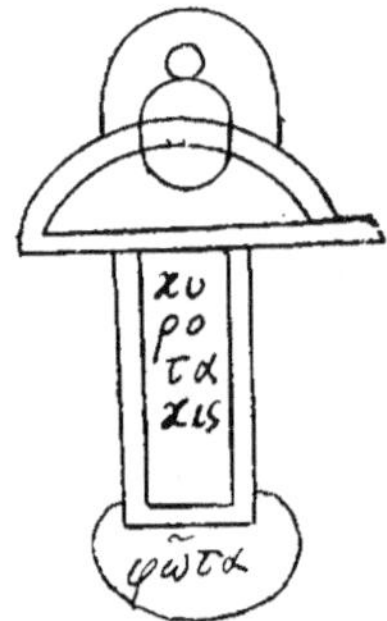

FIGURE 27. **Autre vase à kérotakis.**
Décalqu — Réduction aux 2/3.
Les inscriptions sont reproduites en caractères actuels.

Les appareils 25, 26 et 27 n'existaient pas sur le manuscrit initial de Saint-Marc ; ils ont été ajoutés plus tard, vers le xvie siècle, sans doute, d'après un autre manuscrit comparable au 2325 (xiiie siècle), mais qui n'existe plus.

Les dessins multipliés de ces appareils à κηροτακίς dans les divers manuscrits, montrent que ces appareils ont été d'un usage étendu et prolongé. Ils représentent les premiers essais de bains-marie, bains de sable, et surtout bains de cendre, employés même aujourd'hui dans nos laboratoires pour les digestions. Mais c'étaient à l'origine des appareils beaucoup plus compliqués et où s'opéraient à la fois certaines séparations de substances, par fusion et sublimation, et certaines réactions lentes des produits fondus ou sublimés, entre eux, ou sur d'autres matières placées dans les appareils. — Il est probable qu'il serait possible de retrouver d'autres traces de ces appareils dans les pharmacopées du moyen âge ; peut-être même existent-ils encore quelque part en Orient. Cependant il est digne de remarque qu'ils ont disparu dans le manuscrit 2327, pour faire place à des digesteurs d'une toute autre forme, sans doute inventés postérieurement, et que nous examinerons tout à l'heure.

Nous avons donné toutes les figures relatives aux appareils du manuscrit de Saint-Marc ; joignons-en quelques autres, d'un caractère différent.

Figure 28. — Il s'agit d'abord de la formule de l'Ecrevisse, ou du Scor-

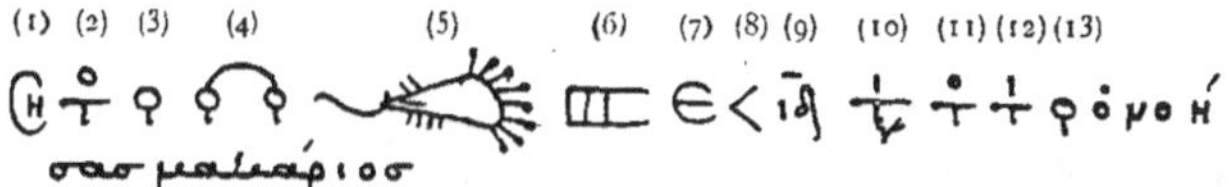

FIGURE 28. — **Formule de l'Ecrevisse.** — Réduction aux 2/3.

pion, formule mystérieuse, qui était réputée contenir le secret de la transmutation. Elle se trouve (1) à la fin des Mémoires de Zosime (manuscrit de Saint-Marc, fol. 193). Son interprétation est donnée, en même temps que sa répétition, sur la première page de garde du manuscrit de Saint-Marc, dans un texte d'une autre écriture, plus moderne (xive siècle) que le reste. Le tout se trouve aussi dans le manuscrit de Leide, Voss., in-4°, n° 47, fol. 70.

La première page de Saint-Marc débute par la description du traitement des scories, lequel paraît se rapporter au changement d'une scorie noire et métallique, telle que celle du plomb, en un composé blanc (carbonate ou sulfate), sous l'influence prolongée de l'eau et de l'air. La description, écrite dans un grec barbare, se termine par ces mots : « Ainsi a été accompli avec le secours de Dieu, la pratique de Justinien. » (*Texte grec,* II, iv *bis,* appendice I). Puis viennent le nom de la tutie, ou oxyde de zinc impur, suivi par des mots magiques, analogues à ceux qui figurent dans les Papyrus de Leide, dans Jamblique et dans le manuscrit 2419.

---

(1) Voir aussi manuscrits 2249, folio 100 — 2325, folio 83 — 2327, folio 80 et répétition au verso ; folio 220 verso. — Leide, Voss., n° 47, fol. 70.

Les voici :

Τουτία. μαραζή. ασενκήρ. αζή. ναπράτετ. μηρηχαντήτ. χαντήτ. μουχάναρ. πουμάν. ναιμαρίχ. τεχμηριζοχρά. ροσουχ. ταρήτ. χηλτί. χητρί. τζιάλπησιν. παρά. κολπαχορί.

Il semble que ce soient là des formules que l'on récitait au moment du traitement de la tutie, minerai de zinc (mêlé de plomb et de cuivre) employé dans l'opération de la diplosis, c'est-à-dire de la transmutation. En effet, à la suite, se trouve la formule de l'Ecrevisse, surmontée de mots qui en interprètent chacun des signes (1). J'ai numéroté les signes dans la figure, pour donner plus de clarté aux explications.

Le premier signe (n° 1) se traduit (fig. 8, Pl. VI, l. 24) par σημεῖον ou σημείωσαι = notez : c'est un signe employé fréquemment à la marge des manuscrits, pour désigner un passage important. Au-dessus, ce signe est ici répété, avec le mot παῖ; c'est-à-dire : Attention! initié.

Le second signe (n° 2) est traduit au-dessus par τὸ πᾶν; ce qui veut dire la composition ou le mélange complet. Ce mot signifie aussi le molybdochalque (plomb et cuivre, sans doute associés au zinc), d'après un passage de Zosime. Cet alliage métallique résultait en effet de la réduction de la cadmie ou de la tutie impure, substance dérivée du grillage de certains sulfures métalliques et qui semble avoir été désignée parfois, en extension d'une dénomination appliquée à ces sulfures eux-mêmes, par le nom de *magnésie*. On peut le conclure avec probabilité, d'après un passage de Geber sur les esprits ou matières volatiles, et d'après quelques textes des alchimistes grecs.

Le troisième signe (n° 3) est celui du cuivre. Il est traduit au-dessus par χαλκοῦ ἰός : la rouille du cuivre. On introduisait sans doute cette rouille dans le mélange contenant de la tutie, avec l'intention d'y augmenter la dose du cuivre : ce qui rapprochait la teinte de l'alliage de la couleur de l'or.

---

(1) J'ai déjà donné cette interprétation : *Origines de l'Alchimie*, p. 348. — Mais la lecture actuelle est plus correcte.

Le quatrième signe (n° 4) répond à celui du cuivre, deux fois répété et assemblé par le signe du plomb ; ainsi que le montre la traduction superposée : μολιβδόχαλκος κεκαυμένος, molybdochalque (cuivre-plomb) brûlé.

Le cinquième signe (n° 5) est celui de l'Ecrevisse, ou du Scorpion, pourvu de huit pattes antérieures. Dans certains manuscrits (Saint-Marc), la queue se termine par un dard, à la façon du Scorpion ; dans d'autres (2325 et 2327 par exemple), par un demi-cercle, formant une sorte de pince. Ce signe porte au-dessus les mots : ἀργυρόχαλκος κεκαυμένος καὶ πεπηγμένος. Mais le dernier mot correspond au sixième signe. Le tout veut dire argyrochalque (cuivre-argent) brûlé et fixé.

Le signe de l'Ecrevisse se rapporte probablement à l'opération par laquelle on préparait un semblable alliage, formé avec le cuivre uni au plomb que l'on prétendait changer en argent, sans doute en le blanchissant de façon à lui donner la couleur de l'argent. Si cette interprétation était acceptée, il s'agirait d'un blanchiment par le mercure ou par l'arsenic, blanchiment opéré par sublimation et opération rétrograde dans l'appareil appelé καρκίνος, lequel est représenté par la figure 25. On justifierait ainsi le signe de l'Ecrevisse, appliqué à la fabrication de l'alliage actuel.

Le septième signe (n° 7) est traduit par ἐμέριτος (divisé en parties ?), mot dont le sens est incertain.

Le huitième signe (n° 8) par δραγμαί : dragme (poids).

Le neuvième signe (n° 9) signifie 14, et s'applique probablement au poids dont l'unité vient d'être indiquée : soit 14 dragmes.

Le dixième signe (n° 10) est une abréviation, traduite par τίτανος χαλκὸς τὸ πᾶν ὄστρακον : chaux-cuivre (peut-être en un seul mot), toute la coquille (de l'œuf philosophique).

Le onzième signe (n° 11) est traduit par τὸ πᾶν ὄστρακον, qui répète les derniers mots du signe précédent.

Le douzième signe (n° 12) est traduit par τίτανος et est suivi par

Le treizième (n° 13) χαλκοῦ : de cuivre : mot à mot, chaux de cuivre.

Puis viennent en caractères ordinaires, les mots ὁ νοήσας μακάριος : celui qui aura compris sera heureux.

Dans cette formule, il s'agit de divers alliages et oxydes métalliques, ainsi que de l'œuf philosophique. Mais elle ne présente pas par elle-même un sens défini. C'était sans doute un memento hiéroglyphique, destiné à être complété par des explications orales. Elle figure dans un traité de Zosime, et semble le dernier débris d'un ancien symbolisme, antérieur aux écrits alchimiques explicites que nous possédons, et qui représenterait le mode le plus ancien de la transmission traditionnelle de la science (v. p. 137). Le sens a dû s'en conserver longtemps par tradition orale, comme le prouve le fait même de sa transcription sur la première feuille de garde du manuscrit, avec des formules magiques, que l'on prononçait sans doute pendant certaines des opérations. Une partie de ces dernières est même indiquée par le texte qui précède, lequel semble relatif au traitement des scories de plomb ; puis viennent les mots magiques et la formule.

Au-dessous, toujours sur la même page de garde, se trouve reproduit un passage correspondant d'Olympiodore sur les scories : « Sachez que les scories dont on parle ci-dessus sont tout le mystère, etc. ». Ce passage est imprimé dans le Traité d'Olympiodore (*Texte grec*, II, iv) et on a donné en appendice (*Texte grec*, II, iv *bis*) le texte même qui le précède.

Voici le moment de rappeler les signes magiques de la Chrysopée de Cléopâtre (figure 11), placée précisément en tête du traité de Zosime, à la fin duquel figure la formule de l'Ecrevisse. Ces signes, en effet, comparés à la formule, donnent lieu à quelques rapprochements utiles à noter. On y remarque, par exemple, un grand croissant pourvu de huit appendices linéaires, qui rappellent étrangement le signe de l'Ecrevisse. La signification de ce double croissant semblerait dès lors la même ; c'est-à-dire qu'il représenterait la transformation (*fixation*) du cuivre amalgamé ou arsenié en argent, au sein d'un appareil à marche rétrograde. Le signe même de l'argent, ou plutôt celui du mercure, serait alors exprimé par le croissant régulier et sans appendice, situé à côté. Doit-on voir aussi dans les signes de la Chrysopée placés à côté du serpent, les symboles 3 et 4 du cuivre et du molybdochalque de le formule de l'Ecrevisse ? Quoi qu'il en soit, il y a là un rapprochement singulier et digne d'intérêt, au point de vue de la filiation historique des symboles alchimiques.

Figure 29. — Cette figure (manuscrit de Saint-Marc, fol. 193) reproduit deux alphabets magiques ou cryptographiques, à demi effacés, avec leur tra-

duction (telle qu'elle est donnée dans le manuscrit). Au-dessus du premier
se trouve le mot : ἑλινηκὰ, c'est-à-dire (lettres) *helléniques*, écrit avec l'alphabet correspondant. Au-dessus du second : ἱερογλυφικὰ, c'est-à-dire (lettres)
hiéroglyfiques, écrit de même. A côté, en marge, le mot ἀλφάβητος, écrit
avec les lettres du premier alphabet.

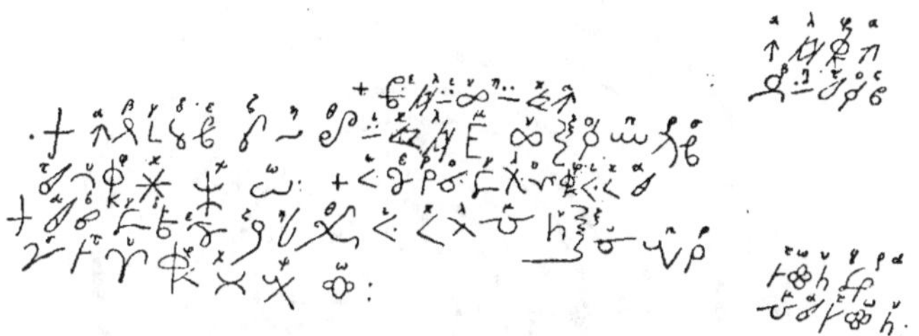

FIGURE 29. — **Alphabets magiques.** — Réduction à 1/2. — D'après décalque.

En réalité, aucun de ces alphabets n'a rien de commun avec les hiéroglyphes. Ce sont simplement deux alphabets cryptographiques, formés
avec des lettres grecques plus ou moins défigurées, mais sans modification
dans leur nombre ou leur valeur.

Il existait un grand nombre d'alphabets analogues au moyen âge. On
trouve notamment une page entière d'alphabets de ce genre dans le
manuscrit 2419, folio 279. Le premier alphabet de ce folio ressemble
beaucoup au premier du manuscrit de Saint-Marc, donné plus haut; le
sixième du manuscrit 2419 ressemble aussi, quoique d'un peu plus loin,
au second du manuscrit de Saint-Marc. Les alphabets du manuscrit 2419
semblent, d'après leur traduction superposée en lettres rouges presque
effacées, répondre à l'alphabet latin de préférence à l'alphabet grec.

C'étaient là en réalité des jeux d'esprit individuels, plutôt que des
alphabets usuels. En tout cas, il m'a paru intéressant de reproduire les
spécimens ci-dessus, surtout le premier, qui se retrouve à peu près pareil
dans deux manuscrits dissemblables de composition et d'origine.

Figure 30. — Cette figure (manuscrit de Saint-Marc, fol. 102 verso)
représente le Labyrinthe de Salomon, avec un commentaire en vers;

le tout d'une encre et d'une écriture plus modernes, probablement du
xive siècle.

On donnera ailleurs (*Texte grec*, I, xx) ce commentaire.

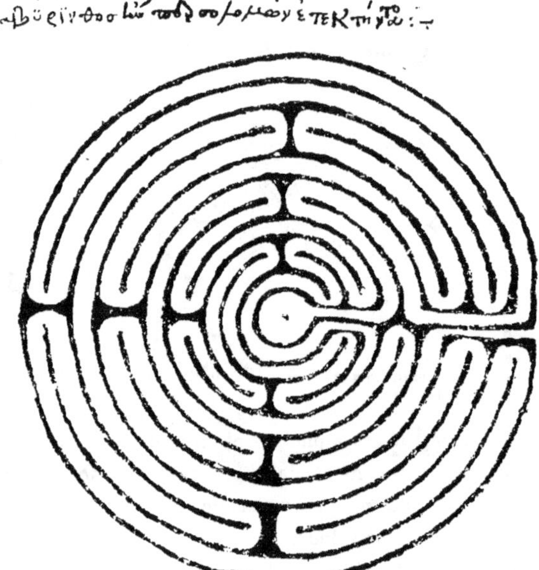

FIGURE 30. — **Labyrinthe de Salomon**. — Réduction à 1/2.

Figure 31. — Cette figure (manuscrit de Saint-Marc, fol. 5) est un symbole

FIGURE 31. — **Symbole cordiforme**. — Décalque.

cordiforme, avec les signes de l'or, de l'argent, et peut-être d'autres métaux (1);

---

(1) Le cercle droit d'en bas renferme
dans le manuscrit quatre signes mal
définis, dont un χ, lequel a disparu dans
la figure actuelle, par suite d'un accident
de gravure.

il se trouve à côté de la première ligne de Stéphanus, écrit à l'encre
rouge ; il est contemporain du texte. Il semble que ce soit là un symbole
de l'art de fabriquer l'or et l'argent. On croit utile d'en rapprocher la
figure suivante.

Figures 32 et 33. — C'est un dessin mystique, formé par l'assemblage de
divers signes destinés à représenter une opération chimique ; on dirait une

FIGURE 32. — **Dessin mystique** (2327).
Décalque.

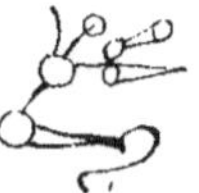

FIGURE 33. — **Dessin mystique** (2325).
Décalque.

sorte d'équation chimique, analogue aux équations atomiques et renfermant comme les nôtres les symboles des corps intervenants. Elle se trouve
au folio 47, verso, du manuscrit 2327, vers la fin de la troisième leçon de
Stephanus, vis-à-vis des mots : οὗτος ἐστὶν ὁ ἐτήσιος ὁ πάρεμμος ὁ πολύχρωμος.
« C'est la pierre étésienne, le support polychrome (des teintures ?). » Puis
vient tout un développement mystique sur la pierre philosophale.

Le relieur du manuscrit, au XVIᵉ siècle, a coupé une partie de la branche
gauche du dessin. Mais il n'y avait là rien de particulier, comme le montre
le manuscrit 2325 qui contient la même figure (fol. 46, verso). On a reproduit cette dernière à côté (fig. 33).

Telles sont les figures fournies par le manuscrit de Saint-Marc et les
dessins congénères de ces figures, reconnus dans les autres manuscrits.

Figures du manuscrit 2327.

Etudions maintenant les figures propres du manuscrit 2327, en commençant par les figures mystiques.

Figure 34. — Cette figure (manuscrit 2327, fol. 196) est celle du serpent

Ouroboros (1), en tête d'un article reproduit dans le *Texte grec* (I, v). Il est formé de trois cercles concentriques, comme la figure supérieure de la Chrysopée de Cléopâtre ; mais de plus il a ici trois oreilles et quatre pattes. La tête, les oreilles et l'anneau extérieur sont peints en rouge vif (rrr) ; le blanc

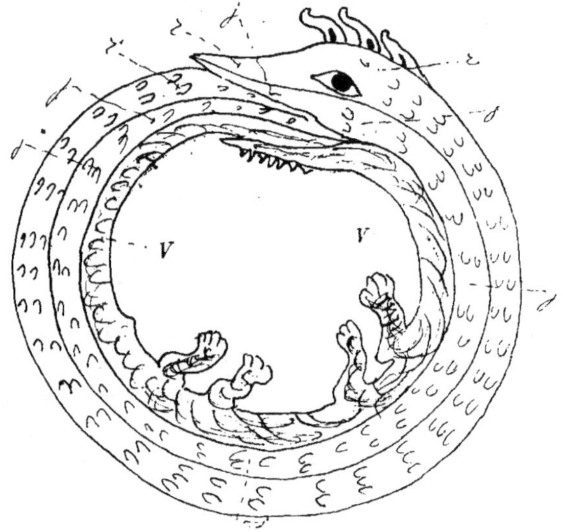

FIGURE 34. — **Serpent Ouroboros.** — D'après décalque.

de l'œil est blanc, la pupille noire ; le premier anneau est écailleux. Le second anneau (moyen) est écailleux et jaune (jjj). L'anneau intérieur est d'un vert continu (vv), ainsi que les pattes. Ces couleurs d'ailleurs ne répondent pas exactement à une description de Stéphanus (Lettre à Théodore), d'après laquelle l'origine de la queue est blanche comme du lait ; le ventre et le dos, couleur de safran, la tête noir verdâtre. Il devait y avoir bien des variantes.

Au folio 279 du même manuscrit se trouve une seconde figure du serpent, avec un texte un peu différent : celui-ci n'a que deux anneaux ou cercles ; ses écailles sont mieux marquées.

(1) *Origines de l'Alchimie*, p. 59 et 256.

Figure 35. — Cette figure (manuscrit 2327, fol. 297 verso) représente le signe d'Hermès, assez informe ; le folio a été remonté sur une bande blanche.

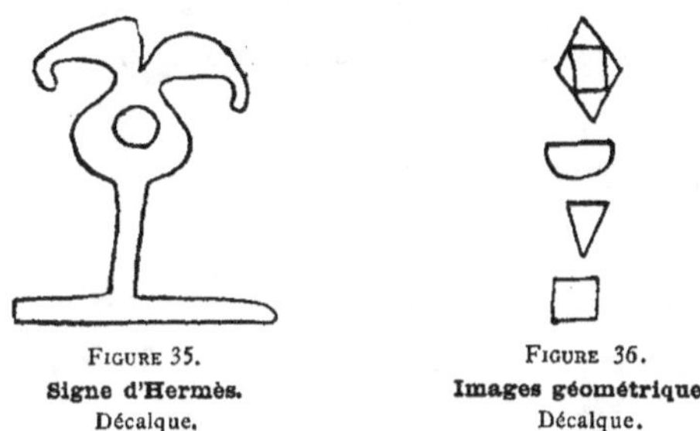

FIGURE 35.
Signe d'Hermès.
Décalque.

FIGURE 36.
Images géométriques.
Décalque.

Figure 36. — Cette figure renferme quatre images géométriques, destinées à commenter le texte du folio 106 recto (manuscrit 2327). Elles existent aussi au manuscrit 2325 (fol. 111), au manuscrit 2275 (fol. 78 verso), etc.

Les figures qui suivent concernent des appareils nouveaux, dont il convient de comparer soigneusement les formes avec celles des figures correspondantes du manuscrit de Saint-Marc.

Figure 37. — Cette figure (manuscrit 2327, folio 81 verso) contient deux alambics et deux vases à digestion.

1° A gauche, on voit l'alambic à trois pointes (*tribicos*), dont la forme générale (sauf le nombre de becs) s'est rapprochée de celle des alambics modernes en verre, usités au siècle dernier, et dont on fabrique encore aujourd'hui quelques échantillons.

Le matras ou chaudière porte d'ailleurs la même inscription que la figure 15 (λωπὰς θείου ἀπύρου : matras contenant le soufre apyre) ; il est posé de même sur le feu (φῶτα).

Le chapiteau est surmonté du mot χαλκίον (vase de cuivre), et les trois tubulures sont figurées cylindriques : l'un des trois récipients a été coupé par le relieur.

2° A côté se trouve un alambic à un seul bec, posé sur un fourneau (καμήνιον, *sic*) ; la forme générale en est la même. On doit le regarder comme équivalent à celui de la figure 16 ; à cela près que le tube de ce dernier (σωλήν) est remplacé par un chapiteau (χαλκίον).

On donnera tout à l'heure une figure similaire (fig. 38), d'après le manuscrit 2327 (fol. 221) ; laquelle n'est pas identique à la précédente et se rapproche de celle de Saint-Marc, plutôt que de nos alambics actuels.

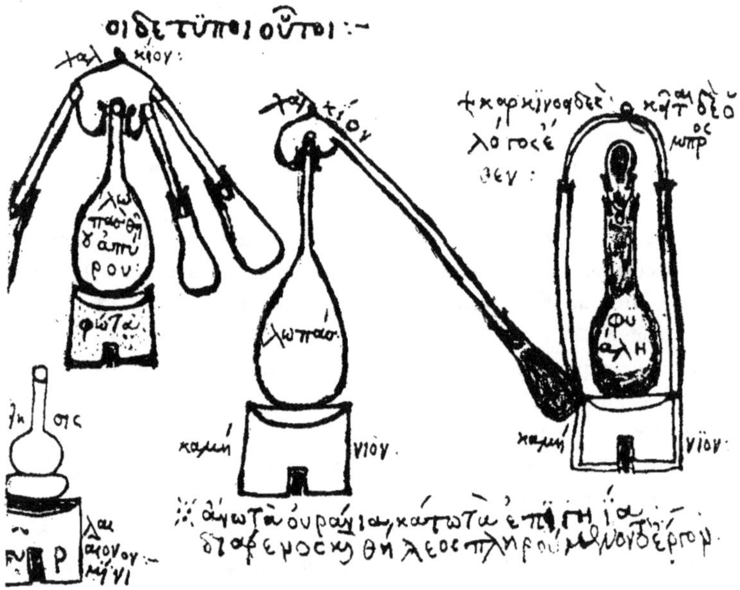

FIGURE 37. — **Alambics et Vases à digestion.**

Par contre, la forme de l'alambic est devenue à peu près identique à celle de nos vieux instruments (en verre), dans la figure, unique d'ailleurs et mal faite, du manuscrit 2252, copié au XVIIe siècle. Dans ce manuscrit, au-dessous des trois cercles concentriques et au début des Mémoires authentiques (γνήσια ὑπομνήματα) de Zosime, on aperçoit un alambic (βῖκος ὑέλινος), sur un foyer (καύστρα), et un récipient condensateur à col étroit, λοπὰς ἢ ἄγγος στενόστομον (sic). On voit qu'il y a de légères variantes dans les inscriptions.

3° A gauche et en bas, dans la figure 37 du manuscrit 2327, se trouve un appareil à digestion ou à cuisson, formé d'une fiole sur un bain de sable, chauffé par un fourneau (πῦρ).

La fiole est désignée par un mot coupé en deux par le relieur, et terminé par les syllabes τησις, tel que ὄπτησις (cuisson). L'inscription qui désigne le fourneau est également coupée en deux ; mais on lit sur les trois lignes superposées les syllabes finales λαι — αἶον — μίνιον. Il est facile de reconnaître ici l'inscription de la figure 22 : (πα) λαι (στι) αἶον (κα) μίνιον.

Il paraît donc que c'est là l'équivalent du bain de cendres, destiné à chauffer la palette ou κηροτακίς. Mais la palette est tombée en désuétude et les opérations effectuées à l'origine avec son concours ont été simplifiées dans le cours des temps, et réduites à de simples digestions ; celles-ci sont opérées également sur un bain de sable ou de cendres. La matière même, au lieu d'être placée sur une palette métallique, est déposée soit sur une pièce plate (fig. 38) ou conique (fig. 37), au-dessous du bouchon, soit même au fond de la fiole. Dans ces conditions, l'emploi de la palette constituait une complication inutile.

4° C'est ce que confirment le dessin et l'inscription placés à droite de la figure 37. Nous avons ici une fiole, le mot φυάλη (*sic*) ayant passé du sens ancien *coupe* au sens moderne *fiole*.

Cette fiole est surmontée d'un bouchon ou tête, assez compliqué, au-dessous duquel il semble qu'il reste quelque indice de la kérotakis, sous l'apparence d'une pièce conique peu distincte. Le tout est enfermé dans une enceinte, formée d'un cylindre inférieur, posé sur le fourneau, καμήνιον (*sic*), et d'une coupe hémisphérique renversée, qui constitue le haut du cylindre.

Il serait difficile de reconnaître à première vue que cet appareil a remplacé celui de la figure 25, ou plutôt ceux des figures 20 et 21 ; car la kérotakis a disparu. Mais la filiation des appareils résulte des inscriptions qui les accompagnent. En effet, on lit au-dessus du dessin (4°) de la figure 37, les mots : καρκινοειδὲς κεῖται δὲ ὁ λόγος ἔμπροσθεν ; c'est-à-dire la même inscription que sur la figure 25. Ce serait donc là encore un appareil à digestion et distillation rétrograde, dans lequel les produits sublimés retombent sur la matière inférieure qui les a fournis : ainsi qu'il arriverait dans un appareil disposé pour blanchir le cuivre par la sublimation réitérée du mercure ou de l'arsenic (p. 145).

Ajoutons qu'on lit au-dessous de l'ensemble de ces appareils la formule mystiques des opérations qui s'y accomplissaient : « en haut les choses célestes, en bas les terrestres ; par le mâle et la femelle l'œuvre est accomplie » (manuscrit 2327, fol. 81 verso) : ἄνω τὰ οὐράνια, κάτω τὰ ἐπιγήια, δι᾿ ἄρενος καὶ θήλεος πληρούμενον τὸ ἔργον.

Figure 38. — Cette figure (manuscrit 2327, fol. 221 verso) reproduit le dessin de la figure 37, sauf variantes.

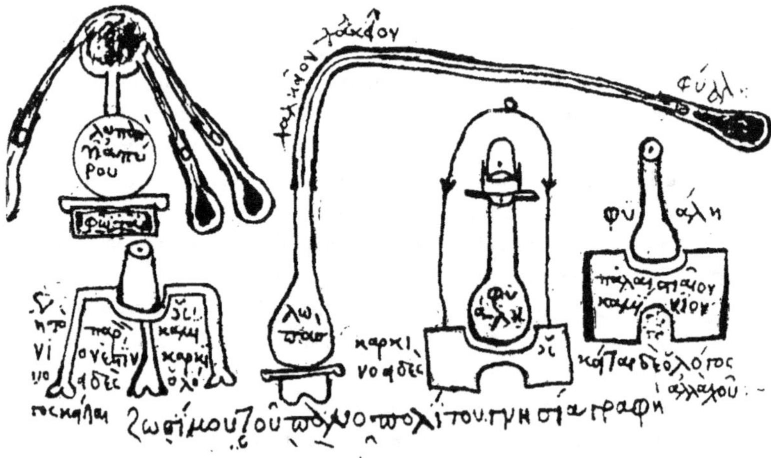

FIGURE 38. — Alambics et Vases à digestion.

1° Le dessin à gauche et en haut (*tribicos*) est à peu près le même.

2° Le dessin de l'alambic à un seul bec offre une variante, qui le rapproche de la figure 16. Cette forme existe aussi, grossièrement dessinée, dans le manuscrit 2275 (fol. 57 verso).

3° Le dessin de la fiole à digestion, reporté ici tout-à-fait à gauche, est à peu près le même que dans la figure 37.

4° Mais le dessin voisin est un peu différent. Le bouchon de la fiole offre des traits dissemblables, et peut-être un dernier reste de lame horizontale, répondant à la kérotakis. Il porte d'ailleurs la même inscription, caractéristique d'un appareil à opération rétrograde, que la figure 37 ; sauf la substitution du mot ἀλλαχοῦ (ailleurs) au mot ἔμπροσθεν.

5° A gauche, en bas, un vase à digestion (aludel mal fait ?) sur un grand trépied, avec l'inscription : ἤγουν τὸ παρὸν καμίνιον ἐστὶν καρκινοειδὲς ὁ λόγος κεῖται. « Le présent fourneau est rétrograde ; la description est ici. » (V. p. 134.)

Figure 39. — Cette figure (manuscrit 2327, fol. 289 verso), répétée deux fois, est un alambic à tubulure unique.

FIGURE 39.
Petit alambic.
Décalque.

FIGURE 40.
Alambic de Synésius
Décalque.

FIGURE 41.
Alambic de Synésius
(Ms. 2325.) Décalque.

Figure 40. — Cette figure (manuscrit 2327, fol. 33 verso), fait partie de l'ouvrage de Synésius et répond exactement au texte de l'auteur : c'est l'une des plus intéressantes, en raison de la date de cet ouvrage (iv° siècle). Elle représente un alambic, sur une marmite servant de bain-marie (λέβης), portée elle-même sur un trépied. Elle rappelle tout à fait la disposition de nos appareils modernes.

A côté se trouvent les mots caractéristiques : συναρμόζεται τῷ βοταρίῳ ὑάλινον ὄργανον ἔχων μαστάριον. « On ajuste au matras inférieur (βοτάριον) un instrument de verre, en forme de mamelle (μαστάριον). » Cet instrument est muni d'une gorge, ou rainure circulaire, destinée à récolter les liquides condensés dans le chapiteau et à les conduire dans la tubulure qui aboutit au récipient. C'est un appareil qui est encore en usage aujourd'hui. Le sens jusqu'ici obscur des mots βοτάριον et μαστάριον se trouve précisé par ce texte et cette figure.

La figure manque d'ailleurs dans le manuscrit de Saint-Marc, quoique le texte soit le même ; mais elle existe dans le manuscrit 2325 (xiii° siècle). Le manuscrit 2275 la reproduit (fol. 16).

Figure 41. — Elle reproduit le dessin fort élémentaire du même alambic, d'après le manuscrit 2325.

Tout ceci est fort important pour l'histoire de la distillation. A l'origine, on distilla le mercure, en le condensant simplement dans un chapite au posé sur un pot (Dioscoride, Pline). Ce n'est que plus tard que l'on adapta une gorge à la partie inférieure, pour empêcher les liquides condensés de retomber dans le pot ; puis cette gorge fut pourvue d'une tubulure, destinée à conduire au dehors le liquide condensé. On voit par le texte et par la figure conforme de Synésius que ces progrès étaient réalisés dès la fin du iv⁰ siècle de notre ère. Rappelons que Synésius, dans une lettre à Hypatie, publiée parmi ses œuvres connues, a décrit aussi l'aréomètre, œuvre d'une science déjà avancée.

Figure 42. — Cette figure (manuscrit 2327, fol. 112 verso), répétée deux fois, est une simple fiole.

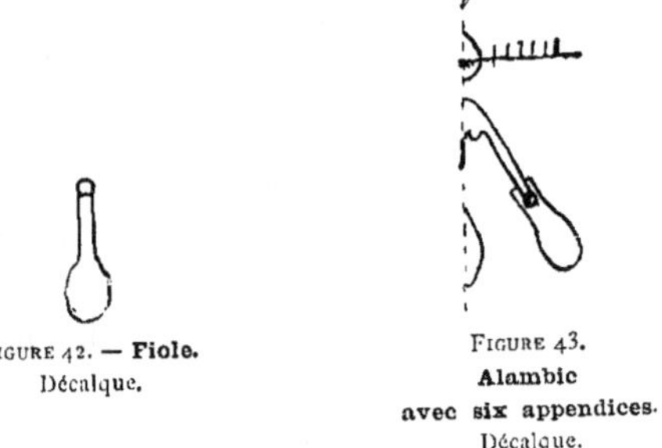

FIGURE 42. — **Fiole.**
Décalque.

FIGURE 43.
Alambic
avec six appendices.
Décalque.

Figure 43. — Cette figure (manuscrit 2327, fol. 184 verso), malheureusement coupée par le relieur, se trouve vers la fin du poème de Théophraste. On y discerne un alambic, mais avec un appendice supérieur, fort singulier dont la position rappelle la κηροτακίς. Il est muni de six lignes verticales, répondant au texte suivant : φέροντας τὰς ἓξ ζώνας ὡς τήγμα (sic) φάγαι. « Portant six ceintures (enveloppes) pour absorber la matière fondue. »

Figures du manuscrit 2325.

Les figures du manuscrit 2325 sont très intéressantes parce qu'elles répondent à une époque intermédiaire (xiii° siècle) entre celui de Saint-Marc et le n° 2327 de Paris. Elles sont en général conformes à celles du manuscrit de Saint-Marc, bien que le manuscrit 2325 n'en dérive certainement pas directement, comme je le montrerai. Il résulte de cette double circonstance que la date des dessins du 2325 est antérieure à la copie actuelle du manuscrit de Saint-Marc, et même à la date de ses prototypes immédiats ; cependant ils doivent dériver tous les deux de quelque source commune et plus ancienne. Quant au détail, le nombre, la forme et la dimension des parties des appareils sont assez différents, pour quelques-uns du moins. Le manuscrit 2325 contient en plus l'alambic de Synésius, figure 41, et le dessin (fig. 33) mystique de la 3° leçon de Stéphanus. Par contre, les appareils à digestion y sont moins multipliés.

Nous avons donné les figures essentielles de ce manuscrit, telles que : la figure 41 (fol. 23 verso) représentant l'alambic de Synésius, avec la chaudière (λέϐης), et le feu (πῦρ).

La figure 17 (tribicos), est analogue à celle du manuscrit de Saint-Marc (fig. 15). Toutefois les dimensions relatives du matras à soufre (λωπὰς θείου ἀπύρου), du tube vertical, du condensateur supérieur et des ballons qui recueillent le produit distillé sont différentes ; le dessin de l'un de ces ballons a même disparu. — En outre, le mot πῦρ (feu) a remplacé καύστρα (foyer). La figure du tribicos, de même que toutes celles du manuscrit 2325, est beaucoup plus grossière que celles du manuscrit de Saint-Marc.

A côté se trouve également, très grossièrement dessiné, l'appareil distillatoire à large tube de cuivre (χαλκίον), de la figure 16 ; mais j'ai jugé inutile de reproduire ce dessin du manuscrit 2325.

Au-dessous du tribicos, on voit la figure 23 donnée plus haut : c'est celle d'un appareil à kérotakis, analogue à celui de la figure 22. Mais le fourneau (παλκιστιαῖον καμίνιον) est plus petit et les condensateurs supérieurs (φιάλη), sur l'extérieur, sont plus gros. Les ponctuations, indicatrices de trous sur le bain-marie, couvrent un espace bien moindre. Le mot de kérotakis n'y figure pas.

Enfin, au-dessous du σωλήν et du χαλκίον, on voit un autre appareil à kérotakis, reproduisant le καρκίνος de la figure 25, avec des variantes trop légères pour que j'aie cru utile de le donner.

On remarquera que les figures sont moins nombreuses dans le manuscrit 2325 que dans le manuscrit de Saint-Marc ; elles sont d'ailleurs concentrées en tête du mémoire de Zosime, dans le manuscrit 2325 aussi bien que dans le manuscrit 2327. Ce mode de distribution est évidemment plus moderne que celui du manuscrit de Saint-Marc.

Figures des manuscrits de Leide.

L'histoire des appareils alchimiques tire une nouvelle lumière de l'examen des manuscrits alchimiques grecs de Leide. L'un d'eux (Codex Vossianus, in-4°, n° 47), fort mal écrit d'ailleurs, reproduit presque toutes les figures du manuscrit de Saint-Marc, entre autres :

Nos trois planches I, II, III (fig. 3, 4, 5), sauf quelques inversions ;

La Chrysopée de Cléopâtre de la figure 11 (fol. 49 verso) ;

La double figure 14 et 14 *bis* du dibicos (fol. 50 verso) ;

La figure 15 du tribicos (fol. 51 verso) ;

La figure 16 de l'appareil distillatoire (fol. 51 verso) ;

La figure 18 de la chaudière distillatoire (fol. 58 recto) ;

Les deux appareils cylindriques de nos figures 20 et 21 (fol. 53 verso) ;

Les kérotakis de nos figures 22 et 24 (fol. 52 verso) ;

La palette de la figure 24 *bis* (fol. 53 recto) ;

La figure 25 du vase à kérotakis, portant à côté le mot καρκινοειδές (fol. 55 verso) ;

Les récipients de la figure 26 (fol. 55 verso) ;

Le vase à kérotakis cylindrique de la figure 27 (fol. 55 verso) ;

La figure 31 cordiforme (fol. 51 recto) ;

La formule magique de l'Écrevisse (fig. 28), avec son explication (fol. 70 recto), fidèlement copiée.

Il est clair qu'il s'agit dans tout ceci d'une simple copie, directe ou indirecte, des figures du manuscrit de Saint-Marc.

L'autre manuscrit de Leide est noté xxiii. Ru. 6 (ayant appartenu à Ruhnkenius); il a été écrit au xviie siècle et est fort analogue par sa table, laquelle forme une grande partie de son contenu, à notre manuscrit 2327. Il en reproduit textuellement tout le tableau des signes, c'est-à-dire les cinq pages qui forment nos figures 6 à 10, planches IV à VIII.

Aux folios 21 et 22, il renferme diverses figures pareilles, avec des variantes dans les inscriptions et dans les dessins, dont quelques-unes fort importantes. Je vais les signaler :

Folio 21 : alambic de Synésius, conforme à la figure 40 ci-dessus ; mais il porte quatre mots, au lieu du seul mot λέβης inscrit au manuscrit 2327, mot qui se retrouve d'ailleurs aussi sur la marmite, dans le manuscrit Ru. On y lit en outre : λωπὰς sur le matras, φιάλη sur le chapiteau, δοχεῖον sur le récipient.

Au-dessous on voit 5 dessins intéressants, savoir, de gauche à droite :

1° Un alambic à une pointe, correspondant à celui des figures 13 et 37. Il porte les mots καμίνιον sur le fourneau, λωπὰς sur le matras. La forme du chapiteau indique très nettement que c'est une fiole renversée, dont le col entoure celui du matras, les lignes des deux cols n'étant pas confondues. — Cette différence ne m'a pas paru assez grande pour exiger la reproduction du dessin.

2° Un alambic, sans chapiteau, mais à large tube, répondant à celui des figures 16 et 38. On y lit les mots καμίνιον sur le fourneau, φιάλη sur le matras, χαλκεῖον (sic) sur le gros tube; le récipient n'a pas de nom. Ces mots ne coïncident pas exactement avec ceux des figures 16 et 38; ce qui montre que le manuscrit Ru. n'a pas été copié directement sur les nôtres.

3° Au-dessous de ce dessin, un matras à digestion (φιάλη), sur un bain de sable, chauffé sur un fourneau (παλαιστιαῖον καμίνιον), avec l'indication ὄπτησις, comme dans la figure 37.

4° Une fiole à digestion, recouverte d'une sorte de cloche, reproduisant à peu près identiquement la fiole de la figure 38, avec les mêmes appendices à la partie supérieure ; appendices dérivés, comme je l'ai établi, de la kérotakis (fig. 22 et 25). La seule inscription qui existe dans ce dessin est placée sur le

fourneau : καμίνιον παλαιστιαῖον. Ces mots confirment l'opinion qu'il s'agit
d'une transformation de l'appareil des figures 22 à 25.

5° Enfin, à la droite on voit le petit trépied de la Chrysopée de Cléopâtre
(fig. 11). Au-dessous sont les mots ἐν βολβίτοις (dans le fumier). Ces mots sont
caractéristiques. En effet, ils montrent qu'il s'agit d'un appareil destiné
à être maintenu en digestion à une douce chaleur, au milieu du fumier en
fermentation. Cet appareil est posé sur un trépied et paraît identique à celui
qui est dessiné à gauche, au-dessous du tribicos, dans la figure 38.

En somme, ces cinq dessins sont les mêmes que ceux des figures 37 et 38;
ils répondent à ceux des figures 12 et 13, lesquels sont eux-mêmes des dérivés
faciles à reconnaître des dessins de la figure 11 (Chrysopée de Cléopâtre).

Toute la filiation des figures apparaît ainsi, de plus en plus clairement,
grâce au détail des dessins et des inscriptions.

L'étude des dessins de la feuille 22 du manuscrit XXIII Ru. 6 de Leide
permet de pousser plus loin et d'établir d'une façon directe la relation entre
les appareils des alchimistes grecs et ceux des Arabes, tels qu'ils figurent
dans les ouvrages de Geber. Ces dessins sont une sorte de doublets de ceux
de la feuille 21; précisément comme dans le manuscrit 2327, les dessins de
la figure 38 (fol. 221 verso) sont les doublets de ceux de la figure 37 (fol. 81
verso). Cette répétition du même système d'appareils, qui semblerait à
première vue due à une inadvertance du copiste spécial du manuscrit 2327,
doit en réalité résulter d'une répétition plus ancienne, puisqu'elle se
retrouve dans un manuscrit en somme assez différent, quoique de même
famille. Décrivons ces dessins du manuscrit Ru. de Leide.

On y voit:

1° Un tribicos, avec son matras (λωπὰς θείου ἀπύρου), son chapiteau (χαλκεῖον), ses trois tubulures et récipients, et son fourneau (καμίνιον). La jonction
du chapiteau au matras indique très clairement, comme plus haut, l'emboî-
tement de deux vases tout à fait distincts.

2° A droite, le dessin d'un alambic à une seule tubulure, reproduction du
numéro 1° de la série précédente, c'est-à-dire des figures 13, 37, 38, portant
notamment les trois inscriptions du dessin central de la figure 37.

3° Au-dessous, à gauche, le matras (λωπὰς) à digestion (σῆψις), posé
sur le παλαιστιαῖον καμίνιον.

4° Les deux dernières figures sont si caractéristiques, que je vais les reproduire.

Figure. 44. — Vase à digestion.

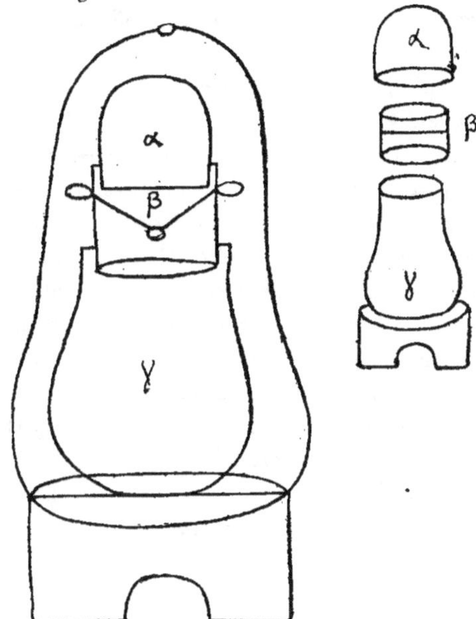

FIGURE 44. — **Vase à digestion.** — D'après un dessin.

La figure de droite reproduit l'appareil à digestion des figures 37 et 38, placé de même sous une enveloppe générale en forme de cloche. Pour plus de précision, je remarquerai que mon dessinateur a raccourci les petites oreilles, situées à droite et à gauche de la lettre β. Dans le manuscrit, ces oreilles s'étendent jusqu'à l'enveloppe et la touchent, de façon à marquer la division de cette enveloppe en deux portions superposées, telles qu'elles sont dessinées en effet dans les figures 37 et 38. Cette enveloppe générale semble avoir été symbolisée par la dénomination de l'œuf philosophique. D'autre part, les trois portions intérieures de cet appareil à digestion sont dessinées à côté, séparées et superposées, de façon à en montrer nettement tout l'ajustement.

Avant d'en discuter la signification, donnons les inscriptions correspondantes. Elles sont d'une grécité de très basse époque. Sur le dessin de
droite, la panse du matras y porte les mots : ὅμοιον ἔνε τοῦτο μετὰ τρία κομάτια (*sic*), c'est-à-dire : « ceci reproduit les trois segments séparés du dessin
qui est à côté. »

Sur le fourneau, on lit : ἐν βολέϊτοις καμίνιον, c'est-à-dire : « fourneau entouré de fumier. »

Au-dessous de l'ensemble de ce dessin : καρκινοειδὲς κεῖται δὲ ὁ λόγος ἔμπροσθεν : « appareil rétrograde ; la description est au-dessus. » — Rappelons
que ces mots caractéristiques se trouvent à côté du matras analogue des
figures 37 et 38 et de l'appareil à kérotakis de la figure 25.

Sur le côté, on lit, inscrits verticalement, les mots : ἐναταλωνάσι φιλίαζη
κατὰ τὰ τρία κομάτια, c'est-à-dire : « dans les trois segments, on ramollit et on
combine (les matières) ».

Venons au dessin de gauche, qui représente les trois segments séparés,
avec lettres correspondantes. On lit à côté, inscrits verticalement, les mots :
τοῦτ᾽ ἐμπνέης τὸ ἄλον καὶ τὸ ἄλον ἐνατάλω ἡ πρῶτος, δεύτερον, τρίτον (*sic*) ;
c'est-à-dire : « voici l'un des vases où l'on évapore, et l'autre où l'on ramollit ;
c'est-à-dire le 1ᵉʳ, le 2ᵉ, le 3ᵉ (segment). »

Ces inscriptions confirment exactement les opinions émises plus haut,
relativement à l'usage de cet appareil. D'après lesdites inscriptions en effet
il répond aux figures 22, 24, 25, c'est-à-dire aux appareils à kérotakis. Il
suffit d'imaginer que les appareils placés au sommet des figures 22 et 25
ont été enveloppés par la sphère de la partie inférieure, pour comprendre
les figures 38 et 37 : c'est toujours là l'appareil rétrograde, destiné au blanchiment du cuivre par le mercure ou par l'arsenic sublimé. Ajoutons que,
les trois segments intérieurs ne sont autre chose que les trois parties des
figures 20 et 21 du manuscrit de Venise, représentant des vases à digestion
cylindriques. — De même la figure 27, qui en exprime une forme un peu
différente, donnant en quelque sorte la transition entre la figure 20 et les
figures 22, 24 et 25.

Mais la figure 44 nous permet d'aller plus loin et d'établir que ces appareils correspondent à l'aludel de Geber et des alchimistes arabes. Il suffit,
pour s'en assurer, de jeter un coup d'œil sur les dessins des aludels, figure 45.

Nous avons ici les trois segments à digestion des alchimistes grecs; avec cette différence pourtant que les deux segments inférieurs sont réunis en un seul morceau dans les dessins des aludels. Le couvercle s'ajustait à frottement doux sur la paroi de la région moyenne : et cela dans une portion considérable de sa hauteur. Les deux morceaux extrêmes sont terminés

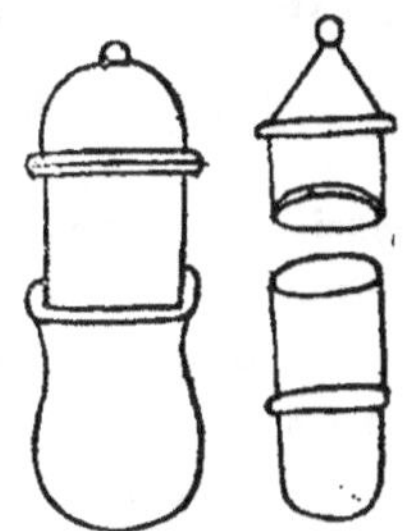

FIGURE 45. — **Aludel des Arabes.**

chacun par une couronne ou bague extérieure, l'une se superposant à l'autre, de façon à compléter la jonction. Tout ceci est décrit en détail dans l'ouvrage de Geber.

Le couvercle offre deux formes différentes: l'une hémisphérique, l'autre conique. Ces aludels étaient en verre.

Cette figure est tirée de la *Bibliotheca Chemica* de Manget (t. I, p. 540, fig. 2 — Genève, 1702).

Dans la même planche de l'ouvrage précédent, sont représentés (fig. 1) le fourneau, au centre duquel l'on plaçait l'aludel (fig. 3), ainsi qu'un autre type d'aludel, changé en alambic par l'adaptation d'un tube à son chapiteau, le tout chauffé à la partie inférieure à l'aide d'un fourneau, etc.

La description de ces appareils existe, en traduction latine, dans le second livre de l'ouvrage de Geber, intitulé : *De principiis magisterii et perfectione*. Ce livre peut servir sur quelques points de commentaire aux traités de Zosime sur les fourneaux et instruments ; il continue et développe la tradition des alchimistes grecs ; non sans y ajouter d'ailleurs bien des choses nouvelles. Mais cette comparaison nous mènerait trop loin.

Quoi qu'il en soit, on voit que ces diverses figures jettent un grand jour

sur les pratiques et appareils des anciens alchimistes, sur les changements
que ces appareils ont éprouvé dans le cours des temps, ainsi que sur la
filiation des manuscrits.

VI. — RENSEIGNEMENTS ET NOTICES
SUR QUELQUES MANUSCRITS ALCHIMIQUES

Il existe dans les catalogues imprimés des bibliothèques publiques d'Europe
des notices sur le contenu des manuscrits alchimiques de ces bibliothèques.
M. H. Kopp a réuni et rapproché ces notices dans ses *Beiträge zur Ges-
chichte der Chemie* (1869), p. 256 à 315 ; mais sans prendre une connaissance directe des textes eux-mêmes. J'ai donné moi-même dans mes *Origines
de l'Alchimie*, p. 335 à 385, une analyse plus détaillée du manuscrit 2327
de la bibliothèque de Paris et du vieux manuscrit de la bibliothèque de
Saint-Marc, à Venise.

Je les avais comparés entre eux, et avec les manuscrits 2325, 2275 et 2249,
que j'ai eus aussi entre les mains, ainsi qu'avec les manuscrits de la Laurentienne à Florence et quelques autres ; ces derniers, d'après les catalogues
imprimés. La publication présente rendra inutile ces analyses pour les cinq
premiers manuscrits ; mais j'ai cru utile de préciser davantage la connaissance de certains autres, tels que les manuscrits du Vatican, que j'ai fait
examiner sur place par mon fils, M. André Berthelot ; les deux manuscrits
de Leide, celui de Gotha et divers manuscrits des Bibliothèques d'Allemagne, examinés également par mon fils ; ceux de l'Escurial, que M. de Loynes,
secrétaire d'Ambassade à Madrid, a bien voulu collationner pour certains
passages importants ; le manuscrit 2419 de la Bibliothèque nationale de Paris,
que j'ai étudié moi-même ; enfin un manuscrit arabe d'Ostanès, appartenant
à la même Bibliothèque et dont j'ai fait traduire quelques pages. — Ce sont
ces renseignements que je vais communiquer. Je les ferai précéder par quelques données précises, tirées des manuscrits eux-mêmes et spécialement du
manuscrit de Saint-Marc, lesquelles fournissent des indications nouvelles
sur le mode suivi dans leur composition, sur l'ordre relatif et la filiation

de leurs copies, et sur les accidents survenus pendant leurs transcriptions successives. Le tout forme une douzaine de petites notices sur les manuscrits alchimiques.

I. — *Ancienne liste du manuscrit de Saint-Marc.*

En tête du manuscrit de Saint-Marc se trouve une liste de traités alchimiques, qui ne coïncide avec le contenu même du manuscrit, ni par les titres des traités, ni par leur disposition; quoique la majeure partie des traités s'y retrouve. L'examen et la discussion de cette liste sont essentiels pour établir la filiation des manuscrits actuels.

Donnons d'abord la liste elle-même. Elle a été imprimée en 1745 par Bernard dans son édition du Traité de Palladius *de Febribus*, p. 114 à 116. Il suffira d'en fournir ici la traduction :

(1) Voici la table du livre des sages, avec l'aide de Dieu.

(2) Stéphanus d'Alexandrie, philosophe œcuménique et maître, sur l'art sacré de la fabrication de l'or (1re leçon).

(3) 2° leçon, du même.

(4) Lettre du même à Théodore.

(5) Sur le monde matériel, 3e leçon.

(6) Sur ce qui concerne l'acte (ἐνέργεια), 4e leçon.

(7) 5e leçon, (8) 6e leçon, (9) 7e leçon.

(10) Sur la division de l'art sacré, 8e leçon.

(11) Enseignement du même à l'Empereur Héraclius, 9e leçon.

(12) Héraclius Empereur, sur la chimie, à Modestus, préfet de la ville sainte (Constantinople).

(13) Du même Héraclius, onze chapitres sur la fabrication de l'or.

(14) Colloque du même Héraclius sur la question des philosophes, relative à cet art sacré.

(15) Lettre de l'Empereur Justinien.

(16) Du même Justinien, cinq chapitres sur l'art sacré et entretien avec les philosophes.

(17) Entretien de Comérius le philosophe avec Cléopâtre.

(18) Dialogue des philosophes et de Cléopâtre.

(19) Héliodore le philosophe à l'Empereur Théodose, sur l'art divin : vers iambiques.

(20) Théophraste le philosophe, sur cet art : vers iambiques.

(21) Hiérothée le philosophe, sur cet art divin : vers.

(22) Archelaüs le philosophe, sur cet art divin et sacré : vers.

(23) Pélage le philosophe ; Chrysopée.

(24) Ostanès le philosophe à Pétasius sur l'art sacré.

(25) Démocrite sur la pourpre et la fabrication de l'or, *Physica et mystica*.

(26) Du même, sur la fabrication de l'asèm.

(27) Synésius le philosophe à Dioscorus (commentaire sur le livre de Démocrite) : dialogue relatif au livre du divin Démocrite.

(28) Le philosophe Anonyme, sur l'eau divine du blanchiment.

(29) Du même, sur la Chrysopée, exposant l'enchaînement de la Chrysopée, conformément à la pratique, avec le secours de Dieu.

(30) Zosime le divin, de Panopolis, sur la vertu.

(31) Chapitre d'Agathodémon (principalement sur la fabrication du tout).

(32) Chapitres d'Hermès, Zosime, Nilus, Africanus.

(33) Du Chrétien, sur l'eau divine.

(34) Zosime le philosophe à Eusébie, sur l'art sacré et divin, 34 chapitres.

(35) Olympiodore le philosophe, sur la Chrysopée.

(36) Pappus le philosophe, sur l'art divin.

(37) Moïse, sur la diplosis de l'or.

(38) Chapitres d'Eugénius et de Hiérothée.

(39) Zosime, sur les instruments et fourneaux.

(40) Du même, sur l'eau divine.

(41) Du même, sur les instruments et fourneaux. Mémoires authentiques.

(42) Trempe ou changement du pyrochalque, en vue de l'astrochalque.

(43) Trempe et fabrication du fer indien.

(44) Trempe pour les épées et instruments pour tailler la pierre.

(45) Fabrication de l'asèm, du mercure et du cinabre.

(46) Extrait de l'ouvrage de Cléopâtre sur les poids et mesures.

(47) Du Chrétien, sur la bonne constitution (εὐστάθεια) de l'or.

(48) Du même, sur la Chrysopée, 30 chapitres.

(49) Περὶ φύρμων καὶ τελῶν.

(50) Sur la diversité du plomb et sur les feuilles d'or.

(51) Lexique de la Chrysopée, par ordre alphabétique.

(52) Autres chapitres de divers opérateurs sur la Chrysopée.

Cette liste représente une rédaction plus ancienne que le manuscrit de Saint-Marc qu'elle précède, du moins tel que nous le possédons. Elle en diffère par la composition et par l'ordre relatif.

Au point de vue de la composition, les dix premiers numéros sont communs à la liste et au manuscrit ; mais les quatre traités (11), (12), (13), (14), attribués à Héraclius, et les deux traités (15), (16), attribués à Justinien, ont disparu. Rappelons ici que l'Empereur Héraclius était un grand fauteur d'astrologie et de sciences occultes. Son nom se retrouve dans les ouvrages arabes et dans la *Turba philosophorum* (sous la forme erronée de *Hercules*). Stéphanus, son contemporain, lui a dédié l'une de ses leçons authentiques. Les traités attribués à l'Empereur Justinien sont évidemment pseudonymes et, à ce qu'il semble d'après quelques fragments, d'une date peu reculée : peut-être s'agit-il de Justinien II, l'un des successeurs d'Héraclius, à la fin du VIIe siècle. Il existe encore une mention qui se rattache à ces traités (pratique de Justinien) dans l'article d'une écriture plus moderne, ajouté sur une page de garde du manuscrit de Saint-Marc (*Origines de l'Alchimie*, p. 348. — *Texte grec*, II, IV *bis*, Appendice I). Une page du même auteur nous a été conservée à la fin de l'un des manuscrits alchimiques de Leide (Voss. n⁰ 47, fol. 70 verso). Je la donnerai plus loin.

Ces six traités perdus avaient été probablement rattachés à ceux de Stéphanus. Je montrerai tout à l'heure la trace laissée par cette perte.

Quant aux traités de Comérius, ou Comarius, et de Cléopâtre (17) et (18), il en subsiste un débris dans le manuscrit de Saint-Marc et des portions beaucoup plus étendues, sinon la totalité, dans le manuscrit 2327.

Les numéros (19) à (52) de la vieille liste existent encore aujourd'hui, en substance du moins, dans le manuscrit de Saint-Marc ; quoique certains, par exemple le numéro (32), chapitres d'Hermès, Zosime, Nilus, Africanus, et le numéro (38), chapitres d'Eugénius et de Hiérothée, aient peut-être subi des mutilations, qu'il n'est pas possible de préciser.

Le numéro (42), trempe du pyrochalque, n'existe plus sous ce titre ; mais il est probable qu'une partie en a été conservée dans un article relatif à la trempe du bronze (fol. 118).

Le traité de Zosime, indiqué sous le numéro (**34**), comme adressé à Eusébie (au lieu de Théosébie), se retrouve aussi (fol. 141 à 161), à l'exception du titre et des premières lignes, qui ont disparu: sans doute par suite de la perte d'un feuillet.

Signalons par contre des traités contenus dans le manuscrit de Saint-Marc, dont la liste ancienne ne fait pas mention : tels que les traités sur la fabrication des verres (fol. 115 verso); sur les vapeurs (fol. 116 verso); sur la bière et l'huile aromatique (fol. 162); les chapitres de Zosime à Théodore (fol. 179, à 181); deux articles tirés d'Agatharchide (fol. 138 à 140), etc.

Citons aussi le Labyrinthe de Salomon (fol. 102), figure très caractéristique, mais ajoutée à une époque postérieure et vers le xiv⁰ ou xv⁰ siècle.

La liste initiale et le contenu actuel du manuscrit de Saint-Marc ne se superposent donc pas exactement, quoique la plupart des traités soient communs. Il y a aussi des modifications dans l'ordre relatif, modifications dont je vais signaler les principales, en répartissant par groupes les numéros de la liste.

*I*ᵉʳ *Groupe*. — Les numéros (**1**) à (**11**) sont communs et disposés dans le même ordre (fol. 8 à 43 du manuscrit actuel) ; puis vient une lacune, numéros (**12**) à (**18**), comme si un ou plusieurs cahiers du manuscrit antérieur, qui a servi de type à la vieille liste, avaient disparu. Les poètes, numéros (**19**) à (**22**), et les traités de Pélage, d'Ostanès, de Démocrite, de Synésius, ceux de l'Anonyme, de Zosime, d'Agathodémon, d'Hermès, du Chrétien, numéros (**23**) à (**33**), etc., suivent dans le même ordre (fol. 43 à 101). Quant au traité (**34**), il est probable qu'il est représenté, au moins en substance, ou plutôt à l'état fragmentaire, dans les folios 119 à 128 et dans les folios 141 à 159.

Jusqu'ici le même ordre se maintient donc dans la vieille liste et dans le manuscrit actuel.

*2*ᵉ *Groupe*. — Mais le traité (**35**) d'Olympiodore se retrouve seulement aux folios 163-179, 35 feuillets plus loin. Le numéro (**36**), serment de Pappus, les numéros (**37**), (**38**), diplosis de Moïse et chapitres d'Eugénius, enfin les numéros (**39**), (**40**), (**41**), traité de Zosime sur les fourneaux, etc., forment presque à la suite les folios 184 à 195. Cependant il y a intercalation des chapitres de Zosime à Théodore (fol. 179 à 181) et du traité de l'Anonyme sur l'œuf (fol. 181).

3ᵉ Groupe. — Un autre groupe de traités, consécutifs aux précédents dans la vieille liste, en sont au contraire séparés dans le manuscrit actuel. Ils occupent les folios 104-118, transposés par le relieur (*Origines de l'Alchimie*, p. 350-351), et renfermant les articles (44) à (48). Peut-être aussi une partie se retrouve-t-elle dans les folios 141 à 159, déjà attribués pour une fraction au numéro (34).

4ᵉ Groupe. — Les numéros (42) et (43) de la vieille liste répondent à peu près au folio 118.

5ᵉ Groupe. — Les numéros (49), (50), (51, lexique), répondent aux folios 129 à 138, placés à la suite.

En somme, la place du troisième groupe a été changée par le relieur, comme il est facile de l'établir par la lecture des textes, et il n'y a qu'un autre renversement important, celui des traités du second groupe, lesquels forment en quelque sorte un cahier à part, déjà interverti avant la constitution de la copie actuelle.

Si l'on cherchait à décomposer ces traités en séries distinctes, d'après leur contenu, on pourrait trouver ainsi les séries suivantes :

1ʳᵉ Série. — Stéphanus, en connexion avec les traités perdus d'Héraclius et de Justinien, et probablement avec les Dialogues de Comarius et de Cléopâtre : le tout a formé peut-être à l'origine une collection partielle et indépendante.

2ᵒ Série. — Les poèmes, collection également distincte, dont la place varie et qui manque même dans certains manuscrits, tel que le 2325.

3ᵉ Série. — Les vieux auteurs Pélage, Ostanès, Démocrite, Synésius, l'Anonyme, Zosime, les extraits d'Agathodémon, de Moïse, d'Eugénius, etc. Le tout formait sans doute une collection spéciale. A la vérité, les œuvres de Zosime sont coupées en trois dans le manuscrit actuel de Saint-Marc ; mais c'est là évidemment le fait des copistes d'une certaine époque.

4ᵉ Série. — Olympiodore semble avoir été à part ; il est cependant connexe avec les auteurs précédents. Mais la place de son traité varie dans les divers manuscrits.

5ᵉ Série. — Le Chrétien était aussi à part. Il est coupé en deux (nᵒˢ 33, 47) dans la vieille liste ; ce qui semble accuser quelque transposition, faite par le copiste d'un manuscrit antérieur.

6ᵉ Série. — Une ou plusieurs autres collections renfermaient des traités techniques, lesquels nous sont venus en grande partie par d'autres manuscrits, par le 2327 principalement. Dans la vieille liste, aussi bien que dans le manuscrit de Saint-Marc actuel, on rencontre çependant la trempe du bronze et du fer, et la fabrication de l'asèm, du mercure, ainsi que du cinabre. On y a joint dans le manuscrit actuel de Saint-Marc les fabrications du verre, de la bière et de l'huile aromatique, non mentionnées dans la vieille liste.

L'extrait d'Agatharchide est une annexe d'un autre genre, qui ne figurait non plus pas dans la vieille liste et qui a été abrégée dans le 2327.

7ᵉ Série. — A la fin de l'un des manuscrits qui ont précédé celui de Saint-Marc, on avait sans doute transcrit l'ouvrage de Cléopâtre sur les poids et mesures et le lexique. Ce lexique devait former la fin du manuscrit originel, d'après un usage assez fréquent chez les anciens copistes. On est autorisé par là à penser que ce qui suit dans la vieille liste représente l'état d'un manuscrit déjà modifié, par des additions faites à un prototype plus antique encore.

II. — *Sur les copies actuelles de la 9ᵉ Leçon de Stephanus.*

L'étude comparative des divers manuscrits qui renferment les leçons de Stéphanus fournit des renseignements très précis et spécifiques pour établir la filiation de ces manuscrits. J'ai déjà signalé quelques-uns de ces renseignements; mais il me paraît utile d'y revenir et de les compléter. C'est dans la 9ᵉ leçon de Stéphanus que se trouvent les principales différences.

1° Dans le manuscrit 2325 de la Bibliothèque Nationale de Paris, cette leçon finit beaucoup plus tôt que dans le manuscrit 2327 et dans le manuscrit de Saint-Marc. Elle s'arrête en effet (fol. 81 verso) par une phrase qui répond au folio 73 recto ligne 6, du manuscrit 2327, et à la page 247, l. 23, du t. II d'Ideler : νοηρός · καὶ φησὶν ἐν τοῖς ζωμοῖς μετὰ τὸ ἐκ κάτω καὶ γενήσεται. Le dernier mot est ainsi répété pour la seconde fois dans le manuscrit 2325, et cela conformément à la ligne 21, située au-dessus dans

Ideler, laquelle ligne contient précisément les mots : ἔα κάτω καὶ γενήσεται. Tandis que dans Ideler (ligne 23) et dans le manuscrit de Saint-Marc, on lit après la répétition des mots: ἔα κάτω καὶ... le mot γέλεσαν, au lieu de γενήσεται, le texte poursuivant. Dans le manuscrit 2325 la 9ᵉ leçon s'arrête là ; puis vient un tiers de page blanche, suivi des mémoires authentiques de Zosime, avec les figures mystiques des cercles concentriques ; sans qu'il soit aucunement question de Comarius, ni de Cléopâtre.

Telle est la finale la plus courte de la 9ᵉ Leçon de Stéphanus. Cette finale, suivie d'un signe qui caractérise la fin du traité, est aussi celle de la 9ᵉ leçon dans le manuscrit 2275 de la Bibliothèque de Paris, lequel reproduit fidèlement les figures du manuscrit 2325 ; voire même (fol. 56) celles qui ont été coupées en partie par le relieur de ce dernier manuscrit, au temps de Henri II : aussi semble-t-il en être une copie directe, faite avant cette reliure. La finale de la 9ᵉ leçon dans le manuscrit de Leide, Voss. nᵒ 47, a lieu au même endroit, mais avec une variante dans le dernier mot, qui est: γέλεσαν, au lieu de γενήσεται. On y lit en effet: fol. 11 : μετὰ τὸ ἔα κάτω καὶ γέλεσαν. Le dernier mot est celui du manuscrit de Saint-Marc et d'Ideler. Mais dans ces deux derniers, le texte poursuit par : καὶ ἀλήθεσαν, etc. pendant plusieurs pages ; tandis que la 9ᵉ leçon de Stéphanus s'arrête là, dans le manuscrit de Leide comme dans le manuscrit 2325. Cependant un copiste, ou un lecteur, a pris soin d'ajouter en grec dans le manuscrit de Leide : « la fin manque ». Il avait sans doute eu connaissance des autres manuscrits. En tous cas, cette remarque prouve que le manuscrit de Leide n'a pas été copié directement sur le manuscrit de Saint-Marc ; quoiqu'il appartienne à la même famille. Telle est la seconde finale de la 9ᵉ leçon de Stéphanus.

2ᵒ Le manuscrit 2327, au contraire (fol. 73 recto, ligne 6), après le premier : ἔα κάτω καὶ γενήσεται, poursuit de la façon suivante : ἄρα τί γενήσεται · οὐκ ἄρα ἰὸς νοηρὸς καὶ φησὶν ὁ μέγας λυμπιόδωρος (sic) ἐν τοῖς ὑγροῖς ἐπιστεύθη τὸ μυστήριον τῆς χρυσοποιίας, et la suite jusqu'au folio 73 verso, ligne 5. Le tout constitue une page additionnelle ; après laquelle le manuscrit 2327 continue comme dans le manuscrit de Saint-Marc et dans Ideler, où cette page manque. La jonction du texte du manuscrit 2327 avec celui de Saint-Marc et d'Ideler) se fait par les mots : μετὰ τὸ ἔα κάτω καὶ γενήσεται (répétés pour la seconde fois), ἐκάλεσεν καὶ ἀλήθειαν εἰπών (2327, fol. 73 verso). — Dans le manuscrit de Saint-Marc (et dans Ideler), on lit : μετὰ τὸ ἔκ κάτω καὶ γέλεσαν καὶ ἀλήθεσαν καὶ ἀλήθειαν εἶπον. C'est donc entre les deux répétitions des mots μετά τὸ ἔκ κάτω que se trouve le passage intercalaire du manuscrit 2327. Cette répétition même, comme il arrive souvent dans les copies mal collationnées, a pu être l'origine de l'omission de ce passage par le copiste du manuscrit de Saint-Marc qui, sautant une page de son original, au moment où il commençait un nouveau feuillet, aurait formé ainsi le mot γέλεσαν, en réunissant la syllabe initiale γε de γενήσεται avec les syllabes finales du mot (ἐκά) λεσεν. Cette hypothèse ingénieuse est de M. Em. Ruelle. Elle s'accorderait avec le texte du manuscrit de Saint-Marc, dont le folio 39 verso se termine en effet par γε; tandis que le folio 40 commence par λεσαν et continue comme il a été dit. Mais l'existence du mot γέλεσαν comme finale définitive dans le manuscrit de Leide semble moins favorable à cette hypothèse, à moins de supposer quelque intermédiaire.

3° C'est alors que se trouve le passage relatif aux relations entre les métaux et les planètes, passage plus complet et plus clair dans le manuscrit 2327 que dans Ideler, et dans le manuscrit de Saint-Marc (fol. 40), dont le texte d'Ideler dérive par voie indirecte; car il y est mutilé et incompréhensible (Ideler, t. II, p. 247, lignes 31 à 36). En effet, dans ces deux derniers textes, Saturne et le plomb sont seuls opposés d'une façon régulière ; tandis que le mercure figure vis-à-vis de Jupiter, par suite de quelque confusion; puis viennent le Soleil et la Lune, sans métaux correspondants. Au contraire, il existe un parallélisme régulier et complet entre les 7 planètes et les 7 métaux, dans le texte donné par le manuscrit 2327 : ce texte est donc le seul logique et complet. Le manuscrit 2329 (fol. 158) reproduit le même passage.

4° Au delà, les textes de Saint-Marc, d'Ideler, du manuscrit 2327 et du manuscrit 2329 sont sensiblement conformes entre eux, jusqu'au folio 74 du 2327, répondant à la page 248 d'Ideler, ligne 13, et jusqu'à ces mots : καὶ ἔκαστον αὐτῶν ἐν τῇ γῇ κέκρυπται ἐν τῇ ἰδίᾳ δόξῃ. Après ces mots, le manuscrit 2329 termine en cinq lignes : ... ἐν τῇ ἰδίᾳ δόξῃ χαίρουσι καὶ εὐτρεπίζονται. ὡς μόνου θεοῦ τοῦ ἐν τριάδι ὑμνουμένου, τὸ δῶρον αὐτοῖς προστάξαντος εἶναι; puis vient la finale banale « attendu qu'il convient d'attribuer en tout gloire, honneur et vénération au Père, au Fils, au Saint-Esprit, maintenant et toujours, dans les siècles des siècles. Amen ». C'est une troisième finale de la 9e leçon.

5° Au contraire, après le mot δόξῃ, le manuscrit 2327 poursuit pendant trois pages, lesquelles manquent dans le manuscrit de Saint-Marc, dans Ideler et dans le manuscrit 2329 ; il poursuit, dis-je, jusqu'à la fin de la 9ᵉ leçon de Stéphanus, fin explicitement signalée. C'est la quatrième finale, qui paraît la plus exacte.

6° Puis le manuscrit 2327 transcrit un traité de Comarius, grand prêtre, maître de Cléopâtre, renfermant le dialogue des Philosophes et de Cléopâtre (fol. 74 à 79 verso), et précédé de son titre. Le manuscrit 2252 contient aussi le traité de Comarius. Ce traité et ce dialogue répondent aux numéros (17) et (18) de la vieille liste de Saint-Marc.

7° Mais le manuscrit de Saint-Marc ne reproduit ni le titre ni les débuts de ce traité. Au lieu de cela, après les mots : καὶ ἕκαστον αὐτῶν ἐν τῇ γῇ κέκρυπται ἐν τῇ ἰδίᾳ δόξῃ, ce manuscrit poursuit en plein texte, et sans apparence de lacune ou d'alinéa (fol. 40, l. 4 en remontant), par les mots : καὶ ὑμεῖς, ὦ φίλοι ὅτ᾽ ἂν τὴν τέχνην ταύτην τὴν περικαλῆ βούλεσθε. (Ideler, t. II, p. 248, l. 13), et ainsi de suite pendant 7 pages jusqu'à la fin du traité : ce qui constitue la cinquième finale de la 9ᵉ leçon. Or ces pages, tirées du traité de Comarius, ne sont pas la vraie fin de la leçon de Stéphanus ; laquelle fin manque en réalité dans le manuscrit de Saint-Marc, ainsi que dans Ideler, dont la publication a été faite d'après une copie de Dietz, exécutée, paraît-il, sur le manuscrit de Munich, qui est un dérivé indirect de celui de Saint-Marc. Elle manque aussi dans la traduction latine de Pizimenti, faite sur quelque manuscrit de la même famille, dérivé également de celui de Saint-Marc, mais non identique, puisque cette traduction contient la lettre de Psellus. Il y a là dans la 9ᵉ leçon de Stéphanus une solution de continuité brusque et dont le copiste de Saint-Marc ne s'est pas aperçu.

8° Les mots mêmes : ὅταν τὴν τέχνην... se retrouvent dans le traité de Comarius (2327, fol. 75, l. 2 en remontant), ainsi que les 7 pages consécutives du manuscrit de Saint-Marc et d'Ideler. Elles sont conformes en général à la fin de ce traité dans le manuscrit 2327 (jusqu'au fol. 79 verso). Le traité se termine pareillement dans les deux manuscrits par les mots : ἐνταῦθα γὰρ τῆς φιλοσοφίας ἡ τέχνη πεπλήρωται. Ces derniers mots manquent dans Ideler (ce qui fait une sixième finale) ; mais la phrase précédente est identique.

J'ai cru nécessaire d'entrer dans ces détails minutieux, parce qu'ils caractérisent les familles de manuscrits et peuvent servir à reconnaître sûrement ceux qui ont été copiés les uns sur les autres. Je montrerai ailleurs comment ils établissent que le manuscrit de l'Escurial ne représente pas une source propre, mais un dérivé, vraisemblablement direct, de Saint-Marc.

Il est probable que dans un manuscrit antérieur à celui de Saint-Marc, et dont celui-ci même dérive, le verso d'une des pages se terminait par le mot δόξη. Quelques folios déchirés ont fait disparaître la fin de Stéphanus et le début de Comarius, et le copiste qui travaillait d'après ce manuscrit a poursuivi en pleine page, au milieu d'une ligne, sans voir la lacune.

Le manuscrit 2327 dérive d'un manuscrit antérieur à la destruction de ces feuillets et, par conséquent, à celui de Saint-Marc, tel que nous le possédons aujourd'hui. Il renferme en outre une autre page de plus, ainsi qu'il a été dit (2°); page répondant peut-être à l'omission d'une page existant dans un manuscrit antérieur à celui de Saint-Marc.

Mais cette explication ne suffit pas pour rendre un compte complet de l'état présent des textes; attendu qu'il a disparu, en outre, les traités d'Héraclius et de Justinien, signalés par la vieille liste, et dont le manuscrit 2327, pas plus que le manuscrit de Saint-Marc, n'offre aucune trace. Le prototype du manuscrit 2327 devait donc appartenir, soit à une souche distincte de celle qui répondrait à la vieille liste de Saint-Marc, et ne contenant pas le cahier qui renfermait les traités d'Héraclius et de Justinien; soit à un dérivé intermédiaire, tiré de la même souche que cette vieille liste, quoique déjà privé de ce cahier, mais renfermant en plus, par rapport au manuscrit de Saint-Marc actuel, la fin de Stephanus et les traités de Comarius et de Cléopâtre.

Ce n'est pas tout : la finale du manuscrit 2325, le passage intercalaire signalé dans le manuscrit 2327, la confusion dans le texte du manuscrit de Saint-Marc concernant les relations des métaux et des planètes, texte resté intact dans le manuscrit 2327, la finale du manuscrit de Saint-Marc, ainsi que la finale du manuscrit 2329 et celle du manuscrit de Leide, Voss. n° 47, semblent indiquer que les manuscrits de Stéphanus ont éprouvé autrefois dans leurs derniers feuillets de grandes perturbations.

Enfin, il a subsisté, en dehors de ces divers manuscrits, des fragments des traités de Justinien, tel que celui contenu dans le manuscrit de Leide, Voss. n° 47, qui sera reproduit tout à l'heure. Il ne me paraît pas opportun de développer en ce moment les hypothèses subsidiaires qui rendraient compte de tous ces détails.

III. — *Diverses lacunes et transpositions du manuscrit de Saint-Marc.*

Voici diverses autres comparaisons que j'ai eu occasion de faire et qui peuvent également être utiles, pour rapprocher les textes et en établir la filiation :

1º Je rappellerai qu'un ancien relieur du manuscrit de Saint-Marc a interposé après le folio 103 (traité de Chrétien sur l'eau divine) les folios 104 à 118 ; le texte du folio 119 faisant en effet suite au folio 103. Ceci peut servir à distinguer les copies faites sur ce manuscrit, après la reliure en question.

2º Dans les folios 104 à 118 règne une grande confusion. Les articles (42), (43), (44) de l'ancienne liste, sur la trempe du fer, sont coupés en deux, au début et à la fin du cahier, et les articles sur l'asèm, le mercure et le cinabre, qui les suivaient dans l'ancienne liste (45), se trouvent interposés.

3º Les traités de Cléopâtre et du Chrétien (46) et (47) sont intervertis, et le dernier auteur est coupé en deux ; enfin les traités sur la fabrication du verre, de la bière, etc., ont été ajoutés. Il semble que ces modifications résultent d'un certain trouble, survenu à un moment donné dans les feuillets du manuscrit type, qui répondait à la vieille liste de Saint-Marc.

4º Le texte d'Agatharchide est brusquement interrompu à la fin du folio 140, comme si un ou plusieurs feuillets avaient disparu. — Cette lacune est corrélative de la suivante.

5º Les mémoires de Zosime, annoncés dans la vieille liste de Saint-Marc (nº 34), ne figurent plus parmi les titres du manuscrit actuel. Cependant ils y existent réellement. En effet, le titre et les premières lignes seules, lesquels sont transcrits dans le manuscrit 2327 (fol. 112), ont disparu dans celui de Saint-Marc. Mais le texte transcrit au folio 141 est resté. Car le manuscrit de Saint-Marc débute à la 3ᵉ ligne du folio 112 verso du manuscrit 2327 et poursuit de même jusqu'au folio 159, répondant au folio 133 verso du manuscrit 2327. — Il manque donc à cette place, je le répète, dans le manuscrit de Saint-Marc un ou plusieurs folios entiers, disparus avant l'époque où la pagination actuelle a été numérotée.

6° Les articles d'Agatharchide ne débutent pas au commencement d'une page, mais à la 4ᵉ ligne du folio 138 recto. Or les trois premières lignes appartiennent à la suite d'un article « sur le jaunissement » (Saint-Marc, fol. 137 verso), article qui ne comprend que 14 lignes, dont 11 sur le folio 137 verso ; les 3 dernières forment le commencement du folio 138 verso.

Ce dernier article occupe deux feuillets de plus dans le manuscrit 2327 (fol. 110 à 112) : il se trouve donc mutilé par un arrêt brusque dans le manuscrit de Saint-Marc, et sans que le copiste s'en soit aperçu, puisque le copiste a entamé un autre article, ayant son titre spécial. Il semble que cette solution de continuité répondait, dans un manuscrit antérieur à celui de Saint-Marc, à une fin de cahier ou de folio, dont la suite aurait disparu ; tandis que cette suite s'est conservée dans un manuscrit prototype du manuscrit 2327.

7° Les articles d'Agatharchide d'ailleurs semblent réellement une intercalation faite dans le manuscrit primitif ; car l'article du jaunissement dans le manuscrit 2327 est suivi précisément par les Mémoires authentiques de Zosime, comme dans le manuscrit de Saint-Marc ; à cela près que le titre et les cinq premières lignes manquent dans le manuscrit de Saint-Marc.

8° Au folio 115 (recto) du manuscrit de Saint-Marc se trouve un titre : Περὶ φώτων (sur les feux), suivi d'une seule ligne : Ἐλαφρὰ φῶτα πᾶσαν τὴν τέχνην ἀναφέρει. « Tout l'art consiste dans un feu léger ». C'est tout ce qui reste à cette place d'un traité qui existe *in extenso* dans le manuscrit 2327, folio 264 recto : la ligne précédente s'y retrouve, dans les 9ᵉ et 10ᵉ lignes qui suivent le titre. Il y a encore là l'indice d'un ancien résumé, ou d'une mutilation, faite sur un prototype qui s'est conservé dans le manuscrit 2327, et dont le manuscrit de Saint-Marc n'a gardé qu'une trace.

Toutes ces lacunes et ces défauts de soudure sont, je le répète, utiles pour constater l'histoire des manuscrits.

Signalons encore quelques additions faites, à diverses époques, sur des pages ou demi-pages blanches du manuscrit de Saint-Marc ; additions dont la reproduction dans les autres manuscrits peut servir à attester qu'ils dérivent, directement ou indirectement, de ce manuscrit type. Tels sont :

9° Le Labyrinthe de Salomon, avec ses 24 vers (v. *Texte grec*, I, xx), ajouté, vers le xivᵉ ou xvᵉ siècle, sur une page blanche, dont le recto porte divers petits articles de l'ancienne écriture: le tout intercalé au milieu d'un traité du Chrétien. On ne comprend pas bien pourquoi ce verso avait été laissé en blanc à l'origine.

10° L'article sur la tutie, au folio 188 recto : écriture du xv⁰ ou xvi⁰ siècle.

11° La fabrication de l'argent, texte ajouté au bas du folio 194 verso : écriture du xv⁰ siècle.

12° Diverses additions initiales : traité de Nicéphore sur les songes, par ordre alphabétique ; cercles astrologiques, etc., sur les feuilles de garde (1) et les marges.

13° Je signalerai encore les additions sur les scories et la formule de l'Ecrevisse, en écriture du xv⁰ siècle, sur la première feuille de garde (v. p. 152).

14° Une addition du xv⁰ siècle, ayant pour titre : Διάγραμμα τῆς μεγάλης ἡλιουργίας, au folio 62 recto.

15° L'étude comparative des figures tracées dans les divers manuscrits fournit aussi des renseignements très intéressants pour l'histoire des sciences, comme pour la filiation des manuscrits. A ce dernier point de vue, je signalerai, par exemple, un petit alambic, figuré en marge du traité de Synésius, dans le manuscrit 2325 (fol. 23 verso), et dans le manuscrit 2327 (fol. 33 verso) ; tandis qu'il manque dans le manuscrit de Saint-Marc, à la même place (fol. 74 recto).

Les figures de la Chrysopée de Cléopâtre, celles des appareils à distillation et des appareils à digestion dans les divers manuscrits donnent aussi lieu à une discussion très importante : je l'ai développée plus haut dans un article spécial.

IV. — Manuscrits de l'Escurial.

Il existe à l'Escurial deux manuscrits alchimiques qui soulèvent des questions intéressantes. Ces manuscrits, les seuls sur cette matière qui aient survécu à un incendie de la Bibliothèque survenu en 1671, proviennent de la Bibliothèque de Hurtado de Mendoza ; ils ont été copiés au xvi⁰ siècle. Ils ont été visités en 1843 par Emm. Miller, qui a publié un catalogue de leur contenu.

____

(1) Une partie de celles-ci sont palimpsestes, la vieille écriture ayant été grattée.

L'un d'eux, Φ-I-11 (Miller, p. 146), reproduit les titres et l'ordre du manuscrit 2327 de la Bibliothèque de Paris, même dans les additions intercalaires faites après coup (1); il les reproduit avec une telle fidélité que je ne doute pas qu'il n'ait été copié directement sur ce manuscrit.

L'autre mérite un examen plus approfondi; car on a supposé qu'il contenait les traités perdus de Justinien et d'Héraclius. Miller, dans son ouvrage sur les manuscrits grecs de l'Escurial, page 416, le désigne, d'après le catalogue officiel, par les signes Ψ-I-13. Il s'exprime ainsi.

« Voici le détail de tous les ouvrages contenus dans le manuscrit :

1. Traité d'Étienne d'Alexandrie sur l'art de faire de l'or.

2. De la chimie, adressé par l'empereur Héraclius à Modeste d'Hagiopolis.

3. De la fabrication de l'or, par l'empereur Héraclius.

4. Σύλλογος sur ceux qui cherchent la pierre philosophale, par l'empereur Héraclius.

5. Lettre de l'empereur Justinien sur l'alchimie.

6. De l'art divin, par Justinien.

7. Διάλεξις, adressée aux philosophes par l'empereur Justinien.

8. Sur la fabrication de l'or, par Comarius.

9. Dialogue des philosophes et de Cléopâtre.

10. Poème d'Héliodore sur l'art sacré.

11. Vers iambiques de Théophraste sur l'art sacré.

12.   d°   Hiérothée   d°

13.   d°   Archélaüs   d°

14. Pélagius sur la Chrysopée.

15. Ostanès à Pétasius sur l'art sacré.

16. Démocrite *de porphyrâ*, etc.

17. Démocrite, περὶ ἀσήμου ποιήσεως.

18. Scholies de Synésius sur la physique de Démocrite, à Dioscorus.

19. De l'eau sacrée, par un anonyme.

---

(1) Par exemple, l'article de Zosime sur l'asbestos, intercalé entre la lettre de Psellus et le traité de Cléopâtre sur les poids et mesures, dans des feuilles originairement blanches du manuscrit 2327.

20. De la Chrysopée, par un anonyme.

21. Zosime, περὶ ἀρετῆς, κ. τ. λ.

22. Chapitre d'Agathodémon.

23. Chapitres d'Hermès, Zosime, Nilus, Africanus.

24. Zosime à Eusebia, sur l'art sacré.

25. Olympiodore sur Zosime.

26. Zosime à Théodore, vingt-cinq chapitres.

27. De la Chrysopée, par un anonyme.

28. Pappus, sur l'art sacré.

29. Moïse, περὶ διπλώσεως χρυσοῦ.

30. Chapitres d'Eugénius et d'Hiérothée.

31. Zosime, περὶ ὀργάνων καὶ καμίνων.

32. Zosime, sur l'eau sacrée.

33. Zosime, περὶ ὀργάνων καὶ καμίνων γνήσια ὑπομνήματα.

« Les articles suivants ne se trouvent pas dans le manuscrit; mais ils sont indiqués dans une table placée en tête du volume, comme existant primitivement.

34. Βαφὴ ἤτοι μεταβολὴ πυροχάλκου πρὸς ἀσπροχάλκου.

35. Βαφὴ καὶ ποίησις τοῦ ἰνδικοῦ σιδήρου.

36. Βαφὴ πρὸς ξίφη καὶ ἐργαλεῖα λαξευτικά.

37. Περὶ ἀσήμου καὶ ὑδραργύρου καὶ κινναβάρεως ποίησις.

38. Extrait de Cléopâtre sur les mesures.

39. Περὶ εὐσταθείας τοῦ χρυσοῦ, par un philosophe chrétien.

40. De la Chrysopée, par le même.

41. Περὶ φουρμῶν καὶ τίλων ποιήσεως.

42. Περὶ διαφορᾶς μολίβδου καὶ περὶ χρυσοπετάλων.

43. Lexique pour la Chrysopée.

44. Autres chapitres de différents poètes sur la Chrysopée.

(Puis deux articles indiqués comme existant dans le manuscrit.)

45. Vers de Nicéphore sur les songes.

46. Synésius sur les songes. »

Cette liste est fort étrange, dans la forme même donnée par Miller. C'est un mélange de mots grecs, de mots latins et de mots français traduits du grec; mélange dont on ne comprend pas bien l'utilité, si les titres ont été relevés fidèlement par Miller. Les mots traduits contiennent eux-mêmes de singuliers contresens. Par exemple, à l'article (2), au lieu de Modeste d'Hagiopolis, il y a dans la vieille liste grecque de Saint-Marc : Μόδεστον ἱέραρχον τῆς ἁγίας πόλεως : Modestus, préfet de la ville sacrée, c'est-à-dire de Constantinople.

L'article (18) porte : scholies de Synésius sur la physique de Démocrite ; ces derniers mots traduisent τὰ φυσικὰ, dont le sens est tout différent.

De même à l'article 44 il ne s'agit pas de « poètes », mais de chimistes opérateurs (ποιητῶν). Il semble que Miller ait copié un vieux catalogue, dû à un auteur qui ne savait pas bien le grec, sans se donner la peine de le refaire lui-même.

Si nous examinons la liste en elle-même, nous la trouvons, comme titres et ordre relatif (sauf légères variantes), parfaitement conforme à la vieille liste qui se trouve en tête du manuscrit de Saint-Marc (fol. 2 à 5), liste que j'ai transcrite dans l'un des articles précédents (p. 174). Or le contenu actuel du manuscrit de Saint-Marc ne concorde pas avec cette liste, ni comme matière, ni comme ordre relatif.

Ces détails étant donnés, une question capitale se présente : le manuscrit de l'Escurial renferme-t-il réellement, comme le catalogue de Miller semblerait l'indiquer, six à huit traités qui manquent dans tous les autres? La question avait beaucoup d'importance pour la présente publication.

J'aurais désiré la vider en examinant moi-même le manuscrit de l'Escurial. Mais le prêt à l'étranger, d'après ce qui m'a été répondu, est absolument interdit aux bibliothèques espagnoles. Heureusement j'ai pu y suppléer et résoudre complètement la question, grâce à l'obligeance de notre ambassadeur, de M. de Laboulaye, et de l'un des secrétaires de l'ambassade, M. de Loynes. Je lui ai adressé les titres exacts, en grec et en latin, des 18 premiers articles de la vieille liste de Saint-Marc, avec prière de vérifier s'ils existaient dans le manuscrit de l'Escurial ; et, dans ce cas, de relever la première et la dernière ligne de chacun d'eux ; enfin de rechercher dans la 9ᵉ leçon un passage caractéristique, celui où la leçon de Stéphanus est interrompue brusquement dans le manuscrit de Saint-Marc, sans aucun indice apparent de solution de continuité ; le manuscrit donnant à la suite la fin du dialogue des philosophes et de Cléopâtre. Cette lacune et cette juxtaposition font suite, comme je l'ai dit plus haut (p. 182) aux mots : καὶ ἔκαστον αὐτῶν ἐν τῇ γῇ κέκρυπται ἐν τῇ ἰδίᾳ δόξῃ, et la suite débute aussitôt par : καὶ ὑμεῖς, ὦ φίλοι, ὅταν τὴν τέχνην ταύτην τὴν περικαλῆ βούλεσθε...

M. de Loynes a eu l'obligeance de passer deux jours à l'Escurial pour faire cette vérification et cette recherche.

Il a transcrit exactement les 17 premiers articles du catalogue grec placé en tête du manuscrit Ψ-I-13, catalogue qui se trouve exactement conforme à la vieille liste de Saint-Marc, tel que je l'ai reproduit ci-dessus (p. 174) : la traduction donnée par Miller est donc incorrecte. Puis il a relevé les neuf leçons et la lettre de Stéphanus, en en transcrivant le titre, la première ligne, la dernière ligne et en indiquant le nombre des folios de chacune d'elles : le tout concorde très exactement avec le texte du manuscrit de Saint-Marc, sauf quelques variantes d'orthographe sans importance. Les 10 premiers numéros étant ainsi reconnus identiques, M. de Loynes a vérifié que les huit numéros suivants de la vieille liste (n°s 12 à 18 de la p. 174) manquent absolument dans le manuscrit de l'Escurial. La dernière ligne de la dernière leçon de Stéphanus s'y trouve suivie immédiatement par le poème d'Héliodore, lequel forme notre numéro 19 : le titre, le premier et le dernier vers ont été relevés.

Les traités disparus dans le manuscrit de Saint-Marc n'existent donc pas davantage dans le manuscrit de l'Escurial.

Ce n'est pas tout : la lacune et la juxtaposition finales de la 9e leçon de Stéphanus se retrouvent exactement, avec les mêmes mots, dans le manuscrit de l'Escurial ; ce dernier poursuit de même, sur une étendue comparable, et la 9e leçon se termine, par les mêmes mots : ἐνταῦθα γὰρ τῆς φιλοσοφίας ἡ τέχνη πεπλήρωται (1).

Il y a plus : en marge, après les mots ἰδίᾳ δόξῃ du manuscrit de l'Escurial, il existe un renvoi d'une autre écriture, postérieure au manuscrit, lequel contient les mots suivants, que M. de Loynes a eu l'obligeance de décalquer sur un papier transparent : ἐντεῦθεν ἄρχεται τὰ κομαρίου τοῦ φιλοσόφου καὶ ἀρχιέρεως διδάσκοντος κλεοπάτρας ; c'est-à-dire « ici commence l'écrit de Comarius, philo-

---

(1) Voir page 182.

sophe et grand prêtre, maître de Cléopâtre ». Quelqu'un des lecteurs du manuscrit s'était donc aperçu de la lacune et de la juxtaposition ; probablement d'après l'autre manuscrit, copié, ainsi que je l'ai dit, sur le 2327, où cette lacune n'existe pas.

La question de savoir si les manuscrits de l'Escurial ont une valeur originale et renferment quelque traité perdu, qui n'aurait pas subsisté ailleurs, est donc ainsi vidée. En fait, l'un de ces manuscrits est une copie du 2327 et l'autre, une copie du manuscrit de Saint-Marc.

V. — *Manuscrits alchimiques grecs du Vatican et des Bibliothèques de Rome.*

Ces manuscrits ont été en 1885 l'objet d'un examen détaillé par mon fils André Berthelot, membre de l'École française de Rome, examen consigné dans un rapport publié cette année dans les Archives des Missions scientifiques (3ᵉ série, t. XIII, p. 819 à 854). J'en extrais les indications suivantes. Le principal manuscrit est à la bibliothèque du Vatican. Il porte le numéro 1174. Il est écrit sur papier et parait être du xvᵉ siècle. Il comprend 155 folios, de 21 à 22 lignes à la page. 100 folios seulement appartiennent au texte original ; 18 ont été recopiés à une époque tout a fait récente. Il a beaucoup souffert et renferme de graves lacunes, dont certaines ont été comblées par Angelo Maï, au xixᵉ siècle. Plusieurs folios ont été ajoutés.

Ce manuscrit a été connu par Leo Allatius, dans son état originel et il formait probablement l'une des bases du projet (non exécuté) que ce savant avait formé, relativement à la publication des manuscrits alchimiques grecs. Les traités qu'il renferme sont les mêmes que ceux des autres manuscrits, mais avec des différences très notables dans l'ordre relatif. En outre, il a été mutilé. Il y manque une partie de Zosime, de Stéphanus, des poètes, ainsi que les traités de Comarius, Pélage, Sophé, Ostanès, etc.

Il comprend :

I et III. — Les *Physica et mystica* de Démocrite, en deux fragments distincts; la teinture en pourpre (fol. 33 à 35) étant séparée du reste (fol. 1 à 10).

II et X. — Deux fragments d'Olympiodore (fol. 11 à 33 et fol. 71 à 73). Le second fragment forme le début du traité, tel qu'il existe dans le manuscrit de Saint-Marc. Entre deux, il manque trois paragraphes (χρυσόκολλα, πίνος πρῶτος, πίνος δεύτερος).

IV. — Un traité de l'Anonyme dédié à l'empereur Théodose, sur l'œuf (fol. 35 à 42). Le nom de de Théodose ne figure pas dans le manuscrit de Saint-Marc.

V. — Un traité de Zosime sur les fourneaux (fol. 42 et suiv.). La fin a disparu. Il est interrompu après ces mots : « Marie a décrit beaucoup d'appareils, non destinés à la distillation des eaux; mais elle a donné beaucoup de figures de kérotakis et d'appareils de fourneaux (1). »

VI. — Un fragment intercalaire (fol. 45 à 49), transcrit plus récemment.

VII et IX. — La neuvième leçon de Stephanus (fol. 54 à 68), avec la même lacune que dans le manuscrit de Saint-Marc). Le texte est à peu près conforme à celui d'Ideler, avec addition finale des mots ἐνταῦθα γὰρ τῆς φιλοσοφίας ἡ τέχνη πεπλήρωται. La finale et la lacune (7°, p. 182) sont caractéristiques. La fin de la lettre de Stéphanus à Théodose (fol. 70), complétée de la main d'Angelo Maï, forme le IX.

VIII. — Le poème d'Héliodore : 49 vers seulement (fol. 69).

XI. — Le traité de l'Anonyme : sur l'eau du blanchiment (fol 73 à 75).

XII. — Autre traité de l'Anonyme (fol. 75 et suiv.), incomplet.

XIII. — Synésius (fol. 79 à 91.)

XIV. — Le lexique (fol. 91 à 93), jusqu'à la lettre K.

— Puis vient une lacune (fol. 94 à 101).

XV. — Petits traités techniques (fol. 102 à 112).

— Les folios 120 à 126 sont en blanc. — Le texte reprend aux folios 127 jusqu'à 130. — Aux folios 131 à 132, lacune. — Puis le texte recommence (fol. 133-134).

Ces petits traités techniques existent dans les autres manuscrits connus. J'en reproduis ici la liste, à cause de la dédicace de certains de ces traités à Théodose, dédicace qui manque dans le manuscrit de Saint-Marc : ce qui indique que le manuscrit 1174 du Vatican dérive directement, ou indirectement, d'une source un peu différente :

Économie du corps de la magnésie — Calcination des corps — L'ochre

---

(1) Manuscrit de Saint-Marc, folio 186, avant-dernière ligne.

— Eau de soufre — Sur les mesures, adressé au grand Empereur Théodose — Sur le soufre, adressé au même empereur — Ce qui est substance et non substance — L'art parle d'une seule teinture, adressé à Théodose — Les quatre éléments nourrissent les teintures (les sept dernières lignes de ce traité manquent) — Ensuite il existe une lacune — Puis vient la fin d'un fragment : Diversité du cuivre brûlé — Eau divine tirée de tous les liquides (avec figures, connues d'ailleurs) — Recettes diverses.

XVI. — Traité de Cléopâtre sur les poids et mesures ; incomplet (fol. 134 à 136. — Lacune (fol. 137 à 144).

XVII. — Liste des signes (fol. 145 à 146).

XVIII. — Fin du Lexique (fol. 146 à 147).

XIX. — Chapitres de Zosime à Théodore (fol. 147).

XX. — Traités techniques (fol. 148 à 150). — Chrysopée de Cléopâtre et serpent Ouroboros, muni de pattes — Lacune (fol. 151 à 152).

— Fragments (fol. 153-155).

Ces textes sont en général conformes au manuscrit de Saint-Marc, à la famille duquel ils se rattachent, quoique avec de notables différences, lesquelles indiquent une dérivation non identique, quoique parallèle. On trouvera à cet égard des détails circonstanciés dans la publication de M. André Berthelot, à laquelle je me borne à renvoyer.

VI. — *Manuscrits de Gotha ou d'Altenbourg et de Munich.*

Le manuscrit de Gotha se trouvait à l'origine à Altenbourg : de là deux noms distincts d'origine pour un même manuscrit, lesquels ont amené quelques erreurs. La liste des opuscules qu'il renferme a été publiée dans les *Beiträge zur altern Litteratur*.... (Bibliothèque de Gotha) *von Fr. Jacobs und F. A. Ukert*, Leipzig, 1835, p. 216. J'ai collationné cette liste avec soin. Le manuscrit lui-même a été examiné par mon fils André Berthelot, ainsi que celui de Munich. Il résulte de cet examen que le manuscrit de Gotha est copié purement et simplement sur celui de Munich, ainsi que les manuscrits de Weimar et de Leipzig, examinés pareillement. Celui de Munich lui-même a été copié en majeure partie sur le manuscrit de Saint-Marc.

13

Les deux copies de Gotha et de Munich répondent aux folios 8-195 du manuscrit de Saint-Marc. Mais le copiste a ajouté à la suite et comme compléments (fol. 204 à 215 du manuscrit de Gotha) sept morceaux qui manquent dans le manuscrit de Saint-Marc, notamment la lettre de Psellus, une partie des signes, une 2ᵉ copie d'Ostanès, la lettre de Démocrite à Leucippe le discours d'Isis à son fils, suivi par le mélange du remède blanc, et les noms des faiseurs d'or. Les morceaux nouveaux existent d'ailleurs dans le manuscrit 2327 et ils ont dû être empruntés soit à ce manuscrit, soit à un manuscrit pareil.

Grüner, vers la fin du xviiiᵉ siècle et au commencement du xixᵉ siècle, a tiré de ce manuscrit quelques petits articles : sur la bière et l'huile aromatique (attribués à tort à Zosime); la première leçon de Stéphanus ; les serments hermétiques; sur la trempe du bronze; sur la trempe du fer; ces derniers ont été reproduits dans les *Eclogæ physicæ* de Schneider, p. 95, 96); sur la cadmie (Καθμίας πλύσις); sur la fabrication du verre. Enfin l'éditeur a copié à la suite un morceau tout différent, ayant pour titre : ὁ οἶκος ὁ περὶ συνάζων πάντα (v. manuscrit 2327, fol. 90 verso). Ces petits articles, publiés dans des dissertations inaugurales et dans des programmes universitaires, sont très difficiles à trouver. Plusieurs renferment, comme il vient d'être dit, des confusions singulières.

Les manuscrits de Vienne et de Breslau, exécutés par Cornélius de Nauplie, à la fin du xviᵉ siècle, appartiennent à la famille du manuscrit de Venise, avec quelques différences dans l'ordre relatif des traités. Le manuscrit de la Laurentienne (Florence) est au contraire fort analogue au 2327.

VII. — *Comparaison du contenu du manuscrit de Saint-Marc, avec ceux du nᵒ 2325 et du nᵒ 2327 de la Bibliothèque nationale de Paris.*

Attachons-nous à comparer les trois manuscrits fondamentaux que nous avons surtout employés dans notre publication, savoir celui de Saint-Marc (xiᵉ siècle), le numéro 2325 (xiiiᵉ siècle) et le numéro 2327 (xvᵉ siècle), de Paris. J'ai déjà donné une analyse développée du premier et du dernier de ces manuscrits, dans mes *Origines de l'Alchimie*; mais je me propose de serrer de plus près les comparaisons.

Il est facile de voir que ces manuscrits appartiennent à deux types très différents. Voici quelques-uns de leurs caractères différentiels :

1° Le manuscrit de Saint-Marc contient des traités qui manquent dans les deux autres, tels que le traité d'Ostanès (fol. 66), et les chapitres de Zosime à Théodore (fol. 179 et suiv.).

2° La liste des signes y est plus ancienne et moins étendue ; question sur laquelle je renverrai à la discussion qui a été développée dans ce volume, p. 96 et suivantes.

3° Les figures des alambics ont une forme plus ancienne, ainsi que les figures des digesteurs avec kérotakis ; ce dernier instrument ayant disparu dans les figures du manuscrit 2327 (voir la discussion que j'en ai faite p. 150 et 160).

4° La liste des opérateurs manque dans le manuscrit 2325. Dans le manuscrit de Saint-Marc, elle offre des différences très sensibles par rapport au manuscrit 2327 : parmi ces différences, je rappellerai le nom de Juliana. Il s'agit probablement de cette Juliana Anicia, pour laquelle fut faite à la fin du vᵉ siècle de notre ère une copie de Dioscoride, copie célèbre et magnifique, conservée autrefois à Constantinople avec un soin religieux et qui existe aujourd'hui à Vienne. Il semble donc que les premiers auteurs de la liste des opérateurs, inscrite dans le manuscrit de Saint-Marc, aient eu connaissance du manuscrit de Dioscoride.

5° Les articles relatifs à la trempe des métaux (fol. 104 et 118) sont plus développés dans le manuscrit de Saint-Marc que dans les manuscrits 2325 et 2327. Mais ils ne contiennent pas la mention caractéristique du bronze des portes de Sainte-Sophie (1), laquelle existe dans ces deux manuscrits.

6° Le passage d'Agatharchide sur les mines d'or existe (sauf la fin) dans le manuscrit de Saint-Marc, et il est conforme au fragment plus considérable du même auteur, conservé par Photius. Il a probablement été transcrit sur le texte même de Photius, car il n'offre que des variantes insignifiantes.

Dans le manuscrit 2325, ce passage manque.

Dans le manuscrit 2327, il a été remplacé par un résumé, qui en modifie profondément la signification.

---

(1) *Origines de l'Alchimie*, page 103.

7° La Chrysopée de Cléopâtre, avec ses figures multiples, forme une page entière du manuscrit de Saint-Marc, page que nous avons reproduite (p. 132 du présent volume). Dans les manuscrits 2325 et 2327, ce titre a disparu. Mais la figure principale, formée de trois cercles concentriques, avec ses axiomes mystiques, est à la même place ; c'est-à-dire en tête du mémoire de Zosime sur les instruments et fourneaux, avec lequel elle s'est confondue. C'est là l'indice d'une rédaction plus moderne, pour cette partie du moins, dans les 2325 et 2327. Toute cette comparaison a été développée, p. 134 à 137.

8° Au contraire, le labyrinthe de Salomon, figure cabalistique, offre une physionomie très postérieure. Il a été transcrit vers le XIV° siècle et après coup dans le manuscrit de Saint-Marc (v. p. 157). Mais il manque dans les manuscrits 2325 et 2327. L'existence simultanée dans un même manuscrit de la Chrysopée de Cléopâtre et du labyrinthe de Salomon peut être regardée comme une preuve sans réplique, propre à établir que ce manuscrit a été copié (par voie directe ou indirecte) sur celui de Saint-Marc.

9° Dans la Chrysopée de Cléopâtre, on aperçoit le serpent Ouroboros, figuré simplement, avec l'axiome central ἒν τὸ πᾶν, au-dessous des cercles concentriques. Mais ce serpent n'accompagne pas les trois cercles concentriques dans les manuscrits 2325 et 2327. En outre, dans Saint-Marc, il n'a pas de pattes. Dans le manuscrit 1174 du Vatican, on trouve aussi une figure simple du serpent, mais avec quatre pattes. Dans le manuscrit 2327, il y a deux grandes figures du serpent, avec quatre pattes, l'une avec deux anneaux, l'autre avec trois anneaux coloriés (figure 34, p. 157), sans légende intérieure, mais avec une page entière de commentaires (*Texte grec*, I, v, et I, vi), tirés en partie de Zosime et d'Olympiodore.

10° Plusieurs traités de l'Anonyme, sans dédicace dans le manuscrit de Saint-Marc, sont adressés à l'empereur Théodose dans d'autres manuscrits, tel que celui du Vatican (v. p. 192). Il y a là l'indice d'une filiation spéciale.

Le nom de Sergius, auquel sont adressés quelques traités du Philosophe Chrétien, donne lieu à des remarques analogues; car il n'existe pas dans tous les manuscrits.

11° Le manuscrit 2325 ne renferme pas les poètes ; ceux-ci devaient donc former à l'origine une collection à part.

12° Le manuscrit 2325 ne renferme aucun traité de vieil auteur important, qui ne soit dans le manuscrit de Saint-Marc.

Il contient en moins le traité d'Ostanès, les chapitres de Zosime à Théodore, le serment de Pappus, le traité de Cléopâtre (poids et mesures) et quelques autres articles ; articles qui manquent également dans le manuscrit 2327.

La liste des signes offre certaines confusions et diversités (v. pages 97 et 98 du présent volume).

Le manuscrit 2325 ne contient aucune trace des traités de Comarius.

Il contient en plus, par rapport à Saint-Marc, certains traités techniques, tel que celui de l'arabe Salmanas sur les perles, et la fabrication des émeraudes et autres pierres colorées, d'après le livre du Sanctuaire. La Chrysopée de Cosmas est ajoutée à la suite, d'une écriture plus moderne et presque effacée.

Dans le manuscrit 2325, l'ordre relatif est absolument, et du commencement à la fin, le même que celui du manuscrit 2327. Ce dernier dérive évidemment d'un type commun, mais complété par des intercalations et additions considérables.

Au contraire, l'ordre relatif est très différent entre ces deux manuscrits et le manuscrit de Saint-Marc : on y reviendra.

13° Examinons les traités qui manquent dans le manuscrit de Saint-Marc et qui existent dans le manuscrit 2327. Parlons d'abord de ceux qui portent des noms d'auteurs.

Le manuscrit 2327 débute par la lettre de Psellus adressée à Xiphilin. Dans certains manuscrits, cette lettre est adressée à Michel Cérularius ; l'identité complète des deux lettres aurait besoin d'être vérifiée.

Le traité de Comarius se trouve dans le manuscrit 2327, sous sa forme la plus complète.

Je signalerai encore :

Le traité de Jean l'archiprêtre, qui manque dans le 2325 ;

Le traité de Salmanas et celui des émeraudes, qui s'y trouvent au contraire, ainsi que la Chrysopée de Cosmas, transcrite à la suite et à une époque postérieure dans le 2325 ;

Les livres de Sophé (Chéops);

La lettre d'Isis à Horus ;

Le livre de Démocrite à Leucippe ;

Le traité d'Agathodémon sur l'oracle d'Orphée ;

La coction excellente de l'or, avec les procédés de Jamblique ;

La chimie domestique de Moïse ;

14° Enfin, parmi les articles anonymes manquant dans le manuscrit de Saint-Marc, et existant dans le manuscrit 2327, on peut citer :

La liste des faiseurs d'or (manquant dans le 2325).

Ainsi que tous les articles et traités consécutifs, tels que :

Le serpent figuré, avec commentaires ;

Le travail des quatre éléments ;

L'assemblée des philosophes ;

L'énigme alchimique, dont les vers existent cependant à l'état séparé dans une addition postérieure du manuscrit 2325 ;

La liste planétaire des métaux ;

La liste des mois ;

Le traité de la fusion de l'or.

Et diverses additions finales (voir *Origines de l'Alchimie*, p. 346).

15° La lettre d'Isis à Horus mérite d'être signalée, comme élément de classification des manuscrits, autres que celui de Saint-Marc. En effet, elle existe sous deux rédactions très différentes dans le manuscrit 2327 et dans le manuscrit 2250 (Texte grec, I, xiii et I, xiii *bis*). Il y a aussi de grandes différences entre les divers textes d'Olympiodore.

16° Au point de vue de l'ordre relatif, les parties communes de la plupart des manuscrits offrent souvent de très grandes différences. Le manuscrit 2327, en particulier, présente un essai de coordination systématique, qui fait défaut dans les parties semblables de celui de Saint-Marc. En effet, on y voit, à la suite de la lettre de Psellus, sorte de préface, des indications générales, telles que : le traité de Cléopâtre sur les poids et mesures, lequel figure au contraire au milieu du manuscrit de Saint-Marc, et qui était même placé vers la fin dans l'ancienne liste de ce dernier.

Puis viennent dans le manuscrit 2327 : les signes, lesquels sont au début du manuscrit de Saint-Marc ;

Et le lexique, qui ne se trouve que vers les deux tiers de ce dernier manuscrit (presqu'à la fin dans l'ancienne liste).

Dans le manuscrit 2327, on lit ensuite les traités de Démocrite, de Synésius et de Stéphanus, le premier étant le plus ancien, et les autres représentant des commentaires successifs de ce traité.

Tandis que dans le manuscrit de Saint-Marc, on débute par Stéphanus ; les poètes ; Pélage, qui est rejeté vers la fin du manuscrit 2327 ; Ostanès, qui y manque ; puis viennent Démocrite et Synésius : c'est-à-dire qu'il n'existe aucun ordre systématique dans ce manuscrit.

17° Les poètes, qui suivent Stéphanus dans le manuscrit de Saint-Marc, sont placés beaucoup plus loin, et avant la liste des faiseurs d'or, dans le manuscrit 2327. Leur texte offre des différences considérables, suivant les manuscrits.

18° Le serpent et Olympiodore manquent dans le manuscrit 2325.

Le dernier texte est à part dans les manuscrits qui le contiennent et il offre des variantes très notables.

19° Les traités de Zosime sur les fourneaux et appareils viennent pareillement après. Seulement, dans le manuscrit 2327, c'est une répétition de traités déjà transcrits une première fois à la suite de Stéphanus : ce qui indique que le copiste puisait à deux sources différentes (v. p. 169 sur le manuscrit Ru. 6 de Leide). Le texte de ces traités offre de grandes variantes, qui vont parfois jusqu'à des rédactions distinctes, quoique parallèles.

20° Les additions initiales et finales, faites sur les pages de garde, marges et parties blanches des manuscrits, sont très importantes pour en marquer la filiation. Je citerai : dans le manuscrit de Saint-Marc l'addition de la première feuille sur la scorie, avec paroles et signes magiques (v. p. 151), et le traité sur les songes de Nicéphore ;

Dans le manuscrit 2327, la lettre de Psellus au début, les fragments sur la colle, sur l'asbestos (1), etc., et vers la fin, le dire de Rinaldi Telanobebila (Arnaud de Villeneuve), etc... voir *Origines de l'Alchimie*, p. 336 et 346).

Il y a encore bien d'autres différences de détail dans la distribution des

---

(1) C'est l'article : Zosime dit sur la Chaux, ajouté sur des pages blanches, entre la préface de Psellus et le traité de Cléopâtre.

traités du Chrétien et de l'Anonyme, mais moins importantes. Les remarques précédentes sont d'ailleurs assez nombreuses et minutieuses pour permettre de caractériser les filiations des manuscrits.

VIII. — *Hypothèses générales sur l'origine et la filiation des manuscrits alchimiques grecs.*

D'après l'ensemble des observations que j'ai recueillies, l'origine des manuscrits alchimiques grecs pourrait être établie avec quelque probabilité de la manière suivante :

1º Il existait en Egypte, avant l'ère chrétienne, des groupes de recettes techniques, relatives à l'orfèvrerie, à la fabrication des alliages et des métaux pour les armes et les outils, à la fabrication du verre et des émaux, à la teinture des étoffes, à la matière médicale.

L'emploi de ces recettes était accompagné par certaines formules magiques.

Le tout était transmis traditionnellement, comme secret de métier, depuis une époque fort reculée, avec le concours de signes hiéroglyphiques, destinés à servir de mementos, plutôt qu'à exposer le détail des opérations (1).

Ces signes étaient inscrits sur des stèles ; ils étaient anonymes, comme toute la science égyptienne d'alors. Il semble qu'il y avait aussi des textes écrits en démotique sur papyrus ; tels étaient le Livre du Sanctuaire, cité à plusieurs reprises, et le texte transcrit dans le papyrus V de Leide (p. 8 du présent ouvrage).

2º Vers l'ère chrétienne, on commença à écrire en grec (sur papyrus), les recettes et les formules magiques, d'une façon précise et détaillée. Une partie de ces recettes nous ont été transmises dans les écrits de Dioscoride, de Pline et de Vitruve.

Les papyrus de Leide, écrits au iiiᵉ siècle, mais dont le texte est plus ancien, fournissent le détail précis et authentique de quelques-unes d'entre elles (ce volume, article I). La plupart de ces recettes sont claires, positives ; elles con-

---

(1) Voir ce que j'ai dit sur la Chry- | de l'Ecrevisse, pages 137 et 153 à
sopée de Cléopâtre et sur la formule | 155.

cernent l'imitation, parfois frauduleuse, de l'or et de l'argent, ainsi que la fabrication de l'asèm, alliage doué de propriétés intermédiaires. Dioscoride et le papyrus V ont conservé le nom de certains des auteurs d'alors, tels que Phiménas (Pammenès) et Pétésis. Il existait un grand nombre de papyrus analogues ; mais la plupart ont été détruits systématiquement par les Romains, vers le temps de Dioclétien. Cependant il est incontestable qu'un certain nombre de recettes relatives à l'asèm et à d'autres sujets, conservées dans nos manuscrits actuels, offrent un caractère semblable à celui du papyrus et remontent probablement à la même époque. Le traité des émeraudes et pierres vitrifiées, « d'après le Livre du Sanctuaire », a été reproduit sans doute de vieux textes analogues, et il en est probablement de même du traité des perles, qui nous est venu sous le nom de l'arabe Salmanas : c'est vraisemblablement l'auteur des derniers remaniements de ce traité technique.

3º A la même époque, c'est-à-dire vers la fin du règne des Ptolémées, il existait des écoles gréco-égyptiennes, participant dans une certaine mesure de la science hellénique : j'ai signalé spécialement une école démocritaine, à laquelle appartenait Bolus de Mendès : cette école mit ses écrits sous le patronage du nom vénéré de Démocrite (*Origines de l'Alchimie*, p. 156 et suiv.). Il nous en est parvenu un traité (*Physica et mystica*), formé de trois fragments, l'un magique, l'autre relatif à la teinture en pourpre, le dernier à la fabrication, ou plutôt à l'imitation de l'or et de l'argent. Les recettes du dernier fragment sont analogues à celles du papyrus de Leide ; quelques-unes même identiques. Mais, dans les écrits de cette école, les recettes positives sont associées à des interprétations mystiques, association que l'on ne trouve pas dans les papyrus de Leide ; quoique la magie abonde dans ces derniers.

4º L'École Démocritaine d'Égypte a créé une tradition scientifique, spécialement en alchimie ; tradition qui s'est prolongée jusqu'au viiᵉ siècle de notre ère, par toute une suite d'écrits originaux et de commentaires, lesquels forment la partie principale de nos collections actuelles.

Les auteurs qui l'ont continuée au début étaient des gnostiques, des païens et des juifs, qui ont développé de plus en plus le symbolisme mystique.

Le principal auteur venu jusqu'à nous, Zosime, semble avoir constitué vers la fin du iiiᵉ siècle, une sorte d'encyclopédie chimique, reproduisant spécialement les traités de Cléopâtre, sur la distillation, ceux de Marie la Juive.

sur les appareils à digestion, ceux de Pamménès et de Pétésis, sur les alliages métalliques, etc. Nous possédons près de 150 pages tirées des ouvrages de Zosime, sous la forme d'extraits faits plus tard par des Byzantins, non sans quelques additions ou interpolations, dues aux commentateurs.

Les écrits d'Africanus, auteur aujourd'hui perdu, seraient du même temps que Zosime. Nous en avons quelques fragments dans nos textes alchimiques.

5° Vers la même époque que Zosime et Africanus remontent les écrits pseudonymes attribués à Sophé (Chéops), qui rappellent un texte d'Africanus, compilé par Eusèbe (1).

Avant Zosime également, ou vers le même temps, ont été écrits les fragments attribués à Hermès, à Agathodémon, les écrits du Pseudo-Moïse, les recettes de Jamblique, ainsi que la lettre d'Isis à Horus.

6° Entre le faux Démocrite et Zosime, semblent aussi se placer les écrits d'Ostanès, de Pélage, de Comarius, de Jean l'Archiprêtre. Mais, sous la forme où nous les possédons, ces écrits manquent d'authenticité. Il est difficile d'y distinguer la trame originale des interpolations successives faites par les moines chrétiens d'Alexandrie et de Byzance.

7° C'est au même temps que remonterait la première rédaction des textes actuels des traités techniques sur le verre, les perles artificielles, la trempe des métaux, etc.; textes qui se rattachent à une tradition beaucoup plus ancienne, mais qui ont été remaniés à diverses reprises, pendant le cours des siècles.

8° Vers le temps des deux empereurs Théodose, on trouve le commentaire de Synésius sur Démocrite, qui est l'ouvrage le plus philosophique de toute la série, et le groupe des poètes, complété plus tard.

9° Olympiodore, auteur un peu postérieur, se rattache aussi aux commentateurs Démocritains.

10° La tradition se continue par le Philosophe Chrétien, par l'Anonyme, et par Stéphanus, jusqu'au VIIᵉ siècle de notre ère. Les traités pseudonymes d'Héraclius et de Justinien, aujourd'hui perdus, seraient aussi de cette dernière époque; car ils ont précédé les Arabes, qui citent fréquemment Héraclius.

---

(1) *Origines de l'Alchimie*, p. 58. Les traités astrologiques et autres de Zoroastre, Manéthon, Pythagore, seraient aussi du même temps.

11° Vers le viie ou le viiie siècle de notre ère s'est constituée une première collection, qui semble avoir été formée autour du commentaire de Stéphanus, avec adjonction des auteurs de l'École Démocritaine et des premiers commentateurs. Cette collection, grossie par celle des poètes et par plusieurs autres dont j'ai donné la liste (p. 178), et reprise parmi les 53 séries de Constantin Porphyrogénète, au x° siècle, aurait servi à constituer le prototype, duquel dérivent la vieille liste de Saint-Marc et le manuscrit de Saint-Marc. ·

Cependant un certain nombre de mémoires d'auteurs renommés, de recettes partielles et plusieurs traités techniques n'étaient pas compris dans cette collection. Ils sont entrés plus tard dans d'autres collections, fondues avec la principale dans le manuscrit 2325, et depuis, avec des additions plus étendues, dans le manuscrit 2327.

Les traités de Cosmas et de Blemmydès sont postérieurs.

12° Je pourrais essayer d'expliquer maintenant plus en détail, comment la collection primitive, modifiée par des additions successives, a constitué plusieurs prototypes, dont le principal (O) répondait au manuscrit qui a précédé la liste initiale du manuscrit de Saint-Marc.

De ce prototype a dérivé un manuscrit (P), répondant à cette liste.

Mais il a perdu plus tard les cahiers qui renfermaient les traités attribués à Héraclius et à Justinien et il a formé alors un autre type (Q).

C'est à cet autre type que se rattache le manuscrit 2327, quoique non directement. En effet, il a été grossi par l'adjonction de traités tirés d'un autre prototype, contenant par exemple Jean l'Archiprêtre, la lettre d'Isis, etc. ;

A un certain moment, le type (Q) a éprouvé une mutilation, vers la fin des leçons de Stéphanus, et il a perdu plusieurs feuillets, comprenant cette fin et le commencement du traité de Comarius. Cette mutilation n'a pas coïncidé avec la première, attendu que le manuscrit 2327 contient la fin de Stéphanus et le traité de Comarius : tandis que les traités d'Héraclius et de Justinien y manquent.

C'est plus tard qu'un copiste ignorant, ayant transcrit à la suite le manuscrit mutilé, sans s'apercevoir de la lacune, a constitué le type (R), qui est celui du manuscrit actuel de Saint-Marc ; une lacune analogue y a mutilé le traité du jaunissement, etc. :

Le manuscrit de Saint-Marc a perdu dans le cours des siècles un ou plusieurs folios, à la fin des fragments d'Agatharchide ;

Il a eu plusieurs cahiers transposés par le relieur, cahiers qu'il a conservés d'ailleurs ;

Enfin il a éprouvé diverses additions, telles que le Labyrinthe de Salomon et quelques autres, aux xve et xvie siècles. C'est ainsi qu'il nous est parvenu.

La filiation des manuscrits 2325 et 2327 est plus complexe. Rappelons d'abord que le contenu et l'ordre relatif du manuscrit 2325, le plus ancien des deux (xiiie siècle), se retrouve exactement dans le manuscrit 2327 (xve siècle). Mais ce dernier est plus étendu et renferme un grand nombre de traités techniques ou mystiques, qui manquent dans le manuscrit de Saint-Marc et qui ont été tirés de prototypes tout différents. Aussi, quoiqu'il représente sur certains points une rédaction plus moderne que celui de Saint-Marc, il en est d'autres où il répond à des souches antérieures. Le manuscrit 2275 paraît la copie directe du 2325 ; le manuscrit 2329, le second manuscrit de l'Escurial, le manuscrit de la Laurentienne et celui de Turin, dérivent du manuscrit 2327, ou d'une souche commune.

Les manuscrits 2250, 2251, 2252, qui appartiennent à une même copie faite au xviie siècle (1), accusent une souche distincte à certains égards des précédentes : par exemple, pour la rédaction de la lettre d'Isis à Horus. Le manuscrit du Vatican et celui de Leide, Voss. n° 47, offrent aussi d'assez grandes diversités, quoique dérivés en somme de la même souche que le manuscrit de Saint-Marc.

Sur le manuscrit de Saint-Marc, ont été copiés directement ou indirectement (2) presque tous ceux qui existent en Allemagne, d'après ce que j'ai pu savoir : tels celui de Munich, qui a servi à la publication d'Ideler, celui de Gotha, probablement ceux de Vienne et de Breslau ; de même le numéro 2249 de la Bibliothèque de Paris, celui sur lequel Pizimenti a fait sa traduction latine, l'un de ceux de l'Ambroisienne, l'un de ceux de l'Escurial, etc.

---

(1) Mise au net du 2329 corrigé, pour la majeure partie.

(2) Avec certaines additions finales, ti-rées des autres souches, telles que la lettre de Psellus, le traité de Démocrite à Leucippe, la lettre d'Isis à Horus, etc.

Pour pousser plus loin la discussion détaillée de toute cette filiation, il serait nécessaire de faire une comparaison minutieuse de tous les manuscrits, comparaison dont je ne possède pas encore les éléments complets ; je ne crois donc pas utile d'en dire davantage.

IX. — *Sur le manuscrit grec 2419 de la Bibliothèque nationale de Paris.*

Ce manuscrit in-folio, transcrit vers 1460 par Georges Midiates (fol. 288), est des plus précieux pour l'histoire de l'Astronomie, de l'Astrologie, de l'Alchimie et de la Magie au moyen âge ; c'est une réunion indigeste de documents de dates diverses et parfois fort anciens, depuis l'Almageste de Ptolémée et les auteurs arabes jusqu'aux écrivains de la fin du moyen âge. L'écriture en est souvent difficile à déchiffrer. La table des matières de ce manuscrit a été imprimée dans le Catalogue de ceux de la Bibliothèque nationale de Paris. Aussi je me bornerai à relever les morceaux et traités qui offrent quelque intérêt pour les études auxquelles le présent volume est consacré.

Au folio 1 se trouve une grande figure astrologique du corps humain, dessinée avec soin, placée au milieu de deux cercles concentriques, avec indication de la relation entre ses parties et les signes du Zodiaque. Cette figure répondant à des textes d'Olympiodore (1) et de Stéphanus, je crois utile d'en donner la description.

En haut : le Bélier. Puis se trouvent deux séries parallèles, l'une à droite, l'autre à gauche.

A droite :	A gauche :
Le Taureau commande le cou.	Les Gémeaux commandent les épaules.
L'Ecrevisse.......... la poitrine.	Le Lion............... le cœur.
La Vierge........... l'estomac et	La Balance............. les deux fes-
le ventre.	ses.
Le Scorpion.......... les parties	Le Sagittaire........... les deux cuis-
génitales.	ses.
Le Capricorne........ les genoux.	Le Verseau............ les jambes.

Au bas, les Poissons commandent les pieds.

---

(1) *Texte grec*, p. 101 et 106.

On peut voir un texte analogue dans la *Bibl. Chem.* de Manget, I, 917.

Au folio 32, on rencontre le cercle de Pétosiris, pour prévoir l'issue des maladies ; cercle dont j'ai donné (p. 88) la photogravure et la description.

Au folio 33, on lit deux tableaux horizontaux analogues, que j'ai également décrits, à cause de leur similitude avec le tableau d'Hermès du manuscrit 2327 (p. 87) et avec la sphère de Démocrite du papyrus de Leide (p. 86).

Ils accompagnent des traités de l'astrologue Pythagoras et divers calculs pour connaître le vainqueur d'un combat singulier.

Au folio 46 verso, on rencontre la liste des relations entre les planètes et les métaux et autres corps subordonnés à ces astres. Cette liste est la même qui figure dans plusieurs manuscrits alchimiques ; les noms en sont également grecs ; quelques-uns sont transcrits en caractères hébraïques. La liste fait partie d'un traité d'Albumazar, astronome arabe du ixᵉ siècle (800 à 885) de notre ère (v. p. 79 du présent volume et *Texte grec*, p. 24, notes). J'y relève deux indications caractéristiques.

Le signe de la planète Hermès comprend parmi les corps dérivés, vers la fin de son paragraphe, le nom du mercure, ὑδράργυρος, et à la suite les mots : οἱ δὲ πέρσαι κασσίτερον ; « les Persans rangent sous ce signe l'étain ».

Le signe de Jupiter comprend l'étain et à la suite les mots : οἱ δὲ πέρσαι οὐχ οὕτως, ἀλλὰ διάργυρος. « Les Persans ne l'entendent pas ainsi, mais rangent sous ce signe le métal argentin » c'est-à-dire l'asèm ou électrum. Ceci est conforme à ce qui a été dit ailleurs sur les changements successifs des notations métalliques et planétaires (pages 81 à 85).

A la suite vient une liste des animaux répondant à chaque planète.

Au folio 86 verso : sur les sorts royaux, traité attribué à Nécepso.

Au folio 99-100 : figures de comètes.

Au folio 119 : traité divinatoire de Zoroastre.

Au folio 153 : tableau des mesures antiques.

Au folio 154 : tableau des signes et abréviations. Ils sont semblables en général à ceux de la fin de la liste du manuscrit 2327, sauf un petit nombre de différences : par exemple, pour les mots ange et démon (voir p. 100) ; mais l'ordre n'est pas le même.

Puis vient un ouvrage de Bothrus, qui s'intitule roi de Perse ; c'est un astrologue, inconnu d'ailleurs.

Au folio 156 : autre cercle médical de Pétosiris, dont j'ai donné la photogravure et la description (p. 90).

Au folio 265 verso : liste des plantes qui répondent aux 12 signes du Zodiaque, d'après Hermès Trismégiste.

Au folio 271 verso et au folio 272 : préparations chimiques.

Au folio 273 : mots magiques, analogues à ceux qui figurent dans Jamblique, dans les papyrus de Leide, au-dessus de la formule de l'Ecrevisse dans le manuscrit de Saint-Marc (p. 153), etc.; sans qu'aucun m'ait paru identique, à première vue du moins.

Au folio 274 : une page renfermant un grand nombre d'alphabets magiques, lesquels ne sont autres que des alphabets grecs altérés (v. p. 156), analogues à ceux du manuscrit de Saint-Marc. Dix-sept de ces alphabets figurent au recto, cinq au verso. La traduction existe à l'encre rouge, presque effacée, dans les intervalles des lignes.

Au folio 274 verso : liste des signes, en 4 lignes, sans traduction, sauf pour quelques mots tels que ceux-ci : cœur et foie. Cette liste se retrouve exactement transcrite, vers la fin de celles du manuscrit 2327, Pl. VI, l. 20 à 25, jusqu'à ἀλόη (v. p. 100).

Au folio 279 commence un ouvrage considérable intitulé : « la voie droite vers l'art de l'Alchimie, par le grand maître Pierre Théoctonicos.

Cet ouvrage se poursuit jusqu'au folio 287 verso, où la fin est indiquée à l'encre rouge. « Voici la fin de la route pure du frère Ampertos Théoctonicos, le grand philosophe de l'Alchimie, transcrite par Georges Midiates. »

Ce traité va être décrit tout à l'heure plus en détail.

Au folio 288 : suite de préparations chimiques. Figure d'un entonnoir à filtration et d'une fiole à fond rond.

Aux folios 319 à 341 : lexique étendu, donnant l'interprétation des noms des opérations, substances, plantes, maladies. Ce lexique renferme un certain nombre de mots arabes. Il y a beaucoup de noms chimiques.

Revenons maintenant à l'ouvrage manuscrit de Théoctonicos, personnage qui a donné lieu à diverses discussions de la part d'Hœfer, lequel lui attribue le prénom de Jacob, et de la part de H. Kopp. L'examen direct de son traité m'a paru utile pour éclaircir la question. Elle n'est pas sans intérêt; car c'est un des rares auteurs de quelque importance, cités dans les histoires de la chimie et sur lesquels nous ne possédions pas encore de lumière suffisante.

Le titre exact de l'ouvrage est le suivant :

Ἀρχὴ τῆς εὐθείας ὁδοῦ τοῦ μεγάλου διδασκάλου Πέτρου τοῦ Θεοκτονίκου πρὸς τὴν τέχνην τῆς ἀρχημίας, titre déjà traduit plus haut; et au bas de la page : ἐγὼ ὁ Πέτρος Θεοκτόνικος τῶν φιλοσόφων ὁ ἐλάχιστος. ; c'est-à-dire :

« Moi Pierre Théoctonicos, le moindre des philosophes. »

A la fin du traité, il est désigné sous le nom de τοῦ ἀδελφοῦ Ἀμπέρτου τοῦ Θεοκτονίκου.

La dernière forme rappelle le latin *Albertus Teutonicus*, personnage identifié en général par les vieux auteurs avec Albert le Grand et sous le nom duquel il existe un ouvrage latin d'Alchimie, désigné parfois par les mots : *Semita recta*.

Cet ouvrage latin se trouve au tome XXI des œuvres d'Albert le Grand, qui est regardé ici comme un pseudonyme, et il est imprimé dans le tome II du *Theatrum Chemicum*. Les deux textes latins concordent très exactement, comme je l'ai vérifié. L'ouvrage est écrit avec assez de sincérité; il date du xiiie ou xive siècle. Les articles techniques qui le terminent sont complétés par des additions faites par quelques copistes plus modernes, d'après Geber, Razès, Roger Bacon, maître Joi (*sic*, pour Jean ?) de Meun, expressément nommés. Il semble même en certains endroits qu'il y ait deux étages d'additions.

Or le traité de Théoctonicos est une traduction grecque du traité attribué à Albert le Grand, traduction antérieure aux textes latins imprimés que je viens de citer, et qui renferme certaines indications spéciales et différentes ; mais qui, par contre, ne contient pas les additions. C'est ce qui résulte de l'examen détaillé auquel je me suis livré.

En effet, j'ai d'abord constaté la conformité générale du texte latin et du texte grec, en les comparant ligne par ligne jusqu'à la fin.

Je me bornerai à la citation suivante, qui est caractéristique. Dans le grec :

Εὗρον πάλιν ὑπερέχοντας μονάχους καὶ πρεσβυτέρους καὶ κανονικοὺς, κληρικοὺς, φιλοσόφους καὶ γραμματεῖς. Dans le latin :

Inveni autem prædivites litteratos, abbates, præpositos, canonicos, physicos et illiteratos, etc.

C'est-à-dire (d'après le grec) :

« J'ai trouvé des moines éminents, des prêtres, des chanoines, des clercs, des philosophes et des grammairiens. »

Le texte grec est plus ferme que le texte latin ; cependant il est difficile de refuser d'admettre que la phrase précédente ait été traduite du latin.

A la page suivante, folio 279 verso, on retrouve pareillement dans les deux langues la phraséologie ordinaire des alchimistes :

« Voulant écrire pour mes amis, de façon que ceux qui voient ne voient pas, et que ceux qui entendent ne comprennent pas, je vous conjure, au nom de Dieu, de tenir ce livre caché aux ignorants. »

Le texte grec est plus développé que le latin dans le passage suivant (même page) :

« J'ai écrit moi-même ce livre, tiré des livres de tous les philosophes de la science présente, tels que Hermès, Avicenne, Rhazès, Platon et les autres philosophes, Dorothée, Origène, Geber (?), beaucoup d'autres, et chacun a montré sa science ; ainsi que Aristote, Hermès (1) et Avicenne. » Cette suite de noms propres et d'autorités manquent dans le latin.

Le traité poursuit pareillement, en expliquant dans les deux langues qu'il faut réduire les métaux à leur matière première.

Puis commence un autre chapitre, qui débute par ces mots singuliers (fol. 280), en grec : Ἀρχημία ἔστιν πρᾶγμα παρὰ τῶν ἀρχαίων εὑρισκομένην, χιμία δὲ λέγεται ῥωμαιστή, φραγγικὰ δὲ μᾶζα (sic).

« L'Alchimie est une chose découverte par les anciens : on l'appelle Chimie en romaïque, Maza en langue franque. »

Quant au texte latin on lit, dans les deux publications citées : « *Alchimia est ars ab Alchimo inventa et dicitur ab archymo græcè, quod est massa latinè.* »

« L'Alchimie est un art découvert par Alchimus ; c'est d'après le mot grec *archymus* qu'elle a été nommée, mot qui signifie *massa* en latin. »

Cette phrase étrange se trouve aussi dans le *Liber trium verborum Kalid* (*Bibliotheca Chemica* de Manget, t. II, p. 189) : « *Alchimia ab Alchimo inventa. Chimia autem græcè, massa dicitur latinè.* »

Pic de la Mirandole, au xvi⁰ siècle, cite aussi cet Alchimus, en répudiant

----

(1) Figuré par le symbole de la planète Mercure.

l'étymologie précédente. Il y a là sans doute quelque réminiscence de l'ancien Chymès (1). Quant au mot μᾶζα ou *massa*, il existe comme synonyme de la Chimie dans le *Lexicon Alchemiæ Rulandi* (au mot *Kymus*).

Le latin explique ensuite que les métaux diffèrent seulement par une forme accidentelle et non essentielle, dont on peut les dépouiller :

Formâ accidentali tantum, nec essentiali : ergo possibilis est spoliatio accidentum in metallis. Mais le grec est ici plus vague.

Au contraire, le grec développe davantage la génération des métaux et parle de la terre vierge (2), comme l'ancien Hermès : διὰ γῆς παρθένου καὶ σαθρῆς ; ce que le latin traduit simplement par *terra munda*, la terre pure.

Les deux textes se suivent ainsi parallèlement, avec des variantes considérables et des développements inégaux. Puis viennent la description des fourneaux (fol. 282), celle des quatre esprits volatils : le mercure (signe de la planète Hermès), le soufre, l'arsenic (même signe que celui de la Pl. VI, l. 26), le sel ammoniac. Le nom ancien de l'orpiment, ἀρσένικον, est changé ici en ἀρπιπήγματον : ce qui est une transcription littérale du latin *auri pigmentum*, transcription montrant par une nouvelle preuve que le texte original a été écrit en latin. Divers sels, le tartre, le vert-de-gris, le cinabre, la céruse, le minium figurent ici.

Puis viennent les opérations, dont la description fournit des équivalences intéressantes entre les mots grecs du xive siècle et les mots latins ; équivalences dont plusieurs sont distinctes des anciennes expressions contenues dans les premiers alchimistes.

Par exemple (fol. 285).

ῥίνισμα, qui voulait dire à l'origine limaille, est traduit par *sublimatio*. — Il y a ici l'idée de l'atténuation extrême de la matière, exprimée plus tard par le mot alcoolisation, qui voulait dire réduction à l'état de poudre impalpable.

Ἀσβέστωμα. — *Calcinatio.* — Ce mot nouveau a remplacé l'ancien ἴωσις ; et le mot ἄσβεστος, ou *calx* (chaux métallique), s'est substitué à ἰός.

Πῆγμα. — *Coagulatio.* — Solidification d'un corps liquide.

Πῆξις. — *Fixio.* — Fixation d'un corps volatil.

Ἀνάλωμα. — *Solutio.* — Dissolution.

---

(1) *Origines de l'Alchimie,* p. 167. | (2) *Origines de l'Alchimie,* p. 63.

Στάλαγμα. — *Sublimatio.* — C'est la distillation, opérée par vaporisation, ou par filtration.

Κήρωμα. — *Ceratio.* — Ramollissement.

Ἕψησις. — *Decoctio.* — Cuisson, emploi de fondants.

Les deux textes se suivent jusqu'au bout.

Ainsi le traité de Théoctonicos n'est autre chose que la traduction grecque de l'ouvrage latin d'Alchimie attribué à Albert le Grand. Ce fait de la traduction en grec d'un ouvrage latin, au moyen âge, est exceptionnel. Peut-être s'explique-t-il par l'époque même où il s'est produit, qui est celle du contact forcé entre les Grecs et les Latins, établi par suite des croisades et de l'occupation de Constantinople.

On trouve d'ailleurs des textes grecs de la même époque, inspirés également des Arabes, parmi les manuscrits du Vatican, tels que le n° 914 (Recettes pour écrire en lettres d'or, etc.); le n° 1134, daté de 1378, sur le τίτανος. l'ἐλε-ξίρ, l'arsenic, le sel ammoniac, les aluns, la cadmie, etc. (1).

Je rappellerai encore la page d'Arnaud de Villeneuve, traduite en grec, qui se trouve ajoutée à la fin du manuscrit 2327 de Paris (fol. 291).

X. — *Manuscrits alchimiques de Leide.*

Il existe à Leide des manuscrits alchimiques grecs, signalés par divers auteurs et dont il m'a paru utile de prendre une connaissance plus approfondie. Mon fils, André Berthelot, déjà préparé par l'examen des manuscrits du Vatican, et des bibliothèques allemandes (p. 191 et 193), s'est chargé de ce travail. Je vais en donner le résumé.

Il y a deux manuscrits alchimiques grecs de quelque importance à Leide, l'un intitulé : *Codex Vossianus Græcus*, n° 47, in-4°, 72 folios, très mal écrit, daté de 1440 ; l'autre provenant des livres de Ruhnkenius, savant helléniste du dernier siècle, inscrit sous la rubrique XXIII, Ru. 6, in-4°, 30 folios ; sur papier, écrit au xvii° siècle. J'appellerai pour abréger le premier : Voss. et le second : Ru.

---

(1) Rapport sur les manuscrits alchimiques de Rome, par A. Berthelot, dans les Archives des missions scientifiques, 3° s., t. XIII, p. 835 et suiv.

Ces manuscrits sont tous deux intéressants : le premier, Voss., parce qu'il renferme quelques fragments qui n'existent pas ailleurs ; le second, Ru., en raison de certaines de ses figures, qui établissent complètement le passage entre les appareils des vieux manuscrits et l'aludel des Arabes. Je les ai données plus haut, avec commentaires (p. 167 à 173).

Codex Ru. 6. Quant au texte même, le Ru. paraît, d'après une collation rapide mais précise, ne rien renfermer qui ne soit déjà contenu dans le manuscrit 2327 et plus spécialement dans celui de la Laurentienne. Il représente d'ailleurs, non les textes mêmes, mais surtout une table des matières, suivie de quelques extraits. Il paraît donc inutile d'entrer ici dans plus de détails.

Disons seulement que dans ce manuscrit le texte alchimique proprement dit comprend 20 folios, dont les quatre derniers consacrés au traité de Psellus. Puis vient un traité mutilé sur la musique (fol. 23-24) et un traité sur les oiseaux (fol. 25-29), déjà édité dans *Rei Accipitrariæ Scriptores*, pages 243 à 255 (sauf que l'ordre des chapitres diffère). — Les signes du manuscrit 2327, c'est-à-dire nos planches IV, V, VI, VII et VIII (v. page 168) figurent textuellement dans Ru. ; ce qui établit la filiation.

Codex Vossianus. Ce manuscrit mérite une attention spéciale ; car il se distingue à certains égards de tous les autres manuscrits alchimiques connus. Les textes chimiques commencent (fol. 4-11) par un abrégé des leçons de Stéphanus, se terminant par les mots : μετὰ τὸ ἔα κάτω καὶ γέλεσαν ; mots qui répondent à la fin des mêmes leçons dans le manuscrit 2325 (sauf γενήσεται au lieu de γέλεσαν). Cette circonstance joue un rôle essentiel dans la classification des manuscrits (v. p. 179 à 181). Puis vient une feuille blanche, suivie des mots : ἐκ τοῦ διαλόγου Κλεοπάτρας οὗ ἡ ἀρχὴ λείπει. La phrase du début : Ἡ πλάνη ἐσπάρη ἐν τῷ κόσμῳ διὰ τὸ πλῆθος τῶν ἐπωνύμων, se trouve dans la 9ᵉ leçon de Stéphanus, imprimée par Ideler (t. II, p. 247, l. 25). Cette phrase y est séparée du mot γέλεσαν par deux lignes de texte, supprimées dans Voss.

Rappelons que j'ai établi plus haut (p. 192), comment la fin de la 9ᵉ leçon de Stéphanus et le milieu du Dialogue de Cléopâtre ont été confondus et mis bout à bout dans le manuscrit de Saint-Marc, ainsi que dans le texte d'Ideler, par suite d'une erreur fort ancienne des copistes. La même confusion a lieu dans le Voss. ; à cela près qu'il y manque les dix lignes (14 à 24) de la page

248 d'Ideler, depuis le mot προσεγγίσαι qui y marque le début du fragment du Dialogue, jusqu'aux mots θανατώσηται. βλέπετε τὸ θεῖον ὕδωρ τὸ ποτίζον αὐτὰ καὶ τὴν νεφέλην, lesquels font en effet partie du Dialogue de Cléopâtre, dans le manuscrit 2327. — Dans Ideler, on les retrouve à la ligne 23 de la page 248.

Tout ceci indique une confusion analogue, mais qui n'est pas identique dans les diverses copies. La dernière ligne du Dialogue dans le Voss. est la même que celle d'Ideler.

Au folio 24 sont les extraits des poètes ; puis ceux de Pélage (fol. 14-17), d'Ostanès (fol. 17), de Synésius : ce dernier déjà reproduit par Reuvens (lettre à M. Letronne). La plupart de ces extraits ont un caractère technique très manifeste. L'auteur abrège ou supprime la phraséologie mystique, conservant au contraire *in extenso* les recettes proprement dites.

Puis vient Démocrite (*Physica et Mystica*), l'Anonyme, Zosime, sur la vertu (extrait, fol. 31 verso), et une série de petits écrits sur l'ἀσβεστος et autres, qui se trouvent au long dans le manuscrit de Venise. Le tout se poursuit dans le Voss. sans rien de spécial, jusqu'au folio 49, περὶ ὀργάνων, de Zosime. — On rencontre alors la Chrysopée de Cléopâtre et des figures pareilles à celles du manuscrit de Venise.

La similitude des figures est si grande que l'on ne saurait douter d'une origine commune ; le Voss. reproduit en effet (fol. 49 verso) la Chrysopée (notre fig. 11), avec ces mots en face : ὅτι ἀπὸ ἀσκιάστου χαλκοῦ ἰός.

Et plus bas : Ἔχει δὲ οὗτος βῆκος. ὕελος, πωλήν :

Puis (fol. 50 verso) les deux figures de dibicos (nos fig. 14 et 14 *bis*) ; au folio 51 recto, les mots ἑξῆς τὸ τρίθηκον ὑπόγραφε, et au bas de la page : οἱ δὲ τόποι οὕτως ; puis les mots ἔστιν ἀρχή, et la figure en cœur (notre fig. 31) ;

Au folio 51 verso, la figure du tribicos (notre fig. 15) et celle de l'appareil distillatoire (notre fig. 16).

Au folio 52 recto, en face : ἕτερον ποίησις καὶ ἕτερον ἄρσις.

Au folio 52 verso : les kérotakis (nos fig. 22 et 24).

Au folio 53 recto : la palette (notre fig. 24 *bis*).

Au folio 53 verso : les deux appareils à digestion (nos fig. 20 et 21).

Au folio 55 verso : les trois autres figures de kérotakis, ajoutées sur les marges du manuscrit de Saint-Marc (nos fig. 25, 26 et 27), avec les mots : ἐπὰν ἔχει τὸ ὀσράκινον ἄγγος καλύπτον τὴν φιάλην τὴν ἐπὶ τὴν κηροτακίδα ἵνα περιβλέπη

Puis viennent les figures et les mots :

ἐκ φι ἔστι τὸ πλυν (*sic ;* mots abrégés).

ἐκ τῶν Ἰουδαικῶν γράφων.

Au folio 58 recto, la figure de la chaudière et du πόντος (notre fig. 18), qui n'existe dans aucun autre que celui de Saint-Marc.

Aux folios 54 et 55, on lit quelques petits morceaux, d'un caractère spécial, qui débutent ainsi :

τὰ τὴν ἀπὸ τοῦ χρυσορρόου ποταμοῦ σύμφυραν ἀφαιρέματι...

πρὸς μίξεις οὗ ποίησει φύραμα εἰς λεκάνην ὀστρακίνην...

ὥς φύραμα ἀργύρου...

Les articles qui suivent : sur les feux, le cuivre brûlé, la trempe du fer persan, et celle du fer indien, les poids et mesures (fol. 56 à 64), ne diffèrent pas du manuscrit de Venise.

La liste des signes (fol. 70 à 72) reproduisant nos figures 3, 4, 5, Pl. I, II, III, est très significative ; car c'est celle des signes du manuscrit de Saint-Marc, modifiée par des interversions, dues évidemment au copiste qui a embrouillé l'ordre des colonnes. La liste finale des noms des philosophes est exactement la même.

A la fin on lit (fol. 70) la formule de l'Ecrevisse (notre fig. 28), avec son explication et le texte qui l'accompagne, dans l'addition faite au début du manuscrit de Saint-Marc (v. p. 152 à 155). Ce dernier texte est terminé de même par les mots : « Ainsi a été accomplie, avec l'aide de Dieu, la pratique de Justinien. »

Formule et texte sont précédés par un autre morceau sur l'œuf, attribué à Justinien et que je vais reproduire, comme formant avec la phrase précédente les seuls débris qui nous restent de ces traités alchimiques de Justinien, indiqués dans la vieille liste du manuscrit de Saint-Marc (p. 176). Il semble que c'était l'œuvre pseudonyme d'un commentateur, analogue à l'Anonyme et à Stéphanus. En tout cas, l'existence de ce morceau prouve que le Voss. a dû puiser dans des sources perdues aujourd'hui. Cependant, sauf quelques petits fragments, on vient de voir que son contenu n'apporte rien d'essentiellement nouveau. Peut-être vaudra-t-il plus tard la peine d'être collationné avec le texte grec de la publication présente.

Codex Vossianus (Leide), n° 47, in-4° — fol. 69 verso :

Ὁ Ἰουστινιανὸς οὕτως κέκληται τὰ πρὸς τὸ ὡὸν ἕκαστα.

Τὸν κρόκον ὤχραν ἀττικήν. σινωπίδην πόντιον. νίτρον ῥούσιον. χαλκίτην ὀπτήν. κυανὸν ἀρμένιον, κρόκον κιλίκιον. ἐλύδριον.

Τὸ δὲ ὄστρακον, χαλκὸν, σίδηρον, κασσίτηρον, μόλιβδον (1). σῶμα στερεόν.

Τὴν δὲ ἄσβεστον, γῆν χίαν. ἀστερίτην. ἀφροσέληνον. κόμην ἀκάνθης. ὀπὸν συκῆς. ὀπὸν τιθυμάλου. μαγνησίαν λευκήν. ψιμμύθιον.

Τὸ δὲ ξανθὸν ὕδωρ κυανόχρωον. ὕδωρ θείου ἀπύρου. ὕδωρ ἀρσενίκου. ὕδωρ νίτριον. κογχύλην. ἀριστολοχίαν. ὕδωρ χρυσοπυρίτου. ὕδωρ φέκλης . καὶ ἄλλα ἕτερα.

Τὸ δὲ λευκὸν ὕδωρ ἐκάλεσε θεῖον ὕδωρ. ἀπολελυμένον ὄξος. ὕδωρ στυπτηρίας. ὕδωρ ἀσβέστου. ὕδωρ σποδοῦ κράμβης. οὖρον. γάλα καινὸν θηλυζούσα. γάλα αἰγός. γάλα σποδοῦ λευκῶν ξύλων. γάλα φοινίκης. ἀργυροζώμιον. ὕδωρ νίτρου λευκόν. καὶ ἕτερα.

« Justinien met ainsi en lumière chacune des parties relatives à l'œuf (philosophique ; v. *Texte grec*, I, iii et I, iv) :

Le jaune, c'est l'ocre attique ; le vermillon du Pont ; le nitre roux ; la chalcite grillée ; le bleu d'Arménie, le safran de Cilicie, la chélidoine.

La coquille, c'est le cuivre, le fer, l'étain, le plomb, le corps solide.

La chaux, c'est la terre de Chio, la pierre scintillante, la sélénite ; la gomme d'acanthe ; le suc du figuier ; le suc du tithymale ; la magnésie blanche ; la céruse.

L'eau jaune qui teint en bleu, c'est l'eau du soufre apyre, l'eau d'arsenic, l'eau citrine, le coquillage, l'aristoloche, l'eau de la pyrite dorée, l'eau de lie, et les autres choses.

Il a appelé l'eau blanche : eau divine obtenue par écoulement, vinaigre, eau d'alun, eau de chaux, eau de cendres de choux, urine, lait nouveau produit par une femelle (?), lait de chèvre, lait de la cendre des bois blancs, lait de palmier, liqueur argentine, eau de nitre blanc, et le reste. »

XI. — *Manuscrits divers.*

Je relaterai, pour ne rien omettre, dans le manuscrit 113 de la Biblio-

---

(1) Le nom de chaque métal est suivi de son signe dans le manuscrit.

thèque du Métoque du Saint-Sépulcre, à Constantinople, un petit traité περὶ χημικῶν, ainsi que la lettre de Psellus au patriarche Michel sur l'art chimique : ces indications m'ont été fournies par M. J. Psichari, qui a visité cette Bibliothèque l'an dernier.

Enfin M. Ludwig Stern a publié dans la *Zeitschrift für œgypt. Sprache*, pages 102-119, 3ᵉ livraison, 1885, des fragments d'un Traité copte, écrit à la fin du moyen âge et composé surtout d'une série de courts articles, qui semblent avoir un caractère purement technique.

XII. — *Manuscrit arabe d'Ostanès.*

Il existe à la Bibliothèque Nationale de Paris un manuscrit alchimique arabe, renfermant un Traité attribué à Ostanès (nº 972 de l'ancien fonds). Ce manuscrit est d'une très belle écriture ; il a été transcrit au xivᵉ ou au xvᵉ siècle. Un savant très compétent a bien voulu en traduire verbalement pour moi quelques pages, que j'ai prises sous sa dictée, et que je vais reproduire, à titre de renseignement :

« *Livre des Douze Chapitres d'Ostanès le Sage sur la Science de la Pierre illustre. Introduction.* — Au nom de Dieu, etc., le sage Ostanès dit : ceci est l'interprétation du livre du Contenant, dans lequel on trouve la science de l'œuvre, sa composition et sa dissolution, sa synthèse et son analyse, sa distillation et sa sublimation, sa combustion et sa cuisson, sa pulvérisation et son extraction, son grillage, son blanchiment et son noircissement, l'opération qui la rend rouge, sa fabrication avec des éléments provenant des règnes minéral, végétal, animal, et la constitution de l'or philosophique, lequel est le prix du monde : ainsi que l'acide et la composition du sel et le dégagement de l'esprit ; la synthèse des mercures et l'analyse des soufres, et tout ce qui se rapporte à la méthode de l'œuvre. »

Avant l'introduction, il est dit que l'ouvrage a été traduit du pehlvi, du grec, etc, etc., et le traducteur prétendu ajoute :

« La première partie renferme : un chapitre sur la description de la pierre philosophique et un chapitre sur la description de l'eau ; — sur les préparations ; — sur les animaux.

« La seconde partie renferme un chapitre sur les plantes ; — sur les tem-

péraments ; — sur les esprits ; — sur les sels : — un chapitre sur les pierres ;
— sur les poids ; — sur les préparations ; — sur les signes secrets.

« J'ai donné, ces choses, dit-il, d'après les paroles d'Ostanès le Sage et j'ai
ajouté à la fin deux chapitres, d'après les paroles d'Hercule (Héraclius) le
Romain, les paroles d'Abu-Alid l'Indien, les paroles d'Aristote l'Égyptien,
les paroles d'Hermès, les paroles d'Hippocrate, et les paroles de Géber, et
les paroles de l'auteur d'Emèse. »

Ailleurs, il cite Aristote comme son contemporain : « j'ai entendu Aristote
dire... » Il cite aussi Platon (fol. 34), Galien (fol. 19 verso), Romanus
(fol. 17 verso et 23 verso), les livres des anciens en langue grecque (fol. 14
verso), Abubekr (1), alchimiste arabe du IVe siècle de l'Hégire (fol. 23 verso),
Djamhour, autre alchimiste arabe (fol. 3).

La personne qui me traduisait ces pages n'a pas retrouvé dans le manuscrit les chapitres techniques annoncés plus haut et qui auraient offert beaucoup d'intérêt. Voici seulement quelques extraits, qu'elle a eu l'obligeance de
me dicter :

« 1er Chapitre : Sur la description de la pierre, tirée du livre du Contenant (2) ; le sage dit :

« La première chose qu'il faut chercher, c'est la connaissance de la pierre
qui fut recherchée par les anciens, et dont ils acquirent le secret avec le tran-
chant du sabre. Et il leur fut interdit de la nommer, ou s'ils la mentionnaient
nominativement, c'est par un nom vulgaire. Et ils conservaient le secret
jusqu'à ce qu'ils pussent le révéler aux âmes pures. »

Et plus loin :

« La pierre, on l'a décrite en disant qu'elle est l'eau courante, l'eau éter-
nelle ; — qu'elle est le feu ardent, le feu glacé, la terre morte, la pierre dure,
la pierre douce ; — c'est l'esclave fugitif ; le stable et le rapide ; la chose qui
fait, celle qui est faite ; celle qui lutte contre le feu, celle qui tue par le feu ;
celui qui a été tué injustement, qui a été pris de force ; l'objet précieux,
l'objet sans valeur ; la plus haute magnificence, la plus basse abjection ; il
exalte celui qui le connaît ; il illustre celui qui s'y applique ; il dédaigne

(1) C'est Rhazès. — Voir *Rufus d'E-*
phèse, édition de 1879, préface, p. XLVIII.

(2) Ce titre est le même que celui de
l'ouvrage médical de Rhazès.

celui qui l'ignore ; il abaisse celui qui ne le connaît pas ; il est proclamé chaque jour partoute la terre. O vous, cherchez-moi, prenez-moi — et faites-moi mourir, puis après m'avoir tué, brûlez-moi : après tout cela, je ressuscite et j'enrichis celui qui m'a tué et qui m'a brûlé. S'il m'approche vivant du feu, je le rends glacé. Si l'on me sublime entièrement et qu'on me lie fortement, je retiens alors la vie dans mes convulsions extrêmes et par Dieu je ne m'arrête que lorsque je suis saturé du poison qui doit me tuer. »

« Je t'ai montré ces sources (de la connaissance) en principe et non pas en fait... Et je n'ai rien caché, Dieu m'en est témoin... Je l'ai posée d'une façon exacte dans le but. — Il ne faut pas que tu le dépasses..... »

Ce langage mystique et déclamatoire rappelle à la fois Zosime et les vieux alchimistes arabes du moyen âge, cités dans Vincent de Beauvais.

Au folio 62 on lit un second ouvrage, attribué aussi à Ostanès. En voici un extrait : « Le sage Ostanès dit en réfléchissant et en regardant cette œuvre : L'amour de cette œuvre est entré dans mon cœur et en même temps le souci a pénétré en moi, de sorte que le sommeil a fui mes yeux et j'ai perdu le boire et le manger : par là mon corps s'est affaibli et j'ai changé de couleur. Lorsque je vis cela, je m'adonnai à la prière et au jeûne. »

« Il a prié Dieu, et il a vu, étant couché, une apparition qui lui dit : Lève-toi et elle le conduisit à un lieu où il vit sept portes. Mon guide me dit : ce sont les trésors de ce monde que tu recherches. Je lui dis : Donne moi la faculté d'y pénétrer — Il répondit : il faut l'aile de l'aigle et la queue du serpent ».

« Il vit plusieurs tablettes : sur l'une était écrit ce qui suit. C'était un livre persan, plein de science, où il était dit : l'Égypte est une contrée tout à fait privilégiée. Dieu lui a donné la sagesse et la science en toute chose. Quant à la Perse, les habitants de l'Égypte et des autres contrées lui sont redevables : rien ne réussit sans son concours. Tous les philosophes ont été en Perse, etc. »

Il est difficile de distinguer dans ces citations ce qui appartient en propre à l'auteur arabe et ce qui pourrait provenir d'une source grecque, plus ou moins éloignée. Mais le dernier morceau a une physionomie singulière ; on y voit une apparition, conformément aux vieilles traditions magiques du persan Ostanès ; l'éloge de la Perse semble pareillement l'indice d'une antique tradition. On peut aussi rapprocher les paroles relatives à l'Egypte, de celles qui concernent la terre de l'Ethiopie dans le dialogue grec de Comarius (Ideler, T. II, p. 253, lig. 11), dialogue où Ostanès est également cité (même ouvrage, II, p. 248, lig. 27).

VII. — SUR QUELQUES MÉTAUX ET MINÉRAUX
PROVENANT DE L'ANTIQUE CHALDÉE

En poursuivant mes études sur les origines de l'Alchimie et sur les métaux antiques, j'ai eu occasion d'examiner diverses matières, provenant, les unes du palais de Sargon, à Khorsabad, les autres des fouilles de Tello par M. de Sarzec. C'est grâce à l'extrême obligeance de notre confrère, M. Heuzey, conservateur au musée du Louvre, que j'ai pu étudier ces échantillons, tirés des précieuses collections de notre grand Musée national. Je vais présenter les résultats de mes analyses, et j'exposerai ensuite divers documents nouveaux ou peu connus, relatifs à l'origine de l'étain employé par les anciens dans la fabrication du bronze.

Commençons par les objets provenant de Khorsabad.

Dans le cours de ses fouilles, en 1854, M. Place découvrit, sous l'une des pierres angulaires du palais de Sargon, un coffre de pierre contenant des tablettes votives, couvertes d'inscriptions cunéiformes très nettes, destinées à rappeler la fondation de l'édifice (706 av. J.-C.). D'après M. Place, ces tablettes auraient été au nombre de cinq ; mais les inscriptions indiquent formellement qu'il y en avait sept, désignées nominativement. Quatre seulement de ces tablettes se trouvent aujourd'hui au musée du Louvre. Les trois autres sont perdues. Les quatre tablettes qui restent portent des inscriptions longues et détaillées. M. Oppert a publié la traduction de trois d'entre elles, dans l'ouvrage intitulé : *Ninive et l'Assyrie, par V. Place* (t. II, p. 303 ; 1870). Le sens en est à peu près le même pour les trois et il se rapporte à la construction du palais. D'après cette traduction, les tablettes étaient en or, argent, cuivre, en deux autres corps dont les noms ont été identifiés avec le plomb et l'étain, ce dernier plus douteux, d'après M. Oppert :

enfin en deux derniers corps portant le déterminatif des pierres employées comme matériaux de construction, et qui sont regardés comme du marbre et de l'albâtre. Malheureusement, chaque tablette ne contient pas à part le nom de la matière dont elle est faite.

J'ai examiné les quatre tablettes actuellement existantes au Louvre. Elles sont rectangulaires et épaisses de plusieurs millimètres. La lame d'or est la plus petite ; elle se reconnaît aisément, quoiqu'elle ait perdu son éclat. Elle pèse environ 167 gr. Elle a été façonnée au marteau. Le métal n'est pas allié avec un autre en proportion notable.

La lame d'argent est également pure, ou à peu près. Elle est légèrement noircie à la surface, en raison de la formation d'un sulfure, comme il arrive à l'argent exposé pendant longtemps aux agents atmosphériques. Elle pèse environ 435^{gr}. Je donne ces poids à titre de renseignements, sans préjuger la question de savoir s'ils répondaient aux valeurs relatives des métaux à l'époque de la fondation du palais. On sait que le rapport de valeur de l'or à l'argent a varié beaucoup suivant les temps et les lieux.

La lame réputée de cuivre est profondément altérée et en partie exfoliée par l'oxydation. Elle pèse, dans son état présent, environ 952^{gr}. Ceci joint à la densité du métal, moindre que celle de l'or et de l'argent, suffit pour montrer que les dimensions en sont beaucoup plus considérables que celles des deux autres. La couleur en est rouge foncé, déterminée surtout par la présence du protoxyde de cuivre. Cependant ce n'est pas du cuivre pur, mais du bronze. En effet, un échantillon prélevé à la lime sur les bords renfermait, d'après l'analyse :

$$
\begin{array}{lr}
\text{Étain} & 10,04\,; \\
\text{Cuivre} & 85,25\,; \\
\text{Oxygène, etc.} & \underline{4,71\,;} \\
& 100,00
\end{array}
$$

Il n'y a ni plomb, ni zinc, ou autre métal en quantité notable. La proportion de l'étain répond à celle d'un bronze jaune d'or ; mais la présence du protoxyde de cuivre a altéré la couleur. Cette composition se retrouve d'ailleurs dans un grand nombre de bronzes antiques. Je citerai seulement un miroir égyptien, datant du xviie ou du xviiie siècle avant notre ère, et que

j'ai analysé autrefois pour M. Mariette. Il renfermait 9 parties d'étain et
91 de cuivre.

La quatrième tablette est la plus intéressante de toutes, à cause de sa
composition. Elle pèse environ 185^{gr}. Elle est constituée par une matière
d'un blanc éclatant, opaque, compacte, dure, taillée et polie avec soin. Elle
a été réputée jusqu'ici formée par un oxyde métallique et désignée même à
l'origine sous le nom de *tablette d'antimoine*, d'autres disent *d'étain*; d'après
l'opinion qu'elle aurait été fabriquée autrefois avec un métal que le temps
aurait peu à peu oxydé. Cependant, ni l'antimoine ni l'étain ne possèdent
la propriété de s'altérer de cette façon, surtout lorsqu'ils sont contenus
dans un coffre de pierre. Tout au plus le plomb ou le zinc sont-ils susceptibles de se changer en oxyde, ou en carbonate, dans un milieu humide ;
mais alors ils se désagrègent et tombent en poussière, tandis que la tablette
est parfaitement compacte et couverte d'une inscription très fine et d'une
extrême netteté. Sa nature réelle constituait donc une véritable énigme.

Pour l'examiner de plus près, nous avons d'abord pratiqué avec précaution
un sondage, et constaté qu'il n'existait pas de feuille de métal centrale dans
l'épaisseur de la tablette. L'analyse chimique a indiqué ensuite que la matière de la tablette est du carbonate de magnésie pur et cristallisé, substance
bien plus résistante aux acides étendus et aux agents atmosphériques que
le carbonate de chaux. Le poli de cette tablette paraît avoir été complété à
l'aide d'une trace presque insensible de matière grasse, laquelle se manifeste
par calcination.

Observons ici que notre magnésie et ses sels étaient inconnus dans l'antiquité et au moyen âge, le nom de magnésie ayant eu autrefois des sens très
différents, multiples d'ailleurs (1).

Dans Pline, ce mot désigne divers minéraux noirs, blancs, ou roux,
provenant des villes et provinces du même nom : en particulier la pierre
d'aimant ou pierre magnétique (qui en a conservé la dénomination) ; un
minéral qui paraît être notre oxyde de manganèse (autre transformation
du même nom) ; enfin les pyrites de fer, de cuivre, peut-être d'étain
et de plomb. Par extension, le nom de magnésie fut ensuite appliqué aux

____

(1) Voir ce volume, p. 28, 66, 153 et plus loin.

produits successifs : oxydes et même alliages, provenant du grillage et du traitement de ces diverses pyrites.

Le sens du mot a changé encore chez les Alchimistes, qui l'ont étendu à certains alliages et amalgames, parfois argentifères. C'est seulement vers le XVIIIe siècle qu'il a été donné aux mélanges de sulfate et de carbonate de chaux, renfermant souvent des sels de magnésie; et finalement au carbonate précipité du sel d'Epsom : dernière attribution qui a conduit le mot magnésie à sa signification actuelle.

Quoi qu'il en soit, le carbonate de magnésie pur et cristallisé est un minéral fort rare, que Haüy ne connaissait pas encore au commencement de ce siècle. Son association intime avec le carbonate de chaux engendre la *dolomie*, roche au contraire fort répandue. On rencontre surtout le carbonate de magnésie proprement dit, en veines intercalées dans les schistes talqueux, serpentines et autres silicates magnésiens ; il résulte de la décomposition lente de ces schistes par les agents naturels. La matière de la tablette du palais de Sargon renferme en effet quelques traces de silice, qui trahissent la même origine.

Le choix d'un minéral aussi exceptionnel, pour fabriquer une tablette sacrée, n'a pas dû être fait au hasard : il répondait sans doute à quelque idée religieuse particulière. En tous cas, il prouve que les Assyriens connaissaient le carbonate de magnésie comme une substance propre. A quel mot répondait réellement cette tablette dans l'inscription, où elle paraît figurer sous l'un des noms réputés jusqu'ici métalliques ? Malgré l'absence d'une dénomination spéciale sur cette tablette, M. Oppert a bien voulu me dire qu'elle était désignée par le mot *a-bar*, pris auparavant pour celui de l'étain.

Il m'a semblé utile, pour tâcher d'obtenir quelque lumière nouvelle à cet égard, d'analyser la matière même avec laquelle sont construits les grands taureaux du musée du Louvre et de rechercher surtout si elle contiendrait de la dolomie. Mais j'ai vérifié que c'est du carbonate de chaux cristallisé, présentant la constitution physique soit du marbre, soit plutôt de cette variété de calcaire, confondue autrefois sous le nom d'albâtre avec le sulfate de chaux anhydre. Il ne m'appartient pas de discuter davantage la question philologique de la vraie dénomination de ces matières (v. ce volume, p. 80).

Pendant que j'étudiais les tablettes de Khorsabad, M. Heuzey appela mon attention sur certains objets métalliques, provenant des fouilles faites à Tello par M. de Sarzec : c'étaient un fragment d'un vase et une figurine votive.

Le fragment représente une portion d'un cordon circulaire cylindrique, de 7^{mm} à 8^{mm} de diamètre, qui formait l'orifice d'un vase moulé, préparé par fusion et coulage. On voit encore une partie de la gorge qui séparait ce cordon du corps du vase proprement dit. La forme en est très simple et sans aucuns linéaments délicats, ni inscription. La surface est couverte d'une très légère patine, d'un noir jaunâtre. La masse est formée par un métal brillant, noir, dont la cassure présente des cristaux volumineux et miroitants. La matière même est très dure, mais fragile. D'après l'analyse, elle est constituée par de l'antimoine métallique, sensiblement pur et ne renfermant à dose notable ni cuivre, ni plomb, ni bismuth, ni zinc, mais seulement quelques traces de fer. La patine paraît être un oxysulfure, formé par l'action des traces d'hydrogène sulfuré qui existent dans l'atmosphère.

L'existence d'un fragment brisé de vase moulé en antimoine pur a quelque chose de singulier ; car l'industrie actuelle n'emploie pas ce métal pur à un semblable usage, quoiqu'elle se serve fréquemment de ses alliages, et je n'ai vu aucun autre exemple analogue dans les ustensiles, soit du temps présent, soit des temps passés.

Cependant on m'avait affirmé que les Japonais l'appliquent dans leurs fabrications et l'on m'a même remis un petit dauphin ailé, réputé constitué par de l'antimoine. Mais l'analyse exacte de ce dauphin a montré qu'il contenait du zinc et divers métaux associés (étain, bismuth, fer), mais qu'il était loin d'être formé par l'antimoine pur. Si l'antimoine pur a été réellement employé par les Japonais, ce dont je doute, il y aurait là un rapprochement singulier avec les antiques industries chaldéennes.

C'est d'ailleurs une circonstance extrêmement curieuse que la trouvaille authentique d'un tel fragment travaillé d'antimoine, faite à Tello, lieu demeuré inhabité depuis le temps des Parthes, et qui renferme les débris de la plus vieille civilisation chaldéenne. L'antimoine, en effet, est réputé ne pas avoir été connu des anciens et avoir été découvert seulement vers le xve siècle. Cependant on doit observer que les anciens connaissaient parfaitement notre sulfure d'antimoine, minéral naturel auquel ils donnaient le nom de *stibium* ou *stimmi* et qu'ils employaient à de nombreux usages, particulièrement en Médecine. Il existe même dans Dioscoride un passage reproduit par Pline et dont je crois pouvoir conclure que l'antimoine métallique avait déjà été obtenu à cette époque. On lit en effet dans Dioscoride (*Matière médicale,* liv. V, ch. xcix) : « On brûle ce minéral en le » posant sur des charbons et en soufflant jusqu'à incandescence; si l'on pro- » longe le grillage, il se change en plomb (μολυβδοῦται) ». Pline dit de même (*Histoire naturelle,* liv. XXXIII, chap. xxxiv) : « Il faut surtout le griller avec « précaution, pour ne pas le changer en plomb (*ne plumbum fiat*) ». Ces observations répondent à des phénomènes bien connus des chimistes. En effet, le grillage ménagé du sulfure d'antimoine, surtout en présence du charbon, peut aisément le ramener à l'état d'antimoine fusible et métallique, substance que Pline et ses contemporains confondaient, au même titre que tous les métaux noirs et facilement fusibles, avec le plomb. L'existence du vase de Tello prouve que l'on avait également en Mésopotamie, et dès une époque probablement beaucoup plus ancienne, essayé de préparer des vases moulés avec cette prétendue variété de plomb, moins altérable que le plomb ordinaire.

Depuis la première publication de ces analyses, j'ai reçu une lettre de M. R. Virchow, qui m'annonce avoir imprimé, dans le *Bulletin de la Société anthropologique de Berlin* (1), une Note sur de petits ornements en antimoine, trouvés dans une ancienne nécropole transcaucasienne (Redkin-Lager), datant probablement du temps de la première introduction du fer. C'est là un autre exemple de l'antique connaissance de l'antimoine.

La figurine métallique votive de Tello donne lieu à des observations non moins intéressantes. Elle représente un personnage divin, agenouillé, tenant une sorte de pointe ou cône métallique. Elle porte le nom gravé de Goudéah, c'est-à-dire qu'elle répond à l'époque la plus ancienne à laquelle appartiennent les objets trouvés jusqu'ici en Mésopotamie. M. Oppert lui attribuerait une antiquité de quatre mille ans avant notre ère. Nous nous trouvons ainsi reportés aux temps les plus reculés de la métallurgie histo-

---

(1) *Verhandlungen der Berliner An-*   vom 19 Januar 1884. Les dessins sont
thropologischen Gesellschafft, Sitzung   aux pages 129 et 130.

rique (1). Cette figurine est recouverte d'une épaisse patine verte. Au-dessous de la patine se trouve une couche rouge, constituée par le métal, profondément altéré et oxydé dans la majeure partie de son épaisseur. Puis vient un noyau métallique rouge, qui offre l'apparence et la ténacité du cuivre proprement dit : c'est le dernier reste du métal primitif, progressivement détruit par les actions naturelles.

J'ai analysé ces différentes parties.

La patine verte superficielle est un mélange de carbonate de cuivre et d'oxychlorure de cuivre hydraté. Ce dernier composé est bien connu des minéralogistes sous le nom d'*atakamite*. Il résulte de l'altération du métal par les eaux saumâtres, avec lesquelles la figurine s'est trouvée en contact pendant la suite des temps.

La couche moyenne est du protoxyde de cuivre à peu près pur, ne renfermant ni étain, ni antimoine, ni plomb ou métal analogue, ni zinc, à dose notable ; elle résulte d'une altération lente du cuivre métallique.

Enfin le noyau est constitué par du cuivre métallique, très sensiblement pur.

L'absence de tout métal autre que le cuivre dans cette figurine mérite d'être notée ; car les objets de ce genre sont d'ordinaire fabriqués avec du bronze, alliage d'étain et de cuivre, plus dur et plus facile à travailler que ses composants. L'absence même de l'étain dans le cuivre de Tello pourrait offrir une signification historique toute particulière. En effet, l'étain est bien moins répandu que le cuivre à la surface de la terre et son transport a toujours été, dans l'antiquité comme de nos jours, l'objet d'un commerce spécial. En Asie notamment, on n'avait, jusqu'à ces derniers temps, signalé d'autres gites d'étain un peu abondants que ceux des îles de la Sonde et des provinces méridionales de la Chine. Le transport de cet étain vers l'Asie occidentale se faisait autrefois par mer, jusqu'au golfe Persique et à la mer Rouge, au moyen d'une navigation longue et pénible ; et il était transmis de là sur les côtes de la Méditerranée, où il venait faire concurrence à l'étain des îles anglaises (îles Cassitérides), transporté soit

---

(1) La figurine est dessinée dans l'ouvrage intitulé : *Découvertes en*   *Chaldée*, par E. de Sarzec (Pl. 28, figures 3 et 4).

à travers la Gaule, soit par le détroit de Gadès; ainsi qu'à celui des gîtes moins abondants de la Gaule centrale (1), où l'étamage du cuivre fut d'abord pratiqué (2); enfin à l'étain des gîtes de la Thrace, peut-être aussi à celui de la Saxe et de la Bohême, et autres provenances locales, répondant à des gîtes peu abondants (3), mais dont la connaissance par les anciens est incertaine. L'importance de ces gîtes locaux a été spécialement discutée dans l'ouvrage de M. A. B. Meyer sur des fouilles en Carinthie, intitulé : *Gurina in Obergail-thales (Kärnthen)* 1885 (p. 65 et suivantes); ouvrage que l'auteur a bien voulu m'adresser. Elle mérite d'autant plus notre attention que des voyages aussi longs et aussi pénibles, des navigations si difficiles n'ont dû s'établir qu'après bien des siècles de civilisation. Les Phéniciens, venus autrefois des bords du golfe de Persique à ceux de la Méditerranée, paraissent avoir été les premiers promoteurs de cette navigation, du moins en Occident (STRABON, liv. III, chap. V, 11).

En fait, j'ai eu connaissance récemment de deux documents, qui sont de nature à fixer une origine moins lointaine à l'étain des bronzes de l'Assyrie et de l'Égypte (3). En effet, d'après une Note publiée par M. G. Bapst, dans les Comptes rendus de l'Académie des inscriptions (1886), un voyageur russe, M. Ogorodnikoff, aurait appris des habitants de Meched qu'il existait, à 120 kilomètres de cette ville et dans divers points du Khorassan (4), des mines d'étain, actuellement en exploitation. Ces renseignements sont regardés par l'auteur comme sujets à caution, en raison de l'incertitude de témoignages de cet ordre, purement oraux et fournis par des Tatars.

Cependant, circonstance remarquable, ils se trouvent en certain accord avec un passage de Strabon, que m'a indiqué M. P. Tannery. Strabon signale en effet (liv. XV, chap. II, 10) des mines d'étain dans la Drangiane, région qui répond au sud du Khorassan, au-dessous d'Hérat, vers

---

(1) Strabon le signale aussi en Lusitanie (Liv. III, ch. II, 8).

(2) PLINE, *H. N.*, l. XXXIV, 48.

(3) Quelques auteurs ont supposé qu'il avait dû exister autrefois des minerais d'étain dans l'Ibérie du Caucase. Mais les géologues n'en ont jamais trouvé jusqu'ici dans cette région. Voir sur cette question : *Recherches anthropologiques dans le Caucase*, par E. Chantre, t. I, p. 81 (1885), et *Age du bronze*, t. II, p. 305.

(4) L'existence de mines d'étain au Khorassan a été signalée par Von Baer, *Archiv für Anthropologie*, t. IX, 1876.

les limites occidentales de notre Afghanistan. Mais le transport de l'étain de ce point jusqu'à la Chaldée aurait encore exigé un voyage par terre, de longue durée, à travers des régions où les modernes eux-mêmes ne parviennent que bien difficilement. A la vérité, les métaux usuels et leurs alliages semblent avoir été transportés autrefois à travers le monde par des fondeurs nomades, analogues aux Tziganes et qui passaient partout.

La principale difficulté que l'on puisse objecter à ces petits gîtes et à ces transports individuels d'étain, c'est l'abondance et la diffusion universelle des armes de bronze, pendant de longs siècles. Les hypothèses précédentes ne semblent pas répondre aux besoin d'une fabrication aussi prolongée, aussi générale et aussi considérable. Pour y satisfaire, il a dû exister des transports réguliers de masses d'étain, venant de mines abondantes et inépuisables.

Si l'étain est rare dans le monde, il n'en est pas de même du cuivre. Les minerais de cuivre se trouvent sur un grand nombre de points. Les mines du Sinaï, pour ne pas en citer de plus lointaines, sont célèbres dans la vieille Egypte. L'extraction du cuivre métallique à l'aide de ses minerais est d'ailleurs facile.

En raison de ces circonstances, plusieurs archéologues ont supposé qu'un âge du cuivre pur, c'est-à-dire un âge ou l'on fabriquait avec ce métal les armes et les ustensiles, avait dû précéder l'âge du bronze. Le bronze, plus dur et plus résistant, aurait ensuite remplacé le cuivre, dès qu'il fut découvert. Pour juger de cette hypothèse et pour établir la date à laquelle ont commencé ces transports lointains et cette vieille navigation, il serait nécessaire de posséder l'analyse des objets les plus anciens qui aient une date certaine, parmi les débris de l'antiquité venus jusqu'à nous. Or le bronze à base d'étain existait déjà en Egypte, près de deux mille ans avant notre ère, d'après les analyses de ce genre (v. p. 220).

L'analyse de la figurine de Tello semble indiquer, au contraire, que l'étain n'était pas encore connu, à l'époque reculée de la fabrication de cet objet, l'étain n'arrivant pas alors jusqu'au golfe Persique.

Ce n'est là d'ailleurs qu'une induction, quelque circonstance religieuse ou autre ayant pu déterminer l'emploi exclusif du cuivre dans cette figurine : il faudrait examiner des objets plus nombreux et plus variés pour arriver à cet égard à une certitude. Mais il m'a paru intéressant de signaler les problèmes d'ordre général soulevés par l'analyse des métaux de Tello.

VIII. — NOTICES DE MINÉRALOGIE, DE MÉTALLURGIE

ET DIVERSES

Durant le cours de mes recherches sur les Alchimistes, j'ai recueilli dans les auteurs anciens et dans ceux du moyen âge, un grand nombre de renseignements intéressants sur la minéralogie et sur la métallurgie des anciens ; renseignements qui n'ont pu trouver une place suffisante dans les articles de l'Introduction, ou dans les notes de la Traduction. C'est pourquoi il m'a semblé utile de les reproduire ici dans un article spécial, lequel ne sera pas, je l'espère, sans quelque fruit pour les personnes qui étudieront le présent ouvrage. J'en donne d'abord, pour plus de clarté, la liste alphabétique ; puis viendront les notices elles-mêmes.

LISTE ALPHABÉTIQUE DES NOTICES

Æs, Airain, Bronze, cuivre, χαλκός et dérivés. — *Ærugo, viride æris, æruca* — *rubigo* — Ἰὸς χαλκοῦ. Ἰὸν ξυστόν — *scolex* — *Flos,* ἄνθος χαλκοῦ — *æs ustum,* χαλκὸς κεκαυμένος — *scoria, lepis* — *squama* — *stomoma* — *smegma,* — *diphryges* — *fæx æris* — craie verte, *théodotion.*

Aétite, pierre d'aigle.

Alchimistes grecs (tradition au moyen âge.)

Alphabets et écritures hermétiques.

Alun, στυπτηρία.

Ammoniac (sel).

Antimoine (sulfuré, στίμμι, larbason, alabastrum — soufre noir — antimoine brûlé, — métallique, — blanc, — rouge.

Arsenic (sulfuré) — jaune, orpiment — rouge, sandaraque, réalgar ; Kermès minéral — métallique — second mercure — l'hermaphrodite.

Cadmie — naturelle (minerais de cuivre et de laiton) — artificielle, ou des fourneaux — ses espèces : *capnitis, pompholyx ; botruitis, placitis, ϙonitis, onychitis, ostracitis — cathmia — nihil album — spodos, lauriotis — antispode* — tutie — magnésie.

Chalcanthon — couperose — vitriol — sens multiples — *Misy, sory* — colcothar — *melanteria.*

Chalcitis.

Chaux, ἄσβεστος ; — titanos — gypse.

Chrysocolle — *ærugo — santerna* — soudure des orfèvres — sens multiples. — *Malachite* — *Azurite* — *armenium* — sens actuel.

CHRYSOLITHE — moderne, ancienne.

CINABRE.

CLAUDIANOS.

CLEFS (les) de l'art.

COBALT, *cobathia, kobold*.

COUPHOLITHE, talc et analogues.

ÉLÉMENTS ACTIFS.

ESPRITS, πνεύματα — *corps* et *âmes ;* sens de ces mots. — Les esprits : mercure, sel ammoniac, soufre, arsenic, marcassite, magnésie, tutie, wismath — explication de ces mots.

ÉTAIN — κασσίτερος — *stannum* — plomb blanc.

ÉTYMOLOGIES CHIMIQUES DOUBLES : asem, chimie, sel ammoniac.

FER et dérivés — basalte — *rubigo* ou *ferrugo*, ἰός, rouille — *squama* — *scoria* — *sideritis* — aimant, *magnes* ou pierre magnétique, — *ferrum vivum* — hématite — pierre schisteuse — ocres — pyrites — chalcopyrite.

FEU (vertus).

FIGURES GÉOMÉTRIQUES des saveurs et des odeurs.

FIXATION du mercure et des métaux.

GAGATES (jais), — pierre de Memphis — asphalte.

ʼIός, *virus*. — ʺΙωσις, plusieurs sens.

MAGNÉSIE — sens multiples — pierre d'aimant — minerai du molybdochalque — sulfures, oxydes, alliages et amalgames divers — magnésie noire — magnésie calcaire, — sens moderne.

MARCASSITES.

MASSA.

MERCURE, *argentum vivum* et *hydrargyrum* — sa sublimation dans l'*ambix* — αἰθάλη. — Anecdote d'Aristote

—idées et synonymes alchimiques — dialogue de l'or avec le mercure.

MÉTAUX — Génération d'après Aristote — d'après les Arabes et les alchimistes — odeur des métaux.

MINIUM, RUBRIQUE ou matière rouge — μίλτος — oxydes de fer (sanguine, ocre brûlée, hematite), de plomb, de mercure, de cuivre — sulfures métalliques — *sinopis*, — terre de Lemnos — minium, sens multiples — fausse sandaraque — cinabre — *Sandyx, sericum* — découverte de Callias — couleurs bleues : *cœruleum* ; *armenium* — couleurs vertes : chrysocolle, verdet — couleurs jaunes — ocre — *sil*, etc.

NITRUM — natron — *spuma nitri*, ἀφρὸς νίτρου.

OPÉRATIONS ALCHIMIQUES.

OR — coupellation par le soufre d'antimoine (loup des métaux, bain du roi, etc.).

PAROS ET PORUS.

PLOMB et dérivés — plomb noir et plomb blanc — *stannum* — galène — plomb lavé — plomb brûlé — scorie — spode — pierre plombeuse — molybdène — scorie d'argent — *helcysma* — *encauma* — litharge — *chrysitis* — *argyritis* — écume d'argent — céruse — minium.

PSEUDARGYRE.

SAMOS (pierre de).

SÉLÉNITE, *aphroselinon*.

SEL — fossile — de Cappadoce — factice. — *lanugo* — *muria*, saumure — *flos* — *favilla*.

SOUFRE — apyre.

TERRES DIVERSES.

TREMPE et TEINTURE — Βαφή.

TUTIE.

Æs. Airain, Bronze, Cuivre, χαλκὸς.

Ce mot était employé pour représenter à la fois le cuivre pur et les alliages très divers qu'il forme par son association avec l'étain, le zinc, le plomb, le nickel, l'arsenic et divers autres métaux ; c'est-à-dire les bronzes et les laitons des modernes. Le mot cuivre, même de nos jours, est parfois usité dans un sens aussi compréhensif : cuivre rouge, cuivre jaune, cuivre blanc, etc. ; tandis que le mot airain, dans la langue de nos orfèvres, a fini par désigner un alliage particulier, formé de 9 parties de cuivre et 3 de zinc. Mais le sens ancien du mot airain était synonyme de celui du cuivre.

Le nom même du cuivre vient d'une épithète appliquée à l'airain de Chypre (Κύπριος) ; notre cuivre pur n'était pas désigné par un mot unique chez les anciens peuples, pas plus chez les Orientaux, que chez les Grecs, ou chez les Romains ; du moins jusqu'au iiie siècle de notre ère, époque où apparaît le mot *cuprum*.

Insistons sur ce point que ni les Grecs, ni les anciens Romains n'ont employé deux mots distincts et spécifiques pour le cuivre et le bronze, et que l'on ne doit pas chercher deux noms de ce genre chez les vieux Orientaux. Le mot *æs*, airain, s'appliquait indifféremment au cuivre et à ses alliages avec l'étain, le plomb, le zinc. Pour bien comprendre les textes anciens, il convient d'écarter de notre esprit les définitions précises, acquises par la chimie de notre temps ; car les corps simples n'ont, à première vue, aucun caractère spécifique qui les distingue de leurs composés. Personne dans l'antiquité n'a regardé le cuivre rouge comme un élément qu'il fallût isoler, avant de l'associer aux autres. Les anciens, je le répète, n'ont pas conçu ces alliages comme nous, en les ramenant à l'association de deux ou trois métaux élémentaires, tels que notre cuivre, notre étain, notre plomb, métaux élémentaires que nous fondons ensemble pour obtenir les bronzes et les laitons. Mais ils opéraient surtout sur les minerais de ces métaux, plus ou moins purs, minerais appelés *cadmies,* ou *chalcites ;* ils les mélangeaient, avant d'opérer la fabrication et la fonte du métal proprement dit ; parfois, quoique plus rarement, ils unissaient entre eux les alliages et métaux obtenus du premier jet.

Tout métal et alliage rouge ou jaune, altérable au feu, s'appelait χαλκὸς ou *æs ;* tout métal et alliage blanc, fusible et altérable au feu, s'appelait à l'origine *plomb*. Plus tard on distingua deux variétés : le plomb noir, qui comprenait notre plomb et, plus rarement, notre antimoine, etc.; et le plomb blanc, qui comprenait notre étain et certains alliages de plomb et d'argent.

Quant au χαλκός ou *æs*, on en distinguait les variétés d'après le lieu de provenance (1) : cuivre de Délos, d'Egine, de Chypre, de Syracuse, de Cordoue; ou d'après le nom du propriétaire de la mine : cuivre Sallustien, Marien, Livien (2); sans que l'on attachât à l'une de ces variétés, le caractère d'un métal plus simple, plus élémentaire que les autres. Les seules distinctions précises que nous lisions dans les auteurs anciens sont celles de l'orichalque, et de l'airain de Corinthe. L'orichalque, mot dont l'étymologie est inconnue, est regardée par Hésiode et par Platon comme un métal précieux (3). D'après Pline, sa découverte fit tomber le cuivre de Chypre en discrédit; mais le minerai qui le fournissait s'épuisa. Le cuivre Marien en approchait, et était employé de préférence pour les monnaies les plus chères, telles que les sesterces et les doubles as; le cuivre de Chypre étant réservé pour les monnaies plus viles, telles que les as. On sait ailleurs que la valeur de l'orichalque a été double à une certaine époque de celle du cuivre ordinaire : c'était sans doute quelque bronze plus beau et plus résistant.

Quant à l'airain de Corinthe, c'était un alliage du χαλκός avec l'argent et l'or. On distinguait trois variétés : la blanche, où l'argent dominait; la jaune, où l'or dominait; et une troisième, formée à parties égales avec les trois métaux; il y avait encore une variété de couleur hépatique.

L'airain avait des dérivés assez nombreux, que nous allons énumérer et définir d'après les textes. Ajoutons que la distinction absolue de ces dérivés entre eux ne paraît pas possible en toute rigueur, parce que leur identification avec les composés définis de la chimie actuelle ne peut être qu'imparfaite, nos composés n'ayant été ni isolés, ni spécifiés par les anciens.

Ærugo; parfois *rubigo*, *viride æris*. *Æruca*. Ἰὸς χαλκοῦ. Ἰὸν ξυστόν. — vert de gris — raclure de cuivre (4).

------

(1) Pline, *H. N.*, l. XXXIV.
(2) Le Claudianos était probablement un métal analogue (v. ce mot).
(3) *Origines de l'Alchimie*, p. 226.
(4) Diosc., *Mat. méd.*, l. V, 91. —

Pline, *H. N.*, l. XXXIV. 26; l. XXXIII, 29. — Vitruve. l. VII, chap. 7. — Vincent de Beauvais, *Spec. majus*, VIII, 30. — *Lexicon Alch. Rulandi*, page 14 et suivantes.

Le mot *ærugo* désignait :

1° Des produits naturels formés dans les mines de cuivre, les uns par efflorescence; les autres par déliquescence, ou imbibition. Les produits étaient lavés, séchés, grillés dans un plat neuf. *Ærugo fossilis* était une matière congénère de la *chalcitis* (pyrite cuivreuse), du vitriol bleu et de la *chrysocolle* (malachite et autres sels basiques de cuivre, de couleur verte). Pour la soudure de l'or, les orfèvres opéraient avec de l'urine d'enfant impubère, broyée dans un mortier de cuivre (v. ce volume, p. 46); opération qui produisait un sel de cuivre basique, aux dépens du mortier.

2° Des produits factices et spécialement le *verdet* (acétate de cuivre basique), substance dont Dioscoride et Pline décrivent la préparation au moyen des lames de cuivre et de la vapeur du vinaigre, ou bien du marc de raisin.

Scolex : Ἰοῦ σκώληξ, rouille vermiculaire (1). — Matière native et factice, congénère de la précédente. On la préparait avec du cuivre, ou l'un de ses minerais, associé avec du vinaigre, de l'alun, du sel, ou du natron; le mélange était exposé au soleil. Ces préparations pouvaient fournir, suivant la nature et la proportion des ingrédients, des acétates, sulfates, oxychlorures, carbonates basiques de cuivre.

Æris flos (2), ἄνθος χαλκοῦ. Fleur de cuivre (3). — Matière rejetée par le cuivre fondu, sous la forme d'écailles légères projetées par le vent du soufflet pendant la coulée. On l'obtenait aussi sous l'influence de l'eau, projetée à sa surface.

On la définit encore : Paillette des vieux clous de cuivre; elle devient rouge sous le pilon. Ceci paraît être du protoxyde de cuivre, souillé sans doute par des oxydes de métaux étrangers.

Le nom de *flos æris* a été appliqué plus tard au vert de gris. Ce corps, pas plus que les précédents, ne doit pas être identifié avec le χάλκανθον, couperose ou vitriol, qui est notre sulfate de cuivre. Mais les deux produits sont congénères et les deux noms ont été souvent confondus dans les manuscrits, confusion rendue plus facile par les abréviations des copistes.

---

(1) Diosc., *Mat. méd.*, l. V, 92. — Pline, *H. N.* l. XXXIV, 28.

(2) Diosc. *Mat. méd.*, V, 88. — Pline, *H. N.*, l. XXXIV, 24. —

Lexicon Alchem Rulandi, page 12.

(3) Le mot *flos* dans Pline signifie couleur — *floridus*, d'une couleur vive.

Æs ustum (1), κεκαυμένος χαλκός. — Cuivre brûlé. Pour le préparer, on chauffait du vieux cuivre avec du soufre et du sel, placés au-dessous et au-dessus, dans un vase de terre cruc, à couvercle luté; ou bien, avec de l'alun, du soufre et du vinaigre. On l'obtenait encore en chauffant le cuivre seul, pendant longtemps; ou bien parfois, en l'aspergeant de vinaigre de temps en temps. On lavait à l'eau de pluie, avec broyage et décantation, jusqu'à ce que le produit eût pris l'aspect du minium. On le fabriquait à Memphis et à Chypre.

Ceci paraît répondre à notre protoxyde de cuivre. On sait aujourd'hui que ce corps peut être obtenu en chauffant, dans un vase fermé, 24 parties de sulfate de cuivre sec et 29 parties de fil de cuivre.

L'action de la chaleur sur l'*ærugo* fournissait le même produit.

Scoria. — Obtenue par l'action de l'air sur le cuivre chauffé; corps congénère du précédent.

Lepis, λεπίς. — *Squama* (2). Matière détachée par le marteau des clous forgés avec les pains de cuivre de Chypre; congénère de la fleur, qui se détachait d'elle-même, et du *stomoma,* duvet plus fin que la *lepis.*

Le *stomoma* s'obtenait aussi par la macération du cuivre dans l'urine d'enfant. Le vinaigre changeait la *lepis* en vert-de-gris.

Ce sont encore là des sous-oxydes de cuivre, ou des sels basiques, tels que acétates, phosphates, sous-chlorures, etc.

Smegma (3). — Matière projetée par le vent du soufflet sur le cuivre fondu, entouré de charbons.

Diphryges — fœx æris (4). — « Le cuivre coule; la scorie sort du fourneau; la fleur surnage; le diphryge reste. » C'est donc le résidu, qui n'a pas fondu pendant le traitement. Ce nom est aussi attribué à la pyrite grillée, jusqu'à transformation en matière rouge (peroxyde de fer ou sulfate basique); ainsi qu'au limon d'une caverne de Chypre, séché et calciné c'était probablement un oxyde, ou un sel basique de fer hydraté).

---

(1) Diosc., *Mat. méd.,* 1, V, 87. — Pline, *H. N.,* l. XXXIV, 23, 24.

(2) Diosc., *Mat. méd.,* l. V, 89. — Pline, *H. N.* l. XXXIV, 24, 25, Vincent de Beauvais, *Sp. m.* VIII, 29.

— *Lexicon Alch. Rulandi,* p. 12, 18. (3) Pline, *H. N.,* l. XXXIV, 36. (4) Diosc., *Matière médicale,* l. V, 119. — Pline, *H. N.,* l. XXXIV, 37

La *craie verte* paraît être soit un hydrocarbonate de cuivre, soit de la cendre verte. La meilleure variété, nommée θεοδότιον, venait de Smyrne (VITRUVE, l. VIII, chap. 7.)

AÉTITE ou *pierre d'aigle* (1).

Variété géodique de fer hydroxydé, ou d'argile ferrugineuse, jaune ou rougeâtre, contenant un noyau mobile, qui résonne quand on agite la pierre. Cette pierre, grosse en apparence d'une pierre plus petite, était réputée par analogie avoir une influence sur les grossesses des femmes ; préjugé qui s'est perpétué jusqu'à notre époque chez les gens ignorants. On pensait qu'elle était employée par les aigles dans la construction de leurs aires ; de là le nom de pierre d'aigle. Le nom d'aétite semble avoir été employé pour toute géode renfermant un noyau mobile. Pline en distingue quatre espèces. On a même étendu le sens de ce mot aux pierres renfermant un liquide.

D'après Solin (ch. XXXVII), le son produit par cette pierre était attribué à un esprit ou âme intérieure et Zoroastre regardait l'aétite comme ayant une grande puissance magique. On trouve un passage analogue dans les Alchimistes. Un aigle tenant une pierre exprimait la sécurité chez les Égyptiens, suivant Horapollon.

ALCHIMISTES GRECS (tradition au moyen âge).

Les noms et la tradition directe des Alchimistes grecs ne se retrouvent que peu ou point chez les Alchimistes latins, lesquels se rattachent eux-mêmes directement aux Arabes. Les noms de ces Grecs ne reparaissent pas d'une manière explicite et détaillée avant le XVe siècle, époque où les manuscrits grecs se répandirent en Occident. Il n'en est que plus intéressant de signaler les quelques réminiscences qui s'y rapportent chez les latins du moyen âge. Quant aux Arabes, j'en ai signalé ailleurs la filiation immédiate avec les Grecs d'après le Kitab-al-Fihrist (2) ; et je donnerai plus loin certains autres souvenirs analogues, en parlant des alphabets hermétiques.

Dans la *Bibliotheca Chemica* de Manget, t. II, il existe des planches indiquant la figure des divers philosophes alchimiques, d'après la tradition du moyen âge : chaque figure est accompagnée par une sentence, à peu près

---

(1) PLINE, *H. N.*, l. X, 4 ; l. XXXI, 39. — DIOSC., *Mat. méd.*, l. V, 160. — *Lexicon Alchemiæ Rulandi*, p. 21

(1612). — *Salmasii Plinianæ exercitationes*, p. 177, 501, 502 (1689).

(2) *Origines de l'Alchimie*, p. 130.

comme dans la *Turba philosophorum.* J'y relève les noms suivants : Hermès,
Cléopâtre, reine d'Égypte, Anaxagore, Zamolxis, Michel Psellus, Marie
l'Hébreuse, Démocrite le Grec, Pythagore, Platon, Hercule ,c'est-à-dire
Héraclius), roi sage et philosophe, Stephanus le philosophe chimique,
Albert le Grand, une multitude d'Arabes, etc.

La *Turba philosophorum* relate de même la plupart de ces noms, mais
à ce qu'il semble, à travers une transmission arabe. Je n'insisterai pas sur
Hermès, dont le nom est toujours resté étroitement lié aux spéculations de
l'Alchimie et de l'astrologie. Mais les autres auteurs étaient moins connus.

Dans le Traité *De Mineralibus,* attribué à Albert le Grand (l. III, traité I,
ch. 4), on rencontre une mention de Démocrite l'alchimiste, d'après lequel
la chaux et la lessive (*lixivium* ou *aqua acuta*) seraient la matière des métaux.
Dans un autre passage, on lui attribue cette opinion que les pierres ont
une âme, un principe intérieur de vie. Callisthène y est cité comme alchimiste. Rappelons aussi quelques indications tirées du traité de Théoctonicos, traduction grecque de l'ouvrage d'Alchimie attribué à Albert le
Grand (ce volume, p. 209 et suiv.).

Les Traités alchimiques du Pseudo-Aristote arabe, tels qu'on les connaît
par des traductions latines, me paraissent toucher de très près, sur certains
points du moins, à la tradition des alchimistes grecs. — Donnons encore
cette citation, tirée de la *Bibl. chem.* de Manget, t. I, 917 : « Le secret est
dans le plomb, d'après Pythagore et Hermès, etc ».

ALPHABETS ET ÉCRITURES HERMÉTIQUES.

Dans Zosime et dans Olympiodore, les inscriptions hiéroglyphiques sont
regardées comme ayant un sens alchimique. Ces inscriptions étaient
aussi réputées des talismans, destinés à protéger les trésors contenus dans
les chambres des pyramides. Il semble même que la description de certaines
opérations chimiques ait été réellement consignée sur des stèles (1) : mais
c'était là une circonstance rare, car aucune de ces stèles n'a été retrouvée
jusqu'à présent. Cette circonstance. généralisée par suite d'une hypothèse fort
répandue, aurait donné lieu au préjugé précédent. Il a duré jusqu'à notre
temps ; en effet. d'après Sylvestre de Sacy. « les Orientaux regardent les

____

(1) *Origines de l'Alchimie,* p. 23, 29. etc. —Voir *Texte grec* : Jean l'Archiprêtre.

monuments Egyptiens comme destinés à des opérations alchimiques, magiques, etc.; ils appellent écritures hermétiques les hiéroglyphes, convaincus qu'ils renferment la révélation du secret de ces opérations. » (SYLVESTRE DE SACY, *Magasin encyclopédique*, p. 145 ; novembre 1819.)

De là l'imagination des alphabets hermétiques, destinés à l'interprétation des écritures secrètes. On peut voir divers exemples de ces alphabets mystérieux dans un ouvrage intitulé : *Anciens alphabets et caractères hiéroglyphiques,* expliqués en arabe par Ahmed ben Abubekr ben Wahschijich, et en anglais, par J. Hammer, Londres, 1806.

Ce livre, soi-disant trouvé au Caire, renferme 80 alphabets imaginaires, mais dont les noms mêmes indiquent la préoccupation de l'auteur et des lecteurs. Tels sont les alphabets des philosophes : Hermès, Platon, Pythagore, Asclépius, Socrate, Aristote, etc. ; — de Ptolémée le grec ; — de Hermès, père de Tat (Toth), qui a écrit sur le grand œuvre ; — de Dioscoride, qui a écrit sur les herbes, les plantes, leurs vertus, etc. ; — du sage Démocrite, lequel l'a reçu, dans un souterrain, du génie qui préside à la planète Mercure ; — du sage Zosime l'Hébreu, écriture mystique pour les traités sur le grand œuvre — Le nom de Théosébie, congénère de Zosime, se trouve un peu plus loin. — On y rencontre encore les alphabets des anciens rois, parmi lesquels Kimas l'hermétique (le Chymès des textes Grecs) ; — les alphabets des sept planètes, des douze constellations — une interprétation des hiéroglyphes, etc.

Tous les signes de cet ouvrage ne représentent guère que des jeux d'esprit individuels ; mais les noms propres auxquels ils sont attribués témoignent que le souvenir même des vieux alchimistes avait été conservé en Égypte par une certaine tradition.

Nous avons signalé précédemment (p. 207) les alphabets magiques du manuscrit de Saint-Marc (p. 156) et ceux du manuscrit 2419 : ils ne portent aucun nom propre. La formule de l'Écrevisse dans Zosime (p. 152) se rattache de plus près à la tradition des symboles alchimiques.

ALUN, στυπτηρία. *Alumen* (1).

---

(1) DIOSC., *Mat. méd.*, l. V, 122. — PLINE, *H. N.*, l. XXXIII, 25 ; l. XXXV, 52 ; l. XXXVI, 37. — *Lexicon Alch. Rulandi*, p. 32 et suiv.

L'alun était employé comme fondant et purificateur des métaux. On distinguait, d'une part : l'alun blanc et l'alun noir, corps en réalité de teinte voisine du blanc, mais probablement ainsi nommé parce qu'il noircissait au contact de certains sucs végétaux, en raison de la présence de fer dans l'alun, et du tannin dans les sucs. Ces corps étaient employés pour purifier l'or.

D'autre part, les auteurs indiquent : l'alun lamelleux (schiste), blanchâtre ; — l'alun rond ; — l'alun capillaire, appelé aussi schisteux, lequel peut être rapproché de notre alun de plume, efflorescence mêlée de sels de fer et d'alumine.

L'alun liquide, solution de sulfate d'alumine plus ou moins pur, et l'alun calciné étaient aussi employés.

Les alchimistes désignaient encore sous le nom d'alun, l'acide arsénieux, comme on peut le voir dans Olympiodore (ce volume, p. 67 et 68).

Ammoniac (sel).

Dans la Cyrénaïque, ce sel se trouve sous le sable, en longues aiguilles sans transparence, d'après Pline (*H. N.*, l. XXXI, 39). Cette indication rappelle un carbonate de soude fossile, et non notre chlorhydrate d'ammoniaque. Dioscoride (l. V, 125) nomme le sel ammoniac, en disant qu'il se distingue par un clivage facile et suivant des directions droites : ce qui semble aussi le caractère d'un sel cubique, c'est-à-dire du sel gemme.

Dans le Pseudo-Aristote (Manget, *Bibliotheca Chemica*, t I, p. 648) il est dit que le sel ammoniac, chauffé sur une lame de métal, doit fondre sans répandre de fumée ; ce qui répond au carbonate ou au chlorure de sodium, mais non au chlorhydrate d'ammoniaque. Cependant ailleurs le même auteur en indique la sublimation (Manget, I, 645) : ce qui répond bien à notre chlorhydrate. Le mot de sel ammoniac a donc désigné deux substances très différentes. Le sens actuel du sel ammoniac sublimable est indiqué expressément dans ce passage d'Avicenne (xie siècle), cité par Vincent de Beauvais (*Speculum majus*, VIII, 60) : « Il y a quatre esprits (c'est-à-dire quatre corps sublimables), le soufre, l'arsenic, le sel ammoniac et le mercure. » On trouve déjà une indication analogue dans Geber *Summa perfectionis*, l. I, ch. x, etc. *Bibl. chemica* de Manget, t. i, p. 525, 1re colonne). La préparation même en est décrite dans l'ouvrage intitulé : *Libri investigationis* (p. 559 du t. l. de la

Bibliotheca de Manget), ouvrage attribué au même auteur. Le sel ammoniac véritable aurait donc été connu au ixᵉ siècle. (Voir aussi le présent volume, p. 45, Note.)

Antimoine, στίμμι, stibi, larbason, chalcédoine; élément féminin (par opposition avec l'arsenic, élément masculin?).

C'est notre sulfure d'antimoine, le soufre noir des alchimistes. D'après Dioscoride (1), c'est un corps brillant, rayonné, fragile et exempt de parties terreuses. On le brûle en le recouvrant de farine; ou bien, en l'exposant sur des charbons allumés, jusqu'à ce qu'il rougisse (oxysulfure ?). Si on prolonge, ajoute l'auteur, il prend les caractères du plomb (c'est-à-dire que l'antimoine métallique ou régule se produit). D'après Pline (*H. N.*, l. XXXIII, 33), on l'appelle stibi, alabastrum, larbason mâle et femelle; il est blanc et brillant. S'il devenait ainsi blanc, c'est sans doute après un grillage qui l'avait changé en oxyde d'antimoine, corps confondu souvent chez les anciens chimistes avec notre minium blanchi par certains traitements.

L'antimoine oxydé se trouve d'ailleurs dans la nature, ainsi que l'oxysulfure rouge (Kermès minéral). Ce dernier a du être pareillement confondu avec la sandaraque, le minium, la sanguine et le cinabre, substances que l'on trouve souvent prises les unes pour les autres.

Arsenic.

D'après Dioscoride (2), ce corps est terreux et doré: c'est donc un sulfure d'arsenic (voir ce volume, p. 43); une autre variété est rougeâtre, d'après Pline (*H. N.*, l. XXXIV, 56). C'est l'orpiment (voir aussi Vincent de Beauvais, VIII, 69, 70). Le nom même de l'orpiment figure textuellement dans le texte grec de Théoctonicos, auteur du xiiiᵉ ou xivᵉ siècle (ce volume, p. 210).

Sandaraque. — D'après Dioscoride (*Mat. Méd.*, V, 121), c'est une matière rouge, brillante, couleur de cinabre (voir aussi Pline, *H. N.*, l. XXXIV, 55; l. XXXV, 22). C'est le réalgar; peut-être, aussi dans certains cas, le Kermès minéral ou oxysulfure d'antimoine.

Rappelons que le nom de sandaraque est appliqué aujourd'hui à une résine d'une composition toute différente, dérivée de la colophane, et que les anciens ne connaissaient pas sous ce nom.

---

(1) *Mat. méd.*, l. V, 99. | (2) *Mat. méd.*, l. V, 120.

Il a été employé aussi par les anciens pour le cinabre et pour le minium. Vitruve, notamment, indique la préparation de la sandaraque par la cuisson de la céruse au four.

Notre arsenic métallique a été entrevu par les alchimistes, qui l'ont regardé comme un second mercure (1), de nature analogue au vif argent, sublimable comme lui et communiquant pareillement sa volatilité à ses dérivés, spécialement aux sulfures. La sandaraque (réalgar) a été ainsi assimilée au cinabre. Le rapprochement entre le mercure et l'arsenic se complète à ce point de vue, si l'on remarque que l'arsenic blanchit le cuivre par sublimation, comme le fait le mercure, et qu'il attaque de même à chaud la plupart des métaux.

L'arsenic est parfois appelé l'hermaphrodite, en tant que réputé intermédiaire entre l'or et l'argent et composé, comme eux, de soufre et de mercure (2). Mais ce sens ne lui est pas propre.

Cadmie (3).

Chez les anciens ce mot avait deux sens; il désignait :

1° Un produit naturel, tel que la pierre dont on tire le cuivre, ou plutôt le laiton : par exemple notre aurichalcite, carbonate de zinc et de cuivre; notre hydrosilicate de zinc, notre carbonate de zinc ou calamine, etc.

2° Un produit artificiel, sorte de fumée des métaux, soulevée dans les fourneaux de cuivre par l'action de la flamme et du soufflet. Ce produit adhérait aux parois, au sommet, et à l'orifice du fourneau.

Le grillage de la pyrite des monts de Soli (Chypre) en fournissait aussi. Les fourneaux d'argent en développaient un autre plus blanc, moins pesant.

On distinguait la *capnitis*, c'est-à-dire la cadmie plus ténue, recueillie à la bouche de sortie des gaz, laquelle doit être rapprochée du *pompholyx* ;

La *botruitis*, suspendue en forme de grappes, cendrées ou rouges ;

La *placitis* ou *placodes*, agglomérée en croûtes, le long des parois ; parfois elle était entourée de zônes, et dite alors *ζωνῖτις* :

---

(1) Voir notamment notre Pl. VI, l. 4, et ce volume, p. 99.

(2) Manget. *Bibl. Chem.*, t. 1, p. 920.

(3) Diosc., *Mat. méd.*. l. V, 84. — Pline, *H. N.*, l. XXXIV, 2, 22. —

Vincent de Beauvais, VIII, 28. — *Lexicon Alchemiæ Rulandi*, p. 110 et suiv. — *Dict. de Chimie* de Macquer, 1778.

L'*onychitis*, bleuâtre à la surface, avec des veines intérieures plus blanches, rappelant l'onyx ; elle se trouvait aussi dans les vieilles mines ;

L'*ostracitis*, mince, noirâtre, d'apparence testacée.

Macquer (*Dict. de Chimie*, 1778) distingue de même la *cadmie naturelle*, ou fossile, qui est la calamine employée à la fabrication du laiton; et la *cadmie des fourneaux*, sublimé produit dans la fusion des minerais de zinc, laquelle éprouve une demi-fusion et forme incrustation aux parois des fourneaux. Il ajoute que quelques-uns appellent aussi cadmie fossile un minerai de cobalt (répondant à notre arséniosulfure actuel).

En réalité, ce nom était donné à toute suie et sublimé métallique, s'élevant dans la fonte en grand du cuivre et des autres métaux. Au point de vue de la Chimie moderne, la cadmie des fourneaux serait de l'oxyde de zinc, mêlé d'oxyde de cuivre, de plomb, parfois d'oxyde d'antimoine et d'acide arsénieux ; ces oxydes étant en outre unis quelquefois au soufre, sous forme d'oxysulfures ou de sulfates basiques.

Dans les livres du moyen âge, on trouve encore ce mot *Cathmia* ou *Cathimia* appliqué à certaines veines des mines d'or ou d'argent; aux sublimés des fourneaux d'or ou d'argent ; à l'écume échappée de l'argent, de l'or, du cuivre, etc.

Les modernes, suivant un usage courant en chimie et en minéralogie, mais très fâcheux pour l'histoire de la science, ont détourné le mot cadmie de son sens primitif et l'ont appliqué à un métal nouveau, le *cadmium*, inconnu des anciens.

Il convient de rapprocher de la cadmie certaines substances congénères, telles que le *pompholyx* (1), devenu depuis le *nihil album* des auteurs du moyen âge, et confondu avec la *spodos* blanche, laquelle s'envole au loin et va s'attacher aux toits. D'après un texte de Pline, le pompholyx se produit pendant la purification de l'airain ; ou bien encore, en projetant le jet des soufflets sur la cadmie.

La *spodos* ou *spodion* (cendre) est au contraire, d'après Dioscoride, la partie plus lourde et plus noire, qui tombe sur la sole des fourneaux de

---

(1) Diosc., *Mat. méd.*, l. V, 85. — Pline, *H. N.*, l. xxxiv, 34. — *Lexicon Alch. Rulandi*, p. 442.

cuivre, où on la balaie ensuite. Elle est mêlée de paille, de poils et de terre, dont on la débarrasse par des lavages. La spode des fourneaux d'argent s'appelle *lauriotis* (nom qui vient des mines du Laurium). L'or, le plomb en produisent aussi. Elle peut être de couleur cendrée, jaune, verte, rouge, noire.

Le *Lexicon Alchemiæ* assimile la spode au vert de gris (*ærugo æris, ios æris*).

L'*antispode* (1), est un produit que l'on substituait au spode pour les usages médicaux. C'était la cendre de divers végétaux, incinérés dans une marmite de terre crue, à couvercle percé de trous, puis lavés.

Le nom de la cadmie a été remplacé pendant le cours du moyen âge par celui de *tutie*, donné de même à toute fumée métallique. Nous appliquons aujourd'hui ce nom de tutie à l'oxyde de zinc; mais il avait autrefois un sens plus compréhensif.

La magnésie de Démocrite, de Geber et de certains alchimistes est, dans certains cas, équivalente à la cadmie ou tutie, mais réputée plus volatile qu'elle; sa réduction fournissait le molybdochalque, alliage renfermant du plomb et du cuivre et analogue à certains bronzes.

CHALCANTHON, χάλκανθον, couperose, vitriol, noir de cordonnier (2).

Cette matière se préparait avec une liqueur résultant de la macération spontanée ou provoquée des minerais dans l'eau, à l'intérieur des mines de cuivre.

Le premier produit obtenu par évaporation spontanée était du sulfate de cuivre, bleu, demi-transparent, lancéolé. On l'obtenait aussi en concentrant la liqueur au feu, et l'abandonnant à la cristallisation dans des bacs de bois, sur des cordes ou des barres suspendues. Après le sel pur, venaient des sulfates plus ou moins basiques et ferrugineux. Le nom de vitriol apparaît au XIIIe siècle, dans Albert le Grand.

Observons les sens divers de ce mot couperose, ou de son équivalent vitriol, tels que :

Vitriol bleu : sulfate de cuivre.

---

(1) DIOSC., *Mat. méd.*, l. V, 86. — PLINE, *H. N.*, l. XXXIV, 35.
(2) DIOSC., *Mat. méd.*, l. V, 113.

— PLINE, *H. N.*, l. XXXII, 32. — VINCENT DE BEAUVAIS, *Spec. Majus*, VIII, 32.

Vitriol vert : sulfate de fer, et sulfate de cuivre basique.

— jaune et rouge : sulfates de fer basiques.

— blanc : sulfate de zinc; sulfate d'alumine, voire même alun.

La décomposition spontanée des pyrites peut fournir tous ces composés, suivant leur degré d'impureté.

Le cuivre contenu dans les eaux mères résultant de cette décomposition en est précipité aujourd'hui sous forme métallique, au moyen des débris de fer de toute origine, lesquels fournissent des dépôts de cuivre, reproduisant souvent la forme et l'apparence des morceaux de fer. De là cette opinion, très répandue parmi les alchimistes, que le vitriol peut transmuter le fer en cuivre. Elle reposait sur un phénomène réel, mais mal compris.

Misy (1).

D'après les anciens, le misy de Chypre est doré, dur, et scintille quand on l'écrase.

C'était de même une concrétion naturelle ou minerai, à cassure dorée, qui a été décrite sous le nom de misy dans les mines de Gozlar au xvii⁰ siècle. Le vitriol, ajoutait-on, se change aisément en misy.

A la fin du xviii⁰ siècle, on appelle misy une matière vitriolique jaune, luisante, en pierre, ou en poudre non cristallisée (2) et assimilée à la couperose jaune.

En somme, c'est toujours là un sulfate de fer basique, renfermant du sulfate de cuivre et parfois du sulfate d'alumine, résultant de la décomposition spontanée des pyrites.

Sory (3). — On appelait de ce nom une matière congénère du misy, plus grasse, à odeur vireuse, de couleur rouge, tournant au noir.

Les Arabes désignaient sous ce même nom de sory le vitriol rouge (voisin du colcothar).

Enfin les Grecs modernes ont assimilé parfois le sory à la céruse brûlée (minium).

---

(1) Diosc., *Mat. méd.*, l. V, 116. — Pline, *H. N.*, l. XXXIV, 31. — *Lexicon Alch. Rulandi*, p. 336.

(2) Macquer, *Dict. de Chimie*, t. IV, p. 85 ; 1778.

(3) Diosc., *Mat. méd.*, l. V, 118 — Pline, *H. N.*, l. XXXIV, 30. — *Lexicon Alch. Rulandi*, p. 142. — *Salmasii Plin. Exerc.*, p. 814, 6 E.

Melanteria (1). — On appelait ainsi une sorte d'efflorescence saline, développée dans l'orifice des mines de cuivre ; une autre partie apparaissait à leur face supérieure. Elle se trouvait sous terre en Cilicie. Elle présentait, ajoute-t-on, une couleur de soufre légère et noircissait aussitôt au contact de l'eau (présence du manganèse ?).

D'après Rulandus, c'est une sorte de vitriol, dont la couleur dépend des terres qui l'ont produite et varie du jaune au bleu.

CHALCITIS (2) : minerai de cuivre, pyrite cuivreuse spécialement.

On en tirait le cuivre métallique, le misy, le sory, etc.

En fait, la pyrite de fer, sous l'influence de l'air et de l'eau, se délite et s'oxyde, en formant des sulfates de cuivre, de fer, d'alumine et de l'alun. Le sel de fer ainsi produit devient bientôt basique, en se suroxydant.

CHAUX VIVE : ἄσβεστος — *titanos* : chaux, ou plutôt pierre calcaire.

Gypse, γύψος, plâtre.

CHRYSOCOLLE — *œrugo* — *santerna* — soudure des orfèvres (3).

Ce mot a plusieurs sens, il désigne :

1° L'opération même de la soudure de l'or.

2° Les matières employées pour cette opération, telles que certains alliages d'or, encore usités chez les orfèvres. Dans le Lexique alchimique, on interprète molybdochalque (alliage de cuivre et de plomb) par chrysocolle.

3° Un sous-sel de cuivre mêlé de fer, provenant de la décomposition d'une veine métallique par l'eau ; décomposition spontanée, ou provoquée en introduisant l'eau dans la mine en hiver jusqu'au mois de juin ; on laissait sécher en juin et juillet. Le produit natif était jaune.

4° La Malachite proprement dite, sous-carbonate de cuivre vert :

L'azurite, carbonate de cuivre bleu congénère, était désigné sous le nom *d'arménium ;* probablement parce qu'on la tirait d'Arménie (4). Peut-être aussi le bleu de Chypre (κυανός) a-t-il été parfois exprimé par le même nom.

---

(1) DIOSC., *Mat. méd.*, l. V, 117. — *Lexicon Alch. Rulandi.* p. 329.

(2) DIOSC., *Mat. méd.*, l. V, 115 v. — PLINE, *H. N.*, l. XXXIV, 29. — VINCENT DE BEAUVAIS, VIII. — *Lexicon Alch. Rulandi*, p. 141.

(3) PLINE, *H. N.*, l. XXXIII, 26, 27, 28, 29. — DIOSC., *Mat. méd.*, l. V, 104. — Voir le présent volume, p. 57.

(4) DIOSC., *Mat. méd.*, l. V, 105, 106. — PLINE, *H. N.*, l. XXXV, 28.

5° Le produit obtenu en faisant agir sur le vert de gris l'urine d'un garçon impubère et le natron. L'urine apportait ici des phosphates, des chlorures et des sels ammoniacaux.

Ajoutons que nos traités de minéralogie moderne ont détourné le mot chrysocolle pour l'appliquer arbitrairement à un hydrosilicate de cuivre.

CHRYSOLITHE.

La chrysolithe moderne est le péridot : mais ce corps n'a rien de commun avec le sens ancien du mot.

La chrysolithe ancienne désignait la topaze et divers autres minéraux jaunes et brillants, qu'il est d'ailleurs difficile de préciser complètement.

CINABRE. — Ce mot s'applique aujourd'hui à une variété de sulfure de mercure, appelée aussi *anthrax* autrefois ; mais chez les Grecs et chez les Alchimistes, il a eu des sens plus complexes. Il a exprimé également :

Notre oxyde de mercure ;

Notre minium, mot employé par les anciens dans des sens multiples (voir les articles plomb et rubrique) ;

Notre réalgar (sulfure d'arsenic) ;

Tous les sulfures, oxydes, oxysulfures métalliques rouges ;

Enfin le sang dragon, matière végétale qui est le suc du *dracæna draco*.

Le signe (Pl. II, l. 13) du cinabre est un cercle avec un point central. Mais le même signe a été plus tard et à la fin du moyen âge employé pour l'œuf philosophique, pour le soleil, ainsi que pour l'or : de là diverses confusions, contre lesquelles on doit se tenir en garde (v. ce volume, p. 122).

CLAUDIANOS ou *claudianon*.

C'était un alliage de cuivre et de plomb, renfermant probablement du zinc. Il n'en est question que chez les alchimistes. Ce nom semble dériver du mot latin *Claudius*. S'agissait-il d'un corps fabriqué au temps de cet empereur et analogue aux cuivres Marien, Livien, etc. ? Pline n'en parle pas.

CLEFS (les).

Le mot *clefs* est employé comme titre d'ouvrages, dès l'époque alexandrine (après l'ère chrétienne, dans Hermès (1), Zosime, etc.). Les Arabes s'en servent fréquemment et il a été fort usité au moyen âge.

---

(1) Cité par Lactance et par Stobée (v. ce volume, p. 16, note).

Dans le sens alchimique, voici quelles sont les clefs de l'art, d'après Roger Bacon (1) : *sunt igitur claves artis : congelatio, resolutio, inceratio, proportio ; sed alio modo, purificatio, distillatio, separatio, calcinatio et fixio.*

C'est-à-dire : « les clefs de l'art sont la solidification, la résolution (à l'état liquide ou dissous), le ramollissement, l'emploi des proportions convenables (dans les matières, ou dans les agents, tels que le feu) ; ou d'une autre façon, la purification, la distillation (par évaporation ou filtration, d'après l'ancien sens de ce mot : couler goutte à goutte), la séparation, la calcination et la fixation (des métaux fusibles ou volatils, ramenés à l'état solide et résistant au feu) ».

De même dans Vincent de Beauvais (*Speculum majus*, VIII, 88) : « les clefs ou les pratiques de cet art sont la mortification (amortissement des métaux), la sublimation, la distillation, la solution, la congélation, la fixation, la calcination ». Basile Valentin parle aussi des douze clefs de l'art.

Cobalt — *cobathia* — *kobold*. — Le cobalt est réputé avoir été découvert en 1742 par Brandes, qui l'isola sous forme métallique. Son nom même est tiré de celui de certains de ses minerais, appelés *kobalt* ou *kobold*, et constitués par des arséniosulfures complexes. Ce nom de kobold a été expliqué jusqu'ici par celui de certains démons trompeurs, habitant les mines : c'est, dit-on, une allusion à la difficulté de traiter ces minerais et aux tentatives infructueuses que l'on avait faites pour en extraire du cuivre, métal indiqué par la production des verres bleus, qui dérivent de ce minerai.

En fait, le bleu de cobalt était connu des anciens. H. Davy a trouvé ce métal dans certains verres bleus, d'origine grecque et romaine, et M. Clemmer dans des perles égyptiennes. Le bleu mâle de Théophraste, opposé au bleu femelle, ne serait autre que du bleu de cobalt, opposé aux dérivés bleus du cuivre. L'étymologie même du mot cobalt semble remonter au grec. En effet, dans le *Lexicon Alchemiæ Rulandi*, p. 158, on lit : *Cobatiorum fumus est kobolt* ; c'est-à-dire « la fumée des *cobatia*, c'est le kobolt ». Cette expression « fumée des cobathia » figure dans un passage d'Hermès cité par Olympiodore (*texte grec*, p. 85). Elle est traduite dans le Lexique alchi-

---

(1) *Bibl. chem.* de Manget, t. I, p. 623.

mique (*texte grec*, p. 9, note) par « les vapeurs de l'arsenic (sulfuré) » : il s'agit donc bien d'un composé arsenical. Il y aurait eu dès lors pour l'étymologie du cobalt une confusion entre un mot grec ancien et un mot allemand, analogue à celle qui s'est produite entre l'égyptien et le grec, pour les mots chimie, sel ammoniac, etc. : ces mots n'auraient pas d'ailleurs eu le sens précis de notre cobalt au début, mais ils l'auraient acquis par une extension postérieure.

Quant au cobalt métallique, sa connaissance remonte au-delà du xviiie siècle. En effet, on lit dans le *Lexicon Alchemiæ Rulandi*, ouvrage publié à Francfort, en 1612, p. 271, un texte latin, suivi d'un texte allemand équivalent, dont voici la traduction : « Kobolt ; kobalt ou collet : c'est une matière métallique, plus noire que le plomb et le fer, grisâtre, ne possédant pas l'éclat métallique ; elle peut être fondue et laminée (au marteau) ». Puis viennent des indications relatives au minerai, exprimé par le même nom. « C'est un soufre donnant des fumées, et sa fumée entraîne le bon métal. — C'est aussi une cadmie fossile d'où l'on tire un airain utile en médecine, etc.» La première phrase désigne évidemment le cobalt impur, l'un de ces demi-métaux dont Brandes reprit plus tard l'étude. Observons que les alchimistes du moyen âge traitaient les minerais métalliques par les mêmes procédés de grillage, réduction et fonte que les modernes, et dès lors ils ont dû obtenir les mêmes métaux; mais ils n'avaient pas nos règles scientifiques pour les purifier, les définir et les distinguer avec exactitude. J'ai déjà mis en évidence la connaissance du régule d'antimoine dès l'antiquité, mais il était confondu avec le plomb. Le cobalt et le nickel ont dû être confondus aussi, soit avec le fer, soit avec le cuivre et ses alliages (v. *Pseudargyre*).

Coupholithe. — Ce mot semble avoir été appliqué au talc et à des silicates tendres, analogues. Le nom de coupholithe est resté parmi les noms des pierres usitées par les orfèvres (1). Il est aussi appliqué en Minéralogie à une variété de prehnite (silicate d'alumine et de chaux ferrugineux et hydraté) qui se présente tantôt en lames minces blanches, analogues au sulfate de chaux; tantôt en masses fibreuses un peu verdâtres.

Il semble d'ailleurs que ce soit là un vieux nom, conservé à l'une des

---

(1) *Manuel Roret* du Bijoutier, t. I, p. 130, 1832.

substances auxquelles il s'appliquait autrefois; et non une dénomination
ancienne transportée à une substance moderne, comme il est arrivé trop souvent, en Minéralogie. Autrement on ne comprendrait ni la persistance de ce
nom chez les orfèvres, ni sa spécialisation à une simple variété.

ÉLÉMENTS ACTIFS.

D'après Aristote (*Météorol.* l. IV), il y a deux éléments actifs, le chaud et
le froid; deux passifs, le sec et l'humide.

Ailleurs il s'agit de simples qualités, mises en relation avec les quatre éléments ordinaires (*de Generatione*, L. II, ch. 3 et 4). Le feu est chaud et sec;
l'air chaud et humide ; l'eau froide et humide ; la terre froide et sèche; etc.,
etc. Ces éléments se transforment les uns dans les autres. Stephanus expose à
peu près la même théorie. Ces idées ont joué un grand rôle en médecine.
Aristote dit encore (*Météorol.* l. III, ch. 7): « il y a deux exhalaisons (ἀνα-
θυμιάσεις), l'une vaporeuse (ἀτμιδώδης), l'autre enfumée (καπνώδης).

« L'exhalaison sèche et brûlante produit les matières fossiles (ὀρυκτά),
telles que les pierres infusibles, la sandaraque, l'ocre, la rubrique, le
soufre, etc. L'exhalaison humide produit les minéraux (μεταλλευτά), c'est-à-
dire les métaux fusibles et ductiles, comme le fer, le cuivre, l'or, etc. En
général, ils sont détruits par le feu (πυροῦται) et contiennent de la terre,
car ils renferment une exhalaison sèche. L'or seul n'est pas détruit par le
feu... » — On voit ici l'origine de certaines idées alchimiques. C'est ainsi
que Stephanus (6ᵉ leçon dans Ideler, t. II, p. 224, l. 7), dit, presque dans les
mêmes termes qu'Aristote :

« Il y a deux choses qui sont les matières et les causes de tout, la
vapeur qui s'élève et l'exhalaison fuligineuse des corps, en laquelle est la
cause des modifications en question. La vapeur est la matière de l'air; la
fumée, la matière du feu, etc. ».

ESPRITS (πνεύματα).

Les mots *esprits, corps, âmes*, sont fréquemment employés par les alchimistes dans un sens spécial, qu'il importe de connaître pour l'intelligence
de leurs écrits. Les passages suivants, quoique d'une époque plus moderne,
jettent beaucoup de lumière sur ce point.

On lit dans le traité *de Mineralibus*, prétendu d'Albert le Grand (l. I, tr. 1,
ch. 1ᵉʳ) : « ce qui s'évapore au feu est esprit, âme, accident; ce qui ne s'éva-

pore pas, corps et substance ». Cet auteur attribue encore à Démocrite l'opinion qu'il y a dans les pierres une âme élémentaire, laquelle est la cause de leur génération (l. I, tr. 1, ch. 4).

Le Pseudo-Aristote (1) définit de même les corps et les esprits, et il ajoute : « les corps volatils sont des accidents, parce qu'ils ne manifestent leurs qualités et vertus que s'ils sont associés aux substances ou corps fixes : pour opérer cette association, il faut purifier les uns et les autres. » Il y a là un mélange de pratiques matérielles et d'idées mystiques.

Vincent de Beauvais, *Speculum majus* (VIII, 60), donne sous le nom d'Avicenne l'exposé suivant.

« Il y a quatre esprits minéraux : le soufre, l'arsenic, le sel ammoniac, le mercure, distincts par leur aptitude à être sublimés ; et six corps métalliques : l'or, l'argent, le cuivre, l'étain, le fer, le plomb. Les premiers sont des esprits, parce que leur pénétration dans le corps (métallique) est nécessaire, pour accomplir sa réunion avec l'âme » — « *Spiritus, inquam, sunt quia per eos imprimitur corpus ut possit cum animâ conjungi.* » Et plus loin (VIII, 62) : « Nulle chose ne peut être sublimée sans le concours d'un esprit. La pierre ne s'élève pas d'elle-même par l'action du feu ; tandis que les esprits s'élèvent d'eux-mêmes, c'est-à-dire se subliment, se dissolvent et déterminent la dissolution des autres substances ; ils brûlent, refroidissent, dessèchent et humectent les quatre éléments. » Cette dernière phrase attribue aux esprits le rôle des qualités aristotéliques citées plus haut.

« Ce qui ne fuit pas le feu », dit encore Avicenne, « est dit fixe : tels sont les corps des pierres et des métaux. »

Dans la langue même de notre temps, le nom d'esprits volatils est encore appliqué à certaines substances, tels que l'ammoniaque, l'alcool, les essences, etc.

D'après Geber (2) il y a sept esprits, dont voici les noms, rangés dans l'ordre de leur volatilité : le mercure, le sel ammoniac, le soufre, l'arsenic,

---

(1) *De perfecto magisterio, Bibl. chem.* de Manget, t. I, p. 638.

(2) Voir aussi *Lexicon Alchemiæ Rulandi,* p. 442.

(c'est-à-dire son sulfure, placé auprès du soufre par l'auteur), la marcassite, la magnésie et la tutie.

Geber dit encore :

« Les esprits (corps volatils) seuls et les matières qui les contiennent en puissance, sont capables de s'unir aux corps (métalliques) ; mais ils ont besoin d'être purifiés pour produire une teinture parfaite, et ne pas gâter, brûler, noircir les produits. Il y a des esprits corrosifs et brûlants, tels que le soufre, l'arsenic (sulfuré), la pyrite; d'autres sont plus doux, tels que les diverses espèces de tutie (oxydes métalliques volatils). C'est par la sublimation qu'on les purifie. » — Cette sublimation se compliquait de l'action oxydante de l'air, spécialement dans le cas de la pyrite et du sulfure d'arsenic.

L'Aludel, appareil destiné à ces sublimations, devait être construit en verre, ou en une substance analogue, non poreuse, et capable de retenir les esprits (matières volatiles) et de les empêcher de s'échapper, d'être éliminés par le feu. Les métaux ne conviennent pas, parce que les esprits s'y unissent, les pénètrent, et même les traversent. Tout ceci est très clair pour nous.

Le Pseudo-Aristote donne la même liste (1) des esprits que Geber, en assimilant ces êtres aux planètes.

Dans Rulandus, qui développe la même énumération, la magnésie est remplacée par le *wismath*, lequel semble être un sulfure métallique, se rattachant aux minerais d'étain et de plomb. Ce nom a été détourné de son vieux sens, pour être appliqué par les modernes à un métal nouveau, inconnu des anciens, le bismuth ; de même que le nom de cadmie a été détourné de son sens pour être appliqué au cadmium. Mais ce n'était pas là la signification ancienne du mot.

Revenons aux esprits de Geber et d'Avicenne, afin de tâcher de comprendre les idées d'autrefois et les faits qui leur correspondaient. Les uns de ces esprits, tels que le mercure, le sel ammoniac, le soufre, le sulfure d'arsenic, sont en effet des substances susceptibles de sublimation pure et simple. Les autres sont réputés secondaires: la sublimation n'ayant lieu

---

(1) *De Perfecto Magisterio, Bibl. chem.* de Manget, t. I. p.638.

que par l'effet d'une opération complexe, et mal comprise, mais dont la complexité avait été entrevue par les alchimistes. En effet la marcassite, ou pyrite, chauffée dans un appareil distillatoire en terre, donne d'abord du soufre, en laissant un résidu ; ce résidu s'oxyde peu à peu sous l'influence de l'air, qui pénètre dans l'appareil, et une partie du produit se sublime à son tour peu à peu, à une température plus haute, en fournissant des oxydes métalliques, blancs ou colorés. Geber distingue nettement ces deux phases du phénomène (*Bibl. Chemica* de Manget, t. I, p. 534).

La tutie était réputée le moins volatil des esprits; la magnésie était intermédiaire entre la tutie et la marcassite : enfin la sublimation de la tutie et celle de la magnésie étaient assimilées à la seconde phase de celle de la marcassite, phase dans laquelle l'action de l'air développait les oxydes métalliques.

On voit par là que la magnésie de Geber, comme celle du Pseudo-Démocrite, et, plus tard, la tutie, désignaient à la fois certains minerais sulfurés de zinc, de plomb, d'étain, de cuivre, etc., ainsi que le mélange des oxydes formés par sublimation lente aux dépens de ces minerais de zinc, de plomb, de cuivre, etc.; c'est-à-dire que cette magnésie se rattache à la famille des cadmies, dans laquelle on rencontre également le double sens de minerai naturel et de ses dérivés obtenus par grillage. Les sens du mot magnésie sont d'ailleurs plus compréhensifs encore, comme il sera dit plus loin.

Étain — χασσίτερος — *Stannum* — plomb blanc (1).

Dans Homère, le mot χασσίτερος désigne un alliage d'argent et de plomb (ou d'étain?). Le sens actuel du métal étain n'a peut-être été acquis à ce mot d'une manière précise et exclusive que vers le temps d'Alexandre et des Ptolémées, bien que le métal même ait été employé comme composant du bronze depuis les époques préhistoriques. De même le mot *stannum* est donné par Pline au plomb argentifère (H. N., l. XXXIV, 47), aussi bien qu'au plomb blanc, qui était l'étain véritable. Dans la lecture des anciens auteurs, il faut se méfier continuellement de ces sens multiples et variables avec les temps des dénominations métalliques qu'ils emploient. Pour pouvoir tirer d'un mot des conséquences certaines, au point de vue des

---

(1) Pline, *H. N.*, l. XXXIV, 47.

connaissances chimiques d'une certaine époque, il est nécessaire, en général, de posséder des objets, armes, statues, ou instruments, répondant exactement à cette époque et à ce mot. En dehors de cette règle, on est exposé aux erreurs et aux confusions les plus étranges.

Pline ajoute qu'on contrefait l'étain avec un mélange renfermant 1/3 de cuivre blanc et 2/3 de plomb blanc; ou bien avec poids égaux de plomb blanc et de plomb noir : c'est ce qu'on appelait alors plomb argentaire. Ces fraudes sont encore usitées aujourd'hui, les fabricants d'objets d'étain mêlant le plus de plomb qu'ils peuvent à l'étain pur, à cause du bas prix du plomb.

Étymologies chimiques doubles. — C'est une circonstance digne d'intérêt qu'un certain nombre de mots chimiques ont deux étymologies : l'une égyptienne, qui paraît la véritable; l'autre grecque, qui semble fabriquée après coup et pour rendre compte de la transcription hellénique du mot ancien.

Je citerai, par exemple, les mots *asèm*, *chimie*, *sel ammoniac*.

Le mot *asèm* désignait un alliage métallique particulier imitant l'or et l'argent et spécialement ce dernier métal (p. 62 et suiv.). Il a été traduit en grec par les mots : ἄσημος, ἄσημον, ἀσήμη. lesquels signifiaient d'abord l'argent sans titre, et ont pris, en grec moderne, le sens complet de l'argent. La confusion entre ces mots est l'une des origines des idées de transmutation.

Le mot *chimie* paraît dérivé du mot égyptien *chemi*, qui est le nom de l'Egypte elle-même. Mais les Grecs l'ont rattaché soit à χυμός (suc), soit à χέω (fondre), parce que c'était l'art du fondeur en métaux.

Le nom du *sel ammoniac* (carbonate de soude d'abord, plus tard chlorhydrate d'ammoniaque (p. 45), est dérivé de celui du dieu égyptien Ammon. Mais il a été rattaché aussi par les Grecs au mot ἄμμον, sable, etc.

Ces fausses étymologies rappellent le système de Platon pour les cas analogues.

Fer.

Le basalte était désigné par le nom du fer chez les Egyptiens.

On distinguait parmi les dérivés du fer, les corps suivants :

Rubigo ou *ferrugo*, ἰός, la rouille, c'est-à-dire l'oxyde de fer hydraté et les sels basiques de même teinte (1). A l'état anhydre ce corps est devenu le colcotar du moyen âge, qui est à proprement parler le résidu de la calcination des sulfates de fer.

Squama. — C'est l'écaille tirée des armes pendant leur fabrication, *ex acie aut mucronibus* (2). Il semble que ce corps répondait à notre oxyde des batitures.

Scoria (3), autre résidu ferrugineux. — Elle est appelée aussi *sideritis.*

Au fer se rattachent l'*aimant* ou pierre magnétique, l'*hématite*, la *pierre schisteuse*, les *ocres*, les *pyrites*, ainsi que la *rubrique.*

Donnons quelques détails sur ces différentes matières.

Aimant ou *magnes*, dénommé parfois également *sideritis* (4).

L'aimant était appelé *ferrum vivum* et assimilé à un être vivant, à cause de son action attractive sur le fer. On distinguait le mâle et le femelle. On en reconnaissait plusieurs espèces : les uns roux, les autres bleuâtres, qui étaient les meilleurs ; d'autres noirs, sans force ; d'autres blancs et n'attirant pas le fer. L'aimant tirait son nom de *magnes*, de celui de Magnésie, qui appartenait à une province de Thessalie et à deux villes d'Asie (v. *Magnésie*).

Hématite (5). — Le sens moderne de ce mot est resté à peu près le même que le sens antique : fer oligiste et fer oxydé hydraté. La *pierre schiste* est congénère (6) : c'est l'hématite fibreuse.

Ocres (7). — L'ocre, brûlée dans des pots neufs, donnait la rubrique (sanguine). Les mots *sil*, *usta* (8) ont un sens analogue. On les obtenait aussi en brûlant l'hématite (9).

Pyrites (10). — Ce mot désignait les sulfures de fer et de cuivre et les corps congénères : sens qu'il a conservé. La pyrite blanche et la pyrite dorée

---

(1) PLINE, *H. N.*, l. XXXIV, 45. — DIOSC. *Mat. méd.*, l. V, 93.

(2) PLINE, *H. N.*, l. XXXIV, 46.

(3) DIOSC., *Mat. méd.*, l. V, 94.

(4) DIOSC., *Mat. méd.*, l. V, 147. — PLINE, *H. N.*, l. XXXIV, 42, et l. XXXVI, 25. — *Lexicon Alch. Rulandi*, p. 275, 314.

(5) DIOSC., *Mat. méd.*, l. V, 143. — PLINE. *H. N.*, l. XXXVI, 25.

(6) PLINE, *H. N.*, l. XXXIV, 37.

(7) DIOSC., *Mat. méd.*, l. V, 108. — PLINE. *H. N.*, l. XXXV, 16, 20, 22.

(8) PLINE, *H. N.*, l. XXXV, 32 ; l. XXXIII, 56, 57.

(9) VITRUVE, l. VII, ch. VII. — PLINE, *H. N.*, l. XXXVI, 37.

(10) DIOSC., *Mat. méd.*, l. V, 142. — PLINE, *H. N.*, l. XXXVI, 30.

notamment sont distinguées par Pline. La chalcite, ou minerai de cuivre répondait surtout à la pyrite cuivreuse.

D'après Pline, le même nom était donné à la meulière et à la pierre à briquet, que l'on supposait contenir le feu produit par leur intermédiaire.

Le mot *Chalcopyrite*, qui désignait sans doute à l'origine la pyrite cuivreuse, a changé de sens plus tard : il aurait signifié le plomb (ou plutôt l'un de ses minerais) chez les alchimistes, d'après le *Lexicon Alch. Rulandi*.

Le mot *marcassite* a remplacé celui de pyrite au moyen âge, avec un sens encore plus étendu. (Voir ce mot.)

Rubrique. — Ce mot désignait la sanguine; mais on l'appliquait aussi au minium, au vermillon et même parfois au cinabre.

Feu (les vertus du).

D'après Pline : *Ignis accipit arenas, ex quibus alibi vitrum, alibi argentum, alibi minium, alibi plumbi genera, alibi medicamenta fundit. Igne lapides in æs solvuntur, igne ferrum gignitur ac domatur, igne aurum perficitur, etc.* (1).

Ce passage aurait pu être écrit par un alchimiste. On lit déjà dans un hymne chaldéen au feu, traduit par M. Oppert « O toi qui mêles ensemble le cuivre et le plomb (2) ; ô toi qui donne la forme propice à l'or et à l'argent, etc. »

Figures géométriques des saveurs et des odeurs.

Démocrite leur a attribué des figures. On lit aussi dans Théophraste, *de Causis Plantarum*, l. VI, ch. 1 :

La saveur douce résulte de matières rondes et grosses;
- acerbe et aigre, de matières polyédriques, âpres;
- aiguë — de certains corps pointus, petits, courbes;
- âcre — de corps ronds, petits, courbes;
- salée — de corps anguleux, grands, tordus, etc.;
- amère — de corps ronds, légers, tordus, petits;
- grasse — de corps ténus, ronds, petits;

(1) Pline, *H. N.*, l. XXXVI, 68.

(2) Ou l'étain, suivant d'autres interprètes.

Fixation des métaux.

Ce terme est employé comme synonyme de transmutation ; il signifie, à proprement parler :

1° L'acte qui consiste à ôter au mercure sa mobilité, soit en l'associant à d'autres métaux ou bien au soufre, soit en l'éteignant à l'aide de divers mélanges.

2° L'opération par laquelle on ôte au mercure et plus généralement aux métaux très fusibles, tels que le plomb et l'étain, leur fusibilité, de façon à les rapprocher de l'état de l'argent.

3° L'opération par laquelle on ôte au mercure sa volatilité.

Les métaux étant ainsi fixés et purifiés de leur élément liquide,

4° On leur communiquait une teinture solide, fixe, qui les amenait à l'état d'argent ou d'or. Arrivés au dernier état, ils étaient définitivement fixés, c'est-à-dire rendus incapables d'une altération ultérieure.

Gagates (pierre), notre jais ? (1) Pierre de Memphis (2), sorte d'asphalte.

Ios — ἰός — *virus*.

Ces mots ont des sens très divers chez les anciens.

Virus s'applique dans Pline à certaines propriétés ou vertus spécifiques des corps, telles que : l'odeur (3) du cuivre, du sory, de la sandaraque (4) ; — leur action vénéneuse.

L'action médicale des cendres d'or (5) ;

La vertu magnétique communiquée au fer par l'aimant (6).

Ἰός signifie plus particulièrement la rouille ou oxyde des métaux, ainsi que le venin du serpent, parfois assimilé à la rouille dans le langage symbolique des alchimistes. La pointe de la flèche, symbole de la quintessence, l'extrait doué de propriétés spécifiques, la propriété spécifique elle-même ; enfin le principe des colorations métalliques, de la coloration jaune en particulier.

---

(1) Pline, 1. XXXVI, 34. — Diosc., *Mat. Méd.*, l. V, 145.

(2) Diosc., *Mat. méd.*, l. V, 157.

(3) Quelque chose de ce sens s'est conservé dans les mots « odeur vireuse », usités en botanique et en chimie.

(4) *H. N.*, l. XXXIV, 30, 48, 55.

(5) Pline, *H. N.*, l. XXXIII, 25.

(6) Id., l. XXXIV, 42.

Iosis, — ἴωσις, — signifie :

1° L'opération par laquelle on oxyde (ou l'on sulfure, etc.) les métaux ;

2° La purification ou affinage des métaux, tels que l'or : c'est une consé-quence des actions oxydantes exercées sur l'or impur, avec élimination des métaux étrangers sous forme d'oxydes ;

3° La virulence ou possession d'une propriété active spécifique, commu-niquée par exemple à l'aide de l'oxydation ;

4° Enfin la coloration en jaune, ou en violet, des composés métalliques, coloration produite souvent par certaines oxydations.

Nous conserverons quelquefois ce mot sans le traduire, afin de lui laisser sa signification complexe.

Magnésie. — C'est l'un des mots dont la signification a le plus varié dans le cours des temps (v. p. 221). Jusqu'au xviiie siècle, il n'a rien eu de commun avec la magnésie des chimistes d'aujourd'hui.

A l'époque de Pline et de Dioscoride, la pierre de Magnésie désigna d'abord la pierre d'aimant, l'hématite (voir le mot fer) et divers minéraux appelés aussi *magnes*, de couleur rouge, bleuâtre, noire ou blanche, origi-naires de la province ou des villes portant le nom de Magnésie ; ils compre-naient certaines pyrites métalliques. Le *magnes* était l'espèce mâle et la *magnesia* l'espèce femelle.

Les alchimistes grecs ont appelé de ce dernier nom les mêmes corps et spécialement les minerais, parfois sulfurés, tels que les pyrites, employés dans la fabrication du molybdochalque (voir p. 153), alliage de cuivre et de plomb (Zosime). Ils l'appliquent même au sulfure d'antimoine (voir le Lexique alchimique). Puis, par extension, ce nom a été donné aux cadmies ou oxydes métalliques, au plomb blanc et même aux alliages, provenant du grillage et des traitements des pyrites.

En raison de son rôle dans la transmutation, le molybdochalque, substance appelée aussi *métal de la magnésie* (τὸ σῶμα τῆς μαγνησίας), est appelée τὸ πᾶν (le tout), en certains endroits de Zosime.

Plus tard, chez les Arabes, le mot magnésie s'applique à des minerais de plomb et d'étain, sulfurés aussi ; ainsi qu'aux marcassites ou pyrites, suscep-tibles de fournir des sublimés analogues à la cadmie et à la tutie (Geber et le Pseudo-Aristote, *Bibl. chem.* de Manget, t. I, p. 645, 649, etc.).

Les alchimistes latins (1) ont désigné sous le nom de magnésie non seulement les pyrites (dont certaines appelées *wismath*), mais aussi l'étain allié au mercure par fusion, et un amalgame d'argent très fusible, de consistance cireuse, appelé la magnésie des philosophes, parce qu'il servait à fabriquer la pierre philosophale. C'était « l'eau mystérieuse congelée à l'air et que le feu liquéfie. »

D'après un texte du *Lexicon Alch.* de Rulandus (p. 322), la magnésie représentait un certain état intermédiaire de la masse métallique, pendant les opérations de transmutation.

Il est difficile de ramener de semblables notions à la précision de nos définitions modernes.

Dans le Pseudo-Aristote arabe (2), on lit pareillement : *Dicitur argentum vivum, quod in corpore magnesiæ est occultatum et in eo gelandum.* Il entendait par là un synonyme du mercure des philosophes, que l'on supposait contenu dans le métal de la magnésie.

La *magnésie noire* désignait chez les anciens, tantôt un oxyde de fer, tantôt le bioxyde de manganèse (3). Elle est déjà mentionnée comme servant à purifier le verre dans le livre *De Mineralibus* (L. II, tr. II, ch. 11), attribué à Albert le Grand.

Macquer (*Dictionnaire de Chimie*, 1778), à la fin du XVIIIe siècle, distingue :

1° La *magnésie calcaire*, précipité formé par la potasse (carbonatée) dans les eaux-mères du nitre ou du sel commun : c'était du carbonate de chaux impur, parfois mêlé avec le carbonate de magnésie actuel ;

2° Une autre magnésie calcaire, formée en précipitant les mêmes eaux-mères par l'acide sulfurique ou par les sulfates : c'était du sulfate de chaux ;

3° La *magnésie du sel d'Epsom* ou de *Sedlitz*, précipité obtenu au moyen du carbonate de potasse : c'était notre carbonate de magnésie, dont l'oxyde a seul retenu définitivement le nom de magnésie, dans la chimie scientifique actuelle. Le carbonate en porte aussi le nom en pharmacie.

---

(1) *Lexicon Alch. Rulandi*, p. 316.
(2) *Tractatulus ; Bibl. chem.* de Manget, t I, 661.

(3) Le nom même de notre manganèse est une autre transformation moderne du mot *magnes*.

Marcassite.

Ce mot, regardé parfois comme synonyme de pyrite, est employé par les alchimistes du moyen âge pour désigner les sulfures, arséniosulfures et minerais analogues, de tous les métaux proprement dits : fer, cuivre, plomb et antimoine, étain, argent, or. La marcassite blanche ou pyrite argentine était appelée spécialement *Wismath* ou magnésie. La marcassite plombée est le sulfure d'antimoine.

Massa, μᾶζα.

Ce mot est donné comme synonyme d'Alchimie dans le traité attribué à Albert le Grand et dans sa traduction grecque (Théoctonicos ; v. p. 209). On trouve également dans le *Lexicon Alch. Rulandi : Kymus, id est massa. Kuria vel kymia, id est massa, alchimia.*

Mercure (1).

Pline distingue l'*argentum vivum*, métal natif, et l'*hydrargyrum* ou argent liquide, métal artificiel.

Il prépare celui-ci sans distillation, en broyant le cinabre et le vinaigre dans un mortier de cuivre avec un pilon de cuivre.

On obtenait aussi le mercure en plaçant le cinabre dans une capsule de fer, au milieu d'une marmite de terre, surmontée d'un chapiteau (*ambix*), dans lequel se condensait la vapeur sublimée : (αἰθάλη). On lit dans Dioscoride : Ἡ γὰρ προσίζουσα τῷ ἄμβικι αἰθάλη ἀποξυσθεῖσα καὶ ἀποψυχθεῖσα ὑδράργυρος γίνεται. « La vapeur sublimée adhérente à l'alambix, raclée et refroidie devient mercure. » — C'est l'origine de l'alambic.

Dans Aristote se trouve le curieux passage que voici :

« Quelques-uns disent que l'âme communique au corps son propre mouvement : ainsi fait Démocrite, lequel parle à la façon de Philippe, auteur comique. Ce dernier dit que Dédale communique le mouvement à une Vénus de bois, en y plaçant de l'argent liquide ». (*De Animâ*, l. I, ch. 3.)

C'est déjà le principe de l'expérience du culbuteur chinois, que l'on fait aujourd'hui dans les Cours de Physique. Mais on peut aussi voir là l'origine de quelques-unes des idées mystiques des Alchimistes, qui ont pris au sérieux les apparences tournées en plaisanterie par les anciens Grecs.

---

(1) Dioscoride, *Mat. méd.*, l. V, 110. — Pline, *H. N.*, l. XXXIII, 32-42.

Le mercure des philosophes, ou matière première des métaux (1), représentait pour les Alchimistes une sorte de quintessence du mercure ordinaire ; ces deux corps étant tantôt confondus, tantôt distingués. C'est dans ce sens qu'il convient d'entendre ce qui suit.

D'après les Alchimistes du moyen âge, le mercure est l'or vivant ; la mère des métaux. Il les engendre par son union avec son mâle, le soufre ; il tue et fait vivre ; il rend humide et sec ; il chauffe et refroidit, etc... L'Eau c'est Adam, la Terre est Eve (RULANDUS, *Lexicon Alchemiæ*, p. 47), etc.

Tout ceci atteste la persistance des vieilles formules, à travers le moyen âge ; car la dernière assimilation remonte à Zosime et aux gnostiques.

Citons encore quelques-uns des synonymes alchimiques du mercure :

Aquam autem simplicem, aliàs vocant venenum, argentum vivum, cambar, aquam permanentem, gumma, acetum, urinam, aquam maris, Draconem, serpentem (2).

On lit les noms suivants du mercure dans Vincent de Beauvais, *Speculum majus*, VIII, 62 :

Acetum attrahens, et aqua aggrediens et oleum mollificans... servus quoque fugitivus (3).

Puis vient un dialogue entre l'or et le mercure. L'or dit au mercure : « Pourquoi te préfères-tu à moi ? je suis le maître des pierres qui ne souffrent pas le feu. » Et il lui répond : « Je t'ai engendré et tu ne sais pas que tu es né de moi. Une seule partie tirée de moi vivifie un grand nombre des tiennes ; tandis que dans ton avarice tu ne donnes rien de toi dans les traitements. »

Le mercure est présenté comme l'élément de tous les corps métalliques liquéfiables par le feu ; après leur liquéfaction, ils prennent l'apparence rouge.

D'après Avicenne (*Bibl. chem.* de Manget, t. I, p. 627), « le mercure est le serpent qui se féconde lui-même, engendrant en un jour ; il tue tout par son venin ; il s'échappe du feu. Les sages le font résister au feu : alors il accomplit les œuvres et mutations... Il se trouve dans tous les minéraux et il possède avec tous un principe commun ; c'est la mère des minéraux.

---

(1) *Origines de l'Alchimie*, p. 279.
(2) Voir *Turba philosophorum* (Biblioth. *Chem.* de Manget, t. I, p. 500).
(3) Voir Ostanès, ce v. p. 217.

«Un seul métal tombe au fond, c'est l'or et par là tu connais le plus grand secret, parce que le mercure reçoit dans son sein ce qui est de la même nature que lui. Il repousse les autres, parce que sa nature se réjouit plus avec une nature pareille qu'avec une nature étrangère (1). Il est le seul qui triomphe du feu et n'est pas vaincu par lui; mais il s'y repose amicalement... Il contient son propre soufre excellent, par lequel on fixe l'or et l'argent, suivant le mode de digestion. »

MÉTAUX. — *Génération des métaux.*

Aux opinions des anciens, relatives à cette question et rapportées dans mes *Origines de l'alchimie,* il paraît intéressant d'ajouter quelques textes.

Les métaux sont formés d'eau et de terre, d'après Aristote (*Météor.,* l. IV, chap. 8) : ce qui exprime leur fusibilité et leur fixité, aussi bien que leur aptitude à être changés en oxydes.

Aristote (*De Generatione,* l. I, chap. 10) distingue encore les corps en réceptifs ou passifs, et actifs ou donnant la forme : ὡς θάτερον μὲν δεκτικὸν, θάτερον δ'εἶδος. C'est ainsi que l'étain disparaît, en subissant l'influence de la matière du cuivre qui le colore : πάθος τι ὢν ἄνευ ὕλης τοῦ χαλκοῦ σχεδὸν ἀφανίζεται, καὶ μιχθεὶς ἄπεισι χρωματίσας μόνον. Nous touchons ici aux notions alchimiques.

J'ai cité plus haut (article *éléments actifs,* p. 247) le passage d'Aristote sur l'exhalaison sèche et sur l'exhalaison humide, laquelle produit les métaux. Une partie de ceci rappelle, sous une forme plus vague, les théories actuelles sur les minéraux de filons, produits par les vapeurs souterraines.

Et ailleurs (*Météor.,* l. IV, ch. 2) : « L'or, l'argent, le cuivre, l'étain, le plomb, le verre et bien des pierres sans nom, participent de l'eau : car tous ces corps fondent par la chaleur. Divers vins, l'urine, le vinaigre, la lessive, le petit-lait, la lymphe participent aussi de l'eau, car tous ces corps sont solidifiés par le froid. Le fer, la corne, les ongles, les os, les tendons, le bois, les cheveux, les feuilles, l'écorce, participent plutôt de la terre : ainsi que l'ambre, la myrrhe, l'encens, etc. »

---

(1) Ceci montre quel intérêt on attachait à des propriétés qui nous paraissent aujourd'hui peu importantes.

On remarquera aussi l'axiome du Pseudo-Démocrite sur les natures, reproduit par Avicenne.

J'ai cité des passages analogues tirés du *Timée* de Platon (1).

Tous ces énoncés témoignent de l'effort fait par la science antique pour pénétrer la constitution des corps et manifestent les analogies vagues qui guidaient ses conceptions.

La Théorie des exhalaisons est le point de départ des idées ultérieures sur la génération des métaux dans la terre, que nous lisons dans Proclus (voir *Origines de l'Alchimie*, p. 48), et qui ont régné pendant le moyen âge (voir le présent volume, p. 78). On lit encore, dans Vincent de Beauvais (VIII, 6) : « D'après Rhazès, les minéraux sont des vapeurs épaissies et coagulées au bout d'un temps considérable. Le vif argent et le soufre se condensent d'abord. Les corps transformés graduellement pendant des milliers d'années dans les mines arrivent à l'état d'or et d'argent ; mais l'art peut produire ces effets en un seul jour. »

Dès les temps les plus anciens, ces idées se sont mêlées avec des imagina tions astrologiques, relatives aux influences sidérales (ce volume, p. 73 et suiv.). C'est ainsi qu'on lit dans la *Bibl. Chem.* de Manget, t. I, p. 913 : « Les métaux et les pierres n'éprouvent pas les influences célestes, sous leur forme même de métaux ou de pierres, mais lorsqu'ils sont sous la forme de vapeurs et tandis qu'ils durcissent. » On voit par là le sens mystique de ces mots attribués à Hermès par Albert le Grand : « la terre est la mère des métaux ; le ciel en est le père. » De même cet autre axiome hermétique : « En haut les choses terrestres ; en bas les choses célestes » (2), lequel s'appliquait à la fois à la transformation des vapeurs dans la nature et à la métamorphose analogue que l'on effectuait par l'art dans les alambics.

Avicenne, après avoir décrit le détail supposé de cette création des métaux, ajoute : « Cependant il est douteux que la transmutation effective soit possible. Si l'on a donné au plomb purifié les qualités de l'argent (chaleur, saveur, densité), de façon que les hommes s'y trompent, la différence spécifique ne peut être enlevée parce que l'art est plus faible que la nature (Vincent de Beauvais, VIII, 84). »

Albert le Grand (*De Mineralibus*, l. III, tr. 1, ch. 9) dit de même : « Ceux qui blanchissent par des teintures blanches et jaunissent par des teintures

---

(1) *Origines de l'Alchimie*, p. 269 à 271. | (2) Ce volume, p. 161 et 163, fig. 37.

jaunes, sans que l'espèce matérielle du métal soit changée, sont des trompeurs, et ne font ni vrai or, ni vrai argent... J'ai fait essayer l'or et l'argent alchimiques en les soumettant à six ou sept feux consécutifs ; le métal se consume et se perd, en ne laissant qu'un résidu sans valeur. »

Dans le traité d'alchimie pseudonyme, attribué au même auteur, il est dit que le fer alchimique n'attire pas l'aimant et que l'or alchimique ne réjouit pas le cœur de l'homme et produit des blessures qui s'enveniment; ce que ne fait pas l'or véritable.

Odeur des Métaux : D'après Aristote (*De sensu et sensilibus*, ch. 5) : « L'or est inodore; le cuivre, le fer sont odorants; l'argent et l'étain moins que les autres.

Il y avait un cuivre indien de même couleur que l'or parmi les vases du trésor de Darius; les coupes de ce métal ne se distinguaient que par l'odeur (*De mirabilibus*, ch. 49).

MINIUM, RUBRIQUE ou matière rouge. — μίλτος —

Sous ce nom on trouve confondues un grand nombre de substances rouges d'origine minérale, telles que, d'une part:

Les oxydes de fer (sanguine, ocre brûlée ou *usta*, hématite).

Les oxydes de plomb (minium et congénères) et peut-être l'oxyde de mercure (confondu avec le cinabre), ainsi que le protoxyde de cuivre ;

D'autre part, le sulfure de mercure (vermillon, cinabre), le sulfure d'arsenic (réalgar, appelé aussi sandaraque), le sulfure d'antimoine (sulfure artificiel précipité et kermès minéral), son oxysulfure, et divers composés métalliques analogues, que les anciens ne savaient pas bien distinguer les uns des autres (voir plus haut l'article *cinabre*, et plus loin l'article *plomb*).

Ainsi les mots rubrique, *rubrica* (μίλτος), minium, cinabre, vermillon, sont-ils souvent synonymes dans les anciens auteurs.

La *sinopis*, ou rubrique de Sinope (1), était à proprement parler un oxyde de fer naturel et artificiel (*usta*); mais ce nom a été aussi donné à notre minium (oxyde de plomb) et à notre sulfure de mercure.

La terre de Lemnos (2) était aussi une rubrique (probablement un peroxyde de fer hydraté); on la vendait sous cachet.

---

(1) DIOSC., *Mat. méd.*, V. 111. — PLINE, *H. N.*, l. XXXV, 16; XXXVI, 27.

(2) PLINE, *H. N.*, l. XXXV, 14.

17.

La sinopis, broyée avec du *sil* brillant (ocre jaune) et du *melinum* (argile blanche), donnait le *leucophoron*, matière employée pour fixer l'or sur le bois (1).

Le *minium* ou *ammion* (petit sable) désigne :

Tantôt un oxyde de plomb, dans le sens d'aujourd'hui, oxyde obtenu par la calcination ménagée de la céruse et nommé aussi *usta*, comme l'ocre (2), ou bien encore *fausse sandaraque* (3) ;

Tantôt le vermillon et le cinabre ou sulfure de mercure (4).

Le minium, chauffé à parties égales avec la rubrique, fournissait le *sandyx* (5), nom qui a été appliqué aussi au minium seul (6). Cette confusion se retrouve dans certaines dénominations modernes : c'est ainsi que le minium de fer, employé aujourd'hui pour peindre ce métal, est formé de 60 pour cent de minium et de 40 pour cent d'oxyde magnétique.

Un premier germe des idées alchimiques sur la fabrication de l'or se trouve dans ce fait, rapporté par Théophraste (7), que l'Athénien Callias, au ve siècle avant notre ère, vers les commencements de la guerre du Péloponèse, découvrit le minium dans les mines d'argent et qu'il espérait obtenir de l'or par l'action du feu sur ce sable rouge.

Le *sandyx* mêlé de *sinopis* constituait le syricum ou *sericum* (8).

Ajoutons, pour compléter ce qui est relatif aux couleurs dérivées des métaux dans l'antiquité.

L'armenium, matière bleue qui paraît être la cendre bleue, ou l'azurite ;

Et le *ceruleum* ou azur (9), mot qui désigne à la fois une laque bleue, dérivée du pastel, et un *émail bleu,* fritte ou vitrification, obtenu avec du natron, de la limaille de cuivre et du sable fondu ensemble (Vitruve).

Parmi les couleurs vertes, on cite *l'ærugo,* le verdet, la chrysocolle (malachite ; cendres vertes et sous-carbonates de cuivre).

Les *couleurs jaunes* étaient : l'ocre ou *sil,* parfois mêlé de matières végé-

---

(1) Pline, *H. N.*, l. XXXV, 17.
(2) Pline, *H. N.*, l. XXXV, 20.
(3) Le même, 22.
(4) Vitruve — Dioscoride, *Mat. méd.*, l. V, 109. — Pline, *H. N.*, l. XXXIII, 37 à 41.

(5) Pline, *H. N.*, l. XXXV, 23.
(6) Diosc., *Mat. méd.*, l. V, 103.
(7) *De Lapidibus*, 58, 59.
(8) Pline, *H. N.*, l. XXXV, 24.
(9) Pline, *H. N.*, l. XXXIII, 57.

tales; l'arsenic ou orpiment; les sous-sulfates de fer (misy et congénères;
parfois la litharge, le soufre, l'or en poudre; enfin diverses matières végétales.

Nitrum — νίτρον — natron, — à proprement parler notre carbonate de
soude.

C'est par erreur que la plupart des éditeurs des auteurs grecs ou latins
traduisent ces mots par nitre ou salpêtre, substance presque inconnue dans
l'antiquité, et qui apparaît seulement à partir du vi^e siècle à Constantinople,
avec le feu grégeois dont elle était la base (1).

Les anciens parlent aussi du nitrum factice, préparé avec les cendres de
chêne, c'est-à-dire du carbonate de potasse.

Spuma nitri, ἀφρὸς νίτρου ou ἀφρόνιτρον. — Se trouve dans des cavernes.
Ce devait être dans certains cas du nitre vrai.

Opérations Alchimiques. — Voici le nom de quelques-unes des opérations
signalées dans les écrits des Alchimistes Grecs; j'ai cru utile de les réunir
ici pour la commodité du lecteur (2).

ἀναζωπύρωσις......	Régénération par le feu: coupellation.
ἀνάλυσις	Dissolution, désagrégation.
ἀποσείρωσις.......	Décantation.
ἀχλύωσις.........	Obscurcissement de la surface brillante d'un métal, par oxydation, sulfuration etc.
ἐκστροφή, ἔκστρεψις.	Extraction, transformation.
ἐλαίωσις	Graissage; Transformation en huile.
ἐξίωσις.	Réduction, affinage.
ἐξυδάτωσις........	Dessiccation; opération par laquelle on dépouille un corps de sa liquidité.
ἐπιβολαί.........	Projections.
ἔψησις..........	Décoction.
ἴωσις..........	Oxydation; affinage; coloration en violet (v. p. 255).
καῦσις..........	Grillage; calcination.
λείωσις	Pulvérisation; délaiement.
λεύκωσις	Blanchiment.

---

(1) Voir mon ouvrage : *Sur la force des matières explosives*, 3e éd., t. I, p. 352.

(2) Voir aussi ce volume, p. 210.

μελάνωσις . . . . Teinture en noir.

ἔπτησις . . . . Torréfaction.

ξάνθωσις . . . . Teinture en jaune.

πλύσις . . . . Lavage.

σῆψις . . . . Putréfaction, décomposition.

ὕλη . . . . Matière.

φύσις . . . . Nature, qualité intérieure.

Or.

Rappelons sa coupellation par le sulfure d'antimoine, qui en sépare même l'argent. On fond ensemble ; la fonte se sépare en deux couches ; la couche supérieure renferme les métaux étrangers, sous forme de sulfures unis à l'antimoine ; la couche inférieure contient l'or et le régule d'antimoine. On répète la fonte deux ou trois fois ; puis on soumet l'or à un grillage modéré, qui brûle l'antimoine ; en évitant de chauffer trop fort pour ne pas volatiliser l'or.

En raison de ces propriétés l'antimoine était dit au moyen âge le loup dévorant des métaux ; ou bien encore le bain du roi ou du soleil. Mais elles ne sont exposées très explicitement que vers la fin du moyen âge.

Paros et Porus (1).

La pierre appelée *porus*, était blanche et dure comme le marbre de Paros ; mais moins pesante. Ces deux mots sont parfois confondus dans les Papyrus de Leide.

Plomb : On distinguait 2 espèces, le noir et le blanc, ce dernier assimilable à notre étain (2).

Du plomb noir on extrayait aussi l'argent. — Il était soudé par l'intermède de l'étain. Le métal de première coulée, obtenu avec le plomb argentifère, s'appelait *stannum;* le second, *argent;* ce qui restait dans le fourneau, *galène.* La galène refondue produisait du plomb noir.

On voit que le mot *stannum* signifie ici un alliage d'argent et de plomb. Quant au mot *galène*, il n'avait pas le même sens qu'aujourd'hui, où il veut dire sulfure de plomb.

---

(1) Pline, *H. N.,* l. XXXVI, 28. | (2) Pline, *H. N.,* l. XXXIV, 47.

Chez les anciens, le plomb était souvent confondu avec ses alliages d'étain, aussi bien qu'avec l'antimoine (v. p. 224) et le bismuth, métal plus rare et dont la découverte est moderne.   .

Plomb lavé. — πεπλυμένος μόλυβδος (1).

Voici la préparation de cette substance.

On broie de l'eau dans un mortier de plomb avec un pilon de plomb, jusqu'à ce que l'eau noircisse et s'épaississe : ce que nous expliquons aujourd'hui par la formation d'un hydrocarbonate de plomb, résultant de l'action de l'air et de l'eau sur le métal. — On lave par décantation. — On peut aussi broyer de la limaille de plomb dans un mortier de pierre.

Vincent de Beauvais (*Speculum majus*, VIII, 17) décrit la soudure auto-gène, plomb sur plomb, qui a été regardée comme une invention moderne.

Plomb brûlé, — κεκαυμένος μόλυβδος (2). — Voici la préparation de ce corps :

«On stratifie dans un plat des lames de plomb et de soufre. On chauffe, on remue avec du fer, jusqu'à disparition du plomb, et transformation en une sorte de cendre. D'autres remplacent le soufre par de la céruse, ou par de l'orge. Si l'on chauffe le plomb seul, le produit prend la couleur de la litharge». — Le produit obtenu par ces procédés est un sous-oxyde de plomb, mêlé, suivant les cas, de sulfure et de sulfate.

Scorie [de plomb] (3). — Corps jaune, vitreux, analogue à la céruse, ou plutôt à notre litharge impure.

Spode [de plomb] (4). — V. l'article *Æs*, sur le sens du mot *spode*.

Pierre plombeuse (5). — C'est notre galène (sulfure de plomb)?

Galena. — Minerai de plomb (6), employé dans la fusion de l'argent. On appelait aussi de ce nom le résidu des fontes du plomb argentifère (v. plus haut).

Molybdène — μολύβδαινα (7). « Ce corps est produit dans les fourneaux d'or et d'argent. Il est jaune, et devient rouge par le broiement; il est semblable à la litharge». — Ce nom a été aussi étendu à la plombagine (notre graphite)

---

(1) Diosc., *Mat. méd.*, l. V, 95.

(2) Diosc., *Mat. méd.*, l. V, 96. — Pline, *H. N.*, l. XXXIV, 50.

(3) Diosc., *Mat. méd.*, l. V, 97. — Pline, *H. N.*, l. XXXIV, 49, 51.

(4) Pline, *H. N.*, l. XXXIV, 12.

(5) Diosc., *Mat. méd.*, l. V, 98.

(6) Pline, l. XXIII, 31.

(7) Diosc., *Mat. méd.*, l. V, 100. — Pline, *H. N.*, l. XXXIV, 53.

et à notre galène (sulfure de plomb natif). — On en a rapproché encore (1) la *scorie d'argent*, appelée aussi *helcysma* ou *encauma*.

Le mot molybdène a été suivant l'usage fâcheux des modernes, détourné de son sens historique par les chimistes de notre temps, pour être appliqué à un métal inconnu de l'antiquité.

Litharge (2). — Elle se préparait avec un sable (minerai) plombeux, ou bien elle était obtenue dans la fabrication de l'argent, ou dans celle du plomb. — La litharge jaune s'appelait *chrysitis;* celle de Sicile, *argyritis;* celle de la fabrication de l'argent, *lauriotis* (mot qui rappelle les mines du Laurium) : « ce sont à proprement parler les écumes d'argent, produites à la surface du métal; la *scorie* est le résidu qui reste au fond » (Pline).

Céruse — ψιμύθιον (3). — Les anciens ont indiqué le procédé de préparation de la céruse par le plomb et le vinaigre. — Dioscoride décrit aussi sa torréfaction (ὀπτητέον), sa cuisson (καῦσαι θέλων), laquelle lui donne une couleur rouge et la change en sandyx (minium).

Minium (v. p. 251, 260; Rubrique). — Rappelons que ce mot a désigné non seulement le sur-oxyde de plomb, appelé aujourd'hui de ce nom, mais aussi le vermillon, le cinabre, le réalgar et certains oxydes de fer.

Pseudargyre.

On lit dans Strabon (4) : « Près d'Andira on trouve une pierre qui se change en fer par l'action du feu. Ce fer, traité par une certaine pierre, devient du *pseudargyre*, lequel, mêlé avec du cuivre, produit ce que l'on appelle orichalque.

Le pseudargyre se trouve aussi près du Tmolus. »

Était-ce du zinc, ou du nickel, ou un alliage ?

Samos (pierre de). — C'est le tripoli.

Sel (5). — Sel fossile naturel, notre sel gemme, ou chlorure de sodium — sel de Cappadoce, sel factice obtenu par l'évaporation des salines.

Lanugo salis. — Ἄχνη ἁλές. — Paillette écumeuse, produite par l'eau de mer déposée sur les rochers.

---

(1) Diosc., l. V, 101.
(2) Diosc., *Mat. méd.*, V, 102.
(3) Diosc., l. V, 103. — Pline, l. XXXIII, 54. — Vitruve, l. VII, ch. 7.

(4) Liv. XIII, 56.
(5) Diosc., *Mat. méd.*, l. V, 125, 130. — Pline, *H. N.*, l. XXXI, 39-45.

Saumure — muria. — Ἅλμη.

Flos salis, — ἀλὸς ἄνθος. — Efflorescences salines et odorantes, couleur de safran — elles surnageaient dans certains étangs, ainsi que dans l'eau du Nil.

Favilla salis. — Efflorescence blanche et légère.

Sélénite (1) ou *aphroselinon,* pierre de lune, pierre spéculaire, glace de Marie ; blanche, légère, translucide.

Ce mot désigne notre sulfate de chaux et notre mica, ainsi que divers silicates, lamelleux et brillants.

Soufre (2). — Soufre vif, ou apyre.

Pline ajoute : *Ignium vim magnam ei inesse;* il renferme beaucoup de feu — sans doute parce qu'il s'allume aisément.

Terres (3).

On désignait sous ce nom divers calcaires et surtout des argiles blanches, ou grisâtres, employées :

Soit comme fondants en métallurgie ;

Soit comme base de poteries en céramique ;

Soit comme ciments dans les constructions ;

Soit comme supports de couleurs en peinture ;

Soit comme collyres, et pour divers autres usages, en matière médicale.

Ces terres étaient lavées à grande eau, mises en trochisques, cuites dans des plats de terre, etc.

On distinguait : la terre de Chio, la terre de Samos et la pierre de Samos, la terre cimolienne, la terre d'Erétrie, la terre de Melos (assimilée au tripoli) la terre de Sélinonte, la terre de Lemnos (v. Rubrique p. 251, 260), le *Parœtonium,* la *pignitis,* l'*ampelitis* ou *schiste* bitumineux, etc. La terre de Lemnos était une sanguine, ou oxyde de fer hydraté.

Trempe — Teinture — Βαφή.

La *trempe du fer* était connue de toute antiquité. Homère en fait mention dans l'Odyssée (1. IX, 393). Les alchimistes grecs y ont consacré plusieurs articles que nous reproduirons. La trempe du bronze est aussi décrite par eux.

---

(1) Diosc., l. V, 158. — *Lexicon Alch. Rulandi,* p. 289 et 427.
(2) Diosc., l. V, 123. — Pline, *H. N.,* l. XXXV, 5o.

(3) Diosc., *Mat. méd.,* l. V, 170 à 180. — Pline, *H. N.,* l. XXXV, 31, 32, 53 à 55 ; XXXVI, 40, etc. — *Lexicon Alch. Rulandi,* p. 463.

Il est digne d'intérêt que le même mot βαφή signifie :

1º La trempe des métaux;

2º La teinture des étoffes, du verre et des métaux;

3º Par extension la matière colorante elle-même,

4º Et aussi le bain dans lequel on la fixait.

TUTIE. — Le nom de tutie, qui semble ancien (3), n'apparaît avec certitude qu'au temps des Arabes. Il a désigné surtout le pompholyx, oxyde de zinc impur. Mais il a été appliqué aussi à toute cadmie, toute fumée des métaux, et il en a souvent remplacé le nom chez les alchimistes du moyen âge. On en a parfois rapproché la magnésie (v. ce mot).

---

(1) On trouve la mention de la *Tutia Alexandrina* (manuscrit 7161 du fonds latin de la Bibliothèque nationale de Paris, f. 13).

INTRODUCTION

A L'ÉTUDE DE LA CHIMIE

DES ANCIENS ET DU MOYEN AGE

SECONDE PARTIE

18

LISTE

IX. — PHOSPHORESCENCE DES PIERRES PRÉCIEUSES

SUR UN PROCÉDÉ ANTIQUE
POUR RENDRE LES PIERRES PRÉCIEUSES ET LES VITRIFICATIONS
PHOSPHORESCENTES

La Collection des alchimistes grecs renferme un petit Traité exposant les procédés pour « colorer les pierres précieuses artificielles, les émeraudes, les escarboucles, les hyacinthes, d'après le livre tiré du Sanctuaire du temple ».

Ce Traité contient une série de recettes purement techniques, analogues à celle du papyrus X de Leide (1), et dont quelques-unes remontent probablement à une haute antiquité. On y trouve cités plusieurs auteurs alchimistes égyptiens, tels que Marie, Agathodémon, le pseudo-Moïse, Ostanès, Démocrite, ces trois derniers également nommés dans Pline (2). Les citations de notre Démocrite, en particulier, s'en réfèrent à son Traité sur l'art de colorer les verres, lequel ressemble singulièrement à ceux dont parlent Sénèque (3) et Diogène Laërce : ce qui ferait remonter l'alchimiste qui a pris le nom de Démocrite vers les origines de l'ère chrétienne (4).

Il m'a paru intéressant d'extraire de nos alchimistes certains procédés de teinture superficielle ou vernis, destinés à rendre les pierres précieuses et les objets de verre phosphorescents dans l'obscurité : sujet devenu fort intéressant de notre temps pour les parures des femmes et divers autres usages, mais dont on ne trouve, à ma connaissance, aucune trace ni dans

---

(1) Voir ce volume, p. 19-73.
(2) Comme magiciens, *H. N.*, XXX, 2.
(3) *Epist.*, CX.

(4) Voir mes *Origines de l'Alchimie*, p. 71 et 149.

Pline, ni dans les auteurs déjà publiés. On sait que ces auteurs traitent longuement des pierres précieuses, auxquelles les anciens attribuaient des propriétés mystérieuses et magiques. Mais l'éclat de l'escarboucle, si célèbre au moyen âge, et celui des autres pierres lumineuses, citées autrefois, étaient dus simplement à la réflexion, à la réfraction et à la dispersion de la lumière ; tandis qu'aucun fait ne permet d'attribuer avec certitude aux pierres décrites par les anciens la propriété d'émettre de la lumière dans l'obscurité, ainsi que M. E. Becquerel l'a établi. C'est ce qui donnera, je crois, quelque intérêt au fragment que je vais reproduire (1).

Quelles espèces produisent la coloration des pierres précieuses et par quel traitement? — Nous savons que l'agent commun dans les œuvres de cet art est la comaris (talc) et nous allons dire quelles espèces sont susceptibles de colorer les pierres ; comment, unies à la comaris, elles colorent les verres et augmentent la teinte des pierres naturelles ; quels sont les vases et les moyens du traitement.

En ce qui touche la fabrication des émeraudes, suivant l'opinion d'Ostanès, ce compilateur universel des anciens, les espèces employées sont la rouille de cuivre, les biles de toutes sortes d'animaux, et matières similaires. Pour les hyacinthes (améthystes), on emploie la plante de ce même nom (jacinthe) et la racine d'isatis, mise en décoction avec elle. Pour l'escarboucle, c'est l'orcanète et le sangdragon.

Pour l'escarboucle qui brille la nuit et est appelée couleur de pourpre marine, ce sont les biles d'animaux marins, de poissons ou de cétacés, à cause de leur propriété de briller la nuit, et surtout de leur couleur plus ou moins glauque. C'est ce que manifestent leurs entrailles, leurs écailles et leurs os phosphorescents. En effet, Marie s'exprime ainsi : « Si tu veux teindre en vert, mélange la rouille « de cuivre avec la bile de tortue : pour faire plus beau, c'est avec la bile de tortue « d'Inde. Mets-y les objets, et la teinture sera de première qualité. Si tu n'as pas « de la bile de tortue, emploie du poumon marin (Méduse) bleu, et tu feras une « teinture plus belle. Lorsqu'elle est complètement développée, les objets émettent « une lueur. »

Ainsi Ostanès, pour les émeraudes, a pris les biles des animaux et la rouille de cuivre, mais sans y ajouter la couleur marine ; pour l'hyacinthe, il a pris la plante du même nom, le noir indien et la plante d'isatis ; pour le rubis, l'orcanète et le sangdragon. Marie a pris, de son côté, la rouille de cuivre et la bile des animaux marins. Quant à la pierre qui brille la nuit, c'est celle que les savants, en matière de pierres, appellent hyacinthe. C'est pourquoi il continue en ces termes : « Lorsque

---

(1) Ms. 2327 de Paris, fol. 147 verso.

« la teinture est complètement développée, les objets teints projettent une lueur
« pareille aux rayons du soleil. »

... Ostanès a parlé d'abord de la teinture de la pierre en rouge couleur de feu,
qui ne brille pas la nuit. Mais, dans ce passage, l'opérateur expose que la pierre
la plus précieuse qu'il convienne de préparer et de teindre est celle qui émet des
rayons lumineux la nuit : de telle sorte que ceux qui la possèdent puissent lire et
écrire, et faire n'importe quoi comme en plein jour. En effet, chaque escarboucle
(teinte) peut être vue séparément de nuit, avec sa grosseur propre et sa pureté, que
la pierre soit naturelle ou artificielle. On peut se diriger à l'aide de la lumière ainsi
émise, en vertu de la propriété de ces pierres de briller la nuit. Car le mot employé
ici ne s'applique pas seulement à la pierre qui brille le jour, mais à celle qui brille
la nuit.

Les biles des animaux, perdant leur partie aqueuse, sont desséchées à l'ombre.
Dans cet état, on les incorpore à la rouille de notre cuivre, ainsi qu'à la comaris;
on fait cuire le tout ensemble selon les règles de l'art. Colorées par l'eau divine (1),
elles prennent une teinte stable. Cette eau étant écartée, les pierres sont chauffées
et, encore chaudes, trempées dans la teinture, suivant les préceptes des Hébreux.

Si, toutefois, la couleur tirée des biles ne donne pas à la pierre un vert suffisamment
intense, on met celle-ci dans notre rouille, en ajoutant de la rouille de plomb
commun, un peu de couperose et toutes les matières susceptibles de servir aux
pierres que l'on veut surteindre, ou qui contiennent des figures : cela se fait surtout
pour les émeraudes.

Il faut savoir que les biles des animaux marins ajoutent la phosphorescence à la
coloration propre de chaque pierre, lorsqu'on les introduit en proportion convenable
dans les matières tinctoriales propres à chaque couleur, ou avec certaines autres
espèces.

D'après les noms d'Ostanès, de Marie, de Démocrite (2), les textes
précédents se rattachent aux plus vieilles traditions de l'Égypte hellénisée ;
si même ils ne remontent aux pratiques beaucoup plus anciennes des
prêtres égyptiens et du culte de leurs divinités. La mise en œuvre de
couleurs superficielles pour rehausser l'éclat des pierres précieuses est
encore usitée de nos jours : on sait à quelles fraudes elle a donné lieu dans
le commerce des diamants jaunes; mais j'ignore si l'on s'en sert aujourd'hui
pour communiquer à ces pierres la phosphorescence. Quoi qu'il en soit,
j'ai donné les textes, et ils ne laissent aucun doute sur l'emploi antique
des pierres précieuses rendues phosphorescentes dans l'obscurité, par
l'usage des teintures superficielles, provenant de matières dont nous

(1) Liqueur active, non définie. | (2) *Origines de l'Alchimie*, p. 70.

connaissons les propriétés analogues. Cette phosphorescence, due à l'application de matières organiques oxydables, ne devait pas être durable ; mais elle pouvait se prolonger pendant plusieurs heures, peut-être plusieurs jours, et elle pouvait être rétablie ensuite par de nouvelles applications des mêmes agents. C'est un chapitre curieux à ajouter à ce que nous savons des connaissances pratiques des anciens.

X. — AMALGAMATION DES SABLES AURIFÈRES

TRAITEMENT DES SABLES AURIFÈRES PAR AMALGAMATION CHEZ LES ANCIENS

Il paraît utile de tirer de la Collection des Alchimistes grecs (*Traduction*, p. 214), en le résumant, un article sur l'extraction de l'or au moyen de ses minerais naturels, traités par le mercure : procédé de traitement de ces minerais qui n'avait pas été signalé jusqu'ici, comme connu des Anciens (1).

« Prends de la terre des bords du fleuve d'Égypte qui roule de l'or
« pétris-la avec un peu de son...; après avoir fait une pâte..., formes-en de
« petits pains...; fais-les sécher au soleil..., mets-les dans une marmite
« neuve... et fais du feu au-dessous...; remue avec un instrument de fer
« jusqu'à ce que tu voies que tout est cuit et semblable à une cendre noire...
« Ayant pris une poignée de cette matière, jette-la dans un vase de terre
« cuite, ajoute du mercure, agite méthodiquement avec la main...; ajoute une
« mesure et... lave avec précaution, jusqu'à ce que tu sois parvenu
« au mercure. Mets dans un linge, presse avec soin jusqu'à épuisement.
« En déliant le linge, tu trouveras la partie solide... Mets-en une boulette
« sur un plat neuf... dans une fossette pratiquée au milieu...; recouvre de
« nouveau la marmite, en la faisant adhérer au plat (avec un lut)...; fais
« chauffer sur un feu clair, avec du bois sec ou de la bouse de vache
« (desséchée), jusqu'à ce que le fond du plat devienne brûlant. Aie de

---

(1) Vitruve a indiqué seulement l'emploi du mercure pour extraire l'or des étoffes tissues avec ce métal (liv. VII, 8)

« l'eau auprès de toi, pour arroser la préparation avec une éponge, en
« veillant à ce que l'eau ne tombe pas sur le plat. Après la chauffe,
« retire le plat du feu ; en découvrant, tu trouveras ce que tu cherches » :
c'est-à-dire l'or dans le fond ; quant au mercure, il a dû se condenser dans
le couvercle refroidi.

Ce traitement des minerais aurifères par le mercure paraît s'être substitué à un traitement plus anciennement usité, dans lequel le minerai
était fondu avec du plomb, du sel, un peu d'étain et du son d'orge (1), et
soumis à une véritable coupellation.

XI. — SUR LE NOM DU BRONZE

On sait que le bronze était désigné par les Grecs sous le nom de χαλκός,
qui s'appliquait aussi au cuivre pur et aux alliages divers que ce métal
forme en s'unissant avec l'étain, le plomb et le zinc. L'*æs* des latins avait à
peu près la même signification compréhensive, et embrassait également les
alliages multiples que nous réunissons sous les noms, complexes eux-
mêmes, de bronzes et de laitons. Le χαλκός et l'*æs* sont connus depuis une
haute antiquité et leur emploi, dans la fabrication des armes spécialement,
remonte aux époques préhistoriques. Ces noms anciens ont été remplacés
depuis par des mots plus modernes, tels que celui d'airain, c'est-à-dire *æra-
men*, dérivé de *æs*, dont le sens est également extensif ; celui de cuivre, c'est-
à-dire du χαλκός κύπριος, dénommé d'après son lieu d'origine, et désignant
tantôt le métal pur (*cuivre rouge*), tantôt ses alliages (*cuivre jaune,
blanc*, etc.) ; enfin les noms déjà cités de bronze et de laiton.

L'origine de ces derniers mots a donné lieu à bien des controverses ;
mais en ce qui touche le laiton, la question semble tranchée. Le mot laiton,
d'après du Cange, dont je partage l'opinion, vient de l'antique *electrum*.
A l'origine ce dernier s'appliquait à un alliage d'or et d'argent, appelé
également *asèm* par les Égyptiens, et dont l'imitation est devenue le point

(1) Agatharchide, cité par Diodore de Sicile (III, 13).

de départ des travaux et des illusions des alchimistes (1). Par une transition
facile à justifier, le nom d'*electrum* finit par désigner les alliages dont
la couleur imitait l'or, tels que le laiton ; il ne me paraît pas nécessaire
de m'étendre davantage sur ce point.

Au contraire, une grande obscurité entoure l'origine et l'étymologie du
mot bronze. Les citations les plus anciennes qui en aient été faites, à ma
connaissance, sont celles de du Cange (*Glossarium mediæ et infimæ latini-
tatis*). On y trouve les mots *bronẓium* et *bronẓinum*, empruntés à une chro-
nique latine de Plaisance, écrite dans les premières années du xv\ siècle et
publiée par Muratori (t. XVI). Du Cange cite également un ouvrage grec
anonyme, *de locis Hierosol.*, ch. viii : δύο πόρτας προύτζινες ; mais l'auteur
de cet ouvrage, d'après sa langue, ne paraît pas plus ancien que le précédent, s'il n'est même plus moderne.

Le mot bronze a été adopté d'ailleurs par toutes les langues néolatines :
bronẓo, en italien ; *bronce*, en espagnol, etc., et il est employé couramment
à partir du xvi\ siècle. L'anglais, *brass*, airain, y est rattaché par certains
auteurs ; mais ceci est douteux.

En tous cas, l'origine et l'étymologie du mot bronze sont incertaines.
Muratori, du Cange, et, d'après eux, Diez, ont pensé que ce nom a été
donné au métal en raison de sa couleur. Muratori le rapproche des mots
bruniẓẓo, *bruniccio*, diminutifs du mot *bruno*, brun en français ; mais avec
un déplacement d'accent qui fait quelque difficulté. Du Cange a mis en
avant le mot de basse latinité *bruntus*, qui figure comme nom de couleur
dans le Glossaire d'Ælfricus, auteur du x\ siècle. Diez en a rapproché
encore les mots *brunst*, incandescence en allemand ; et *bronẓa*, charbon
incandescent (c'est-à-dire notre *braise*) en dialecte vénitien. M. Pictet s'est
attaché surtout à ce dernier rapprochement, qui rattachait le sens original
du mot, non à une idée de couleur, mais à une idée d'ignition.

Je n'ai pas qualité pour intervenir dans un semblable débat ; mais il me
semble utile de reproduire ici un texte de la Collection des Alchimistes
grecs, lequel est le plus ancien texte, je crois, où le bronze se trouve formellement désigné sous ce nom.

---

(1) Voir *Origines de l'Alchimie*, p. 215, et ce volume, p. 262.

Voici le titre du morceau (V, xvi) :

Εἰ θέλεις ποιῆσαι φούρμας καὶ τύλους ἀπὸ βροντησίου, ποίει οὕτως.

« Si tu veux fabriquer des formes en creux et en relief avec du bronze, opère comme il suit. »

Il s'agit d'une recette d'atelier pour faire des moulages en bronze. Le sens même du mot βροντήσιον est donné avec certitude quelques lignes plus loin, par la phrase suivante :

Ἡ δὲ σύγκρασις τοῦ βροντησίου ἐστὶν οὕτως · ἰοῦ κυπρίου λίτρα κ', κασσιτέρου καθαροῦ γο ϛ'.

« Quant à l'alliage du bronze, on l'obtient ainsi : rouille de cuivre de Chypre, une livre; étain pur, deux onces. »

La langue de ce morceau est celle d'un artisan du moyen âge ; mais il est transcrit dans le manuscrit 299 de la bibliothèque de Saint-Marc, à Venise, lequel remonte au xiᵉ siècle de notre ère. On ne saurait donc abaisser davantage la date du nom du bronze. Cette date remonte même probablement plus haut ; le morceau paraissant tiré d'un grand manuel de chimie byzantin, dont le titre nous a été conservé dans d'autres manuscrits. (Collection des Alchimistes Grecs, III, xliv, § 7); il offre assez d'intérêt pour être reproduit :

« Le présent volume est intitulé : Livre métallique et chimique sur la Chrysopée, l'Argyropée, la fixation du mercure. Ce livre traite des vapeurs, des teintures métalliques et des moulages avec les bronzes (φούρμας ἀπὸ βροντησίων ou βροτισίων), ainsi que des teintures des pierres vertes, des grenats et autres pierres de toutes couleurs, et des perles; et des colorations en garance des étoffes de peau destinées à l'Empereur. Toutes ces choses sont produites avec les eaux salées et les œufs (1), au moyen de l'art métallique. »

On voit qu'il s'agit d'un manuel byzantin de chimie. La composition même de l'ouvrage remonte à une époque ancienne, telle que le viiiᵉ ou le xᵉ siècle. Il devait comprendre à la fois :

1º L'art de fabriquer l'or et l'argent, c'est-à-dire l'alchimie proprement dite ;

---

(1) Dans le langage des alchimistes, li s'agit de l'œuf philosophique, expression symbolique désignant divers appareils et matières.

2° La distillation, sur laquelle nous avons conservé seulement quelques débris d'écrits anciens dans les œuvres de Zosime;

3° Le moulage et le travail des métaux en orfèvrerie, représentés tant par l'article cité plus haut que par un traité assez étendu, qui se trouve dans certains manuscrits, avec des additions plus récentes;

4° La trempe des métaux pour la fabrication des armes et outils, représentée par quelques morceaux fragmentaires dans le manuscrit de Venise;

5° La fabrication des pierres précieuses artificielles, remontant à une haute antiquité, et sur laquelle nos manuscrits fournissent deux petits traités complets, qui renferment des citations des plus vieux auteurs alchimiques;

6° Le travail des perles, représenté aussi par deux petits traités, dont l'un attribué à un auteur arabe, Salmanas, mais avec des recettes singulières rappelant les *Geoponica;*

7° La teinture des étoffes, traité perdu, à l'exception de quelques débris, dont l'un forme le début du livre du Pseudo-Démocrite;

8° Il devait s'y trouver en outre diverses applications techniques, telles que la fabrication de la bière, de la lessive, de la colle, du savon, sur lesquelles les manuscrits nous ont conservé quelques recettes.

Ce grand ouvrage est malheureusement perdu, sauf diverses portions conservées : une partie par le manuscrit de Saint-Marc (xiᵉ siècle), et une partie plus considérable par les manuscrits de Paris numérotés 2325 (du xiiiᵉ siècle), et 2327 (du xvᵉ siècle). Ces textes grecs répondent à une tradition plus ancienne que les textes alchimistes latins, traduits ou imités des Arabes au moyen âge.

Ainsi, c'est dans un extrait de cet ouvrage que le nom de bronze nous est venu sous sa forme la plus ancienne : βροντήσιον. Faut-il le rapporter à un nom de lieu ? ou bien doit-on le rattacher au même radical que les mots *bruntus* et *brun* ? Sinon à quelque autre origine, telle que le mot βροντή, tonnerre, qu'il semble pourtant difficile d'admettre à une époque antérieure à l'invention du canon ?

Il existe deux passages de Pline favorables à l'interprétation d'après laquelle le nom du bronze serait dérivé d'un nom de lieu, à savoir de

Brundusium : *æs Brundusinum*, « airain de Brindes » ; de même que l'*æs Corinthium*, airain de Corinthe; l'*æs Ægineticum*, airain d'Egine ; l'*æs Deliacum*, airain de Délos : l'*æs Cyprium*, airain de Chypre ; toutes dénominations qui figurent dans Pline et chez les auteurs anciens. Les passages que je signale ici se rapportent à la fabrication des miroirs de bronze : *Specula optima apud majores fuerant Brundusina, stanno et ære mixtis* (*H. N.*, l., XXXIII, ch. ix, § 45). « Les meilleurs miroirs chez les anciens étaient ceux de Brundusium, obtenus par l'alliage du cuivre et de l'étain ». L'auteur ajoute : « on leur préfère les miroirs d'argent, fabriqués d'abord par Pasitèles, au temps du grand Pompée ». Pline dit encore : *Specula etiam ex eo laudatissima Brundusi temperabantur...* (*H. N.*, l. XXXIV, ch., xvii, § 48).

« On a mélangé aussi (l'étain) dans la fabrication des miroirs très estimés de Brundusium ; jusqu'à l'époque où tout le monde, même les servantes, commencèrent à se servir de miroirs d'argent. » Il a donc existé à Brundusium une fabrication de bronze pour miroirs.

Une certaine composition de cet alliage fournit en effet un métal facile à polir et susceptible de refléter les objets. Nous possédons dans nos musées plusieurs miroirs de ce genre ; quelques-uns même remontent à la vieille Égypte. Ceci étant établi, on conçoit que le nom de Brundusium, de même que celui de Chypre ou de Corinthe, ait pu s'appliquer à une variété d'airain. L'*æs Brundusium* serait devenu le bronze, de même que l'*æs Cyprium* est devenu le cuivre. Je laisse la décision de ces problèmes étymologiques aux gens compétents, m'étant borné à leur rapporter des renseignements nouveaux, et des données plus anciennes que celles qui avaient été publiées jusqu'à présent.

XII. — SUR LE NOM DE L'ANTIMOINE

L'origine du nom de l'antimoine est des plus controversée. Il ne convient pas de s'arrêter à l'étymologie puérile, d'après laquelle ce nom aurait été donné au métal par suite de son action vénéneuse constatée sur les moines d'un couvent. Ce nom est également fort antérieur au personnage mythique appelé Basile Valentin, auquel on attribue parfois la découverte de ce corps, et sous le nom duquel nous sont parvenus divers ouvrages (*Char triomphal de l'Antimoine, Haliographie*, etc.), lesquels ne paraissent pas antérieurs au xvıᵉ siècle. Le sulfure d'antimoine d'ailleurs était connu des anciens sous les noms de *stibium*, στίμμι, et j'ai indiqué comment ils ont aussi obtenu l'antimoine métallique, confondu par eux avec le plomb (ce volume, p. 224). Le στίμμι figure continuellement chez les vieux alchimistes grecs. Mais on n'y trouve pas le nom plus moderne de l'antimoine. Cependant on rencontre le mot : ἀντεμόνιον, dans le traité d'orfèvrerie que nous avons imprimé en tête de la Vᵉ partie de la Collection des Alchimistes grecs. (*Texte* grec, §§ 44 et 45, p. 334, l. 2, 4, 5, 6 ; *Traduction*, p. 319). Le sulfure d'antimoine y est employé pour affiner l'or et le séparer de l'argent (ce volume, p. 285). Ce texte nous est venu par un manuscrit de la fin du xvᵉ siècle et il est assurément plus ancien ; mais il est écrit en grec du moyen âge.

Ici se présente une circonstance singulière. L'antimoine ne paraît ni sous son nom ancien, ni sous son nom moderne, dans les traités latins qui sont réputés traduits des alchimistes arabes et qui représentent les débuts de l'alchimie dans le monde latin, vers le xııᵉ ou xıııᵉ siècle. Du moins je n'ai réussi à rencontrer ces noms ni dans les traités attribués à Geber, ni dans ceux du Pseudo-Aristote (*De perfecto magisterio*), ni dans ceux d'Avicenne, reproduits soit dans le *Theatrum Chemicum*, soit dans la *Bibliotheca chemica*. Je n'y ai trouvé d'autre désignation attribuable aux sulfures d'antimoine que celle de *marcassite* et de *magnésie*, qui les désignent certainement dans plusieurs cas, mais qui s'appliquent aussi à d'autres sulfures et dérivés métalliques.

Cependant l'antimoine figure sous le nom d'*antimonium*, et non de stibium ou stimmi, dans le *Speculum naturale* de Vincent de Beauvais (liv. VIII, ch. xLıx), auteur qui écrivait vers le milieu du xıııᵉ siècle. Du Cange l'a même rencontré dans Constantin l'Africain, médecin de Salerne, qui vivait vers l'an 1100. C'est donc vers le xıᵉ siècle que ce mot se trouve introduit en Occident, où il a supplanté l'ancienne dénomination.

Son étymologie se rattache, suivant une opinion émise par Huet et acceptée par Littré (1), à une forme arabe, telle que *athmoud* ou *othmoud*, qui serait

---

(1) *Dictionnaire de la langue française*, t. I ; et *Supplément* : « mots d'origine orientale », par Marcel Devic.

devenue directement antimoine : oubien *ithmid*, dérivé de στίμμι, avec addition
de l'article *al* altéré dans sa forme. Peut-être d'ailleurs le mot grec στίμμι
était-il lui-même d'origine orientale, auquel cas les Arabes n'auraient pas eu
besoin de l'emprunter aux Grecs. Quoi qu'il en soit, on trouve divers exemples
de ce genre d'altération dans les transcriptions latines de mots arabes rela-
tées au *Lexicon Alchemiæ* de Rulandus (1612) : par exemple le mot *tinkar* (le
borax des alchimistes latins, qui signifie soudure ou fondant vitreux) s'écrit
aussi *attinkar* et *anticar*. Au mot même *antimonium* est citée encore comme
synonyme la forme analogue *antistini*. Les transcriptions des mots techniques
et des noms de lieux arabes et grecs, dans le latin du moyen âge, sont fécon-
des en altérations de cette espèce.

XIII. — L'ARSENIC MÉTALLIQUE CONNU PAR LES ANCIENS

Les composés de l'arsenic et leurs transformations ont été connus dès
l'antiquité ; ils jouèrent un rôle important dans les pratiques de l'Alchimie.
Les sulfures d'arsenic, en effet, existent dans la nature ; ils étaient désignés,
l'un, le réalgar, sous le nom de *sandaraque ;* l'autre, l'orpiment, sous le
nom d'*arsenic*, nom transporté depuis par les modernes au corps simple proprement dit. Divers arsénio-sulfures métalliques sont aussi signalés clairement par les alchimistes. On savait dès lors changer les sulfures d'arsenic en acide arsénieux par des grillages ménagés, précédés par l'action de
divers réactifs (vinaigre, sel, etc.), ainsi que le montre une description détaillée d'Olympiodore, auteur du v⁰ siècle (1).

En voici le résumé : « L'arsenic (sulfuré) est une espèce de soufre qui se
volatilise promptement..... Prenant de l'arsenic lamelleux couleur d'or
14 onces, tu le coupes en morceaux, tu le porphyrises...; puis tu fais
tremper dans du vinaigre (2), pendant 2 ou 3 jours et autant de nuits,

---

(1) *Collection des Alchimistes grecs*,
traduction, p. 82.
(2) Vinaigre signifiait toute liqueur

douée d'activité chimique, ou spécialement acide.

la matière renfermée dans un vase de verre à col étroit, afin qu'elle ne se dissipe pas... décante ensuite et lave avec de l'eau pure, jusqu'à ce que l'odeur du vinaigre ait disparu... Laisse la masse se dessécher et se contracter à l'air; mélange et broie avec 5 onces de sel de Cappadoce... On opère ensuite dans un vase de verre luté, vase imaginé par Africanus (auteur du IIIe siècle), et muni d'un double couvercle luté, afin que l'arsenic brûlé ne se dissipe pas. Fais-le donc brûler à plusieurs reprises et pulvérise-le, jusqu'à ce qu'il soit devenu blanc. On obtient ainsi de l'alun blanc et compact. »

On voit que l'acide arsénieux est désigné dans ce passage sous le nom d'*alun*; ailleurs, il est appelé *céruse*. Mais la description ne laisse aucun doute sur sa nature.

En faisant réagir soit l'acide arsénieux, soit les sulfures d'arsenic sur les métaux purs ou alliés, par fusion dans un creuset, ou par évaporation et cémentation dans un appareil de digestion, les alchimistes communiquaient aux métaux diverses teintures superficielles ou profondes, de façon à obtenir soit des alliages blancs, analogues au tombac, soit des alliages dorés; alliages qu'ils cherchaient ensuite à faire passer pour de l'or ou de l'argent véritable.

Ces teintures des métaux, analogues à celles que développe le mercure, jointes à la volatilité de l'arsenic et de ses composés, les conduisirent à assimiler l'arsenic lui-même au mercure et à le regarder comme un second mercure, mercure tiré de l'arsenic (sulfuré) ou de la sandaraque, par opposition au mercure ordinaire, tiré du cinabre (ce volume, p. 99 et 236; Collection des Alchimistes grecs, *Traduction*, p. 66 et 74). L'aptitude de l'arsenic métallique à se sublimer à la façon du mercure, dans des conditions de température et de désulfuration analogues, ainsi que sa faculté de ramollir les métaux et de former avec eux des alliages fusibles et colorés; enfin, l'existence du réalgar, souvent confondu avec le cinabre, en raison de sa couleur, donnaient une force apparente à cette assimilation.

« Fixez le mercure tiré de l'arsenic (sulfuré) ou de la sandaraque », dit le Pseudo-Démocrite (Collection, etc.; *Traduction*, p. 53); « projetez-le sur le cuivre et le fer traité par le soufre, et le métal deviendra blanc. » Ailleurs, dans un fragment attribuable à Zosime (p. 213), sous le titre de « Fabrication du mercure », on lit :

« Prenant de la céruse (1) et de la sandaraque, par parties égales, délaie avec du vinaigre jusqu'à ce que la masse s'épaississe; ensuite, mettant dans un vase non étamé, recouvre avec un couvercle de cuivre; lute tout autour et fais chauffer doucement sur des charbons. Lorsque tu présumes que l'opération est à point, découvre légèrement, et, avec une barbe de plume, enlève le mercure. »

Cette préparation est fort claire, à quelques détails près ; elle répond à une préparation d'arsenic métallique sublimé. Les traités des alchimistes grecs renferment un grand nombre d'indications analogues.

XIV. — LA SOUDURE AUTOGÈNE DU PLOMB
CONNUE AU MOYEN AGE

J'ai indiqué en passant, dans ce volume (p. 265), que Vincent de Beauvais signale l'existence de la soudure autogène du plomb, opération d'ordinaire réputée tout à fait moderne. Il semble utile de donner ce passage, qui se trouve à l'article de l'étain (*Stannum*), *Speculum naturale,* pars I, liv. VIII, ch. xxxvii :

(*Stannum*) *in aqua diu jacens facilè putrescit. Undè fistulæ aquæductorum, quæ sub terra fieri solebant ex plumbo et consolidari stanno, modernis temporibus ex calido et fusili plumbo consolidari ars hominum excogitavit, quia soliditatæ stanni solidatæ durare non poterant in longinquu m : plumbum vero sub terra semper durat.*

C'est-à-dire :

« L'Étain se détruit facilement par un séjour prolongé dans l'eau. De là
« le changement apporté aux tuyaux des aqueducs, placés sous terre, qui
« étaient autrefois fabriqués en plomb et soudés à l'étain. L'art des moder-
« nes a imaginé de les souder avec du plomb chauffé et fondu; parce que
« les soudures faites avec l'étain ne duraient pas longtemps, tandis que le
« plomb placé sous terre dure à jamais. »

---

(1) Acide arsénieux. (*Voir* plus haut.)

XV. — DE LA LIXIVIATION MÉTHODIQUE

On a regardé comme modernes les procédés de lixiviation méthodique, usités pour exprimer les cendres et les matériaux salpêtrés ; le passage suivant, tiré du manuscrit de Saint-Marc, montre que ces procédés remontent au xie siècle et sans doute au delà.

Fabrication de la lessive :

« Répartis quatre muids de cendres entre deux cuviers percés de trous au fond. Autour du trou le plus petit, du côté intérieur, mets un peu de foin, pour que la cendre n'obstrue pas le trou. Remplis le premier cuvier avec de l'eau ; recueille le liquide filtré, qui en découle pendant toute la nuit, et mets-le dans le second cuvier. Garde ce qui filtre de ce second vase. Mets d'autre cendre (dans un troisième cuvier). Épuise-la avec le liquide sorti du second : il se forme une liqueur pareille au nard couleur d'or. Verse-la dans un quatrième cuvier : la liqueur devient piquante et forte.

XVI. — PROCÉDÉ POUR RENDRE UNE ÉTOFFE INCOMBUSTIBLE

Voici un procédé donné dans le Traité d'orfèvrerie (Collect., etc., VI, 1, 40).

« Prends de la chaux vive, mêle-la avec de l'huile et arrose bien une fois ou deux. Ajoute aussi de la lessive, en la versant tout autour et au-dessus, jusqu'à une épaisseur de deux doigts. Mets cette eau divine dans un flacon. Prends une étoffe de lin, mouille-la dans cette eau ; expose-la au feu et, si l'étoffe s'enflamme, sache qu'elle n'est pas bien préparée. Ajoute de nouveau le liniment calcaire avec d'autre chaux ; opère comme précédemment jusqu'à réussite, c'est-à-dire jusqu'à ce que l'étoffe ne s'enflamme pas dans le feu. »

On trouve dans Aulu-Gelle un passage d'après lequel une tour de bois destinée à la défense du Pirée, ne put être incendiée par Sylla, parce qu'elle était enduite d'alun : « omnem materiam obliverat alumine, quod Sylla atque milites admirabantur ». *Noctes atticæ*, xv, 1.

Mais les tissus incombustibles dont parlent les anciens étaient fabriqués avec de l'amiante, qui sert encore aujourd'hui dans certains cas pour les mêmes usages.

XVII. — SÉPARATION DE L'OR ET DE L'ARGENT
AU MOYEN AGE

Dans le traité d'orfèvrerie, dont nous possédons une copie datée de 1478, mais qui remonte à une époque plus ancienne (*Collection*, etc., p. 307), on trouve trois procédés pour effectuer cette préparation, l'un par l'eau régale, l'autre par l'acide nitrique, le dernier par l'antimoine. Voici la transcription de ces textes, dont la date inférieure est certaine :

(N° 42). — *Eau pour extraire l'or de l'asèm* (alliage d'or et d'argent). — « Prenant deux parties de sel ammoniac, et 3 parties de sel de nitre, broie bien dans un mortier. » On les met en réaction prolongée dans un alambic; ce qui fournit une eau divine (1).

« Quand tu voudras retirer l'or de l'asèm, coupe l'asèm en morceaux, mets-le dans l'alambic, bouche bien. Épuise l'action de l'eau divine et mets à part l'or : il est à l'état pulvérulent. Agglomère-le avec l'outil à dorer.

(N° 43). — *Autre recette.* — « Prends 2 livres d'alun; du sel de nitre, 1 livre; du vitriol romain, 1 livre et demie; broie, mets dans un alambic, place sur un fourneau; ferme bien, et recueille l'eau forte. L'eau divine est ainsi confectionnée en 24 heures (2).

« Quand tu voudras retirer l'or de l'asèm, mets l'eau forte dans un vase de verre posé sur de la cendre chaude : l'argent se dissout avec bouillonnement.» En évaporant la liqueur, le composé d'argent reste au fond de l'alambic.

(N° 44). — *Affinage de l'or.* — « Prenant de la marcassite (3), 8 onces; du

---

(1) On devait ajouter un troisième produit, tel que le vitriol ou l'alun, de façon à obtenir de l'eau régale. — Plus haut, dans l'article XVI, le nom d'eau divine s'applique à un liniment cal-caire. On voit combien le sens de ce mot était compréhensif.

(2) C'est de l'acide nitrique étendu.

(3) Ce mot désigne ici un sulfure d'antimoine naturel.

soufre 4 onces, fais fondre ensemble dans le creuset; il se forme de l'antimoine (sulfuré).

« Lorsque tu voudras affiner l'or en grains, mets l'or dans un creuset au milieu du feu. Ensuite projette de l'antimoine (sulfuré) au milieu du creuset, à ta volonté, jusqu'à ébullition, etc. (1). »

(Nº 45). — *Autre recette.* — « Extrais l'or en poudre de l'asèm (2) et place la poussière dans le creuset. Ensuite, délaie avec l'antimoine, au milieu du creuset, et fais chauffer. Après cela, place sur une brique de Grèce, afin d'affiner et de laisser refroidir. On obtient ainsi de l'or fin. » — Dans ce procédé, l'argent est perdu. Rappelons que les anciens opéraient la séparation de l'or et de l'argent au moyen du cément royal (p. 14).

XVIII. — LES FLEURS, LES PLANTES, LES HERBES

EN ALCHIMIE

Le mot *fleur* est employé par Dioscoride et par Pline pour désigner certains produits métalliques ou salins :

Ἄνθος χαλκοῦ, *flos æris*, fleur de cuivre, projetée par le vent du soufflet pendant la coulée du métal; ce mot a désigné aussi le protoxyde de cuivre et plus tard le vert de gris (p. 232).

Ἄνθος ἁλός, *flos salis*, efflorescence saline : ce qui signifie suivant les cas le sel marin, le sesqui-carbonate de soude, le sulfate de soude et le salpêtre.

Chez les alchimistes, le mot a pris un sens plus compréhensif et dans lequel intervient le double sens des mots *flos* et ἄνθος, qui désignent à la fois la fleur d'une plante et la couleur ou principe colorant d'une dissolution.

C'est ce que montrent certains passages de Synésius. Il insiste notamment sur la sublimation des matières volatiles, appelées esprits ou fleurs des métaux, assimilées aux âmes des plantes, et désignées par les noms de celles-ci, conformément aux principes de la nomenclature des prophètes égyptiens (p. 10 et 11). Ce sont, pour nous, des oxydes et des sulfures sublimés et entraînés par les gaz, pendant les opérations chimiques. On dit encore fleurs

---

(1) Cp. p. 264. | (2) Par le procédé nº 43 ?

aujourd'hui, dans un sens analogue qui remonte aux Alchimistes : *fleurs argentines d'antimoine, fleurs de zinc, fleurs de soufre*. On disait également au siècle dernier : *fleurs d'antimoine*, pour le sublimé jaune et en partie oxydé, que fournit le sulfure naturel; *fleurs rouges d'antimoine*, pour un sulfure rouge, formé en présence du sel ammoniac; *fleurs d'arsenic*, pour l'acide arsénieux sublimé; *fleurs de sel ammoniac*, pour ce sel sublimé; *fleurs de benjoin*, pour l'acide benzoïque sublimé. Les noms *fleurs de safran* et *safrans* désignaient diverses matières minérales colorées, des sulfures d'arsenic, par exemple; le *safran des métaux* était un oxysulfure d'antimoine; le *safran de Mars*, un oxyde ou sel basique de fer, etc. Les fleurs d'*alun* sont l'alun de plume; les *fleurs de cobalt* sont une efflorescence minérale rose, annonçant les mines de cobalt.

Rappelons encore que le mot *fleur* s'applique de nos jours au velouté des fruits, à la farine la plus fine, aux mycodermes qui se forment à la surface du vin et de la bière altérés, etc.

Une fois le mot fleur prononcé, il était développé de toute manière, avec des sens métaphoriques. De même, dans d'autres passages, certaines substances minérales sont appelées *plantes* ou *herbes*; on assimile leur accroissement à celui des végétaux (OLYMPIODORE, p. 108 ; COMARIUS, p. 283 et 286, etc.), et les teintures métalliques fugaces sont assimilées aux couleurs végétales.

De même encore les écailles ou morceaux du cobathia rouge, c'est-à-dire des sulfures d'arsenic (p. 245), sont assimilés aux écorces et rameaux des palmiers. Observons que le même mot grec, φοῖνιξ, signifiait rouge et palmier, etc.

La connaissance de ces analogies et de ces assimilations est indispensable pour bien entendre les textes alchimiques.

XIX. — SUR STEPHANUS ET SUR LES COMPILATIONS
DU CHRÉTIEN ET DE L'ANONYME

Les traités des Alchimistes gréco-égyptiens ont été réunis en collection, d'abord par Zosime au IIIe siècle de notre ère, puis vers le VIIe siècle, au temps d'Héraclius, ainsi qu'il a été exposé dans la première partie de cette *Introduction* (p. 200 à 203). Ils sont devenus aussitôt l'objet de commentaires multipliés, écrits par des praticiens d'une part, et d'autre part, par des philosophes mystiques. En ce qui touche les développements pratiques donnés à l'antique doctrine, nous rappellerons qu'ils ont été, depuis le temps de Zosime jusqu'au xive siècle et jusqu'à la fin du moyen âge, consignés dans des traités et dans des mémoires : nous avons publié ce qui est venu jusqu'à nous dans la *Collection des anciens Alchimistes grecs.* Parmi les commentaires mystiques, les plus anciens, d'une portée philosophique incontestable, ont été conservés dans les ouvrages de Synésius et d'Olympiodore. Puis sont venus des glossateurs byzantins, étrangers à l'œuvre expérimentale, qui ont disserté sur les vieux traités, avec une subtilité scolastique mêlée d'exaltation. C'est à cet ordre de compositions qu'appartiennent les livres de Stephanus, du Philosophe Chrétien, et du Philosophe Anonyme.

Stephanus est un personnage connu (1), à la fois philosophe, médecin, astrologue et professeur, contemporain et courtisan de l'empereur Héraclius (vers l'an 620). Ses ouvrages alchimiques, rédigés dans un langage mystique et enthousiaste, n'ont pas un grand intérêt scientifique ; le texte grec en a été publié par IDELER dans ses *Physici et medici græci minores* (2 vol. in-8, Berlin 1841-1842, p. 199 à 237), d'après une copie de Dietz, faite sur un manuscrit de Munich, et collationnée, paraît-il, sur le vieux manuscrit de Venise, dont le manuscrit de Munich d'ailleurs est lui-même une copie directe ou indirecte (2). Cette publication laisse fort à désirer, l'éditeur ayant transcrit les signes alchimiques purement et simplement, sans les comprendre, avec plus d'une erreur, et n'ayant donné aucune variante. Cependant elle permet de prendre une connaissance suffisante de l'œuvre de Stephanus ; surtout si on la complète par la lecture de la traduction latine de cet auteur, publiée en 1573, à Padoue, par Pizimentius, dans l'ouvrage qui porte le titre suivant : *Democriti de Arte magnâ.* Dans ces conditions, il ne nous a pas paru indispensable de faire une nouvelle édition de Stephanus, notre publication étant consacrée essentiellement aux œuvres originales et inédites.

Mais pour fournir au lecteur du présent ouvrage, une connaissance complète des vieux alchimistes grecs, nous croyons utile de donner ici

---

(1) *Origines de l'Alchimie,* p. 199. | (2) Voir le présent volume, p. 198.

l'analyse du Traité de Stephanus. Ce Traité se compose de 9 Leçons, adres-
sées à l'Empereur Héraclius, et d'une lettre à Théodore.

La *I*^{re} *Leçon* est une longue déclamation sur les merveilles de l'Alchimie,
où l'on retrouve reproduits les formules et les axiomes mystiques des
anciens écrivains : « O nature supérieure aux natures et qui en triomphes,
ô nature que le traitement (chimique) élève au-dessus de toi-même..., qui
tires le Tout de toi-même et qui l'accomplis.... O corps de la magnésie, par
lequel se produit tout le mystère ; ô source céleste où l'or découle... ô nature
identique... dominante et dominée... etc. » — Toutes ces merveilles viennent
de Dieu, à qui toute admiration doit être rapportée. — Deux prières chrétiennes, au début et à la fin, encadrent cette leçon qui ne renferme que des
phrases vagues, sans aucun renseignement positif.

La *Leçon II* débute par ces mots : « La multitude des nombres résulte de
l'unité naturelle et indivisible ». Leur développement circulaire et sphérique dérive de la combinaison des nombres 6 et 5 ; et ils sont disposés suivant les quatre côtés semblables du carré, de façon à former un tout
accompli. — A ce développement pythagoricien succède un exposé des
relations numériques des tons musicaux ; puis l'auteur passe à la révolution
diurne du ciel autour de la terre et aux rayons du soleil qui communiquent
leur lumière aux astres et à la lune ; ce qui l'amène à citer et à commenter
les phrases d'Hermès sur l'effluve lunaire : « ce qui tombe de l'effluve lunaire ;
comment on le trouve ; comment on le traite et comment cela possède une
nature qui résiste au feu (1) ». Puis vient une paraphrase métaphorique sur la
blancheur lunaire, l'aphrosélinon oriental, la magnésie lydienne, l'antimoine
d'Italie, la pyrite d'Achaïe, etc. Stephanus cite alors la vieille phrase hermétique (2) : « Après l'affinage, l'atténuation du cuivre, son noircissement, puis
son blanchiment, viendra le jaunissement stable ». Et il la commente, toujours en termes vagues, pour passer ensuite à cette autre phrase, qui termine le
traité démocritain (3) : « rien n'a été omis, sauf la vapeur et la montée de l'eau ».
« Ainsi, dit-il, le vieux maître vous révèle le Tout, afin que vous ne vous
égariez pas dans la matière multiple (4) ; que vous n'entendiez pas par là
le safran de Cilicie, la plante du mouron, la rhubarbe pontique, ou les

---

(1) Cp. *Traduction*, p. 131, 132.   (3) Cp. *Traduction*, p. 57.
(2) Cp. *Traduction*, p. 124.   (4) Cp. *Traduction*, p. 63.

autres sucs ; non plus que la bile des quadrupèdes et des reptiles, ou les pierres et minéraux destructibles : toutes choses contraires à la nature parfaite et unique. Il ne veut pas que vous soyez égarés parmi les fourneaux, les appareils de cuivre, les alambics, les matras, les kérotakis, les vapeurs, etc. »

Puis vient l'éloge de la vapeur (mercurielle) : c'est le nard celtique, la mer atlantique, le minéral britannique, l'océan, couronne du monde, l'abîme incommensurable, etc. Et Stephanus termine, comme la première fois, par l'éloge de la puissance divine.

On voit que ces leçons sont l'œuvre d'un bel esprit déclamateur, qui cherche à éblouir son lecteur, c'est-à-dire l'Empereur Héraclius ; mais il ne fournit point de renseignements nets sur les opérations chimiques auxquelles il fait allusion.

La *Lettre à Théodore*, qui vient ensuite, est d'un style tout différent et d'un caractère allégorique singulier ; elle fait allusion à des doctrines mystiques, sinon mieux définies, du moins susceptibles de donner lieu à certains rapprochements avec les autres textes. Le personnage auquel elle est adressée porte d'ailleurs le même nom que celui pour lequel a été écrite la dédicace en vers, qui figure en tête de notre Collection (1), et il n'y aurait rien d'improbable à les identifier. Quoi qu'il en soit, cette lettre est assez courte pour être donnée ici :

« Sache qu'il y a dans le champ beaucoup de laboureurs inutiles ; si tu ne les mets hors du champ, tu ne pourras en tirer profit. Ce sont les six frères (2) qui entourent le Claudianos et ses congénères. Or il n'y en a que deux d'utiles (3) ; la blancheur éclatante ne sert à rien. — Le champ renferme un serpent dont le souffle dessèche ce lieu ; et (les frères) y deviennent languissants. Je le vois, avec ses écailles de couleur variée. La naissance de sa queue est blanche comme du lait ; son ventre et son dos sont couleur de safran (4) ; sa tête est d'un noir verdâtre. — Il faut que tu partages le champ en trois : place les quatre frères (5) dans une partie ; et la grande pierre (6), dans

---

(1) *Traduction*, p. 3-4.

(2) Les six métaux autres que l'or ? Probablement ils étaient employés pour fabriquer le Claudianos, alliage formé plus essentiellement par deux d'entre eux, le cuivre et le plomb. (Cp. *Introd.*, p. 244.)

(3) Le cuivre et l'argent ?

(4) Cp. la figure du serpent. *Introd.*, p. 159.

(5) La tétrasomie, ou ensemble des quatre métaux vulgaires

(6) La pierre philosophale.

une partie. C'est ainsi que les anciens tâchent d'opérer pour trouver (la chose cachée). Ainsi opère Théodore Magistrianus, et Jacques Cabidarius l'enseigne avec vérité. — Il y a une vapeur humide et une vapeur sèche (1). La vapeur humide est extraite au moyen de l'appareil à gorge; la vapeur sèche (sublimée), au moyen de la marmite pourvue d'un couvercle de cuivre, par le procédé employé pour tirer le mercure du cinabre. En arrosant le (sublimé) avec la vapeur humide, tu accomplis l'œuvre divine. — Sache que les minéraux et vapeurs sont tous des substances, ou bien le deviennent; lorsqu'on les arrose, elles deviennent des vapeurs humides. La comaris scythique, mélangée avec la vapeur, suffit pour tout accomplir. — Autre chose est la Chimie fabuleuse; autre chose est la Chimie symbolique et cachée (2). La Chimie fabuleuse se répand (en vain) en une multitude de discours; tandis que la Chimie symbolique procède avec méthode à l'ordonnance du monde, afin que l'homme inspiré de Dieu et né de lui soit instruit par des discours divins et allégoriques de la marche exacte de l'œuvre. »

La *Leçon III* est intitulée : *Sur le monde matériel.* — En voici le sommaire.

« L'œuvre chimique est l'image du monde; elle amène à l'unité les corps métalliques transformés, en opposant leurs natures. La semence, mise en terre sous l'influence lunaire, est conduite à perfection par le soleil. Ce sont la scorie, la cadmie, la cendre des bois blancs, les matières sulfureuses changées en cendre, qui produisent l'œuvre divine, l'eau divine (ou de soufre natif)... Pour ne pas être déçu par ton inexpérience, écoute la parole d'Hermès (3) : « Si tu vois que tout est devenu cendre, sache que la préparation a réussi »... Les bois changés en cendre deviennent incombustibles; de même les (minéraux) étant brûlés et incinérés, puis mêlés à la liqueur d'or, résistent ensuite au feu et sont aptes à produire toute sorte de teintures sur les marbres, les terres, les pierres, les bois, les peaux... »

Ces phrases indiquent une sorte d'essai de théorie de la teinture des divers corps. Elles sont suivies par un exposé vague des transmutations métalliques, spécialement des traitements que doit subir le cuivre pur, rendu « meilleur que l'or » (4), avec le concours de la pierre philosophale et de

---

(1) Cp. ARISTOTE, dans ce volume, p. 247.

(2) Cp. DÉMOCRITE. *Traduction,* p. 51.

(3) Cp. *Traduction,* p. 107, où cet axiome est attribué à Zosime.

(4) Cp. *Traduction,* p. 136.

l'eau divine : « ce sang qui teint tout, préparé au moyen de notre instrument, comme le sang l'est au moyen du foie ». Suivent des comparaisons anatomiques et médicales, rappelant la profession de Stephanus, qui était à la fois médecin, astrologue et professeur, comme la plupart des savants de cette époque ; mais rien n'indique dans son écrit qu'il ait eu des connaissances précises en chimie et fait autre chose que commenter les vieux textes.

La *Leçon IV* porte en sous-titre : *Sur ce qui sert à l'opération.* — Ce sont encore des citations de vieux axiomes : « Un est le Tout, par lui est le Tout, etc. (1). — Une seule nature accomplit la chose cachée. — Si tu ne dépouilles la matière, si tu ne rends pas les corps incorporels (2), tu ne réussiras pas. — Le but de la philosophie, c'est la séparation de l'âme et du corps. » — Ces citations sont accompagnées d'une paraphrase enthousiaste et mystique. Puis vient un texte singulier, qui semble avoir un caractère archaïque et poétique : « Combats, cuivre ; combats, mercure ; joins le mâle à la femelle ; c'est là le cuivre qui reçoit la couleur rouge et l'ios tinctorial doré ; c'est la décomposition d'Isis, etc..... Combats, cuivre ; combats, mercure ; le cuivre est détruit, rendu incorporel par le mercure, et le mercure est fixé par sa combinaison avec le cuivre...» Reparaît alors la phrase de Démocrite : « Prends le mercure et fixe-le ; unis-le au corps de la magnésie, etc. (3) ».

La *Leçon V* porte de même en sous-titre : *Ce qui sert à l'opération de l'art divin.* — L'auteur débute, comme toujours, par une prière ; puis, dit-il, « revenons à notre sujet ». Il pose toujours au début un vieil axiome, base du commentaire qui suit : « Les sulfureux sont dominés par les sulfureux (4) ». Il parle des quatre éléments et de leurs dérivés, au double point de vue médical et chimique. On tire de l'air le sang, principe chaud et humide, assimilable au mercure ; on tire du feu la bile jaune, principe chaud et sec, assimilable au cuivre ; on tire de la terre la bile noire, principe sec et froid, assimilable à la scorie ; on tire de l'eau le phlegme ou pituite, principe sec et humide, assimilable à l'eau tirée de l'or. — Les éléments contraires ne peuvent être unis, si ce n'est par quelque intermédiaire, possédant les qualités des deux extrêmes (5). Il existe ainsi trois intermédiaires, ou

---

(1) *Ce volume*, p. 133.
(2) Cp. *Traduction*, p. 21, 101 et 124.
(3) Cp. *Traduction*, p. 132.

(4) *Traduction*, p. 21.
(5) Cp. Platon, *Timee*, 1, p. 91, trad. de H. Martin.

clefs, pour chacun des 4 éléments ; ce qui fait 12 combinaisons. Par suite, l'art est assimilé au dodécaèdre et aux douze figures du Zodiaque, lesquelles se rapportent aux 4 saisons. Ces 12 signes sont parcourus par les 7 planètes, assimilables aux 7 couleurs et aux 7 métaux. De même les hommes vertueux seront introduits après 7 siècles par Jésus-Christ dans le repos divin. — On voit quel étrange mélange d'idées chimiques, médicales et religieuses se trouve dans les écrits de Stephanus.

Dans la *Leçon VI*, l'auteur parle d'abord des corps indivisibles (atomes) et sans parties, qui constituent tous les corps ; puis des quatre éléments, des 3 dimensions géométriques, de la forme et de la matière, des deux exhalaisons sèche et humide (1), des nombres 6 et 9, du carré et du triangle, et il fait ensuite l'éloge de la philosophie, qui rend l'homme semblable à Dieu. Cette revue incohérente des idées des divers philosophes aboutit au 1er vers de l'énigme sibyllin (2), que l'auteur commente avec une puérilité emphatique ; puis il se livre à une digression sur la digestion, et il appelle l'admiration du lecteur sur ce qu'il vient de lire et termine par un retour à Dieu.

La *Leçon VII* est encore un long et incohérent verbiage, où il est question d'abord du molybdochalque, de la phrase finale de Démocrite, de la rhubarbe du Pont (3), assimilée au travail de la composition dans le mortier, de Pammenès et de ses dires : « Projette l'or et le corail d'or se produira ». Cet or serait le molybdochalque. Et encore : « Prenant le mercure tiré du mâle (ἄρρενος), fixe-le suivant l'usage ». Stephanus commente ce dernier dire dans des termes tels qu'il semble ne pas avoir compris qu'il s'agissait ici du mercure tiré de l'arsenic, par opposition au mercure tiré du cinabre (4). Puis il cite la parole de Pébéchius : « Partagez la préparation en deux et cuisez le plomb avec du bois de laurier dans la composition blanche » ; et plus loin, le dire d'Ostanès : « Allez vers le courant du Nil » : toutes citations accompagnées de paraphrases, mais dont on ne voit pas l'enchaînement. Il semble ici que Stephanus se soit proposé surtout d'éblouir le lecteur par un vain cliquetis de sentences.

---

(1) Cp. ARISTOTE cité dans ce volume, p. 247 et 259.
(2) *Traduction*, p. 256.

(3) Cp. *Traduction*, p. 62.
(4) Ce volume, p. 99, 239 et 282.

La *Leçon VIII* a pour sous-titre : *La division de l'art.* — Après l'axiome :
« Rends les corps incorporels et donne un corps aux incorporels », viennent
un discours sur l'emploi du mercure et de la magnésie et des subtilités alchimiques. « Le cuivre est comme l'homme ; il a corps et âme » (1) ; comparaison qui est suivie pendant quelque temps ; puis arrive une explosion mystique, où la science de l'or se confond avec la connaissance divine.

Dans la *Leçon IX*, l'auteur revient encore une fois sur la phrase finale de
Démocrite : « rien ne manque, rien n'est omis, sauf la vapeur et la montée
de l'eau ». Il s'agit, dit-il, de l'eau tirée du vitriol ; là se trouve la génération du cuivre et le vitriol fait l'or. Puis il expose tout un commentaire, qu'il
déduit comme un prédicateur. Les quatre éléments se changent les uns dans
les autres ; le feu devient terre, la terre devient eau, l'eau devient air, et l'air
redevient terre. Les qualités s'opposent entre elles, non les substances. La
voûte du ciel condense les vapeurs émises par la terre, à la façon d'une
marmite et de son couvercle, etc., phénomènes comparables à la distillation dans l'alambic. — L'argent amolli par le feu, absorbe l'esprit igné
provenant de la matière projetée. — Le fixateur de toutes les couleurs
fugaces est l'alabastron, pierre tout à fait blanche (2). — Ici sont cités
Marie et les écritures judaïques, Théophile, fils de Théagène, qui dit :
« Il existe une pierre excellente dans le pays d'Égypte » ; Agathodémon, etc. —
Tout provient d'une composition unique, la teinture et l'objet ; ce qui fuit
et ce qui poursuit ; le mâle et la femelle, l'époux et l'épousée, l'élément
actif et l'élément passif. Puis ce sont les axiomes sur le serpent, sur le
Tout, énoncés par Chymès. Stephanus parle enfin du safran de Cilicie, de
la dissolution dans l'eau des cendres des bois blancs et, après avoir énoncé
la phrase : « laisse descendre et cela s'accomplira » — ἔκ κάτω καὶ γενήσεται —
il développe les relations des planètes et des métaux, dans un texte que j'ai
déjà cité en raison de son importance historique. Je rappellerai que sur
ce point, le seul texte logique et complet se trouve dans le ms. 2327 (3) ;
le ms. de Saint-Marc étant mutilé à cet endroit, ainsi que le texte d'après
lequel Pizimentius a fait sa traducion. Nous arrivons ainsi aux variantes
finales de la 9ᵉ leçon, sur lesquelles j'ai exposé tout un ensemble de faits (4)

---

(1) *Origines de l'Alchimie*, p. 270.

(2) *Traduction*, p. 121.

(3) Ce volume, p. 84.

(4) Ce volume, p. 179.

que mettent en lumière la filiation des manuscrits : je n'y reviendrai pas ici.

Cette analyse caractérise suffisamment l'ouvrage de Stephanus et elle montre pourquoi il ne nous a pas paru utile d'en faire une réimpression spéciale : car il ne renferme guère que des déclamations, sauf quelques fragments de vieux textes perdus aujourd'hui ; il a d'ailleurs été imprimé par Ideler et traduit en latin par Pizimentius.

Il en est autrement des ouvrages du Philosophe Chrétien et du Philosophe Anonyme, inédits jusqu'à ce jour. Ce sont des compilations, avec commentaires, faites d'après les vieux auteurs. L'étendue initiale de ces compilations n'est pas exactement connue, les copistes y ayant rattaché successivement des morceaux qui n'en faisaient pas partie à l'origine, ainsi qu'il sera expliqué plus loin. Certains rapprochements, sinon certaines confusions, existent même entre les deux compilations. Ainsi les variétés de fabrication sont ramenées à 135, dans le Chrétien (*Collection*, etc. VI, xi, p. 396), comme dans l'Anonyme (*Collection*, etc. VI, xv, p. 409) ; ces variétés sont rattachées en outre aux quatre parties de l'œuf dans les deux auteurs (le Chrétien, p. 393 ; l'Anonyme, p. 409), puis par voie de subdivision aux espèces obtenues par voie sèche, humide, ou mixte (le Chrétien, p. 394 ; l'Anonyme, p. 414), etc. Enfin, sous le nom de l'Anonyme, il semble que plusieurs auteurs différents aient été groupés.

La date initiale du Chrétien et celle de l'Anonyme seraient déterminées, si l'on pouvait s'en rapporter aux indications du manuscrit du Vatican (1). En effet, le traité de l'Anonyme (2) qui débute par les mots Τὸ ᾠὸν τετρα-μερές... est dédié dans ce manuscrit à Théodose, le grand Empereur : sans doute Théodose II, auquel Héliodore a aussi dédié son poème alchimique.

Mais les chapitres sur les Soufres, sur les Mesures et sur la Teinture unique (*Collect. des Alch. grecs*, III, xxi, xxii et xviii), que nous avons

---

(1) Ce volume, p. 191. — Rapport de M. André Berthelot dans les *Archives des missions scientifiques*, 3e série, t. xiii (1887).

(2) C'est le traité auquel nous avons donné le titre : « Musique et Chimie », *Collect. des Alch. grecs*, VI, xv ; voir aussi III, xliv.

publiés dans les œuvres de Zosime, et qui font partie de la compilation du Chrétien dans les manuscrits, sont aussi dédiés au grand Empereur Théodose dans le manuscrit du Vatican. Dans le premier de ces chapitres, les deux premières lignes (*Texte grec*, p. 174, l. 11 et 12) sont supprimées, et l'auteur débute par ces mots : Ἰστέον, ὦ κράτιστε Βασιλεῦ ; puis il continue par : ὅτι οὐ μόνον ὁ φιλόσοφος, etc., comme à la ligne 13, jusqu'à la dernière ligne du chapitre. Cette suppression et cette interpolation sont suspectes, et il est permis de supposer que le nom de Théodose a été ajouté après coup, comme il est arrivé trop souvent dans ce genre de littérature. Parmi les autres chapitres de ces mêmes compilations, ceux qui ne sont pas transcrits d'après les vieux auteurs roulent sur des subtilités d'une assez basse époque, et ils sont assurément plus modernes que Synésius et Olympiodore, contemporains effectifs de Théodose.

On trouve dans l'œuvre du Chrétien, telle qu'elle est transcrite dans le manuscrit de St-Marc, une autre mention qui paraît plus moderne et plus authentique, car elle ne s'en réfère pas au nom d'un empereur : c'est la dédicace à Sergius du traité sur l'Eau divine : il s'agit probablement de Sergius Resaïnensis, traducteur syriaque des Philosophes grecs, qui a vécu à la fin du VIe siècle (1). Était-il vraiment contemporain du Philosophe Chrétien ? On pourrait en douter à la rigueur, si l'on s'attachait à la citation du nom de Stephanus (2), reproduit dans l'un des chapitres du Chrétien : « Sur l'exposé détaillé de l'œuvre »; chapitre que nous avons publié dans les œuvres de Zosime (III, xvi), en raison des indications qui y sont contenues et parce qu'il renferme des fragments extraits de Démocrite. Mais tous ces textes ont été tellement interpolés par les copistes, que l'on ne doit pas attacher une signification trop absolue à de semblables citations, ajoutées souvent après coup. En fait, je serais porté à regarder la dédicace à Sergius comme la seule tout à fait authentique, et par conséquent à fixer la date du Chrétien à l'époque de cet écrivain, c'est-à-dire un peu avant Stephanus. On serait également reporté vers une époque qui ne peut guère être abaissée au delà du Ve ou VIe siècle, par les opinions relatives à la nécessité de la grâce divine, opinions

---

(1) *Origines de l'Alchimie*, p. 205.   (2) Zosime, p. 162.

exposées dans le morceau VI, 1, surla Constitution de l'or. (*Collection*, etc.,
p. 385.)

Quant au Philosophe Anonyme, il cite aussi Stephanus, non en passant,
mais dans un développement historique, relatif aux autorités alchimiques
(*Collection*, etc., VI, xiv), et je pense dès lors qu'il doit être regardé comme
postérieur. Mais il pourrait être contemporain avec les auteurs pseudonymes
des Traités perdus, attribués à Héraclius et à Justinien (1). L'attribution de
certains chapitres à l'Anonyme offre d'ailleurs diverses confusions, qui
semblent indiquer plusieurs écrivains.

Entrons maintenant dans des détails plus circonstanciés sur la compilation du Chrétien. La forme la plus moderne et la plus développée, sous
laquelle nous possédions cette compilation, est celle qui existe dans le
manuscrit Lb (2251 de Paris), copié vers le milieu du xviie siècle ; en vue,
ce semble, d'une publication qui n'a pas eu lieu. Le copiste a pris comme
base le manuscrit E (2329 de Paris), un peu plus ancien, qu'il a d'abord
enrichi par des additions marginales ; il a fait subir ensuite aux textes des
remaniements considérables, lesquels le plus souvent ne sont pas des amé-
liorations ; enfin il a complété la compilation du Chrétien, en y intercalant
des morceaux qui n'en font pas partie avec pleine certitude dans les autres
manuscrits (sauf E).

Nous allons, pour préciser la discussion, donner un tableau comprenant
les 53 chapitres attribués au Chrétien dans le manuscrit L et ceux qui lui
sont attribués dans le manuscrit E ; avec l'indication des feuillets de M
(manuscrit de St-Marc, xie siècle), de B (2325 de Paris ; xiiie siècle), et de
A (2327 de Paris, xve siècle), où se trouvent certains de ces chapitres,
ainsi que celle des feuillets du manuscrit du Vatican, qui en renferment
quelques-uns ; nous y joindrons les numéros correspondants de la vieille
liste du manuscrit de St-Marc (2) ; enfin les numéros de notre propre publication des Alchimistes grecs, où ces divers chapitres sont imprimés.
Cela fait, nous examinerons de plus près la composition même de la compilation.

---

(1) Ce volume, p. 176, 214 ; *Collection*,   (2) *Introd.*, p. 175.
etc., p. 368.

TABLEAU DES CHAPITRES DU PHILOSOPHE CHRÉTIEN

TITRES	Lb (2251)	E (2329)	M (Saint-Marc)	A (2327)	B (2325)	Vat.	VIEILLE LISTE de M	NOTRE PUBLICATION
	chapitres	chapitres	folios	folios	folios	folios	numéros	
Constitution de l'or........	1er	1er	110 r.	92 v.	91 r.	manque	47	VI, I.
L'espèce est composée......	2	2	96 r.	94 r.	94 r.	....	31 ?	IV, VI.
Fabrication du Tout........	3	3	97 r.	suite du précéd¹	suite du précéd¹	....	31	IV, VII.
Autre traitement	4	4	98 v.	do	do	....	31	IV, VIII.
La chaux des anciens, etc..	5 à 13	5 à 12	99 r. à 101 r.	97 r.	98 r.	....	32	IV, IX à XVIII.
Les espèces de l'Eau divine.	14	13	101 r.	99 r.	101 v.	....	48 ?	VI, II.
Désaccord des anciens.	15	14	suite	suite	suite	....	48	VI, III.
Traitement de l'Eau divine en général	16	15	suite	suite	suite	....	do	VI, IV.
Fabrication de l'Eau mystérieuse.................	17	n° omis	103 r. et 119 r.(1)	do	do	....	do	VI, V.
Objection concernant l'Eau divine, etc.............	18 à 20	17 à 18	119 r.	101 r.	105 r.	....	do	VI, VI à IX.
Variétés de la fabrication..	21	n° omis	122 r.	103 v.	108 r.	....	do	VI, X.
Figures géométriques.......	22	do	124 r.	105 v.	111 r.	....	do	VI, XI.
Écrits secrets des anciens..	23	do	124 v.	106 r.	111 v.	....	do	VI, XII.
Laines teintes.............	24	23	127 v.	109 r.	115 v.	133 r.	48	V, XII.
Poudre noire..............	25	24	suite	suite	116 r.	130 v.	do	V, XIII.
Comaris	26	25	do	do	do	do	do	V, XIV.
Traitement après l'iosis....	27	26 (*sic*)	do	do	do	do	do	V, XV.
Les mœurs du Philosophe.	28	26 (*sic*)	128 r.	109 v.	do	....	....	I, XIV.
Serment.................	suite	27	128 v.	109 v.	116 v.	....	?	I, XI.
La poudre sèche..........	29	28	136 v.	110 r.	do	....	?	III, XXXI.
L'iosis, etc..............	30	29	suite	suite	117 r.	....	....	III, XXXII à XXXV.
Lavage de la cadmie.......	31	30	137 r.	110 v.	....	....	?	III, XXXVI.
Sur la teinture............	do	31	137 v.	111 r.	....	....	....	III, XXXVII.
Sur le jaunissement; l'Eau aérienne...	32	32	137 v.	111 r.	117 v.	....	....	III, XXXVIII et XXXIX.
L'écrit authentique de Zosime..................	33	33	manque	112 r.	118 r.	....	manque	III, XI.
Les quatre corps métalliques.	34 et 35	34 et 35	141 v.	113 v.	119 v.	....	48	III, XII.
Diversité du cuivre brûlé .	36	36	144 r.	115 v.	123 r.	128 v.	....	III, XIII.
L'Eau divine est composée.	37	sans n°	144 r.	116 r.	123 r.	129 r.	do	III, XIV.
Choix du moment.	38	38	144 v.	116 v.	124 r.	....	do	III, XV.
Exposé détaillé de l'œuvre.	39	39	145 v.	118 r.	126 r.	à partir du § 13, f. 127	do	III, XVI.
Substance et non substance.	40	40	149 r.	122 r.	132 v.	117 v.	....	III, XVII.
Teinture unique.......	41	41	150 r.	122 r.	133 v.	118 v.	do	III, XVIII.
Les quatre corps aliments des teintures............	42	42	150 v.	123 r.	134 r.	119 v.	....	III, XIX.
Alun rond	43	43	151 r.	123 v.	135 r.	....	do	III, XX.
Sur les soufres...........	44	44	suite jusqu'au 161 r.	suite jusqu'au 136 r.	suite jusqu'au 152	114 v.	....	III, XXI.
Sur les mesures...........	45	45				113 v.	do	III, XXII.
Comment on brûle les corps.	46	46				109 v.	....	III, XXIII.
Mesure du jaunissement....	47	47				....	do	III, XXIV.
Sur l'Eau divine..........	48	48				112 r.	33	III, XV.
Préparation de l'ocre.......	49	49				....	....	III, XXVI.
Traitement du corps de la magnésie................	50	50				....	?	III, XXVII.
Corps de la magnésie......	15	51	....	....	....	102	?	III, XXVIII.
Pierre philosophale	52 et 53	52 et 53	manque	136 r.	manque	106 v.	manque	III, XXIX.

(1) Traité coupé en deux par le relieur. (*Ce volume*, p. 184.)

Si l'on examine cette liste de chapitres, on reconnaît aisément qu'elle se décompose en plusieurs groupes, qui étaient séparés dans les plus anciens manuscrits et attribués à des auteurs différents. Tels sont d'abord les chapitres 2, 3, 4 et 5, jusqu'à 13, lesquels paraissent répondre à nos numéros **31** et **32** de la vieille liste de St-Marc (ce volume, p. 175), désignés sous le nom de chapitres d'Agathodémon, Hermès, Zosime, Nilus, Africanus ; tandis que les chapitres véritables du Chrétien y figurent sous nos numéros **33, 47** et **48** : le numéro **33** répond au chap. 48 sur l'eau divine ; le numéro **47** représente le chapitre 5 (Constitution de l'or), qui est un traité spécial ; enfin le nº **48**, comprenant 30 chapitres sur la Chrysopée, d'après la vieille liste, répond sensiblement au groupe des 34 chapitres de Lb, compris depuis le ch. 14, jusqu'au chapitre 47 ; surtout si l'on en défalque l'Écrit authentique de Zosime (ch. 23), qui manque dans M ; ainsi que les Mœurs du Philosophe et le Serment (ch. 28), qui appartiennent à un autre ordre d'idées. Les chapitres 49, 50, 51 ont le caractère d'extraits anciens, analogues aux ch. 2 à 13. Quant aux ch. 52 et 53 (Pierre philosophale), c'est une addition postérieure, manquant dans M et dans B.

Nous aurions donc un premier ensemble de la compilation du Chrétien, comprenant les chapitres 14 à 47 de Lb (sauf les déductions précitées), et représenté dans la vieille liste de St-Marc par le nº 48, qui comprenait lui-même 30 chapitres. Plus tard, dans le type qui a servi au copiste du manuscrit actuel de St-Marc, on aurait ajouté les chapitres d'extraits que nous comprenons sous les nᵒˢ **31** et **32**, c'est-à-dire les chapitres 2 à 13 : la Constitution de l'or (ch. 1) répondant au numéro **47**, paraît avoir été toujours à part, de même que le chapitre 48, répondant au nº **33** sur l'eau divine. — Les nᵒˢ **31** et **32** semblent, je le répète, ainsi que les chap. 49, 50, 51, représenter un groupe d'extraits plus anciens, qui sera venu se confondre avec la compilation du Chrétien. En tout cas, les chap. 52 et 53 ne faisaient pas encore partie de la collection copiée dans le manuscrit de St-Marc (xıᵉ siècle), ni même dans le manuscrit B (xıııᵉ siècle) ; mais ils y sont entrés dans le type qui a servi au copiste des manuscrits A, E, Lb.

Dans le manuscrit du Vatican, il manque la majeure partie des chapitres du Chrétien ; deux groupes d'articles seulement s'y trouvent : l'un va du ch. 36 au ch. 51, l'autre, du ch. 24 au ch. 27. Ce dernier groupe offre un

caractère spécial et technique, sur lequel nous allons revenir. Mais il est
difficile de tirer des inductions trop absolues de ces lacunes.

Indiquons maintenant la nature des sujets traités et expliquons comment
nous avons été conduit à démembrer la compilation du Chrétien, pour en
reporter un certain nombre de morceaux dans les parties précédentes. Ce
démembrement était tout indiqué par notre plan, dans lequel nous nous effor-
cions de reconstituer les textes avec leur caractère le plus ancien. Or la compilation du Chrétien a été faite à l'origine en vertu du système général suivi
par les Byzantins, du viiᵉ au xᵉ siècle, période pendant laquelle ils ont tiré
des anciens auteurs qu'ils avaient en main des extraits et résumés, tels que
ceux de Photius et de Constantin Porphyrogénète. Ce procédé nous a conservé une multitude de débris de vieux textes; mais il a concouru à nous
faire perdre les ouvrages originaux. Un semblable résultat a été particulièrement regrettable en ce qui touche les ouvrages scientifiques, que leurs
abréviateurs comprenaient mal, négligeant la partie technique pour s'attacher aux morceaux mystiques et déclamatoires. Quoi qu'il en soit, les livres
originaux n'existent plus (1) et le problème est de les rétablir, autant que
possible, à l'aide des fragments conservés par les abréviateurs. C'est le travail
qui a été fait pour les historiens antiques et c'est celui que j'ai essayé d'exécuter pour les alchimistes.

Voilà comment j'ai restitué à Zosime et aux vieux auteurs les fragments,
souvent altérés et modifiés par des commentaires ultérieurs, qui se retrouvent dans les compilations du Chrétien et de l'Anonyme ; les chapitres 29 à
53 de Lb, notamment, ont ainsi passé dans la IIIᵉ partie de la *Collection des
Alchimistes grecs* ; les chapitres 28 et 28 *bis* de Lb, qui ont une physionomie
spéciale, ont été reportés dans la partie I. Les chapitres 2 à 13, que j'ai signalés
plus haut comme extraits de vieux auteurs, d'après l'ancienne liste de Saint-
Marc, sont rentrés dans la IVᵉ partie. Les chapitres 24 à 27, qui se distinguent
tout à fait par leur caractère technique, ont été maintenus dans la Vᵉ partie.

Il ne faut pas se dissimuler que cette répartition prête un peu à l'arbitraire.
Cependant elle me semble préférable au système qui consisterait à conserver
en bloc ces compilations. Le tableau ci-dessus constate d'ailleurs l'état exact

____

(1) Cp. *Ce volume*, p. 277.

du Chrétien dans les manuscrits, indépendamment de toute hypothèse.

Ce travail d'élimination terminé, il est resté encore un nombre considérable de morceaux, se rattachant plutôt à la classification générale de la compilation qu'à des sujets scientifiques déterminés ; c'est ce résidu qui constitue les chapitres du Chrétien, tels qu'ils ont été transcrits des manuscrits, dans la VIe partie de la *Collection des Alchimistes grecs*.

ADDITIONS ET CORRECTIONS

P. 13. — Sur le parfum appelé *Kyphi*, voir l'article de M. Loret, *Journal Asiatique*, viii° s., t. X (Juillet et Août 1887). — Il existe plusieurs textes hiéroglyphiques, relatifs à ce corps, deux sculptés dans les chambres du temple d'Edfou, et un à Philæ (voir le présent volume, p. 200; *Traduction*, p. 253; — *Orig. de l'Alch.*, p. 38).

P. 85. — Planète Hermès assignée à l'Emeraude. — Rulandus (*Lexicon Alchemiæ*, p. 436) rapporte aussi cette affectation, que nous avons donnée dans la liste planétaire des métaux (*Traduction*, p. 25, n° 6). Cette assimilation de l'émeraude aux métaux est conforme aux idées des Égyptiens, qui rangeaient le mafek (émeraude) et le chesbet (saphir) dans la liste des métaux (*Orig. de l'Alch.*, p. 217 à 224). Notons qu'il a existé en Égypte, dans le Haut-Empire, des monnaies de verre (LENORMANT, *La Monnaie dans l'Antiquité*, t. I, p. 214), et l'usage s'en est perpétué aux époques byzantine et arabe; ce qui rentre dans les mêmes analogies.

P. 108, l. 7, et p. 112, l. 21. — Le signe de l'alun (cercle partagé par plusieurs rayons) se rencontre aussi dans le Papyrus magique 574 du Supplément grec de la Bibliothèque nationale de Paris, et un signe analogue existe dans le Papyrus de Londres, publié récemment à Vienne par M. Wessely. Mais le sens de ce signe n'est pas le même dans ces papyrus que dans les écrits alchimiques. Il pourrait plutôt être rapproché des étoiles à 8 rayons de la Chrysopée de Cléopâtre (p. 132), lesquelles semblent dériver d'un symbole assyrien du soleil (*Orig. de l'Alch.*, p. 63).

P. 115, l. 20, et p. 119, l. 20, effacez le mot « soie ? ».

P. 120, l. 24. — Le signe de la myrrhe (Z coupé par un petit ρ, ou ζ) existe aussi dans les Papyrus magiques publiés par M. Wessely (voir encore le présent volume, p. 116, l. 23, où ce signe redoublé a un autre sens.)

P. 174, l. 14. — « Stephanus d'Alexandrie, philosophe œcuménique et maître ». — M. Usener a publié récemment un mémoire sur cet auteur, accompagnant un petit traité astrologique qui lui est attribué (*De Stephano Alexandrino Commentatio*, Bonn, 1880). D'après ce mémoire, le titre de maître œcuménique était celui d'un professeur enseignant dans le Palais impérial de Constantinople, avec douze savants auxiliaires. Il donnait ses leçons dans une bibliothèque fondée par Julien et qui aurait été brûlée, avec les savants qui l'occupaient, par Léon l'Isaurien, en 725. — Stephanus y expliquait Platon, Aristote, la Géométrie, l'Arithmétique, la Musique, la Chimie, l'Astronomie et l'Astrologie. Les neuf leçons de cet auteur, qui existent dans les manuscrits qu'Ideler a publiées, et que j'ai résumées (ce volume, p. 289), répondent bien à cette énumération. Outre ces leçons, le traité astronomique et astrologique précité et les ouvrages médicàux cités dans Fabricius, il existe un commentaire de Stephanus sur Aristote, publié par M. Hayduck en 1884, à Berlin, dans la Collection des Commentaires grecs d'Aristote, t. XVIII, 3ᵉ partie, d'après le Ms. 2064 de Paris.

P. 176. — Sur les Traités de Justinien. — On a vu dans ce volume (p. 176) qu'il avait existé autrefois dans la Collection alchimique divers Traités, attribués à l'Empereur Justinien (Justinien II ?) et dont les titres sont conservés dans la vieille liste du manuscrit de Saint-Marc (p. 174, 178, 183, 187, 190). L'ensemble de ces Traités est aujourd'hui perdu. Cependant j'ai reproduit (p. 214), d'après le *Codex Vossianus* de Leide, un fragment sur l'œuf philosophique, qui en est extrait. En imprimant notre Collection, nous avons retrouvé un chapitre entier, tiré de ces mêmes Traités, et qu'il paraît utile de signaler ici (*Texte grec*, p. 384-387; *Traduction*, p. 368-371). Ce qui en augmente l'intérêt, c'est que la fin de ce chapitre, relative à la scorie, fin déjà donnée à la suite d'Olympiodore (*Traduction*, p. 113-114), figure dans le ms. de Venise avec des paroles magiques, comme le commentaire de la mystérieuse formule de l'Écrevisse, laquelle était réputée contenir le secret de la transmutation (ce volume, p. 152).

P. 177, l. 10. — Au lieu des mots « huile aromatique », lisez « lessive ».

P. 181, l. 15. — Le passage de Stephanus relatif aux relations entre les métaux et les planètes a été donné *in extenso*, à la p. 84.

P. 209, 210, 257. — Le mot *massa* ou *maʒa* (masse de pâte ou de métal), donné par les alchimistes grecs comme synonyme d'un ferment métallique (ce volume, p. 29, 57 et 209; et *Traduction*, p. 73, 147, 209, 238), et aussi comme titre de la Chimie de Moïse (*Traduction*, p. 180), s'est perpétué pendant le moyen âge, où il a désigné l'Alchimie en général, ainsi que je l'ai rappelé (p. 209 et 257). Je citerai encore un Traité alchimique, intitulé : *Consilium conjugii seu de Massâ Solis et Lunæ* (*Bibliotheca Chemica* de Manget, t. II, p. 235), traité d'origine arabe, ou plutôt juive comme la Chimie de Moïse; il est postérieur à la *Turba philosophorum*, mais il appartient à la même tradition. Observons que le mot hébreu « maza » veut dire azyme, c'est-à-dire pâte sans levain.

INDEX ALPHABÉTIQUE

DE L'INTRODUCTION A LA CHIMIE DES ANCIENS

Cet index comprend surtout les noms d'hommes et de lieux. — On n'a pas cru utile de relever toutes les citations des noms qui se présentent trop fréquemment, tels que : Zosime, Stephanus, Hermès. — On devra compléter les indications du présent Index par celles du Lexique des notations alchimiques, p. 123 ; des opérations alchimiques, p. 210 et 263 ; enfin de la Table analytique.